经典通诠
经史子集的文化释读

潘文国 ◎ 著

学术文库

华东师范大学出版社
·上海·

图书在版编目（CIP）数据

经典通诠：经史子集的文化释读／潘文国著．—上海：华东师范大学出版社，2023
ISBN 978-7-5760-4063-0

Ⅰ.①经… Ⅱ.①潘… Ⅲ.①经籍—介绍—中国—古代 Ⅳ.①Z126

中国国家版本馆 CIP 数据核字(2023)第 142301 号

经典通诠——经史子集的文化释读

著　　者　潘文国
责任编辑　吕振宇
审读编辑　沈　苏
责任校对　庄玉玲　时东明
装帧设计　卢晓红

出版发行　华东师范大学出版社
社　　址　上海市中山北路 3663 号　邮编 200062
网　　址　www.ecnupress.com.cn
电　　话　021-60821666　行政传真 021-62572105
客服电话　021-62865537　门市(邮购)电话 021-62869887
地　　址　上海市中山北路 3663 号华东师范大学校内先锋路口
网　　店　http://hdsdcbs.tmall.com

印　刷　者　上海中华商务联合印刷有限公司
开　　本　787 毫米×1092 毫米　1/16
印　　张　26.75
插　　页　12
字　　数　333 千字
版　　次　2023 年 9 月第 1 版
印　　次　2023 年 9 月第 1 次
书　　号　ISBN 978-7-5760-4063-0
定　　价　110.00 元

出 版 人　王　焰

(如发现本版图书有印订质量问题，请寄回本社客服中心调换或电话 021-62865537 联系)

序

读完《通诠》文稿,掩卷沉思,四十多年前模糊的课堂情景浮现在眼前。当时我刚从苏北农场回沪,在自行车厂当一名流水作业的操作工,因为怀着想要弄懂音韵学的奇异梦想,经一位老师介绍,去华师大旁听史存直老先生的音韵学课。那时文国教授和李露蕾教授都是硕士研究生,几位优秀本科生如徐莉莉教授等也获准随堂听课。史老先生讲授的具体内容,已经不复记忆,留存在脑海里的,是老先生上课时轩昂的气宇、飘逸的美髯、笔直的身躯和洪钟般的声音,还有就是下课与文国教授交流时他极快的语速所反映出来的敏捷思维。后来因为上课时间与上班冲突,旁听也就戛然而止。转瞬,我因为写了篇古音学文章,挤进音韵学会,常去参加年会,在会上与文国教授时有接触,也仍然时时感受到他那种你稍或分神就跟不上其语速和思维的风格——他这种明快的语言和既敏捷又缜密的思维在早年所著的《韵图考》及其前言、后记中已展露无遗。上世纪九十年代以后,他已不常来音韵学开年会。我也因为对脱离先秦文献仅用有限例子来构建上古音系的音韵学研究方法有所保留,深感要比较深入地研究上古音,必须重视两汉经学,于是转向经学、历史文献和清代学术史研究。经学之深、历史文献之广,是我这种资质平平的人倾三生精力也很难有成就的领域,一旦涉足,便只能深陷泥淖而无法自拔。推己及人,我曾误以为文国教授是因为魏建功先生说过音韵学是伪科学而转向其他领域研究的。其实他早年毕业于复旦大学英国语言文学系,当时就是班上的翘楚。1994年以后他出任华东师大对外汉语系主任、对外汉语学院院长,后更任全国一级学会中国英汉语比较研究会会长。在汉英对比研究、汉语字本位理论、汉语等韵理论、汉语构词法史、中外命名艺术、西方翻译理论、哲学语言学、对外汉语教学等诸多方面已开创出一片新天地,享有崇高的学术声誉。就这样,我们同在上海却很少互动。记不清是不是那次庆祝唐作藩先生九十寿辰的会议,我们再次重逢,同车旅游,并坐闲聊,他说他在写诗话,我听了一怔一喜。怔者,一个在音韵学、翻译学和中外语言比较等领域都有涉足且卓有成就的学者,却仍然没有忘情传统的诗词文话;喜者,我虽已被经学和文献的深广与繁杂汩没了性灵,早已不再调平仄、遣辞藻、抒情怀,但仍在不觉技痒时要翻看阅读此类书籍。及他回沪将稿发我阅读,更增强了我向所认为的聪明人无所不能的意识——我最近读到他的《甲子相册序》一文,文笔恣肆,才气横溢,这种意识又有进一步强化。一年后,文国教授说,他诗话与诗律方面的著作准备出版,邀一言以序之。我深以自己在诗词方面虽心仪而仍属游手好闲的门外汉,不足以增重而惶恐婉拒。他说他正在写一本《四部通说》,我一听便产生一种渴望,立即说对此我愿意承乏而聊缀一言,于是便有幸最先拜读这部著作。

我之所以一听便有阅读的渴望,是因为编纂《汉大》《辞海》二十一年,天天思考词目义项,日日翻检阅读古籍,对于四部流略之学颇所用心。在从役词典编纂时,识记过《正续清经解》所收著作的各种版本,背过《四部丛刊》《四部备要》的目录,置《中国丛书综录》于案头而不离,将《丛书集成初编目录》几乎翻烂,故胸中熟悉、可随口对答的经史子集四部书目和作者,至少有七八千,常用书更可直接说出它在何种丛书中。当年《汉大》一版和《辞海》九九版的引书格式,即为我所定稿或草拟。执教交大时,教授要开设通识课。鉴于现在古籍至少有二十多万种,一般学生面对浩如烟海的古书,往往瞢然不知其类别,我曾设计"经史子集·中国古典文明"的通识课程,分为十八讲,重点讲经史子集四部的形成和发展,也兼介绍名著、名篇,以及骈、散、古文的特点与区别,诗词形式理论、对联作法等。后来因为选修人数问题,未能成功开设。但我对普及经史子集四部书的知识构架始终怀有一种情结。因而听到他欲著此书,犹如碰到了一位知己,欣然有感。

文国教授《经典通诠:经史子集的文化释读》的侧重和结构与我设计的授课程序略有不同。全书分为八章,经史子集各两章,最前面以"四部概说"作为引论。"概说"分"四部是中国传统文化的总纲""六经是中国文化之源""经—史—子—集是中国文化的发展脉络"三部分。六经是中国文化的源头,也是源远流长的传统文化的核心,这是一个事实判断;由六经派生出来的无数典籍,经流略目录学的梳理,最后归纳、区分为经史子集四部。这是大多数人所能了解和接受的。而作者更揭示出中国传统"文化"与西方"文化"(culture)的区别,英语的"文化"是从无到有,是人为的,而我们传统的"文化"是

"以人文化成天下",是由一个原点的"文"去"化"成天下,这个原点的"文"就是"六经"。六经或经孔子之手整理,或由孔子修正和阐释,从而将原来各自为学的王官文献,点化为以"治"为本体和目的,以《易》为方法论的"治道"体系。这就不仅很好阐释了六经与传统文化的关系,也将中国文化之要在资治的本质清晰地揭示出来。

经史子集四部,对一般人而言,往往耳熟而未必能详。面对一万种、十几万种古籍,若欲分类,多不知如何措置。而要认识四部缘起和关系,更是瞢然而不知所自。作者分析四部的起源和发展后,用圆心说来划分,以《易》为圆心,"六经"是第一层圆,"十三经"是第二层,"史"是第三层,"子"是第四层,"集"是第五层。如果你记住了一心五圆,对中国传统的四部典籍文化也就有了一个清晰而形象的图像记忆。

经史子集尤其是经子文献流传两千年以上,其一字一句的涵义,一篇一书的真伪,学派与学派的关系,无不充满了歧义异说和是非矛盾,若欲一一考证梳理,连篇累牍,将会枯燥而无法卒读,且事实上也做不到。作者以自己博览群书之积淀,廓落枝叶,独抒己见。如"三礼",礼学在当今学术界已逐渐成为热门学科,而在广大的民众之间,由于受上世纪初废经倒礼的影响,民间对鲁迅先生等渲染的吃人礼教的说法或许更为熟悉。文国教授明确指出:礼的本质就是秩序,它是"治道"的核心,而国家治理的终极目标是"天下大治",大治首先是有秩序,离开"礼"就根本不能达到"治",这是显而易见的常识。如此叙述,直指"礼"的本质内核,可谓正本清源。

又如《诗经》:三家式微,《毛诗》独传,《毛传》《郑笺》依《诗序》,主文而谲见,孔颖达循《传》《笺》而阐释其义。宋代欧阳修、郑樵、王质、朱熹等相继疑《诗序》,溯本义,以为是"男女相与咏歌,各言其情者也"。这种观点被很多诗经学者接受,至民国古史辨派起,三百零五篇多为民间爱情诗已成为大多数人的"共识"。近一二十年,学者因经学研究的深入和出土文献的观照,又开始重新省视《小序》和《毛传》谲见功能。作者搁置种种复杂情况和琐屑争议,直接从《诗经》的性质和功能出发,进行介绍与阐发,简明扼要,不离毛郑诗旨,甚便于初学的读者。

经难读,主要是经文文字难识,文义难懂,这就需要利用文字、训诂之书。汉以后,清以前,都将文字、音韵、训诂书籍归为"小学",置于经学之后,作为附庸,意图是很明显的。文国教授是语言学专家,不仅于汉语音韵、词汇独有建树,且于西方语言文字亦熟稔于胸,所以他介绍小学著作,又与众不同。比如他介绍扬雄的《輶轩使者绝代语释别国方言》,将"輶轩使者"采集"别国方言"和古代采诗相联系,认为都是"大一统国家治理的组成部分";而之所以要采集"绝代语"即已死的古语,则是"为了读通和理解过去的典籍",指出此"可见这一政策用意之深"。我由此想到《尚书》中殷《盘》周《诰》和《诗经》的《雅》《颂》所用口语与文言之分的问题。《盘》《诰》之文用当时口语记录,今天读来佶屈聱牙;而《雅》《颂》用文言,反而容易理解。这是因为口语变化太快,所谓"易僵而寿促"(王礼卿语),而中国文字构造的特点之一,即是象形、指事、会意、形声皆可以眼见其形而意会其义,虽历久而犹能得其仿佛。孔子传七十子五经,七十子复传之后学,籀篆、古文、秦隶、汉隶,历经转抄省变,文言之文犹难辨解,口语之文更成"死语"。扬雄是一位好古文奇字的人,他所处的时代,五经已有十二博士,诠释经典,群相非难。而已死古语对诠释经文之重要,他应该有深切的认识。所以著《方言》,不仅不忘采择"绝代语",还将"绝代语"置于"别国方言"之前,可见其重要程度。

在介绍《说文》时,作者站在整个人类创造文字的高度,将汉字置于世界文字的广阔视野中来认识。认为世界上有两种文字,一种是自源文字,一种是他源文字。前者是自己创造自己运用,后者是借用他人创造的文字来记录自己的语言。世界上自源文字只有苏美尔文、古埃及文、中文、玛雅文和中国境内的东巴文,传承至今的只有中文。其他都是他源文字,即使颇为悠久的希腊文、梵文和运用较广的古拉丁文也不例外。人为什么要创造文字?许慎《说文叙》说:"盖文字者,经艺之本,王政之始。前人所以垂后,后人所以识古。"文国教授说,许慎此语有三层意思,所谓"经艺之本",是说若没有文字,就无法记载六经;所谓"王政之始",是说没有文字,国家就难以有序治理;所谓"前人垂后,后人识古",就是文献保存和历史传承。但三者之中,创造文字为了治理国家是最根本的,此说颇有见地。因为即使上推到甲骨卜辞,巫史占卜,仍与王权运作、国家治乱相关。

古代文体,自《尚书》分典谟告誓训命之后,两千年中无限延展,分体繁复,论者众多。如要介绍,挚虞《文章流别论》、刘勰《文心雕龙》和任昉《文章缘起》固属名著,不可遗漏。宋以后因《文选》和《文苑英华》的影响而展开、撰述的文体选本和论述文体的著作不计其数,这只要翻一下曾枣庄辑录的《中国古代文体学》,就知道纷繁杂陈,难以缕述。文国教授在《文心雕龙》《文章缘起》后,提及最常见的吴讷《文章辨体》和徐师曾《文体明辨》两书,最后以吴曾祺的《涵芬楼文谈》所分文体表作结,应该也是经过深思熟虑的。如果将诸多专著提及的文体分类一一介绍,对初学者而言,无疑是徒滋纷乱,《文谈》分体是在宋元明清各家文体分合基础上再三斟酌而成,可以说是总结性的意见,若能熟悉此表,古代文体基本可以了然于胸。

关于诗话词话,作者本是作手,操千曲而后晓声,观千剑而后识器,可以想见作者于此阅读之广。但古来诗话、词话之多,即使略去像今人从文集中辑出的《全宋诗话》《全明诗话》,也实在多得让人目不暇接。初入诗道,想走捷径,往往如临九逵通衢,无所适从。所以他将宋元明清的诗话总结为北宋尚事、南宋尚识、元人尚式、明人尚品、清人尚综五类,并历数极有影响的著名诗话做点睛式的介绍,使初学者能快速遵涂入道。

以上只是我在阅读中即兴触发、有切于心的感想,若有更多时间边读边思,收获当远不止此。文国教授在行文过程中,念念不忘与读者交流,为读者考虑,诸凡隐晦、繁难之文与事,每每概括成清晰的条理,一一缕述。这源于作者的思维本来就既清晰又绵密,所谓只有自己先了然,而后才能使人昭然。

四部分类盛行一千多年,到了晚清,为了适应西来学术,由张百熙、张之洞等人反复拟议,形成七科之学。随着民国初年的废经倒孔,上世纪三十年代新目录学分类法的施行,四部分类法也退缩到封建的墙角。我们这一代、上一代甚至再上一代,都是在七科或七科衍化成现代学科,甚至在眼花缭乱的新兴边缘学科的环境中读几本书,求一点知识,绝大部分人要回首正视并行走、跨越经学及四部分类这道"旧门槛",都会有各种难以逾越的"心坎",这从有人几次提出要设立经学学科都被断然否定就可以看出。这种"心坎"之所以难以逾越,在我看来,无非是僵化的历史"积习"和可怜的知识"贫瘠"在作梗。一个人如果短视,就很难回望历史和瞻望将来。这使我想起我与文国教授共同的师长和老友李思敬先生。思敬先生也是绝顶聪明的人,他的《汉译"儿"音史研究》饮誉音韵学界,开研究儿化史的风气之先。记得当年电台开播新日语广播不久,他就创办了《日语学习》并任主编,带领一代学子学习日语,厥功至伟。一九九一年,他寄给我一本《五经四书说略》,这是在上世纪行废经令的八十年后,文化刚复苏的十年间他就想到了写这样一本书来普及经学文化。我收到书时一怔,现在上了年龄的人若回溯到三十年前,当可理解我当时的心态。承蒙思敬先生知晓我在读一点经部书,所以致函欲向我借一些有关书籍,说要继续扩充写一本详细一点的。这空谷足音着实使我跫然而喜,随即给他寄去了范文澜的《群经概论》和张振镛《国学答问》等参考书。现在大学里文献学、目录学当然已经普及,而且介绍七略、四部、七科的衍化也是教学的基本主线,但恕我孤陋寡闻,著作一直很少有以"四部"命名的。这又使我想到前面提及的,当我拟定通识课程名称为"经史子集·中国古典文明"上报后,有的同行就不无微词,描述得典雅一点,就是河汉吾言。这部《经典通诠:经史子集的文化释读》,依作者之意,或许是写给大学本科、研究生和广大文史爱好者看的,但我尚须附加一类,就是那些曾有微词的老师们也不妨一读,至少可以多见少怪,与我们一起回顾与展望传统文化的过去、现在与将来。这是我在拜读《通诠》收获之余,借文国教授的酒浇了一次自己胸中的块垒。

虞万里

2022 年 11 月 14 日于浙江大学马一浮书院

目 录

1	序　　虞万里
1	引论：四部概说
14	**第一章　"经部"概说**
16	第一节　《周易》
19	第二节　《尚书》
22	第三节　《诗经》
27	第四节　"三礼"与乐
32	第五节　《春秋》三传
37	第六节　《孝经》与"四书"
44	**第二章　"小学"概说**
45	第一节　《尔雅》
48	第二节　《方言》
50	第三节　《说文》
57	第四节　《释名》
59	第五节　《切韵》
63	第六节　注疏类著作
67	**第三章　"史部"概说**
68	第一节　《史记》与正史

74	第二节　别史
76	第三节　史体
80	第四节　史评、史论、史考

84	**第四章　"书志"概说**
87	第一节　政书
95	第二节　职官、选举、学校
100	第三节　地理
110	第四节　目录

114	**第五章　"子部"概说**
115	第一节　诸子
125	第二节　儒家
132	第三节　道家
141	第四节　墨家
145	第五节　《管子》
155	第六节　法家

163	**第六章　"术艺"概说**
169	第一节　兵家
175	第二节　医家
183	第三节　佛教
192	第四节　道教
198	第五节　书法
207	第六节　绘画
220	第七节　琴棋

227	**第七章　"集部"概说**
230	第一节　《楚辞》
235	第二节　别集

291	第三节　总集
307	**第八章　"文评"概说**
308	第一节　文之综
314	第二节　文之体
318	第三节　文之品
326	第四节　文之式
343	第五节　文之事
346	第六节　文之话
361	第七节　文之评
374	**附：古籍书目五百种**

引论：四部概说

一、四部是中国传统文化的总纲

我们现在谈的"文化"，来源于英语"culture"一词的翻译。很多人以为两者意义一样，其实是不同的。只有理解两者之别，才能正确理解中国传统文化的独特结构。

英语单词"culture"源于"cultivate"，有开垦、耕种之义。这一语源体现了"culture"的两个特点。第一，"culture"必是人为的，因而只有人创造的才是"culture"，自然形成的东西不能叫"culture"，譬如山川河流、天体运行、野生动植物的自生自灭等，都不是"culture"。第二，"cultivate"是从无到有，有创新性。两者合起来，就产生了关于"culture"（文化）的各种各样的定义，最简洁的是《辞海》所定义的，文化是人类在社会实践过程中所创造的一切物质财富和精神财富的总和。这也是关于"文化"的最一般的定义。在这个定义基础上形成的"文化"体系,实际是知识分类的体系。例如以杜威十进分类法(Dewey Decimal Classification)为代表的国际最流行的图书分类法。它把人类知识分为十类,用十进制的三位数字来表示。如:

000 - 计算机科学、资讯与总类　　100 - 哲学与心理学
200 - 宗教　　　　　　　　　　　300 - 社会科学
400 - 语言　　　　　　　　　　　500 - 科学(指自然科学)
600 - 技术应用科学　　　　　　　700 - 艺术与休闲
800 - 文学　　　　　　　　　　　900 - 历史、地理与传记

又如我国的学科分类目录,从学科门类到一级、二级以至三级学科,都是这样。

这类知识体系有两个特点,一是普适性,适用于所有国家;二是累积性,随着社会发展,知识越积累越多,分类也就越来越细。但实际上并没有一个必须服从的规律,例如为什么把"计算机科学、资讯与总类"放在最前面,把"历史、地理与传记"放在最后面。

中国传统的"文化"与之不同,中国的"文化"一说最早见于《周易·贲卦》的象辞:"观乎天文,以察时变;观乎人文,以化成天下。""文"和"化"在这里还是分开的,到了西汉刘向的《说苑》里就合用了:"凡武之兴,为不服也,文化不改,然后加诛。"但两者的意思是一样的,即"以人文"去"化成天下"。既然要"以人文化成天下",就意味着先有个"人文"在那里,然后用它来"化"成天下。这就与"culture"不同了,"culture"是不设前提的,只要是人类创造的,就成了"culture"的一部分。"文化"是有前提的,是以"人文"去"化",这样的过程和产品才叫作"文化"。因此,与累积式的"culture"不同,"文

化"是发散式的,从一个原点"文",发散("化")而到"天下"(当时指整个中国以及所有受到中国影响的地域)。由此形成的中国文化的结构就不是一个知识分类系统,而是一个有中心、有目标,在此基础上向四周扩展的系统,或者形象地说,是一个不断扩大的同心圆系统。

这个系统,就是从"六经"开始,到《四库全书》集其大成的系统。我们可以用四句话来概括:以"六经"为源,以"四部"为流,以《四库》为结,以"治道"为本。

以"六经"为源。"以人文化成天下"的中国文化有个起点,就是"人文"。什么是"人文"？唐代学者孔颖达在解释"观乎人文,以化成天下"时说:"言圣人观察人文,则诗书礼乐之谓,当法此教而化成天下也。"也就是说,"人文"就是"诗书礼乐",而"诗书礼乐"就是"六经"(《诗》《书》《礼》《易》《乐》《春秋》)的概称。因此"六经"就是"文",是中国文化的源。

以"四部"为流。经史子集"四部"是中国古代文献的分类目录,它源于西汉刘向、刘歆父子的《别录》《七略》,始成于西晋荀勖的《中经新簿》,而成熟于唐代魏徵的《隋书·经籍志》。但经史子集不只是知识的分类系统,更是中国文化的动态发展记录,它的形成、发展、演化、成熟过程,就是中华主体文化形成、发展、演化的过程。

以《四库》为结。文化存在于典籍之中,而中华典籍两千余年来,历经损毁。《四库全书》为旧时王朝最晚编成的大型丛书,也是最后的集大成之作。尽管乾隆当日的初衷,名为编书,实则是为禁毁于清政府不利的旧籍,有人甚至认为"过大于功"。但毕竟借此系统保存了一批完整的古籍。在此基础上,访求民间劫火之余及海外回流之书籍,编成各种"四库"的续编,也许可以得到比较完整的中国古籍。同时,《四库全书》的目录结构,集《隋书·经籍志》以来各家公私藏书目录之大成,体系上更加完整。我们现在要了解中国古代典籍的原貌,这是个绕不过去的出发点。

以"治道"为本。从"六经"到"经史子集",是"以文化之"的过程,是中国文化形成、发展的主线。这条主线,用一个字来概括,就是"治"。中国文化及其全部历史,本质上就是一个从"六经"出发,不断追求达到"天下大治"的过程。

二、"六经"是中国文化之源

说"六经"是中国文化之源有两层意思。其一是区别"文化之源"与"文明之源",强调"六经"的文化意义。"文化"和"文明"是两个容易混淆的概念,我们的区别方法是利用文字:文明可以由文字和非文字形态承载,但文化一定是由文字承载、由文献传承下来的。中华文明探源,可以通过考古,从三皇五帝一直考到盘古开天辟地,但文化溯源一定要考察传承下来的文献。从传承下来的文献看,最早最完整并且形成体系的确实只有"六经"。在"六经"以前有没有文字记载的材料呢?也有,但其价值比不上"六经"。比如甲骨文,但甲骨文无非是占卜的记录,内容窄,材料零散不成系统,且1899年被发现,至今才一百多年,在此之前的三千年里基本上看不到它的影响。作为考古及历史研究的补充,它是有价值的,但作为中国文化之源,它是说不上的。又比如《山海经》,它确实也古老,但首先,我们无法断定它是否成书于"六经"之前,其次,其内容荒诞不经,更像是神话或上古传说。它有文化研究的价值,但不足以成为中国文化之源。再从文化最繁荣的诸子百家来看,诸子百家基本上是战国时期的事,百家中,比孔子早的只有管子、老子和晏子三个人。但现在能见到的这三家的代表作——《管子》《老子》和《晏子春秋》,都成书于战国时期。尽管其中有创始者的思想和文字,但战国的色彩很浓,可说也是"六经"以后才成熟的作品。"六经"中有一部《易经》,孔子为之作了"十翼",包括《系辞》,有人怀疑它不是孔子所作,理由是里面掺杂了道家思想。其实据我看这正好证明是孔子所作,因为孔子晚年学《易》,曾向老子问道,《系辞》中如果有道家思想正好显示他受到了老子的启发。孔子自称"述而不作",他做的工作主要是"删《诗》《书》,定《礼》《乐》,修《春秋》,序《易传》"。包含"十翼"的《周易》是他最后完成的作品,也可说是"六经"的圆满句号,某种程度上甚至是对前五经的总结。事实上,"六经"的说法最早就是孔子提出来的。《庄子·天运》记载:"孔子谓老聃曰:'丘治《诗》《书》《礼》《乐》《易》《春秋》六经,自以为久矣,孰知其故矣。'"此外,在语言文字上,《论语·述而》记载:"子所雅言,《诗》《书》,执礼,皆雅言也。"孔子以"雅言"作为整理"六经"的工作语言,实际上奠定了汉语书面语的基础。《左传》引孔子的话说:"言之无文,行而不远。"《易经》"十翼"中有孔子作的《文言》,清代阮元认为这是"千古文章之祖"。我们看中国上下几千年的文章,除了未经孔子整理的甲骨文之外,可说如出一辙,这对于一个纵横数千里的大国来讲,是非常不容易的。经孔子整理后的"六经",不仅奠定了思想文化的基础,而且奠定了汉语书面语的基础。因此我们可以有把握地说,"六经"是中国文化之源,"六经"以前无所谓中国文化,而"六经"以后,中国文化的所有方面,都受到了"六经"的影响。孔子作为继往开来的文化巨人,通过整理"六经"奠定了中国文化的基础是没有异议的。

"六经"是中国文化之源的第二层意思是它是"治道"之源,是中国文化"以人文化成天下"的起点。"六经"都是孔子以前的著作,具体产生的时代有先后,依一般说法,《易》最早,始于伏羲;《书》其次,始于尧;再次是《诗》,早的是《豳风》和有关周族史诗的篇章,晚的在平王东迁以前;制《礼》作《乐》则是周公的作品;最晚的是孔子整理的《春秋》,但依据的仍是前代史官的记录。这些材料,在孔子之前都深藏在王室及诸侯国的宫廷之中,是保存在国君及责任官吏手中的"王官之学",正如清代学者章学诚所说:"六艺非孔氏之书,乃《周官》之旧典也。《易》掌太卜,《书》藏外史,《礼》在宗伯,《乐》隶司乐,《诗》领于太师,《春秋》存乎国史。"除了王官以及像老子那样的"守藏史"(相当于现在的图书馆馆长)可以得见之外,对一般人是绝缘的。孔子首创私学,使"王官之学"走向民间,向"士"阶层开放。这是中国历史上也是人类文化史上一件非常了不起的事情,没有"王官之学"的民间化,就不可能产生战国时期以"天下大治"为主题的百家争鸣。而中国文化的发展也走上了一条别的文化所没有的、以"治道"为不息追求的道路。

"六经"原来只是一堆文献资料,经孔子整理后,俨然成就了一个以"治"为本体,以"易"为方法论的体系,或者说"治道"体系。司马迁《史记·滑稽列传》引孔子的话说:"六艺于治一也。《礼》以节人,《乐》以发和,《书》以道事,《诗》以达意,《易》以神化,《春秋》以义。"我们可以进一步用四句话来概括这个体系:"以《易》为魂,以《礼》《乐》为本,以《书》《春秋》为证,以《诗》为鉴。"下面试加阐述。

以《易》为魂,这是治道的核心精神。《周易·系辞上》记载孔子说:"夫《易》何为者也?夫《易》,开物成务,冒天下之道,如斯而已者也。""开物成务"就是开启智慧,成就事业。这也就是《大学》里"格物致知"和"修齐治平"的意思。"冒天下之道"是将它推广到所有方面的治理。说明《易》的目标是"治"。而《易》的方法论是"变",是用与时俱进的方法使社会永远保持活力。《周易·系辞下》说:"《易》穷则变,变则通,通则久。"就是这个意思的概括。

以《礼》《乐》为本,这是治国的基本途径。《孝经》"广要道章第十二"引孔子的话说:"安上治民,莫善于礼;移风易俗,莫善于乐。"可见这两"经"体现了治理国家的两个方面,一个是制度上的,一个是精神上的。制度上对于国家治理的方方面面都有体制上的安排,精神上用正面积极的音乐,激励人们奋发向上。相对来说,"礼崩乐坏"就是国家正常秩序崩塌,积极向上的音乐被抛弃。

以《书》《春秋》为证。中国一直有经史互补的传统,以史证经,以经论史。中国从很古的时候起就有把天子一言一行记录下来的习惯,《汉书·艺文志》所谓"左史记言,右史记事,事为《春秋》,言为《尚书》,帝王靡不同之"指的就是这个传统。这形成了中国式的史学。中国人特别看重历史,不是为历史而历史,而是为了从历史中吸取经验,作为治理国家的重要参照。

以《诗》为鉴。《诗》作为"六经"之一,是国家治理的组成部分,在当时,其政治意义要远大于文学价值。《汉书·艺文志》说:"古有采诗之官,王者所以观风俗、知得失、自考正也。"可见采诗的目的是下情上达,一定程度上等于是听取下面对国家治理的反馈,明白治理的得失,以为进一步治理的借鉴,而不是朱熹以来许多人所相信的是纯粹的文学作品、民间风谣。

这样,"六经"自身就形成了一个以"治"为核心的相对完整的体系。中国文化从"六经",也就是从一开始起,就把关注的焦点放到了治理上。以后的发展,只是"六经"的延伸和拓展。

三、"经—史—子—集"是中国文化的发展脉络

"六经"是中国文化之源,意味着中国的整个文化是在其基础上发展起来的。而"经—史—子—集"四部的体系及其顺序体现了这个发展脉络。从经到史,从经到子,从子到集,再加上内部的繁衍发展,大体来说,经过了以下几步。

1. 从"六经"到"十三经",这是中国文化主体精神的完成。

孔子时代有六经,后来《乐经》失佚,剩下五经,但到了宋代以后,

却有"十三经"之说,这是怎么回事?原来经部的组成,本身有三个层次。"六经"是第一层,"传记"是第二层,《尔雅》是第三层。第一层是"六经"这个核心,这是孔子手定的。第二层次古人叫作"传记"。这个"传记"与现在记载某人生平事迹的"传记"(biography)不同,实际包含两个内容:"传"和"记"。"传"(zhuàn)者,传(chuán)也,古人说,"圣人作经,贤人作传"。"传"是在传授"经"的过程中为了帮助理解而作的注释,目的是传道授业,使经书得以传承。例如《春秋》是经,后来有三家为之作"传",分别形成《春秋左氏传》《春秋公羊传》《春秋谷梁传》。由于这些"传"的权威性,后来也被人尊奉为"经",这就使"经"的数量增加了。"记"则是弟子和后人对圣人言行的记载。譬如《论语》《孝经》是记载孔子言行的,就属于"记"。《礼记》也是"记",是记载与"礼"有关的圣人言行和事迹的。这些记传后来也被提升为"经","经"的数量就更多了。《孟子》原来连"记"都算不上,因为宋代理学家把孟子抬到了"亚圣"的地位,朱熹又把它列为"四书"之一,因而也就进入了经部。为特定的经书作的注释叫"传",而解释一般语言文字、以为读经之助的就属于第三层次。"十三经"中的《尔雅》就属于这一性质。这部书在汉代一度也被称为"经",即《尔雅经》,原因是据说它最早的作者是周公。"圣人作经",因此这部书也成了"经"。现在一般认为这本书成于众人之手,但完成于战国时期甚至更早是没有疑问的。由于《尔雅》是"经",由此而发展起来的"小学"(包括文字、音韵、训诂),也就是语言文字之学,在古代也有很高的地位,在四部中属于"经部"。在我们看到的"十三经"中,属于第一层次的有《易经》《尚书》《诗经》《周礼》《仪礼》,属于第二层次的有"春秋三传"和《礼记》《论语》《孝经》《孟子》,属于第三层次的有《尔雅》。其中第一层次有两部"礼",两者对象不同,一是国家层面的制度安排,一是社会和家庭层面的礼仪安排。孔子作为"素王",他可能整理了《周礼》;但在教材方面,他可能更多地使用《仪礼》。历史上,西汉时的"礼经"是《仪礼》,东汉时的"礼经"是《周礼》,唐代则以《礼记》作为五经之一。《春秋经》的本文很早就不单列,而是与传文放在一起,因此"十三经"中只有"春秋三传",没有单独的《春秋经》。

2. 从"经"到"史","史"是"经"的延伸和拓展。

"史部"是从经部发展起来的。"四部"的前身是西汉刘向、刘歆父子提出,后来为班固编写《汉书·艺文志》时所采用的"七略"体系。"七略"中没有后来的史部,这倒不是疏忽,而是因为当时的史书太少,重要的只有一部《太史公书》(后来称《史记》)。另外一部重要典籍是《战国策》,而《战国策》正是刘向自己刚刚编定的,他总不能为一两部书单列一类吧?因此在"七略"里,《史记》是附属于经部的"春秋"类的。到了晋代,史书多起来了,因此到了荀勖的《中经新簿》里,史部就独立出来了。

中国的史学与西方的史学有着不一样的传统。在"六经"中,与史相关的其实有两部书:《春秋》和《尚书》。《汉书·艺文志》说:"左史记言,右史记事,事为《春秋》,言为《尚书》,帝王靡不同之。"这两部书,一部记载历史大事、人物事迹,这是《春秋》的任务;另一部记载重要历史文献、规章制度,这是《尚书》的任务。后来的《左传》主要是记事的,继承了《春秋》的传统;《国语》主要是记言的,继承了《尚书》的传统。到了司马迁作《史记》,他创造了中国独特的史书体例,全书130篇,分为12本纪、30世家、70列传、10表、8书。其中本纪、世家、列传都是"记事"的,"表"是记事的细节化、规整化,而"书"则是"记言"的。后来班固的《汉书》继承了这一传统,只是取消"世家",并入"列传",同时把"书"改为"志"。这样,中国式的史学包含了两大内容,"纪传"和"书志"。以后中国的正史,所谓"二十五史",都沿用了这一体例,其中"书志"的存在更是中国史学的最大特色,与西方史学强调记事(story)不同。

随着史学的发展,纪、传只是人物变了,故事变了,记事的本质没有什么变化;而书志的内容却越来越丰富,典章制度及其演变成了需要进行专门研究的学问。因此史部的发展后来朝着两个方向走。记事部分依对象分出"正史""别史""外史"等各种史,又依编纂方法产生编年体、纪事本末体、纲目体、传记体等。记言,即书志部分的内容,如天文、地理、律历、礼乐、刑法、食货、艺文等,则向独立的方向发展,成了单独研究的对象。从现在西化的眼光来看,它们对应不同的"学科",而在中国传统中,它们是属于"史部"这个大门类的。综合性的"书志"则有以各种"会要"(如《唐会要》《宋会要》等)以及"三通"(《通典》《通志》《文献通考》)为代表的"政书"类。由于这些大都是唐代,尤其是宋代以后发展起来的,因此《四库全书总目》(简称《四库总目》或《四库提要》)中史部的内容比《隋书·经籍志》要丰富很多。

3. 从"经"到"子","子部"也是从经部发展出来的。

《汉书·艺文志》说:"《易》曰:'天下同归而殊途,一致而百虑。'今异家者各推所长,穷知究虑,以明其指,虽有蔽短,合其要归,亦'六经'之支与流裔。"说明班固早就发现诸子与"六经"的相承关系。子部的核心是"七略"中的"诸子略",诸子是战国百家争鸣的产物。什么叫"争鸣"?争鸣就是对某一共同关心的问题各自发表不同的看法。如果没有共同关心的问题,你关心你的,我关心我的,就争鸣不起来。因此争鸣要有个起点。诸子百家争鸣的起点就是"六经",就是对"六经"的思想,或同意,或反对,或发挥,或补充,等等,同时对如何回到"天下大治"提出自己的方案。南北朝北齐刘昼(514—565)的《刘子·九流》更明确地说九家之学均关乎治道:"观此九家之学,虽有深浅,辞有详略,说殊形反,流分乖隔,然皆同其妙理,俱会治道。

迹虽有殊,归趣无异。"而班固认为,这些"子"还有更早的起源,即都出于"王官之学"。在《汉书·艺文志》里,班固对"九家十流"一一追溯其"王官之学"的来源,如儒家出于"司徒之官",道家出于"史官",法家出于"理官",纵横家出于"行人之官"等。所谓"王官之学",即古代从事某一职务的官吏所保存的书籍档案。由于"王官"的分工见之于《周礼》,因此从另一角度看,可说诸子的产生也是遥承"六经"而来。

"四部"是承"七略"而来的,四部中的子部包含了"七略"中四个略的内容,除"诸子略"外,还有"兵书""数术""方技"三略,而负责校订这些"略"的正是相关的责任官吏,他们官、守一体,既是有关方面负责人,又是有关图书资料的保管人。因此这些也可说是"王官之学"的遗存,与"诸子"一起并入"子部",有一定的合理性。

"子部"的内容较杂,但总体来说,可以分为两大部分。一部分是学说类,是自成体系的一家之说,即诸子。一部分是践行类,是自成体系的一家之长,即"七略"里的"兵书""数术""方技"。拿现在的学科来打比方,学说类就像"语言学",践行类就像"应用语言学"。两部分的共同点是"自成一家",这也是子部能独立存在的理由。后来佛家、道家能归入子部,也是因为它们都是独立的思想体系。因此说"诸子百家",其实"子"和"家"是近义词,区别在于"子"以人为代表,而"家"以学说为代表(唯一的例外大概是"墨家")。

"兵书"按内容大体可分为军事理论和军事实践两方面:理论方面在《隋书·经籍志》里称为兵家,成了"诸子"之一;实践特别是军事管理方面后来放在史部的"军政"类里。"数术"在汉代是很大的一块,其理论部分"阴阳五行"还有研究的价值,其实践部分在今天看来可分为两个方面,一类是迷信色彩较重、已不再有很大价值的东西,如测字打卜、算命相地等;另一类与现代科学相关,如天文、历法、数学等,值得关注。"方技"在《汉书》里只包括医药,到《四库全书》里开始称为医家,也成为"诸子"之一。相应地,像墨家、名家、纵横家等战国以后没有发展的学派,《四库全书总目》分类就不再保存它的地位。"方技"类后来扩大了很多,开始是扩展到手工技艺等方面,后来又扩展到艺术类,如琴棋书画等,再后来发展到生活方面,如园艺饮食等。只要是"一家之长"的都能成为"子",使子部的内容越来越丰富。因此,子部是四部中最庞大的一部,其发展还是有脉络可循的。

4. 集部是子部的发展和延伸。

集部的前身是"七略"中的诗赋略,当然是从《诗经》《楚辞》发展而来,四部的"集部"开始时只分为三大类,一是楚辞,这是强调其渊源(《诗经》也是其渊源之一,但《诗经》在经部,地位更高);二是别集,即个人专集;三是总集,指二人以上的作品合集。别集作为个人专集,有诗有文,其"诗"的来源当然是《诗经》《楚辞》,其要亦是"言志";其"文"的内容五花八门,政治、经济、哲学、艺术都有,但思想内容及理论主张多数可在"经""子"里找到。文史学家余嘉锡(1884—1955)说,"秦汉诸子即后世之文集",他认为集部是从子书发展形成的。秦汉人著书立说、"成一家之言"的意愿很强,因而产生了诸子。魏晋以后,也许因为中华主体思想已经形成,除外来的佛家思想之外,新的思想很难突破。与此同时,随着书写工具和印刷技术的进步,文章越写越多、越写越杂,因而各人都热衷于把自己的所有作品汇编成集,集部因之产生。

这样看来,由经而史,经史互为表里;由经而子,子是经的拓展;由子而集,集是子的延伸。经史子集既解释了中国文化的发展源流,又构成了中国文化的完整体系。用前面中国文化是个"同心圆"的说法,《易》是圆心,"六经"是第一层圆,"十三经"是第二层,"史"是第三层,"子"是第四层,"集"是第五层,也是最外层。这就把中国文化的体系说清楚了。

而经史子集的核心是"治道",正史中第一个运用这一分类的魏徵就已经说得很清楚了。他在《隋书·经籍志·总序》结尾说了一段话:"夫仁义礼智,所以治国也,方技数术,所以治身也;诸子为经籍之鼓吹,文章乃政化之黼黻,皆为治之具也。故列之于此志云。""仁义礼智",指的就是"经";"方技数术"和"诸子"指的都是"子";"文章"指的是"集"。没有提到"史",因为他在编撰的《隋书》,本身就是"资治"的。

第一章
"经部"概说

"六经"是中国文化之源,也是"治道"之源,是中国文化也就是四部体系的起点和核心。因此,介绍中国文化,要从经部说起。

前面说过,经部其实有三个层次,一是正经,二是传记,三是小学。

正经流传下来的有五部:《易》《书》《诗》《周礼》《仪礼》。《春秋》在汉代曾单列,但自晋代杜预将正经与《左传》编在一起之后就不再单列,分别产生了《春秋左氏传》《春秋公羊传》《春秋谷梁传》,"春秋三传"加上同为传记的《礼记》,与上面的五部正经合在一起,称为"九经"。这是经部的核心。由此可见,"三礼""三传"是"经""传"合一的。为《易》作传的是孔子。古人说"圣人作经,贤人作传",这部书是唯一的

"圣人作经,圣人作传",因此地位特别高。

"小学"是给儿童读的教材。汉时属于"小学"的有三部书:《论语》《孝经》《尔雅》。后人也将其列入了经部。《尔雅》的问题下章再说。《论语》《孝经》本质上属于"传记"中的"记",因为它们是弟子和后人对圣人言论和有关事迹的记载。属于同一性质的其实还有一部书——《孔子家语》,也是记载孔子言行的。这部书自宋代起有很多人说是伪作,但现在经过出土文献的考证已大致可认定不是,其作者可能也是"七十子后学",也就是孔子弟子和再传弟子,与《论语》《孝经》一样。以后重新整理四部,这部书是应该列入经部的。

《孟子》其实应该在子部,属于儒家里面的一个学派。《韩非子·显学》说:"世之显学,儒、墨也。儒之所至,孔丘也。墨之所至,墨翟也。自孔子之死也,有子张之儒,有子思之儒,有颜氏之儒,有孟氏之儒,有漆雕氏之儒,有仲良氏之儒,有孙氏之儒,有乐正氏之儒。自墨子之死也,有相里氏之墨,有相夫氏之墨,有邓陵氏之墨。故孔、墨之后,儒分为八,墨离为三,取舍相反不同,而皆自谓真孔、墨,孔、墨不可复生,将谁使定世之学乎?"儒家的八派里面,"孟氏"(孟子)和"孙氏"(荀子)是其中之二,子思留下来的有收在《礼记》里的《中庸》和其他一些作品,其余五人的作品都不可见了。宋代朱熹把《论语》《孟子》与从《礼记》里抽出来的《大学》《中庸》合在一起,称为"四书",分别进行"章句"和"集注"。由于南宋以后的元明清三代都以"四书"为科举考试的主要内容,因此其影响甚至超过了"五经"。《孟子》也因此进入了经部。

从"治道"的角度看,"经""传""子"的区别在于,"经"的作者是"圣人",实际的最高统治者、政策的制定者。"传""子"的作者是一般的大夫或知识分子,政策的执行者或批评者,但不是最后的决策者。介于两者之间的是孔子,他既是"经"的整理者,"经"借他而得以保存,又是作"传"的第一人,他的言行成为"记"的主要内容。

下面我们具体介绍这些重要的经书,特别是其对于"治道"的意义。

第一节 《周易》

"六经"的次序有不同的排列。孔子曾"删《诗》《书》,定《礼》《乐》,修《春秋》,序《易传》",其次序是《诗》《书》《礼》《乐》《春秋》《易》,这与《庄子·天运》引孔子对老子自述的六经次序差不多,只是《易》和《春秋》换了个位置:《诗》《书》《礼》《乐》《易》《春秋》。这个次序是他治学、也是教学的次序。《诗》《书》是理论性教材,《礼》《乐》是理论与实践并重的教材,"修《春秋》,序《易传》"是他晚年的著述,可能并没有用作教学,因此《论语》里没有相关论述。

唐代以后的习惯次序是《易》《书》《诗》《礼》《春秋》(《乐经》汉以后失传了),这也是《十三经注疏》里的次序。这是以年代为序的。《周易》的第一个作者是伏羲,是"三皇"时代;《尚书》的第一篇是《虞夏书》的《尧典》,是"五帝"时代;《诗经》里有周的史诗,是周先民到西周的作品;《礼》是周公的作品,已经到了西周初年了;《春秋》是根据鲁国史料整理的,始于隐公元年,那已是东周时代了。可见中国人"史"的观念无处不在。

关于《周易》,需要了解以下内容。

《易》(《易经》)和《周易》是两个概念。上古只有《易》,《易经》是汉代以后的说法。《易》的起源非常古老,夏商周三代均有《易》,各有其自己的名称,夏朝叫《连山》,商朝叫《归藏》,周代叫《周易》。从时代角度看,"周"有周代的含义。但也有人认为"周"指周遍,周而复始,这是从词义角度看的。两者都有道理。从内容角度看,《易经》和《周易》的范围不同。六十四卦每一卦的内容由两部分组成,前一部

周易本義辯證卷一

長洲　惠棟定宇　撰
常熟　蔣光弼少逸校刊
太倉　蕭掄子山參校

蔡元定曰圖書之象自漢孔安國劉歆魏關朗子明
宋康節先生邵雍堯夫皆謂如此
孔安國尚書序晉人偽撰劉歆說見漢書不聞以此
爲圖書之象關子明始有戴九履一之說見洞極眞
經乃宋人阮逸偽撰 或云楊傑 皆不足據
劉牧始兩易其名

分包括卦象、卦辞、爻名、爻辞,后一部分包括解释卦辞的彖辞、解释卦象和爻辞的象辞,以及专门解释乾、坤二卦的文言。《易经》只包含前一部分,《周易》包括全部两个部分。前一部分叫"经",后一部分叫"传"。彖辞(上、下),象辞(上、下),文言,加上系辞(上、下)和说卦、序卦、杂卦,合起来称《易传》,也称"十翼",是孔子作的。

  《周易》的作者,有所谓"世历三古,人更三圣"的说法,就是说经历了上古、中古、下古三个时代,有三位圣人参与了它的成书。后来朱熹把这句话里的"三圣"改为"四圣",增加了周公。"四圣"中,第一位是上古的伏羲,他发明了八卦;第二位是中古的周文王,他在被商纣王囚于羑里期间,将八卦演化成六十四卦(一说伏羲就演成了六十四卦),并为每个卦撰写了卦辞;第三位是周文王的儿子周公,他撰写了爻辞;第四位是下古的孔子,他完成了"十翼"。关于孔子作"十翼",从宋代欧阳修到现代郭沫若、顾颉刚等都表示怀疑,但我们觉得理由不充分,因而不取。

  《易》在古代主要是一部占卜书,加上"传",才成为一部思想性理论性著作,其转捩的关键是孔子的"十翼"。汉代以后,《周易》研究分为两大派,一派是象数派,只奉《易经》本经;一派是义理派,兼奉孔子《易传》。以今天的眼光看,占卜尽管也是上古时国家治理的重要手段,但占卜过程有很多随机性,没有形成系统的理论。经过孔子的整理和阐发,《易》才成为一部体大思精的经典,群经之首,也是体现中华文化核心价值观的宝典。

  《周易》的核心概念是"易"。"易"有三义:简易、变易、不易。这句话出自汉代的《易纬·乾凿度》,但其精神已见于《系辞》。在开始的时候,"不易"来自古人对天上地下位置的观察,"变易"来自对四季变化的观察,"简易"则体现对这种观察结果和陈述的自信。后来"易"成了中国人的基本世界观和方法论。其要点有二,一是认为"变化"(现代哲学称之为"运动")是宇宙的根本规律,二是"变"与"不变"的辩证法:一切都会变化,唯一不变的就是变本身。对变与不变的规律和过程的研究,就成了《周易》的核心内容。

《周易》的基本思想可以用《系辞》中的两句话来概括。第一句话是"生生之谓易",即事物是在不断运动变化的。在《周易》中,"太极生两仪,两仪生四象,四象生八卦"是变,从八卦演化为六十四卦也是变;卦内从初爻到上爻是变,卦间从第一卦乾卦到第六十四卦未济卦的过程也是变。而"未济"的卦名说明这个过程并未结束,又会周而复始。《周易》的全部组成是"生生",由《周易》所观察到的世界和人生也是"生生"的过程。第二句话是"开物成务,冒天下之道"。如果说前一句话是"易"的"体",那么这一句话就是"易"的"用",也就是现在说的"功能"。"开物"是认识世界,"成务"是成就事业,也就是哲学意义上的"改造世界"。多年以后,马克思说:"哲学家们只是用不同的方式解释世界,而问题在于改变世界。"而早在两千多年前,孔子就已通过《易经》关注到两者的结合。"冒天下之道"则是把这一认识推广到所有方面。

"十翼"中的《说卦》《序卦》《杂卦》也是不可忽视的存在。《说卦》是解释八卦及其含义的,根据《说卦》,八卦所象征的事物可列表如下:

卦名	乾	兑	离	震	巽	坎	艮	坤
自然	天	泽	火、日	雷	风、木	水、雨	山	地
特性	健	悦	丽	动	入	陷	止	顺
家人	父	少女	中女	长男	长女	中男	少男	母
肢体	首	口	目	足	股	耳	手	腹

续　表

卦名	乾	兑	离	震	巽	坎	艮	坤
动物	马	羊	雉	龙	鸡	猪	狗	牛
方位	西北	西	南	东	东南	北	东北	西南
季节	秋冬间	秋	夏	春	春夏间	冬	冬春间	夏秋间
阴阳	阳	阴	阴	阳	阴	阳	阳	阴
五行	金	金	火	木	木	水	土	土

看起来有点荒诞，但古人就是这么用的，《左传》《国语》里有很多例子。《序卦》是解释六十四卦的排列次序的。我们知道，八卦的排列次序是有规律的，从乾到坤，乾（☰）、兑（☱）、离（☲）、震（☳）、巽（☴）、坎（☵）、艮（☶）、坤（☷），是个阳消阴长的过程。演化成六十四卦，并不是简单的"乾乾，兑兑，离离，震震"组合或"乾乾，乾兑，乾离，乾震"组合，而是有其他的方式。现在所看到的次序是周文王定的，还是孔子定的，我们不知道。但孔子通过《序卦》论证了它的合理性。这在读卦时也是个需要利用的资料。《杂卦》的"杂"不是杂乱，而是杂合，是另一种有规律的组合，实际是以卦象的对应来论说思维的对应，充满了辩证的因素。

第二节　《尚书》

《尚书》原来只叫《书》，汉代始称《尚书》。"尚"有三种解释。一是就其历史地位而言，"至高无上"。二是就其历史悠久而言，"上古、远古"。值得注意的是第三种，即汉代王肃说的："上所言，史所书，故曰《尚书》。"也就是说，《尚书》是古代最高统治者言语的记录，说明了此书作者的权威性。

历史角度的"上"也很重要。《尚书》很可能是中国最古老的书。虽然理论上《易经》最古老,但伏羲创八卦时,有象无辞。从伏羲到周文王,从八卦到六十四卦,中间经过《连山》《归藏》,这过程中有没有辞,现在也无法知道。《易经》中可以认定有辞的,是从周文王作卦辞开始的,其时已是商末。而《尚书》中的《虞书》《夏书》《商书》,时代都比文王要早,甚至比甲骨文还要早。虽然我们看到的是孔子整理后的作品,但究其源,可能不得不承认其为最早。

关于《尚书》,需要了解以下几点。

中国历史上的疑古思潮有三个时期,一是宋代,从欧阳修到朱熹;二是清初,从阎若璩到乾嘉许多学者,直到晚清的康有为;三是民初,以胡适、郭沫若和顾颉刚为代表。而疑古派最为自豪的成就就是对所谓古文《尚书》的否定,其代表作就是清初阎若璩的《尚书古文疏证》。其实在阎若璩之前,最早对《尚书》发难的是宋代的吴棫和朱熹。怎么认识这一现象?可从三个方面看。第一,时代和历史背景。宋代重文偃武,是知识分子思想最解放最无顾忌的时代;清代文网密匝,是知识分子思想最憋屈的时代,只能在远离时代的古籍里做文章;民初中国文化西来说盛行,否定上古历史、传统文化成为一时风潮。在这些时代背景下作出的"疑古",我们要保持足够的警惕,要疑"疑古"。第二,"疑古"的内容和理由。以阎若璩为例,他所怀疑的很多只是语言文字部分,而且自相矛盾,其方法也多是主观臆测,其实并不足以服人。第三,重视新出材料。自清初以来,被怀疑是"伪书"的书非常多,但二十世纪以来大量出土文物和考古发现,证明了"伪书"并不"伪",例如《孔子家语》《太公兵法》和《孙膑兵法》等。《易传》和《尚书》也是如此。由于中国文化的累层性,上古典籍流传过程中有时难免掺杂后人的文字,但不能以此否定上古文献的存在。我们需要和鼓励做的是层层剥离，还文献以本来面目。在此之前，对于流传下来的材料，宁信其有，勿轻言无。下面谈《尚书》的意义，是建立在唐代孔颖达《五经正义》通行本基础上的。

《尚书》最值得注意的，是他的"上所言，史所书"性质。《汉书·艺文志》说："左史记言，右史记事，事为《春秋》，言为《尚书》，帝王靡不同之。"这种特殊的"记言"，使它成为了"经"。认识中国文化的"治道"性质，非常重要的一点便是区别"经"与"子"，这是在位者言政与不在位者言政的区别，在位者言政有无可争辩的权威性和可执行性，这是不在位者所不可能有的。以今天作比方，主要领导人谈如何"治国理政"，与某权威教授、大牌学者谈"政治学""经济学"，其价值完全不可同日而语。而《尚书》就是主要领导人与他身边的主要谋划者所言的记录，这对于"治学"的价值是不可估量的。《尚书》的文体，有分十类的，有分六类的，从"治理"的角度看，以孔安国（前156—前74）《书大传》所言"典谟训诰誓命之文"，即分为六体最为允当。六体中，"典"是五帝的典籍（"三皇"的典籍叫"三坟"，孔子编《尚书》时没有收录），意思是万世不易的"常道"，《书》中有《尧典》《舜典》。"谟"义为"谋"，是主要大臣的出谋划策，《书》中有《大禹谟》《皋陶谟》。"训"义为"教"，是顾命大臣训教其王的，《书》中如《伊训》《太甲》是商汤大臣伊尹训太甲的，《无逸》《立政》是周公训成王的。"诰"即"告"，也就是告示，《书》中有《汤诰》《大诰》等八篇。"誓"是誓词，是吊民伐罪，进行军事活动前的誓师之言，《书》中有《甘誓》《汤誓》等八篇，当然最有名的是《牧誓》，是周武王在牧野之战，给商纣以最后一击前的誓词。"命"义为令，即国家公布的教令，《书》中有《说命》等九篇。六体之外，重要的还有一篇"范"，即《洪范》。要认识这些文献的重要性，我们可以拿西方近代史上一些经典文献作比。"诰"就好比是美国的《独立宣言》和法国的《人权宣言》，"誓"就好比是林肯的《葛底斯堡演说》，而《洪范》犹如美国的《国家宪法》。这样一比，也许我们可以理解《尚书》的价值了。它的重要性，相较于学者或知识分子撰写的著作，如柏拉图的《理想国》，亚里士多德的《政治学》《伦理学》，洛克的《政府论》，卢梭的《社会契约论》等，不可同日而语。

具体来说，今天读《尚书》，最值得注意的篇目有：《尧典》《舜典》《洪范》。《尧典》提出了国家治理的总方针，也就是后来《大学》里具体化的"修身齐家治国平天下"。《舜典》里提出了国家治理各职能部门的分工、职责和施政重点。《洪范》在字面意义上可以理解为"大纲"，是中国古代最全面最完整的治国方略，是各朝各代治理国家的最高依据。它提出的"初一曰五行，次二曰敬用五事，次三曰农用八政，次四曰协用五纪，次五曰建用皇极，次六曰义用三德，次七曰明用稽疑，次八曰念用庶征，次九曰向用五福，威用六极"，内容丰富全面。孙中山的《建国方略》可能就是对它的模仿。"谟"说明中国古代统治并不是君主一人独断专行，而是认真听取大臣的意见和建议。更难能可贵的是"训"，如《无逸》等篇，大臣甚至可以对君主进行教训。"誓"用于吊民伐罪，当然会历数对方的不是，但由此可见中国人的君民观和治乱观。《禹贡》也不在"六体"之内，这是中国也是世界最早的地理专著。开头的"禹别九州，随山浚川，任土作贡"三句，说明其内容既有人文地理（划分"九州"及"五服"），又有自然地理（主要山川的走向），还有经济地理（各地可"贡"的特产）。辽阔的疆土，丰富的物产，自上而下的政区划分，为几千年中国的"大一统"思想奠定了物质基础。

第三节　《诗经》

《诗》之称为"经"，同样是汉以后的事。此外，说《诗经》，不如说

《毛诗》，因为我们不知道孔子当时给学生讲的《诗》是哪一个版本。秦火以后，西汉讲《诗》的有齐、鲁、韩、毛四家，齐人辕固生、鲁人申培公、燕人韩婴，以及鲁人毛亨和赵人毛苌。前三家讲的是今文《诗》，西汉立为博士。毛亨《诗》据说传自子夏，通过其侄毛苌得以传播。他传的是古文《诗》。至东汉时，三家诗逐渐散佚，只有毛亨的《毛诗诂训传》流传下来，经过郑玄作"笺"，成为正宗。后人谈《诗》一般谈的是《毛诗》。在清代经学的研究过程中，三家诗的辑佚工作受到重视。晚清王先谦著《诗三家义集疏》集其大成，成为研究《毛诗》的重要补充。

《诗》三百零五篇（司马迁《孔子世家》说原本有三千篇，被孔子删了，不大可能，因现存古籍中引《诗》很少有超出三百篇外的），分为风、小雅、大雅和颂四部分。前人有"四始"之说，分别指这四部分的第一首诗：《关雎》为《风》之始，《鹿鸣》为《小雅》之始，《文王》为《大雅》之始，《清庙》为《颂》之始。一般来说，书的第一篇往往会受到较多的关注，因此"四始"之特别被提出是很自然的。

《诗》产生的年代大体从西周初到春秋中期。最早的是《豳风》和《大雅》中的若干篇章，最晚的是《陈风·株林》，前后跨度超过500年。《诗经》是采集的结果，有人说总采集官是周宣王时的大臣尹吉甫（前852—前775），如属实，则《诗经》中公元前775年以后的作品当是后人掺入的，甚至就是孔子补进去的。

关于《诗》，需要了解以下几个方面。

《诗大序》的价值。《毛诗》里最值得注意的是各诗后的小注。一般都很短，只是点明该诗的背景或美刺所在，只有第一首诗《关雎》后面的序特别长，而且可明显分出两个部分，长的部分像是《诗》的总论，短的部分跟别处一样，是对本诗的点评。通常把总论性质的这一部分叫作《诗大序》，把附在每首诗后的短评叫作《诗小序》。传说

《毛诗》是孔子得意弟子子夏传给毛亨的,而《诗大序》正是子夏所作。《诗小序》则是毛公所作。《诗小序》把每首诗都与国君、后妃等联系起来,后人认为不尽可信。朱熹干脆对《诗小序》来了个全部否定。但他没有敢否定《诗大序》,因为不管怎样,《诗大序》是理解《诗经》的一把钥匙。

《诗》的性质。现在通常把《诗经》看作是文学作品。但这是现代人的观点,古人未必这样想。孔子把《诗》列为"六经"之一,许多人觉得不可思议,也不愿接受。但从"六经"的本质是"治道"的角度看就容易理解了。《尚书·尧典》说"诗言志","志"到底是什么?"志"字从之从心,有两个基本义:一是"心之所之",即心所向往(未必实现);二是"之心而止",即"记",记忆、记载。后一义引申出"历史"的意义。"诗言志",其实是两义并用,开始的时候,"记载"义可能更主要。《孟子·离娄下》有一句话:"《诗》亡然后《春秋》作。"细味其中之意,其实是说《诗》与《春秋》有相承接的关系,在《春秋》即各国史书产生前,《诗》起了史书的作用,十五"国风",相当于十五国史,因此孟子接着说:"晋之《乘》,楚之《梼杌》,鲁之《春秋》,一也。"我们知道,中国人认为历史的作用就是为国家治理提供借鉴。《诗大序》说"言之者无罪,闻之者足以戒",就是这个意思。古时只有天子有史,各诸侯无史。《周礼》说天子有五史:太史、小史、内史、外史、御史。其中"小史掌邦国之志,定系世,辨昭穆",可见各诸侯国无史,那么要了解各国情况只有采用"采诗"的方式。因此《汉书·艺文志》说:"古有采诗之官,王者所以观风俗、知得失、自考正也。"《诗》实际成了下情上达的通道。诸侯国之有史,是从春秋时期开始的,有了各国史,《诗》的通道意义就不重要了,而"志"表情志的意义就得到了重视。因此"《诗》亡然后《春秋》作"实际包含两重意思,一是"史志"性的《诗》亡,二是文学性的《诗》自《春秋》以后开始了。《诗经》的性质既是如此,我们读《诗》也要有两种角度,一是经学角度,一是文学角度。

"诗有六义"的再认识。读过《诗经》的人都知道"诗有六义",这个说法出自《诗大序》:"故诗有六义焉:一曰风,二曰赋,三曰比,四曰兴,五曰雅,六曰颂。"通常的解释是,风雅颂是风格或体裁的分类,赋比兴是艺术创作手法。这种说法恐怕是有问题的。因为"六义"是个统一体,内部应该是并列的,为什么要分为两截?而且即使要分,为什么又要把"风"与"雅、颂"隔开放在两处?此外,在"文学"概念尚未产生的时候,提出三种"创作手法"与诗体三种分类放在一起也有点不伦不类。我想,关键在于两点,一是"义"应该有统一的解释,二要结合《诗》是"六经"即"治学"组成部分的性质。从治学的角度看,六义其实是六种实施教化的手段。《诗大序》只提到三种,说"风"是"上以风化下,下以风刺上,主文而谲谏","雅"是"雅者,正也,言王政之所由废兴也。政有小大,故有小雅焉,有大雅焉","颂"是"美盛德之形容,以其成功告于神明者也"。郑玄在注《周礼·春官·大师》时才把六者统一起来了,说:"风,言贤圣治道之遗化也。赋之言铺,直铺陈今之政教善恶。比,见今之失,不敢斥言,取比类以言之。兴,见今之美,嫌于媚谀,取善事以喻劝之。雅,正也,言今之正者,以为后世法。颂之言诵也,容也,诵今之德,广以美之。"这段话是值得参考的。总结起来可以这么认为:"风"是委婉地反映教化的效果;"赋"是直接批评政教之不足;"比"是通过比方来批评政教的失误;"兴"是借他事美化政教的成效;"雅"是正面讲政治的得失,其中小雅主要是"失",大雅主要是"得";"颂"则是歌颂先王的成功。这样就把对"六义"的理解统一起来了,六者都既是诗体,也是创作手法。只是到了孔子编《诗》时,赋比兴作为诗体的意义淡化了,于是只留下了风雅颂三体,而雅又依基本内容分成了小雅和大雅。

《诗》的功能。《诗》,作为"志",它有下情上达功能;作为"艺",它又有教化功能。这是西周时期诗的主要功能。到了孔子所处的春秋晚期,《诗》的功能有相当一部分已为《春秋》之类的诸侯国史书所取代,它的功能有了新的变化和发展。《论语·阳货》里记载了孔子的一段话,可说是对诗的功能的最好概括:"诗,可以兴,可以观,可以群,可以怨。迩之事父,远之事君;多识于鸟兽草木之名。"也就是说,诗的功能包括六个方面。这六个方面可以分为三组。第一组是"兴"和"怨",这是表达思想感情的两个方面,一是积极的,一是消极的。积极的是对美好事物的赞赏,消极的是对丑恶事物的批评和怨恨情绪的发泄,二者可合称为诗的表情功能。第二组是"观"和"多识于鸟兽草木之名","观"是观察社会,"识名"是观察和认识自然,当然也可以拓展到其他事物。这两者合起来是诗的认知功能。第三组是"群"和"事父事君"。"群"就是社交,指参与社会活动或社会事件,"事父事君",是服务于家庭和朝廷。两者合起来,可称为诗的交际功能。三大功能的表现当然各不相同。"兴、怨"是诗人创作时的态度,但对采诗以了解民情是极好材料,在西周时作用较大。春秋时诗的社交功能更为重要,特别是用在外交场合。引用者甚至不管诗作原来的内容和意义,只是引章摘句来表示自己的意思。所谓"引诗断章,吾取其义","断章取义"这一成语就是由此而来的。《左传》里有许多引诗外交故事。当时,如果一个人要为国家服务,特别是在外交场合折冲樽俎,不熟悉诗几乎寸步难行。因此孔子教导他儿子说:"不学诗,无以言。"他是这样教儿子的,也是这样教学生的。

"观"在古时候的一个重要作用是"观诗明志",让人诵一首诗,可以看出这个人的志向。我们现在主要是通过诗,观察了解古代社会。譬如《豳风·七月》,这是《诗经》中最长的一首诗,而且恐怕也是最古老的一首诗,几乎可说是三千年前一幅生动的风俗全景画。清代姚际恒《诗经通论》评论说:"鸟语虫鸣,草荣木实,似《月令》;妇子入室,茅绹升屋,似《风俗书》;流火寒风,似《五行志》;养老慈幼,跻堂称觥,似庠序礼;田官染职,狩猎藏冰,祭献执宫,似国家典制书。其中又有似采桑图、田家乐图、食谱、谷谱、酒经:一诗之中,无不具备,洵天下之至文也!"凡春耕、秋收、冬藏、采桑、染绩、缝衣、狩猎、建房、酿酒、劳役、宴飨,无所不写,"无体不备,有美必臻,晋唐后陶、谢、王、孟、韦、柳田家诸诗,从未臻此境界"。这也是我们今天读诗最重要的意义。

第四节 "三礼"与乐

"五四"新文化运动反孔反儒,矛头尤其集中在反所谓的"封建礼教",加上鲁迅《祝福》、巴金《家》等文学作品的渲染,"礼"的名声被搞臭了,几乎到了谈"礼"色变的程度。其实礼的本质就是秩序。国家治理的终极目标是"天下大治",也就是使整个世界井然有序(put the whole world in good order)。因此礼实际上是"治道"的核心。"礼"的精神也就是中国"治学"的精神。对中国传统文化的研究,由于受西方学术影响,被肢解为文学、哲学等,因此《诗经》《周易》《左传》等研究的人都不少,而最具"治学"精神的《尚书》《礼》反而不受重视。今天应该认真补上这一课。

《礼》有"三礼"之说,分别指《仪礼》《周礼》《礼记》这三部书。严格地说,《仪礼》《周礼》是正经,而《礼记》只是"传记"。《仪礼》《周礼》的作者传说都是周公,而《礼记》的作者是"七十子后学",即孔子的弟子及再传弟子。大致是可信的。《论语·八佾》记载孔子说:"夏礼,吾能言之,杞不足征也;殷礼,吾能言之,宋不足征也。文献不足故也。足,则吾能征之矣。"又说:"周监于二代,郁郁乎文哉!吾从周。"在《论语·为政》中又说:"殷因于夏礼,所损益可知也;周因于殷礼,所损益可知也。其或继周者,虽百世,可知也。"可见他对于夏代和殷代的礼只是部分熟悉,对周代的礼却是非常熟悉且有把握。

三部书都曾被称作《礼经》。最早是《仪礼》。孔子用作教材进行教学的《礼》就是《仪礼》。为什么不可能是《周礼》?因为《仪礼》讲的是自天子至士的日常行为规范,《周礼》讲的是国家制度设计,孔子办学,把王官之学推向民间,但作为诸侯国的一般大夫,毕竟不宜把国家制度设计作为教材。因此西汉立五经博士,礼经用的就是《仪礼》。

《周礼》没有被孔子用作教材,因此流传不广。直至汉景帝时河间王刘德重新发现,献之于上(刘德搜书、献书甚多,为保存古代文献立下大功,故谥号为"献",后人又称其为"河间献王"),因残缺"冬官"一篇,后人以《考工记》补上。当时的书名叫《周官》。但因这个名称与《尚书》中的《周官》相重,因此后来又称《周礼》,一书两名。王莽代汉,曾严格地按《周礼》来施政。东汉继立,以《周礼》取代《仪礼》,立为博士。在此之前,《周礼》也曾取得过《礼经》的名称。《大戴礼记》说:"礼经三百,威仪三千。""礼经"指的就是《周礼》,因《周礼》设官三百六十,"三百"是其约数。"威仪"指《仪礼》,"三千",极言礼仪之繁琐。这也是《仪礼》之"仪"得名之由来。

到了唐代,唐太宗命孔颖达作《五经正义》,其中《礼经》的代表既非《周礼》,亦非《仪礼》,而是《礼记》。为什么是《礼记》?可能跟《周礼》《仪礼》过于繁琐、不切实际有关,也与孔颖达本人特别熟悉《礼记》有关。《礼记》有《大戴礼记》《小戴礼记》之分。其书之成,开始是孔子殁后,孔门弟子相约共同记述所见所闻,以成一书。秦火之后河间献王从民间访得,其时共131篇。后刘向进行整理,又加入其他途径访得的材料,合共214篇。戴德删其烦重,余85篇,为《大戴礼记》。其侄戴圣又删为46篇,为《小戴礼记》。后来马融又加入《月令》《明堂位》《乐记》三篇,成了孔颖达所收的《礼记》。从这一过程来看,"十三经"只收《礼记》不收《大戴礼记》是不完整的。今天的经学研究,应该加入。

关于"礼乐",值得讨论的是以下几点。

《周礼》是国家治理的顶层设计,在"治学"中有重要的意义。周公"制礼作乐",这是最重要的一部。虽然其后有许多人表示怀疑,因为周代实际的政治体制并非如此,夏、殷更没有先例;又因在河间献王献书前此书无人提及,有人甚至怀疑是伪书。其实不然,周代之没有施行,是"非不为也,是不能也"。《尚书大传》总结周公辅佐成王的事迹时说:"周公摄政,一年救乱,二年克殷,三年践奄,四年建侯卫,五年营成周,六年制礼作乐,七年致政成王。"他是在完成周初的基本治理、社会安定之后才"制礼作乐"的,完成后即还政成王,没多久就去世了。亲政后的年轻天子总要有所作为,没有采纳周公的一套制度完全是正常的,因之显得周公的设计成了纸上谈兵,这是没办法的事。汉代实行"三公九卿"制,虽然源于《尚书·周官》,但其中也有《周礼》的影子,东汉后更是如此。唐代起实行"三省六部"制,其"六部"即"吏、户、礼、兵、刑、工",六部之设与《周礼》"六官"("天官冢宰、地官司徒、春官宗伯、夏官司马、秋官司寇、冬官考工记")完全一致。六部制一直沿用到清代,是中国古代国家治理的基本制度。因此,《周礼》的重要意义在于,早在三千年前,统治者就意识到国家要有个总体制度设计,而且提出了一个完美的(或者说"理想的")设计方案,这是非常了不起的。根据《易》的精神("简易、变易、不易"),各朝各代有所更改,都是正常的。《周礼》设官非常详密,也为我们观察古代社会乃至古代社会结构,提供了有益的启示。不少人相信《周礼》是战国时期产生的,其实这完全不可能。国家制度的顶层设计只有在国家统一且强大的背景下才能进行,此前只有三个时期具备这种条件,一是周初,二是秦初,三是汉初,战国时期完全无此条件。但秦朝太短，汉朝太晚，只有周初是合理的推想。尽管其文本不一定与现在所见的一样，但基本思路肯定是那时的。

　　《仪礼》除了前面提到的名称之外，还有两个别名，一曰《士礼》，一曰《曲礼》。前者来源于第一篇的名称《士冠礼》，后者本是《礼记》的第一篇篇名，但同书的《礼器》篇有"曲礼三千"之说，指的就是《仪礼》。这个"曲"，义为"事"，即从事、践行之意，说明《仪礼》是古代实际实施之礼。观孔子后战国诸家著作多引《仪礼》，如《墨子》《荀子》《庄子》等，可知孔子当日所教，而且让学生练习的，就是《仪礼》。"士礼"的名称不确，虽然《仪礼》第一篇是"士"冠礼，但全书讲的不只是"士"礼。现在《仪礼》十七篇，为"士冠礼第一，士昏礼第二，士相见礼第三，乡饮酒礼第四，乡射礼第五，燕礼第六，大射礼第七，聘礼第八，公食大夫礼第九，觐礼第十，丧服第十一，士丧礼第十二，既夕礼第十三，士虞礼第十四，特牲馈食礼第十五，少牢馈食礼第十六，有司彻第十七"。若按"士礼"的说法，则"一、二、三、五、十二、十三、十四、十五"八篇属士礼，"四、十六、十七"三篇属卿大夫礼，"六、七、八、九"四篇是诸侯礼，第十篇是诸侯见天子礼，第十一篇则适用于各阶层。实际上，《仪礼》包含了古代"冠婚丧祭燕射朝聘"八礼。前四项涵盖了个人生活的全部，后四项则是从乡大夫到诸侯天子各级之礼，也是几千年社会生活礼仪的基础，汉初叔孙通制礼，就是在这基础上进行的。由于"仪礼三千"，实施起来可能不胜其烦，因此根据"易"的精神，后代不断有所改变、删减，后来司马光、朱熹等制"家礼"，也在这基础上作增减。"五四"反封建反的是宋代以后程朱理学的"礼教"，但追根溯源，要了解"礼"在中国历史上的功过，还是得回到《仪礼》。

　　《礼记》不是正经而是传记，是"七十子后学"的作品。同样作为"记"的《论语》《孔子家语》，主要记载孔子言行，《礼记》的范围要宽得多,而且有明显的针对对象,即《仪礼》。这也是为什么我们相信孔子讲学的"礼"是《仪礼》的原因。《礼记》中很多篇目从标题看就与《仪礼》有着对应性,如《冠义》对应《士冠礼》、《昏义》对应《士昏礼》、《乡饮酒义》对应《乡饮酒礼》、《射义》对应《乡射礼》、《燕义》对应《燕礼》、《聘义》对应《聘礼》等。此外,《礼记》还有些篇目可与《周礼》相参照,如《王制》《礼运》《礼器》等,可见虽然孔子未以《周礼》为教材,但学生们还是读到了。《礼记》中还有些内容是在二"礼"之外的,如《乐记》《学记》《檀弓》《表记》《坊记》《经解》等,从中可见很多古代的文献资料。而《哀公问》《仲尼燕居》《孔子闲居》《儒行》几篇,刻画了更为立体的孔子和儒家形象。《礼记》中的《大学》《中庸》两篇后来被朱熹专门抽出来,与《论语》《孟子》合为"四书",在元以后产生了极大的影响。此外,从文章学的角度看,《礼记》中的有些篇目也很值得关注,如《檀弓》。前人曾说,以文章而论,《国语》不如《左传》,《左传》不如《檀弓》。苏轼就从中获益不少。

礼与乐。由于《乐经》佚失,"六经"到汉以后只剩下"五经"。《礼记》里有一篇《乐记》,有人认为这可能就是佚失的《乐经》,有人不同意,认为《乐记》的篇幅太小,与其他五经不相称。但我觉得不能排除这一可能。一是乐包括舞,是视听艺术,乐谱舞谱记载技术未必成熟,而乐艺舞艺师徒相传,就如现在之非遗项目,传承一断,技艺也就绝了。二是周代官学教授"六艺","六艺"中的"乐"指"六乐",即黄帝时的《云门大卷》、帝尧时的《咸池》、帝舜时的《大韶》、大禹时的《大夏》、商汤时的《大濩》和周武王时的《大武》六套乐舞。周公制礼作乐,他修订了《大武》,创作了《勺》。孔子自称听过韶乐,称其尽善尽美。但没有说他听过其他几乐,很可能到他那时已经失传,或者只存在于周王宫廷里,他无缘听到。因此他教的"乐",只能是一般诸侯大夫之乐,也就是"雅、颂":"吾自卫反鲁,然后乐正,《雅》《颂》各得

第一章 "经部"概说　31

其所。"还有他对"乐"理论的阐释。这个理论部分,《乐记》已足以当之。至于篇幅太少,我们不要忘记,《春秋》如果去掉"三传",正经部分不见得比《乐记》长多少。只是《乐记》不是《乐经》原文,只是七十子之"记",但内容大致可信。战国时荀子也写过《乐论》,内容甚至文字都与《乐记》相似。司马迁《史记·乐书》则全据此二文而作。由此我们可以明白以下几点:第一,乐与礼的关系,两者具有几乎同样的重要性,成为整个礼"治"的核心。孔子说:"移风易俗,莫善于乐;安上治民,莫善于礼。"班固《汉书·礼乐志》则指出了两者对于"治道"的相辅相成关系:"乐以治内而为同,礼以修外而为异;同则和亲,异则畏敬;和亲则无怨,畏敬则不争。揖让而天下治者,礼、乐之谓也。二者并行,合为一体。畏敬之意难见,则著之于享献辞受、登降跪拜;和亲之说难形,则发之于诗歌咏言、钟石管弦。盖嘉其敬意而不及其财贿,美其欢心而不流其声音。"第二,诗、歌、乐、舞的一体性。最早提出这一关系的是《尚书·舜典》。舜命夔作"典乐",说:"诗言志,歌永言,声依永,律和声。八音克谐,无相夺伦,神人以和。"这是中国人对诗歌音乐的最高评价,指导了中国人三千多年。《诗大序》进一步发挥说:"诗者,志之所之也,在心为志,发言为诗。情动于中而形于言,言之不足故嗟叹之,嗟叹之不足故永歌之,永歌之不足,不知手之舞之,足之蹈之也。"并对音乐的社会作用作了极高的评价:"治世之音安以乐,其政和;乱世之音怨以怒,其政乖;亡国之音哀以思,其民困。"由于诗乐合一,因此在《诗》的记事功能为《春秋》取代后,《诗》《乐》的理论成了指导后世文学艺术的最高理论。

第五节 《春秋》三传

《春秋》三传中,《春秋》是经,"三传"是传。《春秋》之所以成

"经",是因为其为孔子所作。"六经"中有四经的原始作者都是"圣人",实际的最高统治者:《易》为伏羲、文王、周公所作,《书》记尧、舜、禹、汤等的事迹,《礼》《乐》都是周公所作。只有《诗》《春秋》是孔子所作,《诗》是他选编的,《春秋》是他整理定稿的。从国家治理的角度看,相比于前四经,这二经的权威性要差一些。《春秋》尤其如此,而且体现了孔子的无奈。前五经都是以天子为中心,而《春秋》却没能以周王室的史记为基础,而是以诸侯国鲁国的史记为基础编写。这是孔子所处地位决定的。因此后人认为孔子是"以庶人之位,行天子之事",给了他一个"素王"的美称。而孔子自己也有点惴惴不安。《孟子·滕文公下》说:"《春秋》,天子之事也。是故孔子曰:'知我者,其惟《春秋》乎!罪我者,其惟《春秋》乎!'"

"三传"的作者分别是左丘明、公羊高和谷梁赤。其中左丘明是孔子同时代人,生卒年不详。有的资料上说是前556年至前451年,则比孔子大5岁,晚死28年。他曾任鲁国的太史,与孔子亦师亦友。传说他曾与孔子一起去周王室查阅史料档案,归来后孔子以鲁史为基础,参照周王室和各国史料作了《春秋》,他则为之作"传"。他晚年在失明的情况下又撰写了《国语》,因此司马迁《报任安书》说:"左丘失明,厥有《国语》。"关于他的姓,有人说单姓"左",有人认为跟另两位传者一样,复姓"左丘"。但从书名叫《春秋左氏传》《春秋公羊传》《春秋谷梁传》,而没有"《春秋左丘传》《春秋公氏传》《春秋谷氏传》"的说法看,当以前者为是。公羊高和谷梁赤都是孔子学生子夏的弟子,他们没有像左丘明那样亲自经手过丰富的史料。如果说《左传》是在传与撰之间,那么《公羊传》《谷梁传》更偏重于"传",即对字句的解释,这使"三传"表现出很不同的风格。试以鲁哀公十四年的一条《春秋》经文与三传为例:

【经】十有四年,春,西狩获麟。

【左传】十四年,春,西狩于大野,叔孙氏之车子钼商获麟,以为不祥,以赐虞人。仲尼观之,曰:"麟也。"然后取之。

【公羊传】十有四年,春,西狩获麟。何以书?记异也。何异尔?非中国之兽也。然则孰狩之?薪采者也。薪采者,则微者也。曷为以狩言之?大之也。曷为大之?为获麟大之也。曷为为获麟大之?麟者,仁兽也。有王者则至,无王者则不至。有以告者,曰:"有麕而角者。"孔子曰:"孰为来哉!孰为来哉!"反袂拭面,涕沾袍。颜渊死,子曰:"噫!天丧予!"子路死,子曰:"噫!天祝予!"西狩获麟,孔子曰:"吾道穷矣。"

【谷梁传】十有四年,春,西狩获麟。引取之也。狩地,不地不狩也。非狩而曰狩,大获麟,故大其适也。其不言来,不外麟于中国也。其不言有,不使麟不恒于中国也。

经文简略,只有一句。《左传》文字通常大大多于《公》《谷》二传,这里却特别简单,只是交代具体获麟之人及处理过程。《公羊传》《谷梁传》则在"狩"字的使用上大做文章,以见其有"微言大义"。史上一直有《春秋》"绝笔于获麟"之说,主要是依据《公羊传》的这一条,而《公》《谷》二书的内容也到这一年为止,甚至历史上的"春秋时代"也以这一年即哀公十四年(前481)作为终止之年。而《左传》却一直写到哀公二十七年(前468)。《春秋》记事始于隐公元年(前722),迄于哀公十四年(前481),共242年,而《左传》要多出13年。孔子卒于哀公十六年(前479),因此这13年的《春秋》可能连经文也是左丘明补作的。

关于《春秋》及三传,还需了解以下几点。

《春秋》三传成为"经",完全是因为孔子。《春秋》在"治学"上的价值可从孟子"《诗》亡然后《春秋》作"一语中得到启示。《诗》之风、雅实际上是通过描写民间的实际生活起到对国家治理的反馈作用，《春秋》则以记载史实、以历史上治理的得失作为当代及后世治理的借鉴，可说是中国史学"以史为鉴"理论的最早实践。因此晋朝的范宁说："成天下之事业，定天下之邪正，莫善于《春秋》。"《诗》有"美""刺"，继承《诗》传统的《春秋》则有"褒""贬"。而它的"褒""贬"是通过用字来实现的，史称"笔法"。例如上面引的"西狩获麟"中的"狩"字。又如《春秋》第一篇经文"郑伯克段于鄢"，称"郑伯"，而《左传》称"庄公"，其中就有"微言大义"。而"克""段"的用字也有深意，所谓"一字之褒，宠逾华衮之赠；片言之贬，辱过市朝之挞"。三种"传"都是传《春秋》的，但侧重点不同，各有短长。范宁有个综合评价，一般认为是比较公允的："《左氏》艳而富，其失也巫。《谷梁》清而婉，其失也短。《公羊》辩而裁，其失也俗。"从"《春秋》大义"的角度看，《公羊传》《谷梁传》值得重视。现在人们一般只注意《左传》，这是过于从文学角度出发的缘故。

　　作为"经"，《春秋》体现的主题可以用四个字来概括："尊王攘夷。""尊王"的最高目标是"大一统"，"攘夷"的主要主张是强调"华夷之辨"。这些在"三传"特别是《公羊传》《左传》里都有体现。这与《春秋》所处的时代有关。《易》《书》《诗》《礼》讲的治理都是"天下"的治理，春秋时代由于周王势弱，诸侯力强，怎么正确治理"国"以及处理与"天下"的关系就成了一个突出的问题。"尊王攘夷"的提出，有效地解决了这一问题，"尊王"是对内的，"攘夷"是对外的，这一思想的提出对维系中华民族日后数千年的强大统一，特别是文化上的高度统一，起了重要的作用。这两个主张都是管仲提出的，他以此辅佐齐桓公成就了春秋时代的第一个霸业，同时奠定了春秋时代五百年思想文化的基调。

　　根据《汉书·艺文志》"左史记言，右史记事，事为《春秋》，言为

《尚书》"的说法,《春秋》和《尚书》应该是可以对读、互相印证的。可惜它们是两个时代的书,起不到这样的作用。而《左传》和《国语》倒是合适的一对。一则两书为同一作者所作。二则所记时代大体相同,《国语》上起周穆王十二年(前964)西征犬戎(约前947),下至智伯被灭(前453),上限比《左传》早,下限比《左传》晚。三则《左传》重在记事,《国语》重在记言,正好成为一对。两书对照阅读,可以更完备地了解这一时期的历史。但由于历史的原因,尽管两书都在诸侯国一级的层面,不能跟《尚书》比,但一者侥幸成了"经",一者只是"古史",受到的重视程度是不一样的。然而从"治学"的角度看,诸侯国层面的治理也能为国家治理提供丰富的启示。《左传》和《国语》中描写了许多重要的政治、外交、军事、经济事件,刻画了许多重要的政治家、外交家们的活动(《古文观止》所选,多有这方面的),如齐国的管仲、晏婴,郑国的子产,晋国的叔向等。

  《左传》开创了史、文结合传统。在《左传》以前,我们基本上没有看到过生动的人物描写和完整的情节(如战争场面)描写。"九经"中,除了《礼记·檀弓》(大致与《左传》同时或稍晚)中有一些短小的篇章,没有出现过什么生动的情节描写、人物描写、对话描写。而《左传》中竟然出现了后世小说才有的这种种描写,有时甚至使人怀疑,作者怎么知道人物的内心独白和私密对话?譬如《左传·宣公二年》写晋灵公派鉏麑去刺杀赵盾,鉏麑到了后,见赵盾因上朝时间还未到,穿好了礼服在那里闭目养神,叹息说:"不忘恭敬,民之主也。贼民之主,不忠;弃君之命,不信。有一于此,不如死也。"于是"触槐而死"。有人就问,既然鉏麑已经自杀了,他那些心理活动有谁知道,说的话又有谁听见?可见《左传》实际运用了后世小说虚构性(fictitious)描写的手法。从现代严格的科学眼光看,这样做也许是不合史学精神的,但从中国史学的目标"资治"出发,这又是可以接受甚至鼓励的,因为它能达到更好的效果。后来司马迁开创纪传体史学,就是受到了《左传》的启发。两书的影响,造成了中国史学"文、史"合一的传统。优秀的史学作品往往也是优秀的文学作品。

第六节 《孝经》与"四书"

"九经"之外,"十三经"里还有《孝经》《论语》《尔雅》《孟子》。前三部在汉代都属于所谓"小学",就是给儿童学习的课本,说明了它们的基础性和启蒙性,并不算重要的"经"。后来《尔雅》单独发展,形成了"雅学",内容从训诂扩展到文字、音韵,统一的名称也叫"小学",成了独立的学问,我们放到后面单独讲。《孝经》在汉代极受重视。"以孝治天下"甚至成了汉朝的口号。两汉多位皇帝的谥号中都有一个"孝"字,如汉文帝、汉武帝等实际应该是汉孝文帝、汉孝武帝。《孝经》在唐代也极受重视,唐玄宗李隆基甚至亲自给《孝经》作注,这是"十三经"中唯一享受这一待遇的。但《孝经》毕竟属于"小学",未能入"五经"之列。《论语》《孟子》加上从《礼记》抽出来的两个单篇《大学》和《中庸》,被朱熹编成"四书",加以章句集注,作为理学教科书。朱熹晚年受打击,他主张的理学也被斥为"伪学"。但他去世后,"四书"的影响却越来越大。元仁宗皇庆二年(1313)"四书"连同朱注被规定为科举考试用书,直到 1905 年废科举前,"四书"都在中国政治生活中起着绝对重要的作用。朱熹编"四书"时也许没有想到以之取代"五经",本意可能只是将之作为一个入门的阶梯,由此导向"五经",但实际上,在中国封建王朝的最后 600 年中,"四书"却起着比"五经"重要得多的作用。至于中国周边国家如朝鲜、越南、日本等接受的所谓"儒学",可能更多的是"四书"之学,而不是"五经"之学。到了新文化运动时期,激进的年轻人高呼的反儒反孔、"打倒孔家店"

口号,实质上打的是以"孔家店"面貌出现的"朱家店"。

关于《孝经》和"四书",我们想提出以下几点。

《孝经》的意义。《孝经》与《论语》一样,不是"经",而是"记"。《孝经》的"经"与"六经""五经"的"经"是后来加上去的不一样,它本来就是书名的组成部分,来自该书《三才章》里孔子的一句话:"夫孝,天之经也,地之义也,民之行也。"成语"天经地义"就出于此,意思是天地自然的规律。作为"记",它记载的主要是孔子的言行,因为对七十子来说,这是最直接的。不同之处在于,《论语》是众多弟子及再传弟子汇集他们所闻知的孔子的言行,而《孝经》却只是曾子一人与孔子的对话。《论语》结构松散,许多语录没头没尾,《孝经》却似一组首尾完整的系列文章,内部可以看出明显的结构。今日所见唐玄宗注本《孝经》共十八章:"开宗明义章第一;天子章第二;诸侯章第三;卿大夫章第四;士章第五;庶人章第六;三才章第七;孝治章第八;圣治章第九;纪孝行章第十;五刑章第十一;广要道章第十二;广至德章第十三;广扬名章第十四;谏诤章第十五;感应章第十六;事君章第十七;丧亲章第十八。"有人甚至认为这个对话并不是曾子问孔子答,而是孔子本人挑起的话题,循着他本人的思路在叙说,应该看作孔子本人的作品。《孝经》的主要内容当然是谈"孝"在各个社会阶层的实施,重在行。因此孔子说:"吾志在《春秋》,行在《孝经》。"《孝经》的宗旨是第十四章中的一句话:"君子之事亲孝,故忠可移于君;事兄悌,故顺可移于长;居家理,故治可移于官。是以行成于内,而名立于后世矣。"即移孝作忠,通过治家来达到"天下治"。这样,我们看到了一个"治道"的递降系列:《春秋》外的"五经"讲"平天下",《春秋》讲"治国",《孝经》讲"齐家"。那么接下来就应该讲"修身"了? 对的,这就是《论语》及在此基础上的"四书"。

"四书"的顺序,现在通常是《大学》《中庸》《论语》《孟子》,这是为了排印的方便,因《大学》《中庸》的篇幅都较短,便于合在一起。朱熹当时的顺序却是《大学》《论语》《中庸》《孟子》,这是有讲究的,也是按时代的先后。《大学》定为孔子作经,曾子作传,排第一;《论语》是孔子的弟子及再传弟子所作,排第二;《中庸》定为曾子的学生、孔子的孙子子思所作,排第三;而孟子是子思的再传弟子,故《孟子》排在最后。孔门弟子中最优秀的是颜渊。因此后来文庙中在孔子左右配享从祀的"四圣"——复圣颜渊,宗圣曾参,述圣子思,亚圣孟轲,实际上是"四书"造成的。在四圣中,孟子名列最后,但由于这个"亚"字引起了一些误解。中译英时不少人将"亚圣"译成"the second sage",好像他是仅次于孔子的"二圣人",这是不对的。其实孔子本人也排不上"首圣"。儒家八圣,尧、舜、禹、汤、文王、武王、周公、孔子。前六位都是执政者,周公是摄政者,他们是除《春秋》外五经的真正作者。孔子从未当过执政者,但他编定"六经",包括撰写了《春秋》,行的是"天子之事",因而也列入八圣名单,实际只能算是"准圣人"。后来"圣"字的用法扩大,凡在某一领域有极高成就的人,都被称为"圣",如武圣、书圣、诗圣、画圣等,包括孔庙配祀的四圣,都是尊崇的说法。

区别"圣"与"贤"、"经"与"传记",是区别四书和五经,以及理解四书真正意义的重要一环。因为"圣"与"贤"的区别是在位者与不在位者,在位者可以做到"吐辞为经,举足为法";而不在位者只能靠说理和个人魅力产生影响。孔子作为介于二者之间的"素王""准圣",地位其实是很尴尬的,尽管他述的都是圣人的大道理,但最终结果还是"道不行"。以他领衔的"四书",与他整理的"六经"根本不在一个层面上。以四书作为学习"六经"的阶梯是可以的,但前者不可能取代后者。朱熹以"圣人"作为毕生志向,但他的地位实际还远远不如孔子,在政治上碰壁是必然的结果。因为你说的话再有道理,听不听、执行不执行却是后世圣人即历朝帝王的事。绍熙五年(1194)八月,朱熹走上了他人生的巅峰,受任焕章阁待制兼侍讲,得到了直接向皇帝进言的机会。九月,朱熹于行宫便殿奏事。第一札要宋宁宗正心诚意,第二札要宋宁宗读经穷理。十月十四日,朱熹奉诏进讲《大学》,反复强调"格物、致知、诚意、正心、修身、齐家、治国、平天下"八目,希望通过匡正君德来限制君权的滥用,引起皇帝宋宁宗和宰相韩侂胄的不满,在朝仅46日,便被罢免。

发现《大学》重要价值的第一个人不是朱熹,而是唐代的韩愈;同样,发现《中庸》价值的第一个人也不是朱熹,而是北宋的程颐,甚至早在汉代就有了《中庸》的单独注本,不过没有流传下来。朱熹第一个把这两篇抽出,与《论语》《孟子》合成四书,作为儒学的教材。四书的灵魂和核心是《大学》,特别是其中所谓的"三纲八目"。这些都在《大学》第一段,即所谓的"经"里。"三纲"是"明明德、亲民、止于至善","八目"是"格物、致知、诚意、正心、修身、齐家、治国、平天下"。在"三纲八目"之后,紧接着的话是:"自天子以至于庶人,壹是皆以修身为本。其本乱而末治者,否矣。"从而把"三纲八目"归结到"修身"上,而且自天子到庶人一视同仁。这样的话"天子"可以说,"庶人"却不能轻易说。朱熹所上的前二札没有问题,但在侍讲时却傻乎乎地要皇帝"修身",那就难免触龙鳞了。

《大学》的钤键在"修身",《论语》的核心也在"修身"。孔子谈得最多的是"仁"。《论语》中"仁"字出现109次,是第一高频字,可见这是孔子思想的核心。大家都要讲"仁",也就是"自天子以至于庶人,壹是皆以修身为本"。西方人研究孔子,说孔子哲学其实是道德论、伦理论,也是关注到了这个"仁"字。孔子讲"治",重点是"德",所谓"德治",就是统治者以身作则,即"为政以德"。"政者,正也。其身正,不令而行;其身不正,虽令不从。"这是把"治理"与"治理者"的人品联系起来的开始。为什么"六经"很少讲"仁",而孔子大讲

"仁"？因为"六经"是在位者所作，重在执行力和效果。孔子不是在位者，他在以"六经"教育学生时除了评价其政策得失，肯定会涉及统治者的人品，以及希望执政者和有望执政者如何如何。《论语》中一口一个"君子"当如何如何，"君子"者，"君"之"子"，也就是未来的执政者。《论语》中反复强调这一点，可谓苦口婆心。也因此，拉开了它与"六经"的距离。《论语》三大主题，谈"仁"，谈"为政"，谈"为学"，三者互相关联，体现了孔子办私学，传"经"授"道"的苦心，也成为孔门之学（以后的儒学）的重要特色。

《中庸》的内容似乎断成两截，上半截的关键词是"中"，下半截的关键词是"诚"。但在两截之间却有一段长长的"哀公问政"和孔子的回答，其核心词是"修身"。其中一段话把修身看作国家治理的前提："好学近乎知，力行近乎仁，知耻近乎勇。知斯三者，则知所以修身；知所以修身，则知所以治人；知所以治人，则知所以治天下国家矣。"接下去的一段"凡为天下国家有九经"中，更是把"修身"放在"九经"之首的位置。下半截讲"诚"，而第一句却是"诚身有道"。"诚身"就是"择善而固执之"，也就是"修身"。那么，认为《中庸》的核心是"修身"也是没有问题的。

孟子的生活时代是战国中期，去孔子已远，从师承来看，是从孔子开始的第五代。他的学说本属于"子"，非但不是"经"，甚至也不是"传记"。但他自称是孔子私淑弟子，说明他继承孔子的自觉愿望非常强烈。他的思想也确实体现了对孔子的继承，但不可避免地带有战国时期的特色。《孟子》一书的重要内容有三：第一，孔子讲"仁"，孟子在此基础上发展出"性善论"；孔子谈"义"，孟子在此基础上强调"义利之辨"；他更把孔子的"仁"扩展为"仁义礼智""四端"。说明其学说越来越以"修身"为核心。第二，"五经"讲"王道"，《春秋》讲"霸道"。"五经"的"王道"是治天下之道，《春秋》的"霸道"是"尊王攘夷"的"大一统"之道。《孟子》的"王道"是"仁政",相应的"霸道"对内是暴政,对外是不义之战。而实行"王道"还是"霸道"在统治者的一念之间。这也是由"治"向"修"的转化。第三,孔子的"修身"首先是对统治者的要求,孟子却主动把对圣人的要求放到了一般诸侯身上,所谓"人皆可以为尧舜"是指他的言说对象(曹君之弟曹交)。他著名的"天将降大任于是人也,必先苦其心志,劳其筋骨,饿其体肤,空乏其身……"一段话,列举圣人舜与傅说、胶鬲、管夷吾、孙叔敖、百里奚等例子,体现了强烈的普通人可以通过努力改变命运的思想。这种思想有利于促进民族精神的提升,但对治理者的要求却相对淡化了。

从上面对"六经""四书"的梳理可以发现,从国家"治理"的角度看,其间有个变化过程。"六经"的主角是"圣人"和王官,因此讲的是"治"本身的目的和方法。孔子以"素王"的身份整理六经并开办私学,将王官之学传到一般的"士"中间,从总结历史经验的角度发现了"治理者"本身德行对"治理"的重要性,因而强调"修身"是为治之本。他的重点在于希望治理者能"正己以正人"。孟子把"修身"的对象扩大了。朱熹把《大学》《论语》《中庸》与《孟子》一起编成"四书",并作了"章句"和"集注",实际上是按个人主观意思对其进行了改造。其中"章句"改得尤为严重。清代学者汪中(1744—1794)的《述学·补遗·大学平义》指出了三点:第一,强分为经传,定第一章"大学之道"为孔子所说,是"经",后十章是"传",但毫无根据;第二,孔子强调"因材施教",教非一术,答无一同,但《大学》过于强调"壹是",没有了灵活性;第三,强行补上了"格物致知"一章,而这是原文没有的。以重释后的《大学》作为整个儒学之纲,带来的变化是,在孔子那里,"修身"是对天子诸侯等的要求,目的是以身作则,推行德治,实现"齐家、治国、平天下"。到了朱熹这里,一方面,由于强调"自天子以至于庶人,壹是皆以修身为本",但管不了"天子"(他自己曾对皇帝讲《大学》,强调修身,结果碰得灰头土脸),只能管"庶人",结果反而成了所有人头上的"紧箍咒"。另一方面,做不到后面的"齐家、治国、平天下",就强调前面的"格物、致知、诚意、正心",结果成了朱熹之学的核心。元代以后,"四书"在一定程度上代替"五经"成了统治思想,一般知识分子不敢谈"治",也不敢要求"天子"如何,只是一味强调"修心",加上道德标准的异化,如北宋程颐提出"饿死事小,失节事大",元代郭居敬编《二十四孝》等,到了20世纪初就成了压在中国人民头上的沉重的"封建礼教"。现在看来,其时所反的"封建",恐怕与"六经"无关,与孔子也无关。宋明理学是有一定责任的。

第二章
"小学"概说

"十三经"中最后一部是《尔雅》,这是一部词义解释的工具书。有人会奇怪:一本词典怎么也成了"经"?原因在于古时人们一直相信此书的作者是周公,周公是"圣人","圣人"所作,当然是"经"了。而且此书所释均为"经"书,其用语与经书训释用语如《毛诗诂训传》等也极相似,从而具有了"经"的地位,甚至在汉文帝时还曾被列为博士。但它的性质毕竟与其他诸经不同,主要还是作为一本语文工具书。《尔雅》还带动了传统语言文字学的发展,由此出现了一系列专门著作。研究范围也从语词训释扩大到文字、音韵、训诂三大门类,统称为"小学"。然而在四部分类的大系统里,它们都还牢牢占据着"经学"的位置。这也是中国传统文化的一大特色,即今日只是中文分支学科之一的语言文字学在古代竟处在经学这核心学科的位置上。

关于《尔雅》的作者,有几个说法。周公说之外,还有孔子及其弟子说,弟子中最常被提起的是子夏,因为他是"六经"的主要传授者。宋以后出现疑古思潮,欧阳修、郑樵、朱熹等都否认周公、孔子等说,认为《尔雅》是秦汉人所作。清末康有为更指斥《尔雅》是刘歆伪作。我们的主张还是历史层积说,《尔雅》最早的作者可能是周公,因为他有这个需要,也有这个能力;但后代历经增补,我们现在所看到的已不是他的原始本子了。子夏是"六经"的主要传承人,对《尔雅》的重视是题中之义,在《尔雅》的定型过程中发挥了重要作用,秦汉以后的补充应该是少量和零碎的,因为如果再要大量、系统地增补,那就不如编新书了,例如托名孔子八代孙孔鲋(约前264—前208)编的《孔丛子》中的《小尔雅》。假定《尔雅》成书于子夏(前507—前400)时期,则距今也有2 400多年,说它是世界上第一部词典,还是没有疑问的。

《尔雅》是释义之始,也是中国"小学"之始。"小学"原来包括《论语》和《孝经》,是真正针对儿童的,后来专指语言文字之学。"小学"别称"训诂学",是包括"文字、音韵、训诂"的大训诂学;"小学"有时也称"文字学",同样是包括"文字、音韵、训诂"在内的大文字学。但从最终目的是释义看,称"训诂学"比较合适。中国训诂学可以分两条线来叙述,一是辞书类,一是注疏类。

辞书类以《尔雅》为首。从文字的音、形、义出发,中国古书的释义有音训、形训、义训,分别形成了不同的专书。

第一节 《尔雅》

《尔雅》现存19篇,分别是"释诂""释言""释训""释亲""释宫""释器""释乐""释天""释地""释丘""释山""释水""释草""释木"

"释虫""释鱼""释鸟""释兽""释畜"。有人说原有20篇,有一篇遗失了;还有人说之所以有20篇,是因为"释诂"字多,分成上下两篇。我觉得后者是可信的。关于《尔雅》,需要了解以下几点。

《尔雅》19篇按内容可以分成两部分,前三篇是语词解释,后十六篇像分类小百科。因此这部书作为世界上第一部词典,既是语词词典之始,也是百科词典之始。"尔雅"的字面意义是"近于正",实际上是用"正"的语言去解释古词和偏僻不常用之字,以建立词语标准的规范。《论语·述而》:"子所雅言,《诗》《书》执礼,皆雅言也。"是说孔子整理《诗》《书》等六经,乃至在日常礼仪场合,使用的都是《尔雅》那种规范语言。因此我们说,孔子是中国历史上规范语言的第一人,《尔雅》是第一部"规范语词典"。

"释诂"的"诂"其实就是"古","释诂"是以今义释古词。这对于文化的传承具有重要的意义,因为语言的历时变化,在词汇上表现最明显。没有这类训释,古代文献很快会变得不可读。《尔雅》开创了传统,形成了中国历史上的"雅学",使得中国几千年的文献变得可读,保证了历史和文化的传承性。《尔雅》之后,最重要的"雅学"书,如《小尔雅》和三国魏张揖所著《广雅》,就是对《尔雅》传统的继承。例如《尔雅·释诂》第一条:"初、哉、首、基、肇、祖、元、胎、俶、落、权舆,始也。"其中收词都来自《尚书》《诗经》《左传》等。《广雅·释诂》第一条:"古、昔、先、创、方、作、造、朔、萌、芽、本、根、蘖、鼃、荤、昌、孟、鼻、业,始也。"其中收词与《尔雅》完全不重复,有的也来自《诗经》《尚书》,但更多来自《吕氏春秋》《孟子》《庄子》《说文解字》《汉书》等后代文献。《小尔雅·广诂》的"封、巨、莫、荞、艾、祁,大也",其收字同样不见于《尔雅》的"大也"条。这个传统沿承了两千年,使得中国的传世文献无不可读;而新近出土未经流传的文献也有释读的依据和工具。

《尔雅》前三篇运用了三种语词训释方法，开创了三种先例。"释诂"指用一个现代词语同时训释一系列古代表示同义的语词，清人郝懿行说这是"博举古人之语而以今语释之也"。例如前面举的"始也"一例，用"始"字解释了"初、哉、首、基、肇、祖、元、胎、俶、落、权舆"十一个古代同义词，这使"释诂"开创了同义词词典的先例。"释言"的"言"即字，特指难字、僻字，"释言"就是以常用词释不常用词。例如"殷、齐，中也"，"殷、齐"有"中"的意义是很少见的，因此需要特别拿出来解释。这开创了难字难词词典的先例。"释训"的"训"指的是"形容写貌之词"，多数是叠音词、联绵词。例如"明明、斤斤，察也"，就是说"明明、斤斤"都是聪明能辨察的样子。形貌词作为一种类型的存在可说是中文最大特色之一，特别是叠音词和联绵词，在汉语以外的语言里很少有。这类词直到今天还只能以"……的样子"的方式来解释，如"冉冉——慢慢上升的样子""滂沱——雨下得很大的样子"。在两千多年前的《尔雅》里已为之列出专篇，是很不简单的。《尔雅》之后，联绵词研究代有所出，至明代朱谋㙔的《骈雅》而蔚为大观。《骈雅》20卷，体例全依《尔雅》，亦有"释诂""释训""释天""释地"等，是汉代以后双音词特别是联绵词研究的一大总结。20世纪以来，有朱起凤的《辞通》(1934)、符定一的《联绵字典》(1943)等，是联绵词研究的集大成者，是读古书时不可缺少之助。

　　《尔雅》的主要目的是释经，也就是释古。但随着时间变化，《尔雅》本身也变得不好读了，因此需要有人进行再解释。这就是各类"《尔雅》注"的由来。最著名的"《尔雅》注"是晋人郭璞(276—324)作的，他花了18年时间，"缀集异闻，会稡旧说，考方国之语，采谣俗之志"，并参考樊光、孙炎等的旧注，作了新的注释。特别是他根据自己的考证，为《尔雅》最后7篇的草、木、虫、鱼、鸟、兽、畜等"别为音图，用袪未寤"，这种插图形式，可说是辞典编纂的创举。在郭璞的基础上进一步为《尔雅》作注的有两部最著名：一部是宋代邢昺的《尔雅注疏》，此书收入阮元编的《十三经注疏》；另一部是清人郝懿行的《尔雅义疏》，由于时代晚近，汇总了前人成果，内容更加丰富。值得一提的是清代大学者王念孙(1744—1832)为《广雅》作注，写了《广雅疏证》，综合运用了清代学术研究成果，也使这部书成了清代训诂学巅峰时期的代表作。段玉裁(1735—1815)为这本书作的序中的一段话，甚至可看作是清代语言文字学的宣言书："小学有形、有音、有义，三者互相求，举一可得其二。有古形，有今形，有古音，有今音，有古义，有今义，六者互相求，举一可得其五。古今者不定之名也，三代为古，则汉为今；汉魏晋为古，则唐宋以下为今。圣人之制字，有义而后有音，有音而后有形。学者之考字，因形以得其音，因音以得其义。治经莫重于得义，得义莫切于得音。"

第二节 《方言》

汉代是中国传统语言文字学的第一个高峰，《尔雅》之外，又有三大名著。依时间先后，第一部是《方言》，作者是西汉末的扬雄(前53—18)。"方言"，在今天是指一种语言的地方分支，如汉语有八大方言，英语有约克郡方言等。古代的"方"等于"国"，是三代封建制形成的大大小小的"方国"，这些"方国"在秦始皇实行郡县制以后都成了州郡县乡，因此也有了后来的"地方"意义。扬雄这部书的全名是《轺轩使者绝代语释别国方言》，书名包括了三个内容。一是"轺轩使者"，据记载，这是古代天子每年八月派出的专门使者，乘坐轻便的车子，其任务是"巡游万国，采览异言，车轨之所交，人迹之所蹈，靡不毕载，以为奏籍"，亦即搜集"方言"并记录整理。这些材料经过战乱大多散失，但到扬雄时代还有残存，据说扬雄的老师严君平(前87—7)

輶軒使者絕代語釋別國方言卷第一

漢　成都揚雄紀
晉　河東郭璞解
明　新安程榮校

黨曉哲知也楚謂之黨〔黨朗也〕或曰曉齊宋之間謂之哲

虔儇慧也〔謂慧了〕秦謂之謾〔謾莫錢反又亡山反〕晉謂之懇〔音悝或音翻〕宋楚之間謂之倢〔倢便也〕楚或謂之譳〔言他和反亦莫佳反〕自關而東趙魏之間謂之點或謂之鬼〔鬼言今通語〕

手头就有1 000多字的材料。这也是扬雄醉心于此事的动因。他在长安,见到外地来的人就调查,有点类似蒲松龄写《聊斋志异》的过程,这个工作,特别是"輶轩使者"一职,今天想来有些不可思议,但联想到"古有采诗之官",也是天子派到各地,负责采诗,也就释然了。这是古代的制度安排,采诗也好,采方言也好,都是大一统国家治理的组成部分。如果说采诗是为了听取施政反馈,那么采方言则是统一全国语言使用的基础准备工作。书名中的第二、三个内容说明"輶轩使者"要采集的不光是"别国方言",还有"绝代语",即已经"死了"的古语。为什么"死了"的语言也要搜集?这是为了读通和理解过去的典籍。由此可见这一政策用意之深。现在的"方言"区别主要体现在语音上,古代的方言调查从功用出发,其重点在语词上,即同一事物各地用什么不同的词来说。由于方言调查必须通过口头进行,因而必然涉及语音。但方言调查不是方音调查,而是调查者使用"雅言"记下被调查者用方音发出的语词,这中间必然会产生很多困难而有趣的现象,误会、别解等是不可避免的。因此《方言》的研究引起后代人很大的兴趣,亦非偶然。

据说扬雄这一工作历时27年,直到去世仍未最后完成。《方言》全书现存13卷,卷下没有标题,但大致是模仿《尔雅》,前三卷是语词,后面有释衣服、家具、车、船、兵器等的内容,但没有《尔雅》严密。最后两卷有点像《尔雅》的"释言",与前十一卷体例不同,因此怀疑是未完成之作。全书收词675条,近12 000字。前十一卷体例比较统一,是《尔雅·释诂》那样的"×××××,A也",只是前面的"××"是方言词语,然后解释这些"方言"来自何处。如卷一第一条:"党、晓、哲,知也。楚谓之'党',或曰'晓';齐宋之间谓之'哲'。"有人对《方言》涉及的地域进行过整理,发现诸侯国名有"周齐鲁晋秦楚燕宋卫陈蜀吴越魏赵韩"等20个,郡县州名有"扬青徐兖豫唐益陶陇冀桂幽郚"等

28个,还有"江河湖淮湘衡沅汝"等13处山水名,基本覆盖了汉朝的大部分地方,非常不容易。

《方言》的最早注本是郭璞作的《方言注》,其后有清代戴震(1724—1777)的《方言疏证》和钱绎(1728—1804)的《方言笺疏》。

第三节 《说文》

《说文》全称《说文解字》,东汉许慎著。此书始作于东汉和帝永元十二年(100),到东汉安帝建光元年(121)写定,许慎在病中命其子许冲进献给皇帝,前后历时22年。全书15篇,收字9 353个,重文1 163个,合计10 516字。《说文》就时代而言要晚于《尔雅》《方言》,但其重要性要过之,说它是中国语言文字学史上最重要的著作也不为过。关于《说文》,需要了解以下几点。

《说文》是第一部真正的字典。作为一种语言的字典,应该满足两条最基本标准,一是应收的字尽收,二是应释的义尽释。《尔雅》作为第一部具有词典性质的辞书,其实在这两点上是不足的。它收字不全,释义也不够精确,甚至根本没有释。例如第一条"初、哉、首、基、肇、祖、元、胎、俶、落、权舆,始也",用一个"始"字解释前面那么多同义词,但这些词意义的来源及区别却根本没说。我们要通过后人的注释才知道:"初,裁衣之始;哉,草木之始;首,人体之始;基,作屋之始……"《方言》也是这样的情况,缺少收字的覆盖性和释义的精确性。在《说文》以前还有过一些字书,如周宣王(前827—前782)时的《史籀篇》,秦时李斯的《仓颉篇》、赵高的《爰历篇》、胡毋敬的《博学篇》,西汉司马相如的《凡将篇》、史游的《急就篇》、扬雄的《训纂篇》、贾鲂的《滂喜篇》等。这些书大多已散佚,当初主要是作为童蒙教材用的,其编法类似后代的《千字文》,为四字一句的韵语,有汉字字体演变史上的意义,如史籀的大篆、李斯等的小篆等,但不是合格的字典。这些字书收字也不足。据考证,《仓颉篇》有3 300字,《训纂篇》有2 040字,其余的更少。只有《说文》真正做到了应收尽收,应释尽释。全书共9 353字,是中国历史上汉字数量的第一次精确统计。其释义也落实到每一个字,没有遗漏。许慎说"其于所不知,盖阙如也",就是说他真正无法解释的,会写上"阙"。但这种情况在书中很少。

人类创造文字的目的是什么?没错,这里说的是整个人类,而不仅仅是中国。文字是人类了不起的发明。但是人为什么要创造文字,又是怎么创造文字的,这些问题只有文字的创造者们才能回答。世界上有两种文字,一种是自源文字,即文字是使用者自身创造的;一种是他源文字,是借用他人创造的文字来记录自己的语言。从他源文字的实际出发,认为文字的使用是为了记录语音,这是没错的。但只是"使用",不是"创造"。这个结论也只适合他源文字语言,而不适合自源文字语言。世界上的自源文字语言只有寥寥数种,如苏美尔文、古埃及文、中文、中美洲的玛雅文,以及中国境内的东巴文,其他的文字,不管是古希腊文、梵文、古拉丁文,还是现代世界各国的通用文字,统统都是他源文字。因此真正能够回答这个问题的,也只有这"寥寥"的几种文字,而这几种文字大多在历史的长河中消亡了,即使有残存样品的,也没有任何理论留下,知其然不知其所以然。唯一从发明起使用至今,而且还有丰富理论的,只有中文。因此中文最有资格回答文字的起源问题。而中国文字理论的第一部重要文献便是《说文解字·叙》,其中有这样一段话:"盖文字者,经艺之本,王政之始,前人所以垂后,后人所以识古。"这里说了三件事,一是"经艺之本",亦即"六经"的基础,没有文字,就没法记载"六经";二是"王政之始",也就是国家治理的开始,没有文字,就没法进行国家治理;三是"前人所以垂后,后人所以识古",这是文献的保存和传承,是语言无法承担的。三件事中,第二件最重要、最根本,即文字的创造是为了国家治理的需要。《说文解字·叙》里还有一段话:"……初造书契,百工以乂,万品以察。盖取诸《夬》。《夬》,'扬于王庭',言文者宣教明化于王者朝廷。"这段话直接来自《周易·系辞下》:"上古结绳而治,后世圣人易之以书契,百官以治,万民以察,盖取诸《夬》。"可见这一思想是一脉相承的。文字的创造就是为了国家治理,八卦时代、结绳时代、书契时代,都是如此。有了这个认识,我们再来看各种古老文字,如苏美尔文字、埃及圣书文字、玛雅文字、纳西东巴文字等,都是为了有效的国家治理。只是那些国家(或部族)政教一体,所谓"国家治理",主要体现为与神的交际。因此文字无一例外掌握在祭司(往往也是国家最高统治者)手里。一旦祭司被杀、文献被毁(如西班牙人对玛雅人所为),这个文明也就毁了。商代的甲骨文作用与之类似,是商王(同时也是大祭司)与神交际的工具。周朝发展到世俗社会,文字首先是为了记载"经艺",作为治理的工具。孔子编"六经",办私学,把"六经"传播到民间,也把文字推广到民间。《说文》的这一段话对于认识文字在中国文化史上的重要意义有重要价值。

　　文字是怎么创造的?从他源文字角度出发,文字的作用既然只是记录语言,那文字只是单纯的符号,记录同一个语音用什么符号都可以。因此这种认识带来的理论就必然是文字符号的任意性(例如要表示[a]的音,用 A 或 B 理论上都可以),以及文字符号的约定俗成性(比如一种语言规定用 A 来表示[a]音,大家都接受了,用 B 就不可能再被大家接受,否则就乱套了)。但这不是自源文字创造文字的办法。自源文字是怎么创造文字呢?《说文解字·叙》给了我们回答:"古者庖牺氏之王天下也,仰则观象于天,俯则观法于地,视鸟兽之文与地之宜,近取诸身,远取诸物,于是始作《易》八卦,以垂宪象。

及神农氏结绳为治,而统其事,庶业其繁,饰伪萌生。黄帝之史仓颉,见鸟兽蹄迒之迹,知分理之可相别异也,初造书契。"这里提到三个阶段,伏羲造八卦、神农结绳,以及仓颉造字。三者的共同点是仰观俯察,及物及身,即从天地及身边事物出发。后面又说道:"仓颉之初作书,盖依类象形,故谓之文。其后形声相益,即谓之字。文者,物象之本;字者,言孳乳而浸多也。"这就是说,造字的过程分为两步,第一步是通过"依类象形"造"文",第二步是通过"形声相益"造字。这个过程符合今人王寅教授提出的"体认"语言观,即通过亲身体验得到认知,然后通过文字形体造出来。同时也符合中文及各种古老自源文字的实际情况。这些文字有一共同点,即"理据性",与他源文字语言的"任意性"正好形成鲜明对照。

根据以上认识,《说文》提出了中国也是世界上第一个造字法体系,即"六书":"《周礼》:八岁入小学,保氏教国子,先以六书。一曰指事。指事者,视而可识,察而见意,上、下是也。二曰象形。象形者,画成其物,随体诘诎,日、月是也。三曰形声。形声者,以事为名,取譬相成,江、河是也。四曰会意。会意者,比类合谊,以见指㧑,武、信是也。五曰转注。转注者,建类一首,同意相受,考、老是也。六曰假借。假借者,本无其字,依声托事,令、长是也。"说是"第一个",其实也是唯一一个,因为两千年来没有人能够正式对之形成挑战,充其量只是不同的解释。而这个"不同的解释",也只是针对"转注、假借"这两书,对前四书没有什么疑问:象形、指事是"独体","会意、形声"是"合体",独体为文,合体为字。对"转注、假借"的讨论,一是这两者不是"造字"之法,而是"用字"之法,所谓"四体二用",这是清代学者戴震提出的;二是对"转注"的解释,莫衷一是。这里不展开讨论,只提出我本人对这两个问题的看法。第一,我不赞同"四体二用"之说,认为"转注、假借"也是"造字之法"。有人认为"假借"不是造字只是用字,是因为它是现成字的借用。如没有表示第三人称代词的[zhi]字,就借用动词"之"来表示。而我认为这也是造字,代词"之"和动词"之"应该看作两个不同的字。第二,对于"转注",我的解释是把它看作与"形声"互补的一种造字方法。形声,"以事为名,取譬相成",是先有表示意义的"事",后有表示读音的"譬"(声)。例如"鼻"的造字是先有表意义的"自",再加上表读音的"畀"。转注,"建类一首,同意相受",是把表示某音某义的"首"建成一个"类",相同的"意"互相接纳,造成新字。如建表细小义的"戋"为一首,授给"水"造出"浅",授给"金"造出"钱",授给"竹"造出"笺"等。中国现在所谓的"形声字"占全部字的80%以上,但其中可分为两部分,"声兼义"的部分就属于转注字。"六书"既有独特性,又有普遍性。说"独特",因为这是中国文字研究创造的理论,一无依据和借鉴;说"普遍",因为这一理论产生于汉代,针对的是小篆和隶体的汉字。两千年来它成了唯一的文字结构理论,不仅施之于汉字,也可用来分析世上其他古老的自源文字,以及新发现的古老文字,如宋代以后的钟鼎文研究、清末起的甲骨文研究和二十世纪以来的简帛文字研究,可说具有普世价值。

由于《说文》是第一部真正的字典,因而它的编排体例既有开创性,又有示范性,对后世有很大的影响。全书以形系联,分为540部,始一终亥。具体如《说文解字·后叙》所言:"其建首也,立一为端。方以类聚,物以群分,同牵条属,共理相贯,杂而不越,据形系联,引而申之,以究万原,毕终于亥,知化穷冥。"部首之间以形系联,如第一卷开始的七部是"一丄(即'上')示三王王(即'玉')玨(即'珏')",每部之内字的排列则是以义为据,有人概括为"先人后物,先美后恶,先实后虚",虽未必精确,但大体如此。每个字以小篆为字头,下面的解释则以"义形音"为序。先释义,用语是"某也";次释形,用语是"象某,象某之形,从某某,从某从某,从某某声";再释音,用语是"读若某,读与某同"。然后再针对不同情况添加"某亦声"(形声兼会意字)、"从某省"(省形字)、"某省声"(省声字)等,最后则可能补出古书用例或古文字形体。如:"时,四时也,从日,寺声。旹,古文时,从之日。"这是一个很严密的体系,为后世字书所效仿。

后代的字书最重要的有如下几部:① 梁代顾野王(519—581)的《玉篇》。这是第一部以楷书为字头的字典,收字 16 917 个,体例仿《说文》,部目略有增删。此书已佚。北宋真宗大中祥符年间,有陈彭年(961—1017)、吴锐、丘雍等重加刊定,名《大广益会玉篇》,30 卷,收字 22 726 个。从部首次序看,与《说文》差异较大,除上举的开始七部外,其余多有改变,大体是更强调以义而不是以形系联。② 北宋王洙(997—1057)、司马光(1019—1086)等的《类篇》。此书的特点有三:一是收字多,达 31 319 字,是《说文》的三倍。原因是该书与《集韵》相配,《集韵》收字多,它也随之增多。二是它的编纂起因之一是不满《玉篇》打乱《说文》部首次序,因此其分部一以《说文》为准,只是"艸木水"三部因字多各分上下因而总数比《说文》多了三部,成了 543 部。三是每部内的收字是依韵排列,这使检索起来更加方便。③ 明代梅膺祚的《字汇》。梅膺祚生卒年不详,此书问世于明神宗万历四十三年(1615),收字 33 179 个,分为 214 部。此书的诞生是对《说文》以来字书的一场革命,其要有二:一是变学术性专著为普及性工具书。《说文》分为 540 部,是从造字角度着眼的,分部有一定的学理性,而梅氏的 214 部,完全是为了检字方便,其归并从学术角度看,有的并不合理。二是始一终亥的部首排列有深刻的思想文化背景。各部之间的次序,不论是《说文》的以形系联,还是《玉篇》的以义系联,都可提供很多古人关于字形字义认识的信息,而《字汇》"其端其终,悉以数多寡,其法自一画至十七画列二百十有四部"。而每部之内字的次序也以笔画为序。总之是学理性减弱而实用性增强。为便利使用，《字汇》还提供了一些有趣的内容，例如在开头讲"运笔"，即一些特殊字的写法笔顺。其中举到"左右"二字，"左"字应先写一横再写一撇，"右"字相反，先撇后横。我以前听朱东润老先生讲书法，说此二字应如此写，没想到根据在这里。又如"凹凸羽必弗州坐"等，都有跟现在习惯不同的写法。④ 清代张玉书（1642—1711）、陈廷敬（1638—1712）等主编的《字典》，因成于康熙朝（四十九年[1710]启动，五十五年[1716]完成，康熙赐序），后来习惯称《康熙字典》。此书体例及分卷分部一依《字汇》，但收字达 47 035 个，是 20 世纪以前中国收字最多的字典。此书也是工具书第一次被称为"典"，康熙在序中批评前代的字书韵书，"曾无善兼美具，可奉为典常而不易者"，因此"命曰字典，于以昭同文之治"，足见他的自信。康熙以后 200 多年间，此书有极高的权威性，直到 20 世纪二三十年代编《辞源》《辞海》，仍沿用了它的分卷和分部。1949 年后修订《辞海》，因为增加了简体字，字形又有了变化，因此部首调整为 250 部。目前国内收字最多的字典分别是 1993 年出版的《汉语大字典》和 1994 年出版的《中华字海》，前者收字 56 000 个左右，后者收字 85 568 个。字数的猛增是因为收了简化及简化类推字。

《说文解字》是中国语言文字学最重要的著作，历史地位极其尊崇，对它的研究形成了"说文学"。1937 年，丁福保出版《说文解字诂林》，引书 182 种。1998 年，张其昀出版《"说文学"源流考略》，引书 400 余种。1997 年，刘志成出版《中国文字学书目考录》，收书 2 664 种，其中极大部分是关于《说文》的。这里想介绍最重要的两种：① 南唐徐锴（920—974）的《说文解字系传》《说文解字篆韵谱》和北宋徐铉（916—991）的《校定说文解字》。二徐为兄弟，因此《系传》和《校定》分别称为"小徐本"和"大徐本"。大小徐原均在南唐为官，但弟先亡，兄随后主李煜入宋，于雍熙三年（986）将书献给宋太宗，得以广泛流传。我们现在一般看到的《说文解字》均为大徐本。大徐本的最重要贡献是增加反切。因为《说文》成书在反切发明之前，其注音只能采取"读若某""与某音同"等原始方法，很不精确。自徐铉之后，《说文》才成为音形义完整的字书。小徐的书成于大徐之前，他的书名"系传"，是仿孔子给《易经》作系传的，可见其雄心不小。但他的书没有人推广，因此影响力不及其兄。他的《说文解字篆韵谱》采用唐末李舟的《切韵》，因李舟书已佚，它反而成了研究五代音韵的材料。

② 清代《说文》四大家。以年龄为序，四大家的主要著作分别是段玉裁（1735—1815）的《说文解字注》、桂馥（1736—1805）的《说文解字义证》、王筠（1784—1854）的《说文句读》《说文释例》和朱骏声（1788—1858）的《说文通训定声》。其中名声最大的是段玉裁，他的书，人称《说文段注》，是研究《说文》和清代小学的必读书。王念孙为他作序，称许慎之后"千七百年来无此作矣"。其他三家，桂重于义，王重于形，朱重于声，都不如段氏形音义兼重。但王筠还写过《文字蒙求》，在普及和推广上其功不小。朱书一反以形系联之旧法，分古韵为十八部，以声为主，进行系联，有不同凡响之价值，是值得重视的。

第四节 《释名》

中国文字的训释方式有形训、义训、音训。形训是以形释义，代表作是《说文》；义训或以定义方式，或以中国特有的同义为训方式，代表作是《尔雅》和《方言》；音训更是中国所特有的，以音同或音近的另一个词来解释所释词。为什么说这是中国所特有？因为其他语言中没有汉语那么多的同音字。音训现象自古就有。如《周易》"坎者，陷也""离者，丽也""乾者，健也""坤者，顺也""卦者，挂也""象者，像也",《论语》"政者,正也",《中庸》"仁者,人也""义者,宜也",《管子》"道者,导也",《毛诗》"流,求也""冒,覆也""古,故也",《方言》"哲,知也""氓,民也",《说文》"帝,谛也""祸,害也",等等。但这些都是零散的材料,第一本系统的音训专书是《释名》。《释名》,刘熙著,刘熙的生卒年不详,但从各种资料看,应该是东汉末三国初人。他在《释名·序》中说了他著书的宗旨:"夫名之实,各有义类,百姓日称而不知其所以之意。故撰天地、阴阳、四时、邦国、都鄙、车服、丧纪,下及民庶应用之器,论叙指归,谓之《释名》。"全书八卷27篇,分别是:(卷一)释天、释地、释山、释水、释丘、释道,(卷二)释州国、释形体,(卷三)释姿容、释长幼、释亲属,(卷四)释言语、释饮食、释采帛、释首饰,(卷五)释衣服、释宫室,(卷六)释床帐、释书契、释典艺,(卷七)释用器、释乐器、释兵、释车、释船,(卷八)释疾病、释丧制。他的训释办法是先用音近字进行训释,再解释为何这么训释。如:"日,实也。光明盛实也。""月,阙也。满则阙也。""乾,健也。健行不息也。又谓之玄,玄,县也,如县物在上也。"最后一例是用了两个以上音训词。

刘熙此书问世之后,长期没有受到足够重视,直到清乾隆五十四年(1789)才有毕沅(1730—1790)的《释名疏证》问世。清末王先谦(1842—1917)于光绪二十一年(1895)出版《释名疏证补》,这是当代较通行的本子。《释名》由声音推测事物命名之初,对于语源研究有重要的作用,因此现在越来越受到重视。

上面总结了汉代三部小学名著。这三部书,一部名称中有"文、字",讨论的是文字问题。一部名称中有"言","言"有时指一个字或一个音节,如"五言诗";有时指一句话,如"诗三百,一言以蔽之,曰:思无邪";而在与"文"对举时,指的是语言、口语。《方言》其实是言语的研究,只是用文字写下来而已,其字形跟意义并无关系。后人说

《方言》文字古奥,其实是因为其用字记音不记义而已。如"党、晓、哲,知也",《方言笺疏》花了四五百字的篇幅解释这个"党"字,令人眼花缭乱,其实这个"党"就是"懂","党、懂"同音,"懂"是后起字,汉代还没有。由此可见中国很早就有语言研究。第三部书的名称有"名",《说文》"名"字从夕从口,黑夜里看不见,要出口相呼,因此"名"也指口头说的名称,与所记的字未必吻合。刘熙说:"名号雅俗,各方名殊,圣人于时,就而弗改,以成其器。"讲的就是这种情况。因此他要摆脱字形的束缚来研究得名之由,跟《说文》走一条相反的路,这是很值得注意的。

第五节 《切韵》

传统小学三大部门,训诂学的代表作是《尔雅》,源自周初;文字学的代表作是《说文》,成于东汉;而音韵学的代表作《切韵》,产生在隋代。从历史上来看,凡是国家强大统一,就会要求语言文字的统一,这些书可说都是应运而生。王念孙《广雅疏证·自序》说:"昔者周公制礼作乐,爰著《尔雅》。"可见周公著《尔雅》是制礼作乐的辅助,通过释义统一对礼乐相关概念的认识。秦王政二十六年(前221),秦始皇统一六国,称始皇帝,当年就下令,在"一法度衡石丈尺,车同轨"的同时,要"书同文字"。这就是大一统国家的措施。当然秦始皇的"书同文"只是统一了字体,采用秦小篆取代六国文字。文字有形音义,在"形"上统一了,而在形义关系即什么字形表示什么字义上并没有统一,这个任务要到《说文解字》出世才完成,其时正是东汉统治最稳定的时候。《说文》对中国文字统一的意义决不可低估。我们知道古代有一种"通假"现象。什么是"通假"? 郑玄说:"其始书之也,仓卒无其字,或以音类比方假借为之,趣于近之而已。"说穿了就是写别字。但"通假"只有在先秦和西汉(如《史记》)的文章里才被承认。有了《说文》之后,字形字义间的联系有了规范,在此之后,再用"通假",就是无可置疑的"别字",需要纠正。唐代更出现了纠正错别字的高潮,出现了颜师古(581—645)《匡谬正俗》这样专门纠正错别字的著作。《说文》完成了统一字形字义联系的任务,而统一全国文字读音的任务要到陆法言创作《切韵》才完成。陆法言的生卒年不详,据《切韵·序》,他们要编一本统一全国读音的书,起心动念是在隋文帝开皇(581—600)之初,当代学者鲁国尧先生具体考定为开皇六年(586),到文帝仁寿元年(601)完成。在经历魏晋南北朝将近四百年的动乱之后,中国迎来了又一个强盛的大一统时代,这本书的出现适应了时代的要求。这是《切韵》一书产生的时代背景,切不要以为只是几个文人"夜永酒阑"没事干,要编一本韵书玩玩。

  了解了这个背景,才能理解这本书的编纂过程及其意义。

  统一全国读音最大的困难既来自汉字本身,又来自中国特殊的国情。汉字的特点是本身不表音,所谓不表音不是没有读音,而是它在地域辽阔、方言歧异的背景下没办法与固定的读音相对应,不像表音文字那样字母可以与读音直接对应,只要统一规定某字母对应某音,读音就统一了(历史悠久的拼音文字语言现在字母与读音也不完全对应,但只要规定某些补充标准即所谓"读音规则",也就大体解决了)。而汉字如"日"字,其声母在现代各地方言中至少有8种读法([r][ɻ][l][n][ɲ][z][ʑ][○]),你没法规定它读哪一种。即使规定按首都长安音读,你也得让全国所有读书人先学会长安话,这在当时是根本不可能的事。只要看在今天的条件下,经过将近70年的推广,普通话在全国的普及率才达到80%,就知道了。中国最基本的国情是文字统一、方音歧异,前者是秦始皇的功劳,后者源于辽阔的国土以及悠久的历史与文化。因此,陆法言他们想完成的任务是统一全国读音,而面临的是现实是"南北是非,古今通塞",所能利用的资料只有前代留下来的不合统一规范的字书韵书。在这种情况下,《切韵》编者为自己定下了目标、手段和方法。目标是"欲广文路,自可清浊皆通;若赏知音,即须轻重有异",即韵书要同时适合宽严两个要求,一是科学的"赏知音",一是实用的"广文路"。手段是"取诸家音韵,古今字书",即利用现有的书面资料。方法是"剖析毫厘,分别黍累",具体可用一句话来概括,即"从分不从合"。因为"知音"的标准是"分",把类分得越细,越说明你"知音";分不出就说明你有"方音"。以普通话作比方,能分别卷舌音和非卷舌音,前鼻音和后鼻音,说明你"知音";如果不能分,就说明受了方言影响。同样,能分 n、l,是"知音";n、l 不分,就是方言。《切韵》编者把当时能找到的韵书和字书全部找来,采用"从分不从合"的原则,把能分的全部分开,就叫"剖析毫厘,分别黍累"。举例来说,《切韵》参考了杜台卿、夏侯咏、李概、阳休之四家韵书,韵书中有"脂之微"三组,夏侯完全不分,而其他三家能分,他就从三家。"真臻文"三组,杜与阳"真臻"不分,但"真臻"与"文"能分,夏侯三者都能分,他就从夏侯。"萧宵肴"三组,阳三者都不分,夏侯能把"萧"区别出来,杜三者都能分,他就从杜。"从分不从合",使他编成了分部之细超越历史上任何一部韵书的韵书。唐初长孙讷言评价它"酌古沿今,无以加也"。此书收字 12 158 个,依四声分为 5 卷(平声字多,拆为两卷),平声 54 韵,上声 51 韵,去声 56 韵,入声 32 韵,合计 193 韵。每韵取一字代表,如平声 54 韵是"(上平)东冬钟江支脂之微鱼虞模齐佳皆灰咍真臻文殷元魂痕寒删山,(下平)先仙萧宵肴豪歌麻覃谈阳唐庚耕清青尤侯幽侵盐添蒸登咸衔严凡"。四声韵部之间有一定的相承关系,如前几组是"东董送屋,冬○宋沃,钟肿用烛,江讲绛觉"。韵下隔开一组组同音字,称一个"小韵",每小韵注一个反切,字下有简单的释义。这就是全书的体例。《切韵》进入唐代后不断有人增补,原书反而佚失了。现存最有名的增补本是宋代陈彭年、丘雍等的《大宋重修广韵》(大中祥符元年[1008]颁行)和丁度领修的《集韵》(1039年完成)。此二书均分韵206,是1947年意外发现王仁昫《刊谬补缺切韵》全本(抄写于唐代神龙二年[706])之前最有影响力的本子。

《切韵》的功用及意义在于以下几个方面。《切韵》完成了它的目标,兼具科学性和实用性。从科学性的角度,它实现了对汉语语音最细致的分类,不属于某种方言却包含了各种方言,各种方言都能从《切韵》中找到自身及其与标准音的差距(因为所有方言都比《切韵》分类粗,学习者可从自己不能分的地方找到与标准音的不同及学习的重点),成为其后至今汉语音韵研究的最重要文献。在其分类和反切的基础上,唐代发展出韵图,催生了今音学和等韵学两大音韵学分支学科。直到今天,《切韵》还是全国方音调查的依据(中国社会科学院语言研究所的《方言调查字表》即据《广韵》而作)。但在当时,它的最大功能是在实用性方面。中国的科举考试从隋文帝、隋炀帝开始,而考试中加试诗文是从武则天开始的。武则天开展科考的用韵标准就是《切韵》。因为《切韵》实在分得太细,时人"苦其苛细",因此由礼部尚书许敬宗奏请,许其就近通用。这就是"欲广文路,自可清浊皆通"的意思。这个"就近通用",就使《切韵》的实际用途相当于后来的《诗韵》,尽管106韵的分部实际要到南宋才出现,而"诗韵"的名称要到清初才有。

而《切韵》的最重要意义,在于证明了一个使用表意文字的语言,在没有标音工具(如《国际音标》)的情况下,也能在书面语的基础上做到全国读音的统一。这是非常了不起的成就。

第六节　注疏类著作

中国训诂学可分为两大类。迄今为止我们介绍的都属于第一类：辞书类。字书、韵书、雅类书，说到底都是辞书。训诂学的另一大类是注疏类，它不是辞书形式，而是以注疏形式与原文同时存在。

什么叫注疏？我们说整部中国文化史可说是一部"治学"史，中国文化的最高目标是"天下大治"，因此从事所有工作都叫"治"。治山，治水，治人，治己，治身，治心，治工，治农，治家，治国……连做学问也叫"治学"。"治"的源头是"治水"，因此"治学"也可以利用"治水"的隐喻。什么叫"注"？就是用水冲，河道堵塞了，用水一冲就通了。读书遇到不懂处，用"注释"一冲，也就豁然开朗，能懂了。那要是还是不懂呢？有办法，就像治水一样，把河道挖开加宽，加以"疏通"。因而"疏"比"注"还要进一步，是在"注"的基础上进一步"疏"通。用更俗的话来说，"疏"就是"注"的"注"，意在解决"注"所解决不了的问题。

"注疏"最有名的当然是清代阮元（1764—1849）编的《十三经注疏》，这套书所收的十三经注释都包含两个层次，一是"注"，二是"注"基础上的"疏"。我们先把各注疏的名称抄下来，然后以此为基础解释一下古书注释的体例：

《周易正义》，魏王弼、晋韩康伯注，唐孔颖达等正义。
《尚书正义》，汉孔安国传，唐孔颖达等正义。
《毛诗正义》，汉毛亨传，汉郑玄笺，唐孔颖达等正义。
《周礼注疏》，汉郑玄注，唐贾公彦疏。
《仪礼注疏》，汉郑玄注，唐贾公彦疏。

《礼记正义》，汉郑玄注，唐孔颖达等正义。

《春秋左传正义》，晋杜预集解，唐孔颖达等正义。

《春秋公羊传注疏》，汉何休解诂，唐徐彦疏。

《春秋谷梁传注疏》，晋范宁集解，唐杨士勋疏。

《孝经注疏》，唐李隆基注，宋邢昺疏。

《尔雅注疏》，晋郭璞注，宋邢昺疏。

《论语注疏》，魏何晏等集解，宋邢昺疏。

《孟子注疏》，汉赵岐注，宋孙奭疏。

从上面的书名来看，"疏"也可以叫"正义"，但主要是孔颖达用，因为唐太宗命他作的书就叫"五经正义"。"正义"的字面意思就是对经典意义"正确"的理解。古代训诂学有个理论，叫作"疏不破注"，就是"疏"只能在"注"的基础上进一步解释，一般不能唱反调。

与"注"相当的名称就比较多，这里就出现了"传""笺""注""解诂""集解"等。在大同下有些小异。"传"一般只有嫡传弟子才有资格。古人说"圣人作经，贤人作传"，作经的是从伏羲到孔子的八大圣人，作传的除了《易传》是孔子所作外，其余都是孔子弟子或直系再传弟子，即"七十二子"与他们的嫡传弟子。"三传"的作者前面说过了。这里提到作"传"的有两人，一是毛亨，传说他也是子夏的弟子；一是孔安国，虽是汉朝人，但他是孔子的十代孙，理论上他的学说是家传的。

"笺"其实也是注。笺是小竹片。古书正文写在大竹片上，叫"简"（把简串起来叫"册"或"策"），注释写在小竹片上，插在简中，这就叫"笺"。郑玄用"笺"，是为了表示对毛传的敬意。"毛传郑笺孔疏"是唯一具有三个层次注释的古代经典，也是传统训诂书的典范。

"解诂"的名称来自《尔雅》的释诂，即对词的古义进行解释。一般用来解释比较古的古书。《春秋公羊解诂》之外,著名的还有清人王聘珍的《大戴礼记解诂》。

"集解",也叫"集释""集注",它是收集前人对同一书的注释,有时加上自己的解释。第一部"集解"的书便是何晏的《论语集解》。后人也有把"集解"所集数量写出来的,有名的如《史记三家注》,这是北宋人把南朝宋裴骃的《史记集解》、唐司马贞的《史记索隐》和唐张守节的《史记正义》三部书的注合在一起出版。又如《五臣注文选》是唐代吕延济、刘良、张铣、吕向、李周翰五人合作的《昭明文选》注,宋人又把它与有名的《文选》李善注合在一起,称《六臣注文选》。又如《十一家注孙子》是宋人吉天保收集自曹操(155—220)以降11人(包括杜牧、梅尧臣等)对《孙子兵法》的注释于一书。大约宋人好为此类书。

赵岐的书这里也叫"注",实际上其书原名《孟子章句》。阮元说,该书"章别为指,令学者可分章寻求,于汉传注别开一例,功亦勤矣",可见这是注释的又一体,即注释字句之外,还分章析义。后来著名的章句体书有朱熹的《四书章句集注》。这套书其实包含两种体例,一是《大学》《中庸》,都叫"章句",因为是朱熹重新分章析句进行解释的,《大学》甚至还补写了一章;二是《论语》《孟子》,称"集注",主要汇集北宋二程等人的注解。

古书尚简,加上有的比较古老,造成很多书无注不能读。有的书的注本甚至比原本还要有名,例如北魏郦道元(约466—527)的《水经注》,是注《水经》的,但体量比《水经》大了二十倍,其价值远超原书。因此学习古代文献除了要找对书,还要找合适的版本、注本。

还有两部有名的著作,介于两大类训诂著作之间。一是唐代陆德明(约550—630)的《经典释文》,既是随文训释,又是训释汇编。它汇编了《周易》《古文尚书》《毛诗》《周礼》《仪礼》《礼记》《春秋左氏传》《春秋公羊传》《春秋谷梁传》《孝经》《论语》《老子》《庄子》《尔雅》共 14 部书本文及传注中难字的音义,可谓别开生面。如果把其中的《老子》《庄子》用《孟子》取代,就是宋代的"十三经"。因此后来阮元编《十三经注疏》,就把陆德明的音义都附进去了。宋代贾昌朝(997—1065)在此书音切基础上编了一部《群经音辨》,这是研究古代一字多音的好材料。二是阮元任浙江学政时组织人编写的《经籍纂诂》,此书以诗韵的 106 部为序,汇集了当时能见的唐以前所有经籍的所有注释,对于读古书十分方便。只是因为成于众手,校勘未精,引用时需对照原书。

　　虚字的使用是文言的一个特色,刘勰《文心雕龙》、刘知几《史通》对此已有论述。而第一部成书的著作是元代卢以纬的《语助》(又称《助语辞》),该书有泰定二年(1325)胡长孺序。此书搜集了 100 余个助语辞,就其意义和用法进行论述。后人对此续有补作。如清初魏维新有《助语辞补义》等,而最有影响力的是王引之(1766—1834)的《经传释词》。从标题来看,他的书主要是为释"经传"而作,与《尔雅》《说文》完全一致。是书释虚词 160 个,考释极精,亦是训诂史上的名作。

第三章
"史部"概说

"四部"中史部是后起的,在刘向、刘歆父子创立并为《汉书·艺文志》所采用的"七略"体系里并没有史部,史部是在西晋荀勖的《中经新簿》里才第一次独立,称"丙部"。荀勖分"七略"为甲乙丙丁四部,相当于后来的"经子史集",史部位列第三。东晋李充编《晋元帝四部书目》,调整"乙丙"两部的次序。到唐代魏徵纂《隋书·经籍志》,四部的名称及次序才得以确立,此后延续了一千多年。

李充的书已佚,因此我们不知道他调整"乙丙"两部次序的原因。但据我们看,这实际上体现了史部在中国文化中的地位,即相对于子部,它与经部的关系更密切、更直接。在《七略》里,司马迁的《太史公书》(现在一般称《史记》)是附在"六艺略"的"春秋类"下的,而司马迁自己说得更直接，他的书是要继承六经的。他在《太史公自序》里说："先人有言：'自周公卒五百岁而有孔子，孔子卒后至于今五百岁，有能绍明世、正《易传》，继《春秋》，本《诗》《书》《礼》《乐》之际？'意在斯乎！意在斯乎！小子何敢让焉。"司马迁是把他的《史记》作为六经的直接继承者的，这与或多或少与六经保持距离的诸子有明显的区别。

司马迁继承六经传统，首先继承的是其中的史学传统。《汉书·艺文志》说："左史记言，右史记事，事为《春秋》，言为《尚书》，帝王靡不同之。"而《史记》合记言、记事为一，开创了一个新传统，一个源于《尚书》《春秋》，而大大发展了的传统。记言记事，你中有我，我中有你，时分时合，异常丰富多彩。

第一节　《史记》与正史

讲中国史学，不得不先提到《史记》，《史记》所创造的体例，既是对前人的总结，又开启了后代无数法门，是整个中国史学绕不过去的榜样。《史记》130卷，包含五个内容：十二本纪，三十世家，七十列传，十表，八书。《汉书》继《史记》，但只分四类：十二纪，七十传，八表，十志。其区别是改"书"为志，取消"世家"，因此总数只有100卷，比《史记》少了30卷。此后"纪传"与"书志"成了著史的标配，缺少便觉得不完整。《后汉书》《三国志》有纪传无表志（范晔是志未写完而被杀，现所见《后汉书》的志是从他书补入的），受到了南宋郑樵（1104—1162）的嘲笑："江淹有言：'修史之难，无出于志。'诚以志者，宪章之所系，非老于典故者不能为也。不比纪传。纪则以年包事，传则以事系人，儒学之士皆能为之，惟有志难，其次莫如表，所以范晔、陈寿之徒能为纪传而不敢作表志。"

《史记》《汉书》《后汉书》《三国志》这所谓"前四史"，开始时都只是具有史官背景的私家著述，后来得到了官方的承认。唐太宗命长孙无忌、魏徵等仿《史记》《汉书》体例著《隋书》，这是第一部官修正史，以后历朝历代都有官方组织编写前朝历史的传统。这些官修史，加上前四史，到清代共形成二十四部。这二十四部史书就是所谓"正史"，分别是《史记》《汉书》《后汉书》《三国志》《晋书》《宋书》《南齐书》《梁书》《陈书》《魏书》《北齐书》《周书》《隋书》《南史》《北史》《旧唐书》《新唐书》《旧五代史》《新五代史》《宋史》《辽史》《金史》《元史》《明史》，加上民国时编的《清史稿》，又称"二十五史"。

　　二十五史的名称除《史记》《三国志》外有两大类，一类称"史"，一类称"书"。在《宋史》之前有明显的不同。称"史"的是通史，即贯穿几个朝代的史，如《南史》《北史》《新五代史》；称"书"的是一个朝代的史，如《汉书》《宋书》《隋书》等，这一名称源于《尚书》——《尚书》中《虞书》《夏书》《周书》等，都是一朝一代的书。《三国志》称"志"，因三个皇朝并立，各自称"书"，但合在一起，不好再称"书"；又不是前后相承，也难以称"史"。故用了"志"。"志"是"史"的别名，但与"表志"的"志"相冲突，因此后代没有人再用。《史记》最特殊，其中的"史"指人，即太史公，此书原名《太史公书》，两者是一个意思。"史、书"之别，在元代前泾渭分明。元丞相脱脱奉旨修《宋史》《辽史》《金史》，想来是不懂两者有别，因此用了"史"来称一朝一代之史。后来宋濂等承其旧，《元史》《明史》乃至《清史稿》都用了"史"，其实于例都是有误的。关于正史特别是《史记》的体例，有几点值得注意。

　　"本纪"或"纪"是各部书中最重要的部分，是贯穿整部史的主线。从来源看，这是对《春秋》的继承乃至超越。《春秋》以鲁国十二公为主线，串起了春秋时代242年的历史；《史记》则通过十二本纪，串起了从黄帝到汉武帝约3 000年的历史,其中年代前后衔接。从《汉书》起以帝纪为主线,这一传统延续至清末。为什么说这一安排是对《春秋》的超越?因为孔子编六经有其无奈之处。他编的《易》《诗》《书》《礼》《乐》五经,相关的都是"天子之事",只有《春秋》用的不是周天子的纪年,而是鲁国国君的纪年。尽管他以"春王正月"这类字句强调周天子的正统,但难掩他的无奈。司马迁的"本纪",以"天下"实际统治者为纲,串起整个历史,建立起了"天下"的史学观,影响及于后世,这是很高明的。但这种高明,并不是人人都理解。典型的便是《项羽本纪》和《吕太后本纪》。司马迁为项羽撰写本纪,是因为自秦亡至刘邦称帝期间,"政由羽出",项羽是天下的实际统治者。为吕后而不是惠帝撰写本纪,不但因为自汉惠帝死(前188)至汉文帝立(前179)的八年间,"太后称制""号令一出太后",甚至惠帝在位的七年间,也只是个傀儡皇帝。为什么在"周本纪"与"秦始皇本纪"之间有个"秦本纪",也是这个原因。因为春秋战国时期,周是名义上的天下共主,秦昭襄王五十二年(前255)灭周,至秦王政二十六年(前221)称帝的30余年间,七国纷争,天下没有共主,而最有资格占据这个位置的是后来统一天下的秦国。后人不明白司马迁的安排,对这些"纪"的列入有各种猜测,都是没有根据的。

　　《史记》"世家"收录的主要是两类。一类是战国时期与秦并争天下而失败的主要国家,如齐、楚、燕、赵、魏、韩等,前推至春秋时的主要侯国,如宋、卫、陈、郑、吴、越等。另一类则由春秋侯国下推至入汉以后的侯王世家和相国世家。因为这些侯国虽不拥有"天下",却也是世代相袭。入不了"本纪",也不宜入"列传",因列传都是个人之传。比较特殊的是孔子世家和陈涉世家。孔子入世家是因为他对"天下"特殊的贡献:"其文辞为天下制仪法,垂六艺之统纪于后世。"而把陈涉列入世家,竟是类比于汤武革命:"桀纣失其道而汤武作,周失其道而春秋作。秦失其道,而陈涉发迹,诸侯作难。"可见这也是"天下史观"的产物。这是司马迁最了不起的地方。自班固起,各代史书没有了这个勇气,取消了"世家",归入"列传"。唯一重列"世家"的是欧阳修的《新五代史》,这一时期又称"五代十国"时期,欧阳修以梁唐晋汉周"五代"为正统,列入"纪";而将"十国"列为"世家"。相比于薛居正《旧五代史》列十国为"列传",就更具史家眼光。同样,陈寿《三国志》奉魏为正统,诸帝入"纪",而蜀、吴诸帝只入"传",不敢称"世家",其勇气也不如司马迁。由于取消了"世家",那些世代相承的王侯家族便无处可放,不得已只好在"传"下拉长"附"也就是"副传"。这是班固开的先例,而后代竟全部继承了。

"表",也称"年表",但《史记》中还有"月表",因此统称"表"比较合适。这一形式,司马迁自称"取之谱牒旧闻",实际是他的独创,也是他对中国史学极大的贡献。表与本纪、世家相映照,使史事的脉络更加清楚。《十二诸侯年表》自西周共和元年(前841)以后,年年有记载,开创了中国历史绵延不断的传统,成为全世界唯中国人拥有的一份独特财富。《秦楚之际月表》以月为单位,把史事系于其下,可说是空前绝后。特别是我们想到,司马迁时代写作用的还是竹简和缣帛,绘制这样的表格何其不易,更可见司马迁的难能可贵。班固继承司马迁作了八表。《史记》《汉书》以后,只有欧阳修的《新唐书》有表,《新五代史》无表但有"十国世家年谱"。因此郑樵要说修表志难。从《宋史》开始,辽、金、元、明史都有表,显示了这一体裁越来越受到重视。

如果说"本纪、世家、表"和"列传"都是"记事"的,那么《史记》的"书"或后代的"志"便是"记言"的,是对国家规章制度的考证。与《尚书》"记言"只是单篇文献的收录不同,《史记》《汉书》开始的书志更是相关规章制度的形成、发展和演变史,在中国"治学"史上尤其有重要价值。元代马端临（1254—1340）《文献通考·序》说："理乱兴衰，不相因者也，晋之得国异乎汉，隋之丧邦殊乎唐，代各有史，自足以该一代之始终，无以参稽互察为也。典章经制，实相因者也，殷因夏，周因殷，继周者之损益，百世可知。"在他看来，从历史角度看，书志比纪传更有价值。中国史学两者并重，因此弥足珍贵。《史记》八书是"礼书、乐书、律书、历书、天官书、封禅书、河渠书、平准书"。《汉书》十志，本"律书、历书"为"律历志"，本"礼书、乐书"为"礼乐志"，本"平准书"为"食货志"，本"封禅书"为"郊祀志"，本"天官书"为"天文志"，本"河渠书"为"沟洫志"，同时新增"刑法、五行、地理、艺文"四志。以后各史，大多有志，在《史记》《汉书》的基础上增加。其中后来新增的重要的志有《后汉书》的"礼仪、祭祀、百官、舆服"四志，《魏书》的"释老志"，《新唐书》的"选举志、兵志"，《清史稿》的"交通、邦交"等，这些都开辟了新的领域，为更后来的史书所继承。

"列传"是司马迁的创新，在他之前的史书还无先例。古史的"记言、记事"记的是天子言行，春秋时扩大到诸侯，战国时更扩大到记"士"的言行，但还没有为个人立传的。司马迁的创新使他创造的新史体被称为"纪传体"，即列传与本纪相得益彰，使"纪"的内容更加丰富立体。19世纪英国小说家柯林斯（William Wilkie Collins，1824—1889）创作的《白衣女人》(The Woman in White，1860)、《月亮宝石》(The Moonstone，1868)等小说，采用不同叙述者轮流叙述同一故事的手法，使小说变得更生动、立体。其实近2000年前的中国史学家司马迁已经采用了这一方法。如楚汉相争的故事，是《项羽本纪》《高祖本纪》的重要内容，一些情节又见于《萧相国世家》《留侯世家》《淮阴侯列传》等，详略不同，角度有异，使这一段史实特别丰满。司马迁还创造了"群塑"的办法，为同一类型的人物立群传，如《刺客列传》《循吏列传》《儒林列传》《酷吏列传》《游侠列传》《滑稽列传》《货殖列传》等,还为周边少数民族政权立传,如《匈奴列传》《大宛列传》《朝鲜列传》《西南夷列传》等,为后人所效法。班固承司马迁,只是改"列传"为"传",但因严守《史记》70列传之数,坚持只写70篇"传",而要写的人又多,结果造成大量多人合传,使其书显得很不干练。《后汉书》列"传"80卷,自此打破了70的数量限制。在"群塑"上也有拓展,如创立了"党锢、文苑、列女"等7个传。后代续有增添,此不详。

《史记》开创的传统记言记事并重,不仅有记事为主的纪传和记言为主的书志,还体现在言中记事,事中记言。这是对前代史书的重大突破。"言中记事",即书志所记,不仅是当代的典章制度,而且是一部典章制度史,一些新设的志尤其如此。如《史记》的"封禅书",从舜、禹、武丁、周公一直讲到秦汉诸帝的封禅,其实已是一部封禅史。《汉书·刑法志》是最早的中国法制史,《魏书·释老志》相当于最早的佛教东传和道教起源史,《新唐书·选举志》第一次梳理了中国科举考试的历史,等等。"事中记言",即在纪传中记录了重要的历史文献,有的文献竟借此而得以保存。《史记·五帝本纪》大多依《尚书》而作,《夏本纪》录了《禹贡》全文,《秦始皇本纪》则录了《泰山刻石》《琅琊刻石》《之罘刻石》《会稽刻石》等的全文,保存了秦代的重要文献,还录了贾谊《过秦论》。列传中,《屈原贾生列传》录《怀沙》《吊屈原赋》全文,《李斯列传》录《谏逐客书》全文。至《汉书》更变本加厉,大量收录诸帝诏书和大臣重要的上书。如刘向论灾异、薄葬、御臣的封事,晁错论兵事等的上疏,景帝与晁错的举贤良对策,武帝与董仲舒的举贤良对策,司马相如的《子虚赋》《大人赋》《谕巴蜀檄》,司马迁的《报任安书》等。可以说,在梁昭明太子《文选》之前,古人的很多文献是借史传得以保存下来的。

《史记》还有一点为文学家所称道而为史学家所不满,即他的文笔极其优美,写人叙事栩栩如生。如《项羽本纪》鸿门宴一段,写宴会上"范增数目项王,举所佩玉玦以示之者三,项王默然不应";写樊哙"遂入,披帷西向立,瞋目视项王,头发上指,目眦尽裂"。这些连亲历者都未必注意到的细节,他写来如此生动,如在目前。这完全是从《左传》学来的手法。文学家对之爱不自胜,如鲁迅夸《史记》是"史家之绝唱,无韵之《离骚》",历代文章家把它视为典范甚至巅峰。但史学家认为这类虚构性的描写,不合史家体例。例如王夫之《读通鉴论·叙论三》就批评"司马迁、班固喜为恢奇震耀之言",为后代史学之弊开了个恶劣的头。

第二节　别史

由于中国人重史,历史著作浩如烟海,官修或官方承认的"正史"之外,还有许多其他著作。四部分类中有许多书目,我们这里一概称为"别史",其中有的也非常重要。细分之,有如下几类。

第一类,古史。这是指成书在《史记》之前,又没有机会列入"经部"的史书,如《国语》。有散逸后来发现的,如《逸周书》,刘向认为它是孔子删《尚书》之余,有些文章与《尚书》相类似。又如《竹书纪年》,又称《汲冢书》,是西晋武帝咸宁五年(279)汲郡人不准盗战国魏襄王墓,得大量竹简,均以六国古文写成。经学者荀勖、和峤、杜预等人整理,得书16部。其中最重要的是《纪年》十二篇。书中记载夏、商、西周、春秋晋、战国魏之史,与史载有许多不同,是研究古书的重要参考材料。还有后人重新汇编的,如《战国策》,是刘向整理并编纂的。有人认为《战国策》与《国语》相似,其实不同。《国语》记春秋事,当时的主题还是"尊王攘夷",称霸者还打着"尊王""仁义"的旗号。《战国策》记战国事,各国皆想以武力称霸,策士们各为其主,纵横捭阖。从国与国之间的交往来看,还有很多值得今天借鉴的地方。

第二类,别史。有的别史也很正宗,采用纪传体,有表志,但因各种原因未能列入正史。其中最有名的是汉代刘珍等人修撰的《东观汉记》。东观是洛阳宫殿名,是藏书之所,也是修史之所。《东观汉记》是官修之书,开始时地位很高,与《史记》《汉书》并称"前三史"。后来唐高宗之子章怀太子李贤组织人为范晔《后汉书》作注,由此,《后汉书》取代了《东观汉记》,但它仍是研究后汉史的重要参考。

第三类,杂史。杂史也是别史,张之洞(1837—1909)区别两者的方法是:"关系一朝大政者入别史,私家记录中多碎事者入杂史。"杂史包括野史。杂史中有名的一部是唐代吴兢(670—749)的《贞观政要》。该书10卷共40篇,实际上是40个专题,以年代为序,收录了唐太宗在位23年间的治理史以及君臣间的争议、讨论。野史中常为人们提及的有孟元老的《东京梦华录》(孟元老生卒年不详,书成于1147年)、周密(1232—1298)的《武林旧事》,二书是两宋遗民回忆南北宋盛时京都汴京和临安的盛况,是了解宋代社会生活的百科全书。

第四类,载记。这个名称可能部分来自司马迁的"世家"中的一些侯国。这些侯国既非正统,后又因叛乱等原因相继破败。因此班固修《汉书》,从正统观念出发,不再设"世家"这一类而将之并入"传"。但分裂割据势力存在是个客观史实,因此南朝阮孝绪(479—536)作《七录》又专门为它设了一类,称"伪史"。至《隋书·经籍志》,魏徵可能觉得这个名称不好听,又改为"霸史",取"不成王则成霸"之义。至《四库全书》,觉得"伪史""霸史"的名称都不大客观,于是吸收《东观汉记》《晋书》中曾有过的说法,称为"载记"。"载记"的字面意思是"据载而记",强调是客观记录。载记中较古老的有《越绝书》,保存了吴越争霸的许多史料。作者袁康、吴平,生卒年不详,大约是战国时人。此书没有署名,而是在书尾用隐语方式说出自己的姓名:前者是"以去为姓,得衣乃成,厥名有米,复之以庚",后者是

第三章 "史部"概说

"以口为姓,承之以天,楚相屈原,与之同名"。也是趣事一桩。收入载记的另一部名作是东晋常璩(291—361)的《华阳国志》,全书12卷,记载了从远古到东晋永和三年(347)的巴蜀史事,是研究古代西南地区的重要史料。

第五类,传记。这是正史外之传,往往记正史所不重视或重视不够的某类人。如汉代刘向的《列女传》,为历史上的著名女性立传。西晋皇甫谧(215—282)的《高士传》,为"身不屈于王公,名不耗于终始"的高洁之士立传。清代阮元的《畴人传》,为历代自然科学家立传。南朝梁释慧皎(497—554)的《高僧传》及后续唐释道宣(596—667)的《续高僧传》、宋释赞宁(919—1001)的《宋高僧传》、明释如惺的(生卒年不详,书成于1617年)《明高僧传》、明释明河(1588—1640)的《补续高僧传》,合称五代高僧传,是佛教史重要文献。其中各书的"译经"部分,也是佛经翻译史研究的重要文献。同样属于这一类的还有明末黄宗羲(1610—1695)的《明儒学案》《宋元学案》,及清代江藩(1761—1831)的《汉学师承记》《宋学渊源记》,都是为儒者立传的,这些书合起来,可以看作自宋至清的一部学术史。

第三节　史体

中国传统的史体计有4种:编年体、纪传体、纪事本末体、纲目体。

历史的编写,按年按月记载的编年体是正宗,中外均如此。中国汉代以前也是如此,如《春秋》《左传》等。司马迁创立纪传体,实际是在编年基础上扩大了历史的内容。他的基础是本纪。十二本纪与《春秋》十二公其实并无区别,都是编年体。但《史记》更惹人注目的是世家、列传、表、志等。特别是"传",采取的是以人物为中心的写法,而其数量又特别庞大,因而"纪"的编年性反而被冲淡。司马迁之后,"纪传体"成了"正史"的标准体。班固更开创了断代史的体例,"纪传"的性质就更突出了。因此有人呼吁重新强调编年体的史书。这一尝试开始于东汉荀悦(148—209)的《汉纪》,因此《四库全书总目》说:"司马迁改编年为纪传,荀悦又改纪传为编年。"但编年体的真正成功之作是宋代司马光的《资治通鉴》。由于他的巨大成就,后人将他与司马迁合称"史家两司马"。

司马光的功绩,首先在于第一次正式强调史是为经服务的,著史是为"资治"。他在给神宗皇帝的《进书表》中说:"以清闲之燕,时赐有览,鉴前世之兴衰,考当今之得失,嘉善矜恶,取得舍非,足以懋稽古之盛德,跻无前之至治。"神宗皇帝更赐书名《资治通鉴》。宋元之际史学家胡三省在《新注〈资治通鉴〉序》中说:"为人君而不知《通鉴》,则欲治而不知自治之源,恶乱而不知防乱之术;为人臣而不知《通鉴》,则上无以事君,下无以治民;为人子而不知《通鉴》,则谋身必至于辱先,作事不足以垂后。"

司马光创立新史体,本质上是为了更好地"资治"。到司马光时,"正史"已完成了十七部。从《史记》到《新五代史》,累计约1 500卷,3 000万字,这不是一般人,更不用说皇帝,可以轻易读完的。要把现有的卷帙浩繁的材料汇聚成一部"博而得其要,简而周于事"(宋神宗《〈资治通鉴〉序》)的书,功力全在编辑。司马光可说树立了一个编辑史料的榜样。他编《资治通鉴》,大体经历了三步:第一步,列出编写大纲,不仅有总纲,而且有逐年的细纲。第二步,请专家办专家的事,找相关领域专家做助手。他请刘攽(1023—1089)、刘恕(1032—1078)与范祖禹(1041—1098)三人做主要助手。刘攽是两汉史专家,刘恕是魏晋及五代史专家,范祖禹是唐史专家。司马光请他们三人分别负责整理各段史料,写出"长编"。第三步,司马光亲自根据既定原则(即有"资"于"治")定稿,删繁就简,条理清晰,文字精当。删节工作似易实难。以唐史部分为例,范祖禹《唐纪》原稿六七百卷,司马光以三日一卷的速度,历时四年多,删存81卷。从"长编"到定稿,删去者逾三分之二,书成后,残稿犹满两大屋。这样,经前后14年,完成从周威烈王二十三年(前403)三家分晋亦即战国之始,至后周世宗显德六年(959)共1362年间的史事,共分周、秦、汉、魏、晋、宋、齐、梁、陈、隋、唐、后梁、后唐、后晋、后汉、后周16纪,合294卷,约300万字,只有原来的十分之一。《资治通鉴》文笔优美,有汉司马之风。其描写"淝水之战""赤壁之战"的段落,是语文教材常选的名篇。

司马光编了《资治通鉴》之后,又亲自写了《资治通鉴考异》30卷,这更是史学编著的创新,突显了其作为史学家的严谨。司马光之前的史学家处理史料异同时,一般采取"乾纲独断"或"诸说并存"的方法,很少有人对异说进行考证,更没有人把考证写成专书。司马光的《资治通鉴考异》,既是自信的表现,又为后人提供许多方便。《四库全书总目》说:"修史之家,未有自撰一书,明所以去取之故者。有之,实自光始。"这是非常公允的评价。

《资治通鉴》是编年体的杰作,引起了后人的仿效。其中最有名的是清代毕沅的《续资治通鉴》,积30余年而成。全书220卷,起自宋太祖建隆元年(960),与《资治通鉴》紧密衔接,下至元顺帝至正二十七年(1367)。此外,《资治通鉴》之成,启发了后人无数法门,催生了新史体的产生。"新史体"主要是纪事本末体与纲目体。

纪事本末体始于南宋袁枢(1131—1205)的《通鉴纪事本末》。此书之作,实是因为看到了编年体和纪传体的不足。编年体以年为经,但造成史事的割裂,"一事而隔越数卷,首尾难稽"。纪传体以人为主,但由于角度分散,"一事而复见数篇,宾主莫辨"。司马光把1500余卷缩减为294卷,已属难能可贵,但一般人读来,仍"苦其浩博"。

因此袁枢别出新意,以事件为中心,标出题目,依《资治通鉴》编年为序,摘抄原文,重加编纂。将 1 300 多年的史事归纳为 239 题,始自《三家分晋》,终于《周世宗征淮南》。全书仅 42 卷,大大方便了人们的阅读。这一成功恐怕是他自己也没想到的,因此梁启超在《中国历史研究法》里评论说:"善抄书者可以成创作,荀悦《汉纪》而后,又见之于宋袁枢之《通鉴纪事本末》。"此书之后,仿作甚多。前于《资治通鉴》的有《左传纪事本末》,后于《资治通鉴》的有《宋史》《辽史》《金史》《元史》《明史》《清史》等"纪事本末",以事件为线索把中国历史串起来了。

纲目体则始自朱熹的《资治通鉴纲目》。朱熹既喜欢《资治通鉴》又有所不满。不满之处一是"正统不明",特别是"帝魏寇蜀",以曹魏为三国正统,这是站在南宋朝廷立场的他所不能接受的。不满之处二是 294 卷作为帝王教科书仍失之过详,因此需加删削。于是历时 20 余年,最终在弟子赵师渊(1150—1210)帮助下完成。朱熹自幼立志做圣人,以孔子为榜样。此书之编也是一次重要实践。本书最大特点有二,其一是纲目体本质上是仿孔子编《春秋》的做法,"纲"类似于《春秋》,"目"类似于《左传》。王应麟(1223—1296)的说法是:"纲效《春秋》,而参取众史之长;目仿《左氏》,而集合诸儒之粹。""纲"用大字书写,既具标题作用,又含作者褒贬;"目"则对史事进行详细铺叙,纲举而目张。其二是仿效孔子的所谓"春秋笔法",特别是喜欢随自己心意,对《资治通鉴》所记史事中凡不合他心目中正统名分观念的一律予以改写。最明显的是改曹魏正统为蜀刘正统。对岁年、名号、即位、改元、尊立、朝会、封拜等都有严格表述,对有违"纲常名教"的也加以改正。因此对之的评价始高后低。明末以前大受追捧,明末以后则颇受贬斥。此书在中国周围如朝鲜、日本等地区影响甚大。

第三章 "史部"概说

第四节　史评、史论、史考

所谓"史评",用现在的话来说,就是"史学学",即关于史学的理论。中国历史上最著名的史学学著作有两部,一是唐代刘知几(661—721)的《史通》,一是清代章学诚(1738—1801)的《文史通义》。

《史通》是中国第一部史学理论著作,一推出就不同凡响,甚至成为难以逾越的高峰。据刘知几原序,《史通》的得名是受班固的影响,班固组织编写的书成于白虎观,因名《白虎通》;他的书成于史馆,因名《史通》。这也为全书的尊班抑马定了基调。全书20卷,分内外篇,内篇39,外篇13,共52篇,失逸三篇,现存内篇36,外篇13。目录如下：

内篇:六家第一,二体第二,载言第三,本纪第四,世家第五,列传第六,表历第七,书志第八,论赞第九,序例第十,题目第十一,断限第十二,编次第十三,称谓第十四,采撰第十五,载文第十六,补注第十七,因习第十八,邑里第十九,言语第二十,浮词第二十一,叙事第二十二,品藻第二十三,直书第二十四,曲笔第二十五,鉴识第二十六,探赜第二十七,模拟第二十八,书事第二十九,人物第三十,核才第三十一,序传第三十二,烦省第三十三,杂述第三十四,辨职第三十五,自叙第三十六。

外篇:史官建置第一,古今正史第二,疑古第三,惑经第四,申左第五,点烦第六,杂说上第七,杂说中第八,杂说下第九,汉书五行志错误第十,五行志杂驳第十一,暗惑第十二,忤时第十三。

从目录来看,刘知几的论述几乎涉及史学的方方面面。他把各种史归结为编年体和纪传体,而赞成以班固为代表的断代纪传体,并对其中的各种体裁均进行了论述。他还对叙事、言语、题目、模拟、断

史通卷第一

　　　　　　唐劉子玄知幾撰
　　　　　　明李本寧維楨評
　　　　　　附郭孔延延年評釋

內篇

自古帝王編述文籍史言之備矣古往今來質文遞變諸史之作不恆厥體推而為論其流有六一曰尚書家二曰春秋家三曰左傳家四曰國語家五曰史記家六曰漢書家今略陳其義列之於後

明刻本《史通》

限、书事、人物、编次、称谓、烦省等多种涉及撰史方法和写作技巧方面的内容进行了讨论。当然,刘知几最为人称道的是他的"史有三长:才、学、识"之论,其中又以史识为上,成为人们认识和发掘人才的标准。

《文史通义》论的不光是史,还有"文"。这个"文",不是后人所说的"文学",因为其时还没有现代的"文学"观念。这个"文",其实就是传统"文以化之"的"文"。因此相较于《史通》,这部书的内容不仅范围更广,而且议论更深刻,可能是古代最深刻的文史理论著作。举几个例子。第一,很多人注意到章学诚是因为他对刘知几"史有三长"说的补充和发展,他认为在"才、学、识"之上还有"史德",即"著书者之心术",因而变"才、学、识"三标准为"德、才、学、识"四条件,这当然比仅仅讲"才、学、识"的技术论更正确。第二,章学诚提出"六经皆史",这是20世纪他被人引用得最多的一句话,但理解几乎都是错的。20世纪史学家们在这句话的基础上产生了"史料派",主张史学的核心是史料,"六经"也只是"史料",然后进一步发展出"有一分材料说一分话,有十分材料说十分话"的唯史料论。殊不知章学诚原文"六经皆史"只是半句话,完整的话是:"古无私门之著述,六经皆史也。"(《文史通义·方志立三书议》)"史"是王官,正因为古无私学,因此六经都是王官之学,而王官之学的核心便是治道。史料学派把六经看作纯粹史料,比刘知几把撰史看作纯粹技术走得还要远。第三,章学诚还有一个更重要的理论,但很少见后人引用,那就是"六经皆器"。他说:"道不离器,犹影不离形。后世服夫子之教者自六经,以谓六经载道之书也,而不知六经皆器也。"那么什么是"道"?周公之道,也就是治道。他说:"周公集群圣之大成,孔子学而尽周公之道。""周公集治统之成,而孔子明立教之极。""夫子述六经以训后世,亦谓先圣先王之道不可见,六经即其器之可见者也。"(以上引文均见《文史通义·原道》上、中篇)最后,在史学具体问题上,章学诚不同意别人将他与刘知几并提,认为二人不同:"刘言史法,吾言史意。"刘重史法,故扬班抑马;他重史意,故更推重司马迁。《文史通义》虽写了几十年,但仍是未完成之作。中华书局叶瑛校注本收内篇5卷、外篇3卷,内容比较驳杂,更附《校雠通义》3卷,也是史学的重要著作。

与史评论史法、史意不同,所谓"史论",论的是史书中所述的历史事件。史论的源头在《左传》的"君子曰"和《史记》的"太史公曰",是著史者对历史事件和人物的即兴评论。第一篇专题史论是西汉贾谊(前200—前168)的《过秦论》。唐宋以降,韩愈、柳宗元、欧阳修、苏轼等均有所作。但系统的史论始于南宋理学家吕祖谦(1137—1181)的《东莱博议》。东莱是吕氏的郡望。此书全称《东莱左氏博议》,共4卷86篇,对《左传》所载的治乱得失一一进行评议,文笔奇巧,对后世影响很大。另一部史论名作是明末王夫之(1619—1692)的《读通鉴论》,阅读司马光《资治通鉴》并作笔记,对历史人物及事件作出系统的评论。全书共30卷,其中秦1卷,西汉4卷,东汉4卷,三国1卷,晋4卷,宋、齐、梁、陈、隋各1卷,唐8卷,五代3卷。卷内以朝代为序,帝王庙号为目,自秦始皇至五代下共85目。30卷之外,另附《叙论》4篇为卷末。总体来看,前30卷可视为分论,就一朝一帝之史迹发而为论;叙论4篇为总论,对历史沿革作出总评。在《叙论四》中,王夫之把历史发展的规律归结为"理":"治道之极致,上稽《尚书》,折以孔子之言,而蔑以尚矣。其枢,则君心之敬肆也;其戒,则怠荒刻核,不及者倦,过者欲速也;其大用,用贤而兴教也;其施及于民,仁爱而锡以极也。以治唐、虞,以治三代,以治秦、汉而下,迄至于今,无不可以此理推而行也。"而理不是一成不变的,应当"就事论法,因其时而酌其宜,即一代而各有弛张,均一事而互有伸诎,宁为无定之言,不敢执一以贼道"。他反对朱熹以来的正统说,也不赞成司马迁、班固过重文辞,"喜为恢奇震耀之言"。

入清以后,有几部史学名作,特别是乾隆朝,诞生了所谓"史学三大名著":钱大昕(1728—1804)的《廿二史考异》、王鸣盛(1722—1797)的《十七史商榷》、赵翼(1727—1814)的《廿二史札记》。这些书与其说是史评史论,不如说是史考,因为主要是对史书的文本包括注释进行文字学上的考订。《廿二史考异》,书名中的"考异"来自司马光的《资治通鉴考异》,其体例也取自该书,全书100卷,对22部正史(二十四史减去《旧五代史》《明史》并补以《续汉书》,实23部史书)进行考订,主要是异文及史实。钱大昕是清代一流的文字训诂学家,其考订甚至引用金石铭文及考古出土成果与历史文献相对照,可说开了后来王国维"二重证据法"的先河。《十七史商榷》,其中"十七史"源自宋人对古史的汇刻,但增加了《旧唐书》《旧五代史》,因此名为十七,实为十九,二十四史中只少了宋、辽、金、元、明五史。王鸣盛的治史宗旨是"求实",正如他在《十七史商榷·序》中所说:"盖学问之道,求于虚不如求于实,议论褒贬皆虚文耳。作史者之所记录,读史者之所考核,总期于能得其实焉而已矣,外此又何多求邪!"因此他所做的工作是"改讹文,补脱文,去衍文,又举其中典制事迹,诠解蒙滞,审核踳驳,以成是书"。他反对朱熹那种"强立文法,擅加与夺褒贬,以笔削之权自命"的治史方法,是清代考据学派的重要代表。全书98卷,加《缀言》2卷。三家中,赵翼《廿二史札记》评价最高。所谓"廿二史",其实是二十四史,只是因为《旧唐书》《旧五代史》其时尚未立为正史,故以"廿二"名之。全书36卷,以读书笔记形式,详近略远。此书的特点有二,一是采用比较互参之法,赵翼在《廿二史札记小引》中说:"此编多就正史纪传表志中参互勘校,其有抵牾处自见,辄摘出以俟博雅君子订正焉。"二是不仅重考订,也重议论,用他自己的话说:"至古今风会之递变,政事之屡更,有关于治乱兴衰之故者,亦随所见附著之。"因此此书可说是史考史论并重之作,达到了清代史学的顶峰。

第四章
"书志"概说

"书志"的名称从字面上来看源于《史记》的"八书"和《汉书》的"十志",但从根本上来说,源于《尚书》,亦即上古"左史记言,右史记事,事为《春秋》,言为《尚书》,帝王靡不同之"的传统。"书"的名称来自《尚书》,但《史记》《汉书》各取所需。司马迁取其内容,实质是典章制度的文献记录;班固取其名称,"书"是一朝一代的文献总汇,因而用来表示一朝一代的断代史。后来的史家多数采用班固的办法,用"书"来称断代史,而另用"志"来表示相当于《尚书》记载的内容。

从更大的方面看,从《尚书》《春秋》到《资治通鉴》,中国史学经历了"分—合—分"的过程。《尚书》《春秋》是分,一记言,一记事;《史记》《汉书》是合,纪传记事,书志记言;司马光《资治通鉴》开创的新编年体,乃至在其基础上发展起来的纪事本末体、纲目体,又是分,这些"体"只重记事,不重记言,可说是记事的专书。这就使记言的专书必须另找出路。这些重要的书志多了,也就成了史部中新的"类"。从《四库全书总目》来看,史部15类,其中"正史、编年、纪事本末、别史、杂史、传记、史钞、载记、史评"等9类属历史类,其余的"政书、地理、职官、时令、诏令奏议、目录"等6类就可归为书志类。书志类只是从其来源的方便的称呼,究其实质,不如称为"政书"类。因为这些书志有个统一目标,即为国家治理服务,而古代国家治理又称"为政"。四部的"政书类"下,还细分为"法令、军政、邦计"等,相当于今天的"法律、军事、经济"等,更可见它与国家治理的关系。因此"政书"这一概念有广狭之分,狭义的"政书"指四部里的政书类加上诏令奏议类,广义的"政书"指史部历史类外的所有内容。

我们先来看一下"二十五史"中书志的情况,再对各类政书作具体介绍。从理论上说,凡正史都必含"纪传"和"书志"两个部分,但实际上并非如此,25部正史中有书志的只有17部。其原因不一,有的是原来就没有写,如《三国志》;有的是写而未完,如《后汉书》,范晔只写了五志就被杀,稿子也被毁,现有的《后汉书》八志是据西晋司马彪的《续汉书》补上的。书志中最少的八志,最多的十六志。我们将17部正史中的书志情况列表如下,最右侧列入唐代杜佑(735—812)《通典》的"八典"(杜佑"刑、兵"合),以资参照。

第四章 "书志"概说

书志情况表

《史记》八书	《汉书》十志	《后汉书》八志	《晋书》十志	《宋书》八志	《南齐书》八志	《魏书》十志	《隋书》十志	《旧唐书》十一志	《新唐书》十三志	《旧五代史》十五志	《宋史》十五志	《辽史》十四志	《金史》十三志	《元史》十五志	《明史》十五志	《清史稿》十六志	《通典》
礼	礼仪	礼仪	礼	礼	礼	礼	礼仪	礼仪	礼	礼	礼	礼	礼	礼	礼	礼	礼
乐	乐		乐	乐	乐	乐	音乐	音乐	乐	乐	乐	乐	乐	乐	乐	乐	乐
律	律历	律历		律		律历	律历		律历								
历			历					历	历	历	历象	历	历	历	历	历	
天官	天文	天文	天文	天文	天文	天象	天文	天文	天文	天文		天文	天文	天文	天文	天文	
封禅	郊祀	祭祀									祭祀						
河渠	沟洫									河渠	河渠		河渠	河渠	河渠	河渠	
平准	食货		食货		食货	食货	食货	食货	食货	食货	食货	食货	食货	食货	食货	食货	食货
	刑法		刑法		刑罚	刑法	刑法	刑法	刑法	刑	刑法	刑法	刑法	刑法	刑		
		五行	五行	五行	五行	五行	五行	五行	五行	五行		五行	五行	五行			
	地理	郡国	地理	州郡	州郡	地形	地理	地理	地理	郡县	地理	地理	地理	地理	地理	地理	州郡
	艺文						经籍	经籍	艺文	艺文	艺文			艺文	艺文	艺文	
		百官	职官	百官	百官	官氏	百官	职官	百官	职官	职官	百官	百官	百官	职官	职官	职官
		舆服	舆服	舆服	舆服		舆服	车服	舆服		舆服	舆服	舆服	舆服	舆服	舆服	
				符瑞	祥瑞	灵征											

续　表

《史记》八书	《汉书》十志	《后汉书》八志	《晋书》十志	《宋书》八志	《南齐书》八志	《魏书》十志	《隋书》十志	《旧唐书》十一志	《新唐书》十三志	《旧五代史》十志	《宋史》十五志	《辽史》十五志	《金史》十四志	《元史》十三志	《明史》十五志	《清史稿》十六志	《通典》
						释老											
									仪卫		仪卫	仪卫	仪卫		仪卫		
									选举		选举	选举	选举	选举	选举	选举	选举
									兵		兵	兵卫	兵	兵	兵	兵	兵
												营卫					
																灾异	
																时宪	
																交通	
																邦交	
																	边防

从左往右看还可看到每一种新"志"出现的时代,如刑法等4志始于《汉书》,选举志始于《新唐书》,等等。

第一节　政书

在书志类典籍中,首先值得注意的是"通志"类和"会要"类,这是传统所谓"政书"的核心部分。关于"通"和"会",最好的解释见于南宋郑樵的《通志·总序》，他的"会"指的是横向的广度，"通"指的是纵向的深度，大体类似于现代所谓的"共时"与"历时"。他以为同时达到"会通"的只有孔子："会通之义大矣哉！自书契以来立言者虽多，惟仲尼以天纵之圣，故总《诗》《书》《礼》《乐》而会于一手，然后能同天下之文；贯二帝三王而通为一家，然后能极古今之变。"孔子之后达到"会通"的只有司马迁的《史记》，班固的《汉书》写断代史，则破坏了这一传统。郑樵的《通志》是以司马迁的《史记》为榜样的。全书200卷，分5部分："帝纪"18卷，自三皇五帝以至隋，是仿"本纪"的；"年谱"4卷，是仿"表"的；"略"52卷，是仿"书"的；"世家、传"126卷，是仿"世家、列传"的。这可以说是《史记》之后，第二部通史类著作。但由于此书的纪传大多抄自前代史书，"年谱"的新意也不多，真正的价值在于"略"，因此前人一般不把它看作史书，而当作"志"书。放在这里，也正好是从"史"到"志"的过渡。

郑樵对"会""通"二字的解释可以串起两类最重要的政书，一是"通"类，其代表是"三通"；一是"会"类，其代表是诸种"会要"。"通"类讲的是古今之通，即典章制度的历代沿革；"会"类讲的类似断代史，是一朝一代的典章制度。

"三通"的第一部是唐代杜佑的《通典》。全书200卷，共分"食货、选举、职官、礼、乐、刑兵、州郡、边防"八门，各门下又细分为目，共1584目。如"食货"下有"田制、水利田、屯田、乡党、土断、赋税"等十余目，每目下详叙历代制度之变革，上起远古，下至唐玄宗天宝末年。《通典》不仅是中国第一部通论历代典章制度的专史，而且在内容的选择、安排上都颇具匠心。杜佑自述他的体例安排时说："夫理道之先在乎行教化，教化之本在乎足衣食。《易》称聚人曰财。《洪范》八政，一曰食，二曰货。管子曰：'仓廪实知礼节，衣食足知荣辱。'夫子曰：'既富而教。'斯之谓矣。夫行教化在乎设职官，设职官在乎审官才,审官才在乎精选举,制礼以端其俗,立乐以和其心,此先哲王致治之大方也。故职官设然后兴礼乐焉,教化隳然后用刑罚焉,列州郡俾分领焉,置边防遏戎狄焉。是以食货为之首,选举次之,职官又次之,礼又次之,乐又次之,刑又次之(大刑用甲兵),州郡又次之,边防末之。"可说形成了一个系统,而核心在于"理道"(即治道,唐避高宗讳,改"治"为"理")。《通典》与郑樵的《通志》、马端临的《文献通考》合称"三通"。清乾隆帝在重刻此书序中对"三通"的不同价值作了评价,说:"朕惟三书各有意义。郑樵主于考订,故旁及细微;马端临意在精详,故间出论断;此书则佑自言征于人事,将施有政,故简而有要,核而不文。"杜佑历任高官直至宰相,他在治国理政上是有自己的体会的。此书时代下限是天宝末年(755),后清代三通馆臣编了《续通典》150卷,起唐肃宗至德元年(756),讫明末崇祯十七年(1644);又编有《清朝通典》100卷,起自清太祖天命元年(1616),终于乾隆五十年(1785)。

"三通"的第二部是南宋郑樵的《通志》。前面说过,郑樵编此书的原意是想仿司马迁编通史,但后人认为他的纪传意义不大,价值在其相当于书志的"略",这也是官修正史外唯一含有表志的著作。郑樵自己对"略"也非常自负,说:"总天下之大学术,而条其纲目,名之曰略,凡二十略,百代之宪章,学者之能事,尽于此矣。"《四库全书总目》评价说:"其平生之精力,全帙之菁华,惟在二十略而已。一曰氏族,二曰六书,三曰七音,四曰天文,五曰地理,六曰都邑,七曰礼,八曰谥,九曰器服,十曰乐,十一曰职官,十二曰选举,十三曰刑法,十四曰食货,十五曰艺文,十六曰校雠,十七曰图谱,十八曰金石,十九曰灾祥,二十曰草木昆虫。其氏族、六书、七音、都邑、草木昆虫五略,为旧史之所无。"除了"为旧史所无"的五略之外,对照前面的"书志情况表",我们发现还有一些略是史书所不载的,如《谥略》《图谱略》《金石略》《校雠略》等。郑樵读书多,学问杂,与他的纪传一样,这些新旧略大多有来源,如《氏族略》来自东汉王符(约85—约163)的《潜夫论·志氏姓》和唐代林宝的《元和姓纂》(书成于812年),《七音略》源自更早的《五音韵镜》(据笔者《韵图考》考证,书成于1008—1039年),《金石略》源于欧阳修的《集古录》(1064)以及赵明诚、李清照的《金石录》(1132)等,但也有不少创见。对后世影响最大的是《校雠略》,有人说这是《通志》二十略最富有创造性的部分,是中国校雠学之始。郑樵毕竟是一介布衣,其对于"治道"的理解远不能与杜佑比,他的二十略的排序始氏族终草木昆虫就完全是学术性、而非政治性的。清代三通馆臣同样编了《续通志》640卷,其中纪传540卷,从唐初编到元末;略100卷,也是二十略,均无甚新意。另编《清朝通志》126卷,均为略,无纪传。

"三通"的第三部是元代马端临的《文献通考》。如果说杜佑写《通典》是为了"治道",郑樵写《通志》是为了显示知识渊博,马端临写《通考》在一定程度上则是为了总结宋亡的教训。此书承杜佑《通典》,唐以前部分大体依《通典》,而特详于宋代。全书348卷,分为24考。他对书名的"文""献"有自己的解释:"凡叙事则本之经史,而参之以历代会要,以及百家传记之书,信而有证者从之,乖异传疑者不录,所谓'文'也。凡论事则先取当时臣僚之奏疏,次及近代诸儒之评论,以至名流之燕谈、稗官之纪录,凡一话一言可以订典故之得失,证史传之是非者,则采而录之,所谓'献'也。""其载诸史传之纪录而可疑,稽诸先儒之论辨而未当者,研精覃思,悠然有得,则窃著己意附其后焉",谓之"通考"。他的24考,有19考是参考杜佑《通典》而立的,有5考是新增的。其后清乾隆朝三通馆臣编《续文献通考》《清朝文献通考》,及清末刘锦藻(1862—1934)编的《清朝续文献通考》均在前代基础上有所增益,分类列表如下:

《通典》	《文献通考》	《续文献通考》	《清朝文献通考》	《清朝续文献通考》
食货	田赋	田赋	田赋	田赋
	钱币	钱币	钱币	钱币
	户口	户口	户口	户口
	职役	职役	职役	职役
	征榷	征榷	征榷	征榷
	市籴	市籴	市籴	市籴
	土贡	土贡	土贡	土贡
	国用	国用	国用	国用
选举	选举	选举	选举	选举
	学校	学校	学校	学校
职官	职官	职官	职官	职官
礼	郊社	郊社	郊社	郊社
		群祀	群祀	群祀
	宗庙	宗庙	宗庙	宗庙
		群庙	群庙	群庙
	王礼	王礼	王礼	王礼
乐	乐	乐	乐	乐
刑兵	兵	兵	兵	兵
	刑	刑	刑	刑
州郡	舆地	舆地	舆地	舆地
边防	四裔	四裔	四裔	四裔

第四章 "书志"概说　91

续 表

《通典》	《文献通考》	《续文献通考》	《清朝文献通考》	《清朝续文献通考》
	经籍	经籍	经籍	经籍
	帝系	帝系	帝系	帝系
	封建	封建	封建	封建
	象纬	象纬	象纬	象纬
	物异	物异	物异	物异
		节义	节义	节义
		氏族	氏族	氏族
		六书	六书	六书
		谥法	谥法	谥法
		道统	道统	道统
		方外	方外	方外
				外交
				邮传
				实业
				宪政

《文献通考》在《通典》重视"食货"的基础上把"食货典"的内容一分为八,进一步体现了对经济即国计民生的重视。我们以前读历史,往往只注意到朝代兴亡,打来杀去,实际上维系中国数千年历史的首先是国计民生,每朝每代甚至每位统治者或统治集团执政,都必须关注这个问题。至于清代《续文献通考》和《清朝文献通考》增加的内容则基本来自《通志》,这大概出于汇聚"三通"的考虑。《清朝续

文献通考》增加的内容则显然是清末维新运动产生的新事新政。"三通"加上其续书,一共有十种,称"十通"。"十通"体现了书志研究的集中成果。马端临说:"理乱兴衰,不相因者也,晋之得国异乎汉,隋之丧邦殊乎唐,代各有史,自足以该一代之始终,无以参稽互察为也。典章经制,实相因者也,殷因夏,周因殷,继周者之损益,百世可知,圣人盖已预言之矣。"这是对表志重要性的最好说明。

"会"类书最早的是唐代苏冕(734—805)的《会要》,记载自唐高祖至唐德宗的九朝史实,后杨绍复等续编至宣宗朝。北宋宰相王溥(922—982)在苏、杨基础上完成《新编唐会要》,简称《唐会要》。这本书是记录唐代典章制度的专史。全书100卷,分为帝系、礼、宫殿、舆服、乐、学校、刑、历象、封建、佛道、官制、食货、四裔等十三类,592目。王溥后来又完成《五代会要》30卷279目,可说开创了"会要"体。赵宋政府还专门成立"会要所",编纂官修的《宋会要辑稿》,计有十三朝会要,成为后来《宋史》诸志的基础。续编"会要体"的有南宋徐天麟的《西汉会要》和《东汉会要》,清代姚彦渠的《春秋会要》、孙楷的《秦会要》、杨晨的《三国会要》、龙文彬的《明会要》等,直接串起了一部历史。相对于"通"类的通史型,"会"类书就像断代史型。这两类书合在一起,正好与史书中《资治通鉴》的通史型和"二十四史"除《史记》外的断代史型相对应,形成了互补。

比较《文献通考》与《通典》,还可以发现《通典》的"礼典"在《文献通考》中也被一分为三了。本来,"礼典"是《通典》的重头,在200卷的书里占了100卷即一半的篇幅,还吸收了以改进《礼记》为己任的《大唐开元礼》(徐坚[660—729]、萧嵩[?—749]等编,书成于732年)内容,是当时礼书的集大成之作。马端临其实没有太多增补,一分为三只是体现了他对礼的重视。

编写会要的依据是各朝的"起居注""实录"等。起居注是君王日常的言行录,从《左传》"君举必书"、《汉书·艺文志》"左史记事,右史记言"等看,这是自古以来的传统。现在所知的最早的起居注是汉武帝时的《禁中起居注》。所流传下来的在清代以前的只有一部《万历起居注》。最早的实录是南朝梁时周兴嗣(469—537)的《梁皇帝实录》,而除了《明实录》《清实录》外,多数没有流传下来。因此这些"会""通"政书显得十分可贵。

政书中还有两个小类属值得说一说。一个是"荒政",它属于"邦计",相当于今天"经济"类下的一个小属,有的书列出了,有的没有。"荒政"这个词出自《周礼·地官》:"以荒政十有二聚万民:一曰散利,二曰薄政,三曰缓刑,四曰弛力,五曰舍禁,六曰去几,七曰眚(省)礼,八曰杀哀,九曰蕃乐,十曰多昏,十有一曰索鬼神,十有二曰除盗贼。"指遇到灾年时国家采取的对策。后来各朝各代特别是汉唐宋明清等大一统王朝在遇到灾荒时都会采取一些荒政措施。明太祖朱元璋大约是因为自身经历而尤其重视,更创建了"洪武荒政体系"。南宋董煟(?—1217)著《救荒活民书》三卷五万余字,总结历史经验,提出具体对策,被宋宁宗称为"南宋第一书"。清代俞森辑古人救荒之法,编《荒政丛书》十卷,书成于康熙庚午年(1690)。"荒政"具有中国历史文化特色,不是大一统的国家不可能有(这也是《周礼》不可能成于春秋战国的原因之一,因其时诸国间恨不得以邻为壑),不是中央集权不可能行,不存"民贵"之心更不可能有此顶层设计和底线思维。从当今世界许多国家一遇灾荒就惊慌失措只会四处输出难民看,这是值得向外输出的中国文化。

另一个是"诏令奏议",这是《四库全书》专门设立的,是"政书"的重要内容。从起源看,《尚书》中的"诰、誓、命"就是"诏令","谟"就是"奏议",这是君臣治国理政的原始材料,当然很重要。但从《汉书》起,这些重要的诏令和奏议都被写入相应的纪传,如昭、宣、元、成、哀、平六帝纪,全文详载了他们发布的诏令;贾谊、晁错、董仲舒、邹阳等人重要的"对策"和"上书",也都收入各人的传。《后汉书》承其例,对诏令、奏议的收录颇有偏爱,借此还保存了一批文章。在这成了传统之后,一般正史中就没有必要单设"诏令奏议"类了。《四库全书》单设此类,是因为到了清代,许多都已成了官样文章,特别是幕僚制兴起后,这些文书常常不是本人起草,署名者也不会收入自己的文集,因而失去了原有的价值。这一类中收录的书,最有名的是唐代陆贽的《陆宣公奏议》,不过更多的人是把它当作骈文的范本去读的。

第二节　职官、选举、学校

杜佑《通典·序》说:"行教化在乎设职官,设职官在乎审官才,审官才在乎精选举。"可见职官和选举密切相关,在治国理政上有重要意义。职官进入四部成为独立的"类",选举却没有,原因恐怕是设官分职的情况更复杂,而且历朝历代又有变动,需要有专门的书去研究,而选举主要是一些政策及其演变,篇幅不太大,在正史书志里已可说清楚了。

关于职官的最早著作当然是《周礼》。此书据说是周公所编,但周公编成后即还政,实际上并未全面推行,只是个理想的制度化设计,为后人提供了蓝图。《史记》有《汉兴以来将相名臣年表》,《汉书》有《百官公卿表》,但只是一些高官的人名录,并没有解释各官的职守。正史中关于职官的最早书志是西晋司马彪(?—306)所作、收入《后汉书》的《百官志》,第一次详列了百官名称及其职分。但本志只有5卷,内容相对较单薄。第一部讲职官的官修专书是唐玄宗命张九龄等编、李林甫注的《唐六典》,开元十年(722)开始编纂,至开元二十七年(739)完成。因唐玄宗题了"理、教、礼、政、刑、事"六字,命"以类相从",故称"六典"。其设想是模仿《周礼》的"天、地、春、夏、秋、冬"六官来设置,但由于唐制去周制已远,实际上还是按唐时官制编写的。全书30卷,列叙了从中央到地方的机构组织、职权、官员品级、编制员额、考课以及相关制度等方面的明确规定,实际上形成了一部完整的国家行政法典。《唐六典》同时又具有历史性质,因其在注中考察了官职和制度的沿革,追本溯源。如卷六"刑部"部分讲到"律",其注释部分简直就是一部法律简史。从魏李悝集诸国刑书造《法经》六篇开始,商鞅改法为律,萧何加三篇成《九章律》,汉诸帝在刑法方面作了增废,魏陈群在萧何基础上再增九篇成《魏律》十八篇,晋贾充增损汉、魏律为《晋律》二十篇,梁沈约等增损《晋律》为《梁律》二十篇,陈范泉、徐陵等参订《律》三十卷,《令》三十卷,《科》三十卷。北魏、北齐、北周均有其律。隋则有《开皇律》十二篇,《大业律》十八篇。如此一直到唐高宗永徽中长孙无忌等撰《律疏》三十卷。其他方面也是如此。此书上承《周礼》,下记唐制,对后代影响很大。

《唐六典》上呈于739年。一千多年后,1780年,清高宗乾隆敕令四库馆臣纪昀、陆费墀、陆锡熊等编辑又一部职官类集大成著作《历代职官表》。乾隆在上谕中指出:"历朝改革,建置纷如,难以缕数。我国家文武内外官职品级,载在《大清会典》,本自秩然。至于援古证今,今之某官即前某代某官,又或古有今无,或古无今有,允宜勒定成书,昭垂永久,俾览者一目了然。"结果这部书一编就是10年,至乾隆五十四年(1789)方才完成。该书以清代官制为纲,上溯三代至明朝之历代官制建置,考证沿革,比较异同。每个官署或官职各列出一表,非常鲜明。如卷二"内阁上"第一表为"大学士",下面分18行列出"三代、秦、汉、后汉、三国、晋、宋齐梁陈、北魏、北齐、后周、隋、唐、五季、宋、辽、金、元、明"各朝相当于"大学士"的职位名称,实际就是丞相一职名称的演变史,比《唐六典》仅用文字解释"尚书令"一职的演变要醒目多了。我们读古书常嫌职官名称复杂,翻译成外文时更不知古代某官相当于今日何官、外国何职,有了这一部书,至少在理清职官性质方面要方便多了。

"选举"的字面意义,按《明史·选举志》,"选"为诠选,"举"为荐举,其实就是古代甄选提拔国家治理人才之法,因此上与"职官",下与"教育"有很大关联。但"选举"没有列入四部中单独的"类",只存在于表志中。从前面的"书志情况表"可知,最早在正史中设立"选举志"的是《新唐书》,但此志只讲唐代事,内容比较单薄。而在此之前的杜佑《通典·选举典》比之要详细,可说是关于选举的最早文献。该典分三目谈"历代制",分别叙述了周、秦、汉、后汉、魏、晋、东晋、宋、齐、梁、陈、北魏、北齐、北周、隋直到唐初的选举制度,从中可以看到选举的历史发展,如两汉多是察举、贡举;魏晋开始实行中正制;北齐的"课试之法:中书策秀才,集书策贡士,考功郎中策廉良";隋文帝开皇十八年(598)开始分科举人("科举"一词盖出于此),同时认识到"选举先德行次文才,最为称职";至唐初,所有课考均是策问,唐太宗贞观八年(634)"加进士试读经史一部";唐高宗调露二年(680)"加帖经";永隆二年(681)"进士试杂文二篇,通文律者然后试策";"武太后载初元年(689)二月策问贡人于洛城殿,数日方了,殿前试人自此始";唐玄宗天宝十一载(752)"帖既通而后试文试赋各一篇,文通而后试策"。这些都是科举史上的重要节点。例如中正制始于魏,"汉末丧乱,魏武时始创,军中仓卒,权立九品,盖以人才优劣,非谓代族高卑。因此相沿,遂为成法。自魏至晋,莫之能改",结果演变成"下品无高门,上品无贱族……凡厥衣冠,莫非二品"。又如科举开始于隋文帝;"以诗赋取士"开始于唐高宗,强化于唐玄宗,从而造就有唐一代的诗赋高潮;殿试开始于武则天,而从"数日方了"看,当时的殿试还是口试,不比后来都是笔试。在回顾了选举史后,杜佑认为关键还是教育:"秦汉以降乃异于斯,其行教也不深,其取材也务速。欲人浸渍于五常之道,皆登仁寿之域,何可及已?夫上材盖寡,中材则多,有可移之性,敦其教方善。若不敦其教,欲求多贤,亦不可及已。非今人多不肖,古人多材能,在施政立本使之然也。而况以言取士,既已失之;考言唯华,失之愈远。若变兹道,材何远乎?"

自《新唐书》之后,几乎所有正史都有选举志,而对今天而言最值得重视的是《明史·选举志》,因为科举考试的体制化在明代达到了顶点,清承明制,形成600年来影响最大甚至波及周边国家的考试制度。《明史·选举志》将选举内容分为四个方面,而以"科目"最重要:"选举之法大略有四,曰学校,曰科目,曰荐举,曰铨选。学校以教育之,科目以登进之,荐举以旁招之,铨选以布列之,天下人才尽于是矣。明制科目为盛,卿相皆由此出;学校则储才以应科目者也。"《清史稿·选举志》将选举内容扩展为八个方面:学校、文科、武科、制科、荐擢、封荫、推选、考绩、捐纳、新选举。除"新选举"为清末"宪政改革"的一部分外,其余几项的核心仍是"文科"。明制的"科目"就是600年间科举考试的基本内容,大致包括:① 内容专考四书五经:"专取四子书及《易》《书》《诗》《春秋》《礼记》五经命题试士,盖太祖与刘基所定。"② 考试文体为八股文:"其文略仿宋经义,然代古人语气为之,体用排偶,谓之八股,通谓之制义。"③ 三年一考,分乡试、会试、殿试三级:"三年大比,以诸生试之直省,曰乡试,中式者为举人。次年,以举人试之京师,曰会试。中式者天子亲策于廷,曰廷试,亦曰殿试。分一、二、三甲以为名第之次。一甲止三人,曰状元、榜眼、探花,赐进士及第;二甲若干人,赐进士出身;三甲若干人,赐同进士出身。状元、榜眼、探花之名,制所定也;而士大夫又通以乡试第一为解元,会试第一为会元,二、三甲第一为传胪云。"④ 教材以朱熹注为标准:"《四书》主朱子集注,《易》主程《传》、朱子《本义》,《书》主蔡氏《传》

及古注疏,《诗》主朱子《集传》,《春秋》主《左氏》《公羊》《谷梁》三传及胡安国、张洽《传》,《礼记》主古注疏。"虽然后来有些变化,但朱子之学通过考试牢牢占据了明清两朝的思想统治地位。另外,值得一提的是,清康熙二十二年(1683)诏增考五言八韵律诗,这是继唐高宗规定以诗赋取士后又一次把作诗列入科举考试必考科目。

《通典》只有"选举典",而马端临《文献通考》又从中析出"学校考"。实际上,虽然中国自古就有学校,但很长时间里学校与选举关系并不密切。古代学校之设是为了培养贵族子弟。正如《尚书大传·略说》所言:"古之帝王者必立大学小学,使王太子、王子、群后之子以至公卿大夫元士之适子,十有三年始入小学,见小节焉,践小义焉。年二十入大学,见大节焉,践大义焉。"汉武帝元朔五年(前124)兴太学,但目的是培养"博士弟子员",与当时选举采用的察举制无关,只有部分博士得到推荐当了官,如董仲舒等。《新唐书·选举志》列入了学校的内容,但谈的只是"国子监",其实还是贵族培养机构。国子监下设六学,招收不同品级贵族的子弟:"国子学,生三百人,以文武三品以上子孙若从二品以上曾孙及勋官二品、县公、京官四品带三品勋封之子为之;太学,生五百人,以五品以上子孙、职事官五品期亲若三品曾孙及勋官三品以上有封之子为之;四门学,生千三百人,其五百人以勋官三品以上无封、四品有封及文武七品以上子为之,八百人以庶人之俊异者为之;律学,生五十人,书学,生三十人,算学,生三十人,以八品以下子及庶人之通其学者为之。"六学之外有二馆,即唐太宗贞观五年(631)后设立的"弘文""崇贤"二馆,性质仍是贵族学校。国子监等均隶属于中央。地方办学始于北魏。据《文献通考·学校考七·郡国乡党之学》,后魏献文帝天安初年(466)"立乡学,郡置博士二人,助教二人,学生六十人……郡县学始乎此矣"。其后唐玄宗于开元二十六年(738)、宋仁宗于庆历四年(1044)都曾下诏州、县办学。如果说孔子办私学是中国教育史上的第一件大事，汉武帝兴太学是第二件，则州、县办学可说是第三件。虽然其直接目的与选举有关，一如《明史·选举志》所说："科举必由学校，而学校起家可不由科举。学校有二，曰国学，曰府、州、县学。府、州、县学诸生入国学者乃可得官，不入者不能得也。"但入学的人多了，对普及中国文化的意义更加重大。此外，开元十一年（723）唐玄宗置丽正书院，为官办书院之始；唐宪宗元和五年（810），处士李宽于衡阳石鼓山办石鼓书院，为私家书院之始。这些都与科举无关，纯是普及文化的大事。

第三节　地理

史部中除历史、政书相关的著作外，最大的类别可能是地理。古人治史，特别重视地理。所谓"左图右史"，就是读史时一定要把地图放在手边，这样历史事件、人物活动轨迹才会一一清晰，如在眼前。清代学者钱大昕曾言："予尝论史家先通官制，次精舆地，次辨氏族，否则涉笔便误。"他的话是对的。然而从我们主张"一部中国文化史就是一部治道史"的角度看，地理更具有无可替代的重要性，不仅与历史相关，而且与现实相关，本身就是治理的内容。国家治理，首先是版图，其次是山川形势，再次是人口、物产、风俗等，《周礼·地官司徒》说得很明确："大司徒之职，掌建邦之土地之图与其人民之数，以佐王安扰邦国。以天下土地之图，周知九州之地域广轮之数，辨其山林、川泽、丘陵、坟衍、原隰之名物；而辨其邦国都鄙之数，制其畿疆而沟封之，设其社稷之壝而树之。"而这些都在地理的范围之内。地理的第一部文献就是《尚书》中的《禹贡》，这也是世界上最早的地理专著。其内容既有人文地理，又有自然地理，还有经济地理。幅员辽阔，物产丰富，区划明确。20世纪初以来不断有人怀疑禹时不可能有如此广阔的疆域,但越来越多的考据证明了禹的足迹可能真的遍布九州。另一部古老的地理著作是《山海经》,此书以其内容的怪诞被人视为神话传说。但神话传说的后面,其实透露了不少上古历史和地理的信息。《后汉书·循吏列传》载:"永平十二年,议修汴渠,乃引见景,问以理水形便。景陈其利害,应对敏给,帝善之。又以尝修浚仪,功业有成,乃赐景《山海经》《河渠书》《禹贡图》及钱帛衣物。"永平是汉明帝的年号,永平十二年即69年。汉明帝赐给水利专家王景的三部书中,后两部都是地理著作,可见《山海经》也是。

《禹贡》和《山海经》之后,中国关于地理的文献十分丰富,四部中也分出了好几个"属",有总志、方志、外志、水利、防务、山川等。这里仅作简单介绍。

最重要的是总志,亦即全国性的地理志。《禹贡》之后,第一部全局性的地理志是《汉书·地理志》,这也是《汉书》新增的四志之一。《汉书·地理志》共分三部分,第一部分除了开头一节,几乎是《禹贡》的全录。这起了三个作用:一是肯定其所述事实,二是肯定其撰志方法,三是以之作为撰地理志的起点。第二部分即叙述《禹贡》之后,夏商周三代九州情况的变化,而重点是秦采取郡县制,汉因之,全国政治区划的变化,并一一详列了当时国家的行政区划和所辖户口的精确数。在秦始皇分天下为36郡的基础上,经汉代列帝特别是汉高祖和汉武帝的开拓,到东汉已有郡80、郡一级的国20,加上中央直属的三辅(京兆、左冯翊、右扶风),共103个郡级单位,下辖1 314个县,一一列出其名称、古今演变、与九州的关系,以及境内重要的山河。全文统计出全国疆域东西9 302里,南北3 368里,人口59 594 978人,至此,"汉极盛矣"!这是中国最早最精确的国情统计。第三部分则不同于《禹贡》将出产的贡品附于各州下的写法,先对"风俗"下了个定义:"凡民函五常之性,而其刚柔缓急,音声不同,系水土之风气,故谓之'风';好恶取舍,动静亡常,随君上之情欲,故谓之'俗'。"接着详细介绍了各地出产及风土人情。文中强调:"古有分土,亡分民。"意即地有郡县之分,人皆一国之人。这是地理总志的核心思想。《汉书》之后,所有正史书志均有地理志,只是名称不同,或称"郡国",或称"州郡",或称"郡县",或称"地形",称这些名称的如《宋书》《魏书》《旧五代史》等,所属朝代都是没有达到全国统一的,因此没有"地理志"名称来得大气。把这些地理志连起来就可以看到我国疆域人口等变化的历史。开全国地理总志专书先河的是唐代李吉甫(758—814)编著的《元和郡县图志》。全书40卷,目录2卷,以10道47镇为纲,府、州、县为目,府、州按道分镇记载。"每镇皆图在篇首,冠于叙事之前",可惜图部分宋后已佚。此书面对安史之乱后藩镇割据的局面,表现出维护统一的强烈感情:"成当今之务,树将来之势,则莫若版图地理之为切也。"《元和郡县图志》还开了军事地理的先河,有浓厚的军事色彩,每镇一图一志,记录山川关隘,就是为了说明"丘壤山川,攻守利害";所记贡赋物产,也是为了财政军需。此书之后最重要的地理书为北宋乐史(930—1007)的《太平寰宇记》200卷。该书同样表现了反分裂求统一的意志,如列入了当时不在宋版图的幽云十六州,还增列风俗、姓氏、人物等门,丰富了地理志的人文内容。该书还首创表示州县方位距离的"四至"(东、西、南、北四正)"八到"(合东南、西南、东北、西北四隅)原则。元、明、清各代,则均有官修的《一统志》,体例一如唐宋二书。

与地理书密切相关的是地图,我们相信地理作者写书时心目中肯定有一幅地图,否则根本没法说清山川地势的走向。有人甚至认为像《山海经》这类书,肯定是先有图,后有文字,文字只是图的说明。从上引《周礼》看,大司徒是凭借地图进行治理的。中国最早的地理书是《禹贡》和《山海经》,而最早的地图也是与之相配的《禹贡图》和

《山海经图》。汉明帝赐王景《禹贡图》，可见此图东汉还在，但其形式不可知。有人认为就是《汉书·郊祀志》所载"禹收九牧之金，铸九鼎，象九州"的"九鼎图"，九州的图是铸在鼎上的。九鼎已亡，赐给王景的当然只能是画在帛上的复制品。但鼎图的形式使我们想到古代的图最初很可能是刻在金石上的，这样能保存得更久。《山海经》的原图如何已不可知，明代杨慎(1488—1559)《山海经后序》认为"山海图"即"禹鼎图"："神禹……收九牧之金以铸鼎，鼎之象则取远方之图。山之奇，水之奇……盖其经而可守者具在《禹贡》，奇而不法者则备在九鼎。九鼎既成，以观万国。"《禹鼎图》有9幅，继之而成的则是魏晋时裴秀(224—271)主持完成的《禹贡地域图》18幅。这也是有明确记载的中国第一部历史地图集。图集覆盖地域和年代上自《禹贡》时代九州，下及西晋十六州及州以下的郡、国、县、邑，以及山脉、山岭、海洋、河流、平原、湖泊、沼泽等自然地理要素。此书最大的价值是裴秀在序言中提出的"制图六体"："制图之体有六焉。一曰分率，所以辨广轮之度也。二曰准望，所以正彼此之体也。三曰道里，所以定所由之数也。四曰高下，五曰方邪，六曰迂直，此三者各因地而制宜，所以校夷险之异也。有图象而无分率，则无以审远近之差；有分率而无准望，虽得之于一隅，必失之于他方；有准望而无道里，则施于山海绝隔之地，不能以相通；有道里而无高下、方邪、迂直之校，则径路之数必与远近之实相违，失准望之正矣，故以此六者参而考之。"这为中国传统地图的绘制奠定了理论基础，因而裴秀也被称为中国传统地图学的奠基人。值得一提的是，反映《禹贡》的石刻地图《禹迹图》竟然至今尚存两块，一块在西安碑林，刻于绍兴六年(1136)，另一块在镇江焦山碑林，刻于元符三年(1100)。此图就是按照裴秀的方法绘制的。

最早提及方志和方图的是《周礼》。《周礼·地官司徒》云："掌道方志,以诏观事;掌道方匿,以诏辟忌,以知地俗。"郑玄解释"道方志"的意思是将四方所记久远之事告诉王,"道方匿"云云是告诉王各地方言所不欲说和所避忌之事,以使王知道当地的风俗。可见方志的目的是记载当地特有的历史和故事,以及方言和土俗,根本上还是作为总志的补充,以便全国的治理。而这几个方面也成了编撰方志的主要内容。《汉书·地理志》第三部分详述各州各郡的水土和风俗人情,根本目的也是移风易俗:"圣王在上,统理人伦,必移其本,而易其末,此混同天下一之乎!中和,然后王教成也。"可说是方志的最早实践。后应劭(153—196)作《风俗通义》,在序中强调:"百里不同风,千里不同俗,户异政,人殊服。由此言之,为政之要,辩风正俗,最其上也。"这本书也成了民俗学的开创之作。其后南朝梁宗懔(499—563)作《荆楚岁时记》,全书共37篇,记载了古楚地今江汉一带自元旦至除夕的24节令和时俗,也属于方志的内容。具体的地方志大约始于宋代,南宋范成大(1126—1193)的《吴郡志》是较早较出色的一部。全书五十卷,采取门目体,分"沿革、分野、户口税租、土贡、风俗、城郭、学校、营寨、官宇、仓库、坊市、古迹、封爵、牧守、题名、官吏、祠庙、园亭、山、虎丘、桥梁、川、水利、人物、进士题名、土物、宫观、府郭寺、郭外寺、县记、冢墓、仙事、浮屠、方技、奇事、异闻、考证、杂咏、杂志"等三十九门。这一详细的分门,既全面又有特色(例如为"虎丘"单设一门),为后代方志的撰写树立了榜样。明清以后,方志越来越受重视。清代更由政府组织,编写各省通志。据统计,截止到1949年,共有古方志3 400多种,5万多卷,基本上涵盖了全国各个地域。这是中国文化史上的一笔重要财富。

  外志是指中国本土以外的方志。最早提及外志的是《周礼·夏官司马》:"职方氏掌天下之图,以掌天下之地。辨其邦国、都鄙、四夷、八夷、八蛮、七闽、九貉、五戎、六狄之人民,与其财用、九谷、六畜之数要,周知其利害。"这范围就比《禹贡》更大了,《禹贡》结尾说"讫于四海",这里就包括了"四海"。从"职方氏"隶属"夏官司马"(主管军事)看,对"外志"的关注是与军事相关的。《史记》有6个列传是与周边国家和地区相关的,即《匈奴列传》《南越列传》《东越列传》《朝鲜列传》《西南夷列传》和《大宛列传》。而在《汉书·地理志》里,原朝鲜、秽貉、句骊成了玄菟郡和乐浪郡,原东、南越今属越南部分,建有交趾、九真、日南三郡,西部则在匈奴、西南夷传外,增加了"西域传"51国,大大丰富了汉朝关于西域的知识。如果说三代关注"四海"之外,两汉关注西域的话,随着佛教东来,魏晋后的外志关注则转到了南亚。后秦姚兴弘始元年(399年,即东晋安帝隆安三年),高僧法显(334—420)以65岁高龄从长安出发西行求法,于安帝义熙八年(412)回国,于义熙十二年(416)完成《佛国记》(又称《法显传》)一书。这是中国历史上第一部真正的"外志",也是第一部真正的游记,更是关于南亚印度、尼泊尔等国历史、地理的可贵记录。书中记载了他亲历访问的32国,诸多城市和寺庙状貌,佛教种种故事,以及途中遇到的种种险阻。有的描写非常生动,如回国途中漂流在大海上一节:"大海弥漫无边,不识东西,唯望日月星宿而进。若阴雨时,为逐风去,亦无所准。当夜暗时,但见大浪相搏,晃若火色。鼋鳖水性,怪异之属。商人荒邃,不知那向。海深无底,又无下石住处。至天晴已,乃知东西。还复望正而进。若值伏石,则无活路。如是九十许日。"因此他在文末感叹说:"顾寻所经,不觉心动汗流。所以乘危履险,不惜此形者,盖是志有所存,专其愚直。故投命于不必全之地,以达万一之冀。"1886年,英国传教士理雅各(James Legge)将《佛国记》译成英文在英国出版,在国际上产生了很大影响。比《佛国记》更有名的是唐代高僧玄奘(602—664)的《大唐西域记》。玄奘于贞观三年(629)西行求法,往返十七年,旅程五万里,所历"百有三十八国",带回大小乘佛教经律论共520夹,657部。归国后受唐太宗召见,住大慈恩寺译经。二十年间译出大小乘经论共75部,1 335卷,并将入印路途见闻撰写为《大唐西域记》,共12卷。由于《大唐西域记》后被改编为小说《西游记》,名闻遐迩,反而掩盖了它作为最早的外志和佛志之一的名声。宋明以后,中国的对外兴趣转向了西洋。收入《四库全书》的外志有意大利传教士艾儒略(Giulio Aleni,1582—1649)的《职方外纪》(1623)、比利时传教士南怀仁(Ferdinand Verbiest,1623—1688)的《坤舆图说》(1674)等。国人所著则有魏源(1794—1857)的《海国图志》100卷,是近代对世界最全面的介绍。

几千年来中国一直以农为立国之本,而农之本第一靠水。20世纪50年代毛泽东总结中国农业几千年历史,提出"农业八字宪法",第一个字就是"水"。但天然的水只有经过人为的"治"才能尽其所用。"治水"的根本在于用其利、避其害,这也是从事一切工作的根本目标。因此中国人把"治水"的精神引申到各个方面,产生了中国特有的"治道",贯串了中国五千年的历史和方方面面。"治道"从治水开始,因此,中国人对水利的重视以及治水传统的源远流长便是可以想见的了。中国最早的文献《尚书》第一篇《尧典》有言:"汤汤洪水方割,荡荡怀山襄陵,浩浩滔天。下民其咨,有能俾乂?"可说中国的古老帝王尧舜禹就是凭治水登上历史舞台的。《史记·河渠书》开篇就赞扬了大禹治水的功绩:"九川既疏,九泽既洒,诸夏艾安,功施于三代。"这正是对尧帝一问的回答。司马迁开创"纪传+表志"的新史体,他的八书(志)中没有地理志却有河渠书,可见他把水利看得比地理还要重要。书中他列举了古代兴修水利、开挖人工河道的功绩,从鸿沟到楚、吴、齐、蜀各地引水通渠,著名的治水专家则有李冰、西门豹、郑国等,指出治水之"利"在两个方面,一是交通,一是灌溉:"此渠皆可行舟,有余则用溉浸,百姓飨其利。"《汉书》改"河渠书"为"沟洫志",并另设"地理志",显示在地理之外,对水利格外重视。其后诸史,通常将水利附于地理,直到《宋史》重又恢复《汉书》的传统。书志之外关于水利的专著,值得一读的有明代归有光(1507—1571)的《三吴水利录》。他认为《史记·河渠书》和《汉书·沟洫志》对东南之水都讲得过于简略,而唐以后,三吴一带成了漕运中心,"天下经费所出",应该对其水利开发有所讨论,但却没有,直到宋元后才有人论及。此书辑录宋以来郏亶、郏乔、苏轼、单锷、周文英、金藻等人有关"三吴水利"的论著七篇,及自作《水利论》二篇,对治理太湖提出了看法。

地理的治理意义在经济上是水利,在军事上则是防务。最早在地理上论及军事意义的是《元和郡县图志》,而集中论述地理与军事,堪称军事地理学巨著的是明末清初顾祖禹(1631—1692)的《读史方舆纪要》。顾祖禹自述其书立"体"的特点:"禹之为是书也,以史为主,以志证之;形势为主,以理通之;河渠沟洫,足备式遏;关隘尤重,则增入之;朝贡四夷诸蛮,严别内外;风土嗜好,则详载之;山川设险,所以守国;游观诗赋,何与人事,则汰去之。"全书约280万字,分130卷,"历代州域形势"9卷,"南北直隶十三省"114卷,"山川源委"6卷,"天文分野"1卷。历代州域形势部分,综述明以前各代州郡位置、形势,及其与用兵进退之策和成败的关系。各省方舆部分,按明末清初的政区分述十五省的府、州、县形势与沿革、区划,以及各处历代所发生的重要战争。"山川源委"讲山川的自然形势,"天文分野"则叙述传统的二十八宿与古九州及当今府县的对应位置。顾祖禹对此书充满自信:"世乱则由此而佐折冲、锄强暴,时平则以此而经邦国、理人民,皆将于吾书有取焉耳。"实际也是如此,后人评价此书是"千古绝作","古今之龟鉴、治平之药石",是研究中国军事史、历史地理的重要文献。这是一点不过分的。

山川包括三类著作。第一类是山水志。《山海经》是其滥觞。其后史书地理志多有记载。最有名的单书,在水方面是北魏郦道元的《水经注》。此书原为注《水经》而作,但实际篇幅远超原书。《水经》所记仅137条河,《水经注》增加到1 252条,增加约八倍,可说已完全是一部新书。注文内容增加更多,如《卷一·河水》原文"屈从其东南流,入渤海"一句,不足10字,注文竟洋洋洒洒七千余字,引书十余种,从《山海经》《穆天子传》,直到《法显传》。全书所记河流从发源到入海,举凡干流、支流、河谷宽度、河床深度、水量和水位季节变化、含沙量、冰期以及沿河所经的伏流、瀑布、急流、滩濑、湖泊等均广泛搜罗,详细记载。有人统计,所记湖泊、沼泽有500余处,泉水及地下水近300处,伏流30余处,瀑布60余处。其他方面,记载山岳丘阜近2 000处,喀斯特洞穴70余处,植物140余种,动物100余种,记录水灾30余次,地震近20次。人文方面,记载城市城邑2 800余座,其中古都180座,小于城邑的聚落包括镇、乡、亭、里、聚、村、墟、戍、坞、堡等10类共约1 000处,桥梁100座,津渡近100处。建筑方面,记载中外古塔30余处,宫殿120余处,各种陵墓260余处,寺院26处。《水经注》的写作艺术也可圈可点,《江水·三峡》一段是语文教材的常客。有人说此书是魏晋南北朝时期"山水散文的集锦,神话传说的荟萃,名胜古迹的导游图,风土民情的采访录",亦非虚言。在山方面似乎没有可与《水经注》相提并论的名作,勉强要找一部代表作,可举北宋陈舜俞(1026—1076)的《庐山记》,是他亲自考察60天的记录。全书5篇,现存"总叙山篇、叙北山篇、叙南山篇"三篇。《四库全书总目》评价说"北宋地志传世者稀,此书考据精核,尤非后来《庐山纪胜》诸书所及",因此可以一读。

第二类是古迹。目前全世界风行"旅游",但中国古代不叫旅游而叫"游览"。游览的对象是"名胜古迹",古迹是历史上人、事留下的遗迹；名胜可能是美丽的风景，更可能是因名人曾经涉足而出名的地方。因此史部里专门设有"古迹"一属。最早的记载是北魏人杨衒之作的《洛阳伽蓝记》。杨衒之生卒年不详，书成于北朝东魏武定五年（547）他重访洛阳之后。佛教自东汉传入之后，至南北朝达到高潮。据杨衒之所说，到西晋末永嘉（307—312）之时，全国仅佛寺42所。但北魏孝文帝迁都洛阳之后，自太和十七年（493）起，"笃信弥繁，法教愈盛"，许多人舍家造佛寺，数十年间竟达1300余所。南朝在齐梁时也有"江南四百八十寺"之说。但仅仅数十年后，杨衒之重到洛阳，只见其"城郭崩毁，宫室倾覆，寺观灰烬，庙塔丘墟，墙被蒿艾，巷罗荆棘，野兽穴于荒阶，山鸟巢于庭树"，顿生黍离之悲，触动无限感慨，于是写了这本书。此书借佛寺盛衰，反映国家兴亡，其中既寄托了故国哀思，又寓含着治乱训鉴，文笔简练生动，也是散文史上的名作。《洛阳伽蓝记》之后，这类伤今吊古的作品很多。有名的如北宋李格非（1045—1105）的《洛阳名园记》，唐贞观、开元间，"公卿贵戚开馆列第于东都者，号千有余邸"，但唐五代动乱后，"池塘竹树，兵车蹂践，废而为丘墟；高亭大榭，烟火焚燎，化而为灰烬"，这引起他的感慨，通过园林兴废写国家兴亡。南宋孟元老的《东京梦华录》、南宋亡后周密的《武林旧事》，则更拓宽了回忆的范围。

第三类是游记。开始可能是"纯游"，但经文人特别是名人记载后不少地方也成了"古迹"。最有名的游记是明代徐弘祖（1587—1641）的《徐霞客游记》。此书以游览始，以科考结，实际已经超出了游览的范围，成了一部地理科考著作。徐弘祖历时30年，以徒步为主，走遍了大半个中国，记载了众多山水名胜、奇观异景乃至风俗民情、社会生活等，留下了极为宝贵的文化财富。他在地理学，特别是岩溶地貌考察研究方面的水平，居于当时世界的前列。

第四节　目录

　　经部中有"小学"一类,把语言文字研究提到了重要的地位;史部中有"目录"一类,也把许多人不重视的目录之学提到了重要的地位。"目录"二字出自《汉书·艺文志》:"每一书已,向辄条其篇目,撮其指意,录而奏之。""条其篇目"就是"目","撮其指意,录而奏之"就是"录"。汉成帝命刘向校书,刘向做了两件事,一是编目,一是撰录。因此完整的目录有目有录,这是中国目录学的特色。从《汉书·艺文志》开始,有七部正史有"艺文志"或"经籍志",其实这两者是一个意思。"六经"又称"六艺",因此"经"就是"艺"。"文"和"籍"都指典籍。目录虽然自古就有,但真正成为"学",有人认为始于宋郑樵的《通志·校雠略》,而成于清章学诚的《校雠通义》。章学诚认为,目录学的性质是"辨章学术,考镜源流",而其目标是"使人由委溯源,以想见于坟籍之初"。这就使中国的目录不单纯是一个分类系统,而是一个文化系统。"七略""四部"等分类及演变是中国文化的动态发展记录,它的形成、发展、演化、成熟过程,就是中华主体文化形成、发展、演化的过程。目录学发展过程中有三个重要节点。

　　第一个节点是《汉书·艺文志》。"七略"是刘向、刘歆父子创立的,但现在记录这种分类的《别录》《七略》二书已佚,只保留在《汉书·艺文志》里。删去了"辑略",只有"六艺、诸子、诗赋、兵书、数术、方技"六略。这是中国历史上第一个目录。《汉书·艺文志》有三个意义:第一,从其分工来看,可以明显看出"王官之学"的性质:"诏光禄大夫刘向校经传、诸子、诗赋,步兵校尉任宏校兵书,太史令尹咸校数术,侍医李柱国校方技。"这就是让主官做主管的事。第二,提供了"目""录"并重的完整样板。"目"的方面,"略"是一级分类,"略"下有"种",是二级分类,然后是具体书目。"录"的方面,有总序,在全文之前;有大序,在每"略"之后;有小序,在每"种"之后;还有简注,在部分书的下面,如《礼记》下有注:"七十子后学者所记也。"第三,提供了一个最早最详细的书目,各"略"各"种"后面还有具体数字。这样,以它为起点,利用后代各个时期的《艺文志》《经籍志》和各家公私书目,我们就可理清两千多年来典籍流传、存废、发展的历史。

第二个节点是由魏徵主编的《隋书·经籍志》。二十五史尽管都称"正史",但《隋书》才是第一部官修史书。在此之前,"前四史"的编者虽然也有史官背景,但往往是先编而后承认,只有《隋书》是唐太宗正式下令编的。真正的官修正史,无疑更能代表国家意志。《隋书·经籍志》的三个特点就不得不更引起重视。第一,志前有一段非常长的总序,一开始就提出了经籍的意义:"经天地,纬阴阳,正纪纲,弘道德……其王者之所以树风声,流显号,美教化,移风俗,何莫由乎斯道?"意即经籍是治理国家的工具。第二,从治道出发,就会认为书籍的聚散关乎治乱。因此总序花大量篇幅叙述了从上古最初的记载,所谓《三坟》《五典》《八索》《九丘》开始,一直到唐高祖武德年间书籍的聚散史。这是在班固以后,经过几百年离乱,中国图书的又一次完整统计。第三,确立了经子史集的四部分类系统。从班固以来,图书的分类大致有两种系统,一是"七"类,如《汉书》(实6类)、南齐王俭(452—489)的《七志》、梁阮孝绪的《七录》,一是"四"类,如西晋荀勖的《中经新簿》、东晋李充的《晋元帝四部书目》(李充生卒年不详,他参加了王羲之的兰亭修禊活动,书作于此次活动前后)。但魏徵确定采用四部,调整次序并命名为经、史、子、集。此后,中国书目的编制一般采用此法。魏徵在《经籍志·总序》的最后说:"夫仁义礼智,所以治国也,方技数术,所以治身也;诸子为经籍之鼓吹,文章乃政化之黼黻,皆为治之具也。故列之于此志云。"说明四部分类归根到底是从治道出发的分类。在编《隋书》的同时,魏徵还受唐太宗之命编了《群书治要》。该书博采经、史、子典籍65种,以"务乎政术""本乎治要"为宗旨。可见在他们心目中,一切皆为了"治"。

第三个节点是清高宗乾隆敕编的《四库全书总目》。对乾隆编《四库全书》的评价历来毁誉参半,甚至毁者更多。批评者指责他名为编书实为毁书,所毁多于所编,而编成的书也经过大量删改。这话是不错的。我自己翻阅的感觉是,《四库全书》中成于清代的书,卷帙恐怕远超前代总和。这是无可奈何之事。这毕竟是旧时王朝最晚编成的大型丛书,是1800年来最后一次集大成,借此保存了一批完整的古籍。在书的总体数量、分类的细致及系统的完整上都超过前代,是"目""录"完整的又一杰作。特别是它的"录",详细到不仅为"部""类"写序,还为每一种书写一份极其详细的"提要",考证而兼评价。由于编纂者集中了以纪昀(1724—1805)为首的当时的一流学者,因此不仅编校之精为人称道,《总目》之审更为人所重。在分类上,它在一级分类"部"的基础上分出"类",在某些"类"下再分出"属",形成"部—类—属"的三级分类系统。全书4部,44类,66属,是古籍研究至今仍要利用的重要文献。《四库全书总目》全书200卷,1781年完成,1790—1794年陆续颁行。因卷帙繁重,1782年又编成《四库全书简明目录》20卷,但似乎失之过简。

目录有官目私目,官目是二十五史的"艺文志""经籍志",加上宋仁宗命王尧臣、王洙、欧阳修等编的《崇文总目》(1041年完成)和清代编的《四库全书总目》。私目中有著名的宋代三大藏书书目:晁公武(1105—1180)的《郡斋读书志》、尤袤(1127—1194)的《遂初堂书目》和陈振孙(1179—1261)的《直斋书录解题》。这些书目都有目有录,还开了"解题"的先河。"解题"亦即后来《四库全书总目》的"提要"。《遂初堂书目》还是最早著录版本的目录学著作。此外,郑樵的

欽定四庫全書總目卷一

經部總敘

經稟聖裁垂型萬世刪定之旨如日中天無所容其贊述所論次者詁經之說而已自漢京以後垂二千年儒者沿波學凡六變其初專門授受遞稟師承非惟詁訓相傳莫敢同異卽篇章字句亦恪守所聞其學篤實謹嚴及其弊也拘王弼王肅稍持異議流風所扇或信或疑越孔賈啖趙以及北宋孫復劉敞等各自論說不相統攝及其弊也雜

清刻本《欽定四庫全書總目》

《通志·艺文略》也很有特色,因为《通志》以"通史"为己任,所以收录的书不光有现存的,还有亡佚的。《通志·艺文略》的分类打破了四部体系,分为"经、礼、乐、小学、史、诸子、天文、五行、艺术、医方、类书、文类"12大类。大类下分出次类,如"经类"下分"易、书、诗、春秋、国语、孝经、论语、尔雅、经解"9个次类。次类下又分更细的小类,如"易次类"下有"古易、石经、章句、传、注、集注、义疏、论说、类例、谱、考证、数、图、音、谶纬、拟易"等16小类。实际上分到了第三级。如果与《四库全书》比较,大类相当于"部",但比部多;次类相当于"类";小类相当于"属",但更细,而且有的名称如"传、注、集注、义疏"等,肯定有重复。

由目录学衍生的学术有版本学、校雠学,这里不再详说。此外,还有金石学。金石指有文字铭刻的器具,没有文字的就是单纯的文物或古玩了。金石学开始于欧阳修的《集古录》,在之前的《隋书·经籍志》里,金石文字还归在经部"小学"里。

第五章
"子部"概说

四部中,子部的内容是最杂的。如果我们把汉代的《汉书·艺文志》、南北朝阮孝绪的《七录》、唐代的《隋书·经籍志》和清代的《四库全书总目》看作四个时期的话,总结其间四部的演变,可以发现,其中变化最大的就是子部:

《汉书·艺文志》	六艺	/	诸子	兵书	数术	方技	(杂艺)	/	诗赋
《七录》	经典	记传	子兵		术伎			(佛道)	文集
《隋书·经籍志》	经	史	子					(佛道)	集
《四库全书总目》	经	史	子						集

《七录》把《汉书·艺文志》的"兵书略"并入诸子,把"方技略"并入"数术略",形成新的"术伎录",同时在其中增加了一个"杂艺部",收入马术、棋艺等,它的方技部分也从医方引申到食方乃至香方、酒方、酱方等。《隋书·经籍志》把这些全并入子部。而在《七录》和《隋书·经籍志》里只是收入附类的佛、道两类到《四库全书总目》也收入了子部。此外,它还收入了郑樵《通志·艺文略》新增的"类书类"。这就使我们现在看到的子部范围特别大。许多人在谈到子部时只注意到诸子百家,这是不全面的。由此可知,子部至少包括三方面内容,一是诸子,二是方技,三是艺术(《四库全书》把"杂艺"分为"艺术"和"杂家"两类,后者混淆《汉书》的"杂家"和《七录》的"杂艺",显得杂乱)。此外,《四库全书总目》把佛、道以及类书也看作子书,清末张之洞的《书目答问》在此基础上还增加了"丛书"类。这里将依此作些介绍。

第一节　诸子

子部的重点无疑是诸子。关于诸子,最让人感兴趣的问题是:为什么百家争鸣会发生,而且正好发生在春秋晚期到战国时期?春秋晚期正好是孔子(前551—前479)生活的时代,那么孔子与诸子兴起有什么关系吗?我们注意到,在诸子中,年长于孔子的只有三个人。第一个是管仲(前723—前645),但《管子》与其他诸子似无关涉,百家之争并非因《管子》而起。第二个是晏婴(前578—前500),《晏子春秋》更像史书,百家争鸣也不是因他而起。第三个是老子(前570—约前471),孔子曾问学于老子,而且受了深刻的影响,但百家之争也不起于《老子》。相对于后来"争鸣"的诸家,这三家的书比较超脱。而孔子不同,"争鸣"诸家几乎没有不提到孔子的。可见,诸子百家之兴恐怕与孔子脱不了干系。下面试加以探讨。

一、礼崩乐坏的社会背景

诸子百家产生于春秋晚期,这个时期的社会特点就是四个字——"礼崩乐坏"。礼崩乐坏并不始于这个时期,早在春秋初就已有了,但我们看《左传》和《国语》,可以发现这个情况在春秋初还不算太严重,春秋晚期才是最严重的时刻。所谓"礼崩",就是国家政治体制失效。具体来说,就是孔子在《论语·季氏》中所说的:"天下有道,则礼乐征伐自天子出;天下无道,则礼乐征伐自诸侯出。自诸侯出,盖十世希不失矣;自大夫出,五世希不失矣;陪臣执国命,三世希不失矣。""无道"有三个层次,孔子亲眼见到了"陪臣执国命"的情况,因而"礼崩"也到了最坏的时刻。有人会问"礼乐征伐自天子出"和"自诸侯出"有什么不同,我们可以拿现代国家作比方:"礼乐"是外交,"征伐"是发动战争,在一个联邦制国家里,外交权和发动战争权是国家统一的象征,如果这两种权力不在总统手里,任何一个强势一点的州都可以自行外交、自行发动战争,那这个国家还存在吗?更不要说比"州"还要低的"县、市",如果州长说话不算数,要听县、市长甚至县、市长助理的,这个国家还成国家吗?"陪臣"就是市长助理之类的角色。"乐"是与"礼"配套的,说白一点就是与职权相配套的待遇。县长要求享受总统的待遇,这就是"乐坏"。就好比总统可以检阅军队,可以享受21响的礼炮欢迎,如果一个州长或县长也要这种待遇,这就是"乐坏"。鲁国季氏只是大夫,在"乐"上只能享受四佾之舞,但他却要享受天子才能享受的八佾,因此孔子说:"八佾舞于庭,是可忍也,孰不可忍也。"也就是说,孔子见到"乐坏"已到了不能忍的地步了。为什么说"礼崩乐坏"到孔子时代最严重?因为在春秋前期尽管天子地位已不如前,但好歹还有个天下共主的形象,诸侯要办事还得打着天子的旗号,即所谓"挟天子以令诸侯",如果不要天子这面大旗,他的行为就会失去合法性。我们知道春秋有"五霸",但具体是哪五位有不同说法。其中有三位几乎没有争议,即齐桓公、晋文公、秦穆公。这三位的共同点就是打着天子旗号,而且所作所为名义上都得到了天子的批准。齐桓公提出的口号是"尊王攘夷",他"九合诸侯,一匡天下",与诸侯会盟时天子也派人参加。晋文公践土会盟,请来了周襄王,襄王当面封他为"侯伯"。晋国维持霸权100多年,在很大程度上维持了这一名义,但到了孔子时代,出现了《史记·孔子世家》所谓"晋平公淫,六卿擅权,东伐诸侯",亦即"礼乐征伐自大夫出"的局面,春秋早期的平衡就彻底被打破了。至于秦穆公,他的主要功绩是打着天子旗号,西平诸戎,拓土千里。如果说齐桓公是"尊王攘夷",晋文公主要是"尊王",则秦穆公主要是"攘夷",因此这三"霸"基本没什么争议。其他人就不行了。楚庄王的呼声很高,但楚国本来就是齐桓公"攘夷"的对象。吴、越原来都在东南一带相争,后来强行出兵中原,都是靠军事实力,强权力量。他们之称霸,实际改变了"霸"一词本来的含义,使之成为以武力横行霸道的代名词。

上面花了很多篇幅讲"礼崩乐坏",是要为诸子百家的兴起设置一个广阔的时代背景。诸子百家的产生是时代的需要、时代的产物。"礼崩乐坏"是有周五百年以来从未有过的大变局,必然会提出时代之问:是回到礼崩乐坏之前"一天下"的局面,还是承认统一解体,各国诸侯、大夫都有各自为政、强者为王的权力?两种出路,都需要论证,也都需要拿出可行的办法。这就是诸子百家产生的背景和历史条件。所谓"时势造英雄",思想界也是如此。班固早就说得很清楚:"诸子……皆起于王道既微,诸侯力政,时君世主,好恶殊方,是以九家之术蜂出并作,各引一端,崇其所善,以此驰说,取合诸侯。"诸子之说是要回答一个解决国家治乱的共同问题,并不是心血来潮,大家都开始对"哲学"研究感兴趣。20世纪以来,一些研究者将诸子之学与西方各种哲学思潮一一对号入座,例如唯心主义、唯物主义、诡辩论、相对主义等,这就完全脱离了中国社会历史这个大背景。

二、王官之学走向民间

礼崩乐坏的政治形势为诸子的产生提供了广阔的社会背景,但这只是诸子产生的外部条件。诸子产生还需要内部条件。内部条件包括两个方面,一是要有人,二是要有思想。而这两者也在春秋晚期得到了成熟。所谓人,指的是"王官"之外的人。用现在的话来说,是"体制外的公共知识分子"(不含贬义)。在王官时期,知识和价值是被垄断的。正如章学诚所说,有官斯有法,有法斯有书,有书斯有学,有学斯有业,"官守学业皆出于一",知识、教育都处于被垄断的状态。中国自古就有学校之设。《礼记·王制》说:"有虞氏养国老于上庠,养庶老于下庠;夏后氏养国老于东序,养庶老于西序;殷人养国老于右学,养庶老于左学;周人养国老于东郊,养庶老于虞庠,虞庠在国之西郊。"庠、序等都是国学在不同朝代的不同名称,上、下等的区别就是大、小学的区别。教育的内容是:"顺先王诗书礼乐以造士,春秋教以礼乐,冬夏教以诗书。"教育的对象则是"王大子、王子、群后之大子、卿大夫元士之适子、国之俊选"。也就是说,只有各级统治者的主要子弟("大子"即"太子","群后"即各诸侯,"元士"是直属于天子的"士","适子"即嫡子)才有资格接受教育,培养成各级统治者。而这些"体制内"的"既得利益者",再"礼崩乐坏"也不会有什么感觉。只有身处体制外,又熟悉"体制内"规则的人,才会对"礼崩乐坏"有深刻的感觉并企图改变它。符合这个条件的人就是孔子。孔子的祖上是高等贵族,是商纣王亲哥哥微子启的后代,周成王封微子启于宋,是周初少数几个公爵国之一。微子五世之后分化出孔氏,后避华督之乱到了鲁国。因此尽管后来家世没落,但孔子仍有机会接受贵族子弟教育。他"少而好礼",说明他从小就接触并熟悉那一套规则,长大后又一直在鲁、卫等国担任一些官职,但郁郁不得志,没有机会施展其学。这是他与"体制内"有千丝万缕联系的一方面。另一方面,他很早就开门收徒,招生的条件是"自行束脩以上,吾未尝无诲焉",完全打破了必须是贵族正宗子弟的要求。虽然他招的学生多数还是大大小小的贵族之后,但基本是"体制外"的。上的课程呢?同样是原来只有国办学校才学的"诗书礼乐"那几门。这就使"王官之学"真正走向了民间,培养出了一批居于"体制"边缘的"公共知识分子",而这些人继续招收门徒,就使队伍不断扩大,为诸子的产生作了充分的人才储备。我们如果仔细看诸子百家,就会发现他们都或直接或间接地受了孔子影响,甚至就是他的门徒的门徒。儒家的孟子、荀子不用说,墨家的墨子(《淮南子·要略》说墨子"学儒者之业,受孔子之术"),兵家的吴起(曾子次子曾申的学生),道家的庄子(师从大儒裘氏),法家的李悝(曾申的学生)、韩非(荀子的学生),甚至纵横家的苏秦也曾"东事师于齐",很可能向子贡学习过。

三、传统文化得到系统整理

要有思想,用现代的话来说,就是要有批判的武器。批判的武器包括三个方面:知识、经验和方法。这些都有赖于知识和文化的积累。既然批判的对象是"礼崩乐坏",批判的目标是实现"天下大治",那就需要了解和掌握相关的知识、经验和方法,而这任务正是孔子完成的。朱熹在注《论语·述而》"述而不作"一条时说:"孔子删《诗》《书》,定《礼》《乐》,赞《周易》,修《春秋》,皆传先王之旧,而未尝有所作也。"一般认为这是对孔子整理"六经"最好的描述。我们基本同意此说,但不认为孔子完全是"述而不作",其实他是有述有作。于《诗》《书》《礼》《乐》主要是"述",于《易》《春秋》主要是"作",或者说,是一种特殊方式的"作"。而他完成的,正好是我们上面说的"知识、经验、方法"这三个方面。《诗》《书》《礼》《乐》是孔子之前"王官之学"的主要课程,也是孔子教学的主要课程。这些课程,包含了周王朝治理天下的制度设计,积累了传统治道文化的主要知识。事实上,在孔子之前,中国的典籍远远不止六经,《左传》记有《三坟》《五典》《八索》《九丘》,《管子·山权数》记有《诗》《时》《春秋》《行》《易》《卜》,《国语·楚语上》记有《春秋》《世》《诗》《礼》《乐》《令》《语》《故志》《训典》等九种,最后一种《训典》可能就是《尚书》的前身。我们从现在还在不断出土的《尚书》外文献可知,孔子所见到的典籍比我们多得多。他所做的,不论是"删"也好,"定"也好,都是一种系统性的整理工作,并且通过教学,把原本的王官之学推向民间,即让治道知识为更多体制外或体制边缘的"士"所知,为他们进行批判提供了知识武器。《春秋》和《易经》的"十翼"都是孔子晚年的作品,从《论语》上看,他还来不及将之用于教学,因此没有关于其具体内容的记载,但孔子对这两件作品非常自负。于《易》,《史记·孔子世家》记载:"孔子晚而喜《易》,序《彖》《系》《象》《说卦》《文言》。读《易》,韦编三绝。"于《春秋》,《孟子·滕文公下》记载:"《春秋》,天子之事也。是故孔子曰:'知我者,其惟《春秋》乎!罪我者,其惟《春秋》乎!'"这都是他"作"的证明。孔子为什么要作《春秋》?因为他到晚年可能意识到《诗》《书》《礼》《乐》这些都只是静态性的"知识",这些知识怎么运用、运用的效果如何,只有通过历史来体现、证明,也只有活生生的历史事实,才能为对旧制度的批判和新制度的设计提供丰富的经验和教训。孔子在不具备王官之职的条件下,以能接触到的鲁国史料为基础,广泛搜求周王室和他国史料,编成242年的春秋时代历史,为诸子的诞生提供了丰富的借鉴。批判还需要方法。这是孔子通过序《周易》完成的。在孔子之前,《易经》主要是一部占卜书,虽然其中已经体现了变化的无数可能和一定的规律,但只有经过孔子的"十翼",才真正成为一部哲学方法论的宝典,成为众经之首,成为诸子百家争鸣的利器。我们常感叹于荀子的"法后王"、韩非子的"世易则时移,时移则备变"是了不起的思想,其实它们都来源于《周易》。

四、百家争鸣之"百家"

最早提到诸子百家的是司马谈的《论六家要旨》(载《史记·太史公自序》),六家为儒、道、墨、法、名和阴阳家。后来班固的《汉书·艺文志》在此基础上又加上纵横家、杂家与农家三家,以及"小说家之流",成了"九家十流"。这成了"诸子百家"的权威说法。兵家在《汉书·艺文志》属"兵书略",不属于诸子,到《七录》才归入,成了十一家。"医方"在《汉书·艺文志》属"方技略",也不在诸子,《隋书·经籍志》列入子部,但不称"家",直到《四库全书》才称为"医家"。而《四库全书》同时却把几个标准的"家"(名、墨、纵横等)合并称"周秦诸子",把杂家归入杂七杂八性质的"杂家"。这是后来的情况,往前看,情况也不简单。最早总结百家争鸣的是庄子。他的《天下》可谓中国第一篇学术史专论。庄子认为以《诗》《书》《礼》《乐》为代表的"内圣外王之道"在古代是完备的,后来"天下大乱,贤圣不明,道德不一,天下多得一察焉以自好",而后各是其是,各非其非,造成了道术的分裂。他提到了七家,分别是"邹鲁之士"(儒家),"墨翟、禽滑釐"(墨家),"宋钘、尹文"(《汉书》列宋为小说家,尹为名家),"彭蒙、田骈、慎到"(《汉书》列田为道家,慎为法家),"关尹、老聃"(道家),"庄周"(他本人),"惠施、桓团、公孙龙"(名家)。这个名单跟后来司马谈的"六家"名称和代表人物都不一样。庄子把自己单列一家,没有跟老子一起归入道家。后来荀子《非十二子篇》批判了十二人,分别属于六家:"它嚣、魏牟"(《汉书》列公子牟为道家),"陈仲、史䲡"(陈是农家),"墨翟、宋钘"(墨家),"慎到、田骈"(一法家一道家),"惠施、邓析"(名家),"子思、孟轲"(儒家)。荀子的这种分派、代表者与庄子又不一样。特别是他把子思、孟轲也作为批判对象,显然不是把他们当作跟自己一样的儒家。再往后,《韩非子·显学》中说"孔墨之后,儒分为八,墨离为三",其中子思、孟子、荀子分别属于不同的学派。可见"诸子百家"之分从战国至汉,并不一致。加上前面提到的,从根本上来说,这些"家"和"派"其实均出自同源,是孔子后学分化出来的。由于战国策士纷争,人各一说,称"百家"确实是更好的概括,说成九家十流等反而僵化了。我们现在沿用旧说称某人为某家,只是为了论说的方便,真要了解某人的观点,还是要读某人自己的全部著作。

五、百家争鸣之"争鸣"

"百家"中第一个强烈进行"争鸣"的是孟子。在他之前,如老子、孔子等,都没有什么与人争论的记录。老子居高临下,只是说自己的;孔子有不少答国君问、答学生问的记录,偶有几条批评学生的,如斥宰予昼寝、不同意樊须学稼等,但态度都很平和。孔子后最早的诸子是墨子,《墨子》中有《非儒》篇,但语气也很温和,一般是举"儒者曰",然后是"应之曰"。韩愈认为这一篇不像是墨子所作,而是他的弟子写的:"余以为辩生于末学,各务售其师之说。"即学生们为了突出老师,有意强调。这是有道理的。墨子之后是孟子,这才火力全开,开始"争鸣"了。锋芒首先针对墨翟、杨朱,而且抢占道德制高点:"昔者禹抑洪水而天下平,周公兼夷狄,驱猛兽而百姓宁,孔子成《春秋》而乱臣贼子惧。《诗》云:'戎狄是膺,荆舒是惩,则莫我敢承。'无父无君,是周公所膺也。我亦欲正人心,息邪说,距诐行,放淫辞,以承三圣者;岂好辩哉？予不得已也。能言距杨墨者,圣人之徒也。"(《孟子·滕文公下》)在其他地方,他对告子、许行,都充满这种咄咄逼人的语气,甚至在答国君问时也少了许多委婉。这是因为到了战国时期,社会矛盾更加激烈,各家都急切地要推出自己的方案,与此同时就必须否定别家的方案。因此争论是必然的。孟子是第一个这么做的,也是做得最出色的。他的行文气势磅礴,沛然莫御,是后世说理文的榜样。孟子"争鸣"之犀利来自对信念的坚定和坚持,他关于"大丈夫"的一段话可以说是夫子自道:"居天下之广居,立天下之正位,行天下之大道。得志,与民由之;不得志,独行其道。富贵不能淫,贫贱不能移,威武不能屈。此之谓大丈夫。"(《孟子·滕文公下》)。这是"争鸣"者的第一种。第二种"争鸣"者可以以庄子为代表。《庄子》全书都在争论,只是除了庄子、惠施外,许多名字都奇奇怪怪,不知有无;还提到老子、孔子及一些孔门弟子,但不知他们的言论是真是假。给我的感觉是庄子借这些名字进行争论,但并没有给以特别的是非判断,更像是在借此显示自己的渊博。他跟惠施之间有时更像是为争论而争论,从中寻找乐趣。例如著名的濠梁之辩,一个说:"子非鱼,安知鱼之乐?"一个说:"子非我,安知我不知鱼之乐?"实际上是个死结。又如庄生梦蝶的故事:"不知周之梦为胡蝶与,胡蝶之梦为周与?"其实也是无解的。这是"争鸣"的第二种,自设论题,在嬉笑怒骂的"论争"中,体现对世界和社会的深刻观察。以上两种,一种是有坚定的信念和意志,一种是看破世界,游戏人生。这两种以外的"争鸣"者,在我看来,本质上都像"纵横家"。班固《汉书·艺文志》的"九家十流"里有"纵横家",其代表是苏秦、张仪,其特点是"权事制宜,受命而不受辞"。从这点出发,战国诸子多数像纵横家。因为争鸣的主题是如何从"礼崩乐坏"走向"天下大治",而诸子本身都不是政策的制定者。他们的主张和理想只有为实际统治者所接受,才能得以实现。因而说服统治者接受自己的主张往往比证明自己的主张还要重要。《韩非子·说难》清楚地指出了这一点:"凡说之难,非吾知之有以说之之难也,又非吾辩之能明吾意之难也,又非吾敢横失而能尽之难也。凡说之难,在知所说之心,可以吾说当之。""所说"就是所要说服的对象、各国的君主,"当"就是"应对"。这已不是"权事制宜",而是"权人制宜""权君制宜"了。商鞅就是一个典型例子。据《史记·商君列传》,商鞅听说秦孝公求贤,来到秦国。开始他以"帝道"说之,孝公听了直打瞌睡。过了几天又以"王道"说之,仍然"未中旨"。又过了几天他以"霸道"说之,结果秦孝公"不自知膝之前于席也,语数日不厌"。于是商鞅在秦国实施了变法。我们现在说商鞅是个"法家",从他后来变法的实际看,那当然没错;但是如果当日秦孝公听进了他的"帝道""王道"之言,他得志后必然会按这两者去做,我们看到的商鞅可能就是一个道家、儒家了。可见对商鞅而言,他并不在乎自己是哪一家,关键是看秦孝公喜欢哪一家。而纵横家"权事制宜,受命而不受辞"的源头,说到底恐怕也在孔子。孔门四科:德行,言语,政事,文学。长于言语的是宰我和子贡。宰我从史料中看没有给人留下什么好印象,子贡却有一个光辉事迹。《史记·仲尼弟子列传》记载,田常要在齐国作乱,又担心晏子这些大臣,于是想移兵伐鲁。孔子听说后,因为鲁是"父母之国",想派人去制止。子路、子张、子石等争着要去,孔子都不许,派了子贡去。结果子贡逞三寸不烂之舌,接连说动五国,造成的结果是"子贡一出,存鲁,乱齐,破吴,强晋而霸越;子贡一使,使势相破,十年之中,五国各有变"。实际上是子贡每到一处,就揣摩国君心理,挑起各国矛盾,除了目的是"存鲁"之外,根本没有是非可言。子贡后来经商,大发其财,在齐国终老。苏秦一开始也在齐国求学,恐怕不会不受到这位前辈的影响。

第二节　儒家

儒家是诸子百家的第一家。这个"第一"有三层意思,第一,凡是谈到诸子的,从司马谈《论六家要旨》、班固《汉书·艺文志》,直到《四库全书总目》,均以儒家为首。第二,它是第一个成为"家"的诸子学派。虽有在它之前的,如管子、老子,但管子属于什么家众说纷纭,老子之称为"道家"也是后来追认的,战国时并无此名。更重要的是第三,它是中国历史上影响最大的学派,无出其右,甚至有人认为儒家是两千多年来中国文化的主流,是中国思想文化的代表。20世纪初以来有人反对中国传统文化,矛头首先针对的也是它。因此非常需要说一说。关于儒家,想着重谈以下几点。

一、儒家的创始人和代表

儒家的创始人和真正代表是孔子。这个说法似乎没有人否定,但必须要说一说。为什么呢?因为从《汉书·艺文志》开始,所有的公私书目里,与孔子相关的文献都放在经部,而子部儒家的开头不是晏子就是孟子,《四库全书》把"四书"列入经部,子部的儒家更是以荀子开头,后面便把重点放到程、朱诸人身上去了。这无意间形成一个印象:孔子只是儒家的"圣人",而儒家的代表是宋明理学。实际上,20世纪以来在西方哲学影响下的所谓"新儒学""20世纪儒学"等,都是把宋明理学作为儒家代表的。不把孔子看作儒家的真正创始人,就无法说明儒家及后来诸子的产生,无法说明儒家思想的真正意义和价值,也无法解释儒家后来的演变发展。孔子在中国文化史上的重要性,在于他的划时代性,在于他"一身而二任焉"的身份。他既是经部的集大成者,又是子部的开拓者。作为前者,他是前两千多年文化的总结者;作为后者,他是后两千多年文化的先行者。"经"和"子"的根本区别,用最简单的话来说,就是前者是在位者的决策,后者是不在位者的建言。孔子整理六经,是他行在位者之事,对上古治理文化作总结并开拓(《诗》《书》《礼》《乐》是总结,《春秋》《易传》是开拓);而他本人记录在《论语》《孔子家语》《孝经》《礼记》等里的言行则是他作为不在位者,对春秋末"时代之问"作出的回答。如果要加以区分的话,可以说前者属于"六经之学",后者才是"儒家之学"。也就是说,《论语》等虽然放在经部,但本质上属于子部。两者虽然难以区别,但还是可以区别开来的。

二、儒家的贡献

儒家的最大贡献在于开创了重史、重传承的中国文化传统。中国人重史,举世皆知,这一传统是从孔子著《春秋》开始的。《春秋》是中国史学的先驱,也是中国史学永远的榜样。中国史学有很强的政治倾向,根本上是国家治理的补充,所谓"以史为鉴",因此著史往往夹评夹议,形成中国史学的重要特色。从《左传》的"君子曰"、《史记》的"太史公曰",到《汉书》以后的"赞曰",其源头就在孔子的"春秋笔法",这就是儒家强烈的参政意识在史学中的体现。中国教育的传统始于孔子办私学,目的是传承文化。孔子办学源于中国文化史上一个偶然却极重要的事件:王子朝(?—前505)携典奔楚。王子朝是周景王(前544—前521年在位)之子、周敬王(前519—前476年在位,春秋时期最后一位周王)之兄,因争王位失败,于敬王四年(前516)十一月"奉周之典籍以奔楚"。这一年是鲁昭公二十六年,孔子36岁。王子朝奔楚,带去了周王室所藏的包括夏、商朝遗留文献在内的所有典籍(据《吕氏春秋·先识览》记载:夏太史终古见桀迷惑暴乱,载其图法出奔如商;殷内史向挚见纣愈乱迷惑,载其图法出亡之周。可见周王室图书馆里可能保存了夏商的文献),从此"王官之学"的传承中断。由于王子朝奔楚时恰遇楚国内乱,结果他实际并未到楚,而是在什么地方躲起来了,因此这批典籍的去向成了中国历史的千古之谜。由于鲁国是周王室之外唯一一处存有王室档案某些副本的地方,时势所趋,孔子自觉地担当起了办学的任务,而这要是在王子朝事件之前,肯定是属于大逆不道的。孔子办学,以"六经"为教材,就使原来深藏秘阁的"王官之学"成了大众能接触到的知识,为百家争鸣打下了知识基础。孔子办学,还不仅仅是他个人办学,而是从他起,形成了中国两千多年重教育的传统。就教育而论,在诸子百家中,儒家即使不说是唯一,也绝对是最重视传承的学派。教育或传承有三个方面,一是人的传承,二是学说的传承,三是关于传承的理论。人的方面,孔子"弟子三千,贤人七十",在《史记·仲尼弟子列传》中有名有姓的就有77人。他们的事迹有的被记下来了,有的被泯灭在"七十子之徒"的统称之中,但都为传承孔子学说作了贡献,譬如《礼记》就是他们的集体作品。当然有的学生在传承中起的作用特别大。如曾子和子夏。人的传承在曾子身上体现得最明显。他传授给了孔子的孙子子思,而子思的再传弟子是孟子,这就形成了儒家传承的"道统"。学说的传承,子夏(姓卜名商)的贡献最大。唐代司马贞(679—732)在《史记索隐》中说:"子夏文学著于四科,序《诗》,传《易》,又孔子以《春秋》属商,又传《礼》,著在《礼志》。"孔子整理六经,而真正把它们传下来的,恐怕是子夏。之后通过子夏的传人,"五经"在汉代的传承形成了一条条清晰的线索。其中贡献最大的是荀子。据清儒汪中《荀卿子通论》,荀卿之学出于子夏和仲弓,而尤有功于诸经,他在历述《诗》《春秋》《礼》《易》的传授路线后,得出结论:"盖自七十子之徒既殁,汉诸儒未兴,中更战国暴秦之乱,六艺之传赖以不绝者,荀卿也。周公作之,孔子述之,荀卿子传之,其揆一也。"其他学派的创始人也有一些追随者,也整理过自己的经典,但像儒家那样得到明明白白传承的很少,往往一二代就断绝了。传承的理论方面,《论语》以《学而》开篇,显示"学"的重要性。《礼记》有《学记》,是全世界最早的教育专题论文,很多思想至今未过时。战国儒家孟子和荀子都重视教育。但孟子主张通过教育发掘人性之善,荀子却主张通过教育改变人性之恶。荀子仿《论语》,把《劝学》列为《荀子》第一篇,突显了学习传承在他书中的地位。(《论语》以《尧曰》为最后一篇,《荀子》以《尧问》为最后一篇,恐怕也不是出于偶然)这一传统一直持续到清末的正统儒家,曾国藩(1811—1872)和张之洞也分别写了《劝学篇》。汉武帝兴太学,唐代以后私家书院兴起,但教育的指导思想和教材都沿袭了儒家那一套。教育传统的绵延不绝,解释了为什么中国文明几千年绵延不绝,也解释了为什么儒家所坚持的思想会成为中华民族的主体思想。

三、儒家思想的核心

孔子整理六经,总结了上古文化,又开创儒家,开启了其后两千多年的文明,可说他一手串起了五千年中华文明史。孔子的核心思想体现了承前启后两个方面,最精辟的表述,就是他自己说的"克己复礼"四个字。"复礼"就是承前,继承六经的治道传统;"克己"就是启后,是达到"复礼"的途径。"复礼"是述旧,"克己"是创新,也是他交出的"时代之问"的答卷。司马迁把两者分别叫作"追修经术,以达王道"和"为天下制仪法"。"克己"就是约束自己。孔子认为解决礼崩乐坏的局面,统治者要从自身做起,约束自己,做全民的榜样。这就是"以德治国"。他说:"为政以德,譬如北辰,居其所而众星共之。"又说:"政者,正也。子帅以正,孰敢不正?"他还把"克己复礼"四个字合并为一个字"仁","克己复礼为仁,一日克己复礼,天下归仁焉",从而建立起他的"仁"学体系,这可以说是不同于六经体系的孔学体系。

在这个基础上,他的继承者们因形势变化而各有所发挥。例如孟子把"为政以德"改称"仁政",并在"仁"的基础上加上个"义"字,主张只要实施仁义就能推行"王"道:"保民而王,莫之能御也。"孟子处于战国中期,他同孔子一样,不能接受"霸"道,说"仲尼之徒,无道桓、文之事者";但到了战国后期的荀子,就连"霸"道也能接受了。他在《荀子·王霸》中为各国当权者提出了三种选择:"故用国者,义立而王,信立而霸,权谋立而亡,三者明主之所谨择也。"他反对的只是后者。由此可见,面对礼崩乐坏的"时代之问",不仅百家争鸣,即使同为儒家,其所给出的答案也不完全一致。

四、构建价值观体系

在孔子看来,推行以德治国,本质上就是"修己正人",因此他特别重视"修身"。《论语·宪问》记载了他与学生子路的一段对话:"子路问君子。子曰:'修己以敬。'曰:'如斯而已乎?'曰:'修己以安人。'曰:'如斯而已乎?'曰:'修己以安百姓。修己以安百姓,尧舜其犹病诸?'"这个思想到了《礼记·大学》,就被提炼为"格物、致知、诚意、正心、修身、齐家、治国、平天下"的八目论,并且强调"自天子以至于庶人,壹是皆以修身为本"。荀子对此心领神会,紧接着《劝学》,写了《修身》,可见修身在他心目中的地位。修身就要构建一整套标准,这也是中国价值观体系建立的过程,可以说儒家在其中起了最大的作用。本来,在孔子之前,人们也谈到价值观。《周礼·地官·大司徒》就在两处提到。一处是"十有二教":"一曰以祀礼教敬,则民不苟;二曰以阳礼教让,则民不争;三曰以阴礼教亲,则民不怨;四曰以乐礼教和,则民不乖;五曰以仪辨等,则民不越;六曰以俗教安,则民不偷;七曰以刑教中,则民不虣;八曰以誓教恤,则民不怠;九曰以度教节,则民知足;十曰以世事教能,则民不失职;十有一曰以贤制爵,则民慎德;十有二曰以庸制禄,则民兴功。"这里提出了"敬、让、亲、和、安、中"等,但显然是教"民"的要求。另外一处是"教万民":"一曰六德:知、仁、圣、义、忠、和。二曰六行:孝、友、睦、姻、任、恤。"两处都体现了对"民"的要求,对"君子"的要求始见于《国语·周语》,是春秋时单襄公评论未来的晋悼公孙周(前586—前558)的:"夫敬,文之恭也;忠,文之实也;信,文之孚也;仁,文之爱也;义,文之制也;智,文之舆也;勇,文之帅也;教,文之施也;孝,文之本也;惠,文之慈也;让,文之材也。象天能敬,帅意能忠,思身能信,爱人能仁,利制能义,事建能智,帅义能勇,施辩能教,昭神能孝,慈和能惠,推敌能让。此十一者,夫子皆有焉。"十一条标准都围绕"文"而提出,似乎是"文"的十一种表现,而"文"是古代对人品行的一种高度赞赏,周文王、晋文公的谥号都是"文"。从以"文"为中心的价值观转到以"仁"为中心并施之于君子教育的是孔子。《论语·述而》说:"子以四教:文,行,忠,信。"孔子通过大量论述,建立了以"仁"为核心的价值观体系,其中包括"孝、弟、忠、信、恭、敬、礼、知、慈、义"等。从"仁=二人"出发,同时讨论了君臣父子等两两间的关系,即"君君臣臣父父子子"。前者就是"君使臣以礼,臣事君以忠",后者就是"人不独亲其亲,不独子其子"。孟子发展了孔子的思想,提出了"四端""五伦"之说,前者见《孟子·公孙丑上》:"恻隐之心,仁之端也;羞恶之心,义之端也;辞让之心,礼之端也;是非之心,智之端也。人之有是四端也,犹其有四体也。"后者见《孟子·滕文公上》:"父子有亲,君臣有义,夫妇有别,长幼有序,朋友有信。"由此形成了完整的儒家也是主体中国文化的伦理价值观,在中国历史上产生了很大影响。

五、儒家的包容性及其演变

在诸子百家中,儒家是最具有包容性的。儒家的包容性也就是中国文化的包容性。儒家具有包容性出于三个原因。第一,儒家有充足的底气。儒家以孔子整理的"六经"为根本依托,而"六经"几乎就是当时中国文化的全部,孔子有资格以"六经"代言人自居,儒家的底气可想而知,因此有足够的度量容纳各种观点。第二,儒家的目标高尚,它以克己复礼、实现天下长治久安为目标。在共同的目标下,当然容得下各种具有建设性的方案,哪怕是反面的意见也足资参照。第三,儒家强调严格的人格修养。《礼记·儒行》是孔子回答鲁哀公时说到的儒者自我行为规范,这等于为自己的主张立了一道护身符,是别的学派很难相比的。因此哀公听了后也只得说:"终没吾世,不敢以儒为戏。"儒家的包容性表现在三个方面。第一是儒家的开创本身就是兼容并包的结果。"六经"上自远古,下至春秋,虞夏商周四代的治理不可能完全一致,孔子在西周文化的基础上,求同存异,把它们统一成一个相对完整的体系,其中综合了各家思想,如尧舜的知人善任、大禹的亲力亲为与重视地理、汤武的吊民伐罪、周公的总体设计与多才多艺等。有人说《周易·系辞》里有道家思想,这说明孔子也吸收了老子的观点。第二是儒家内部的包容性。一个庞大的思想体系在其发展演变过程中不可能没有变化,也不可能没有杂音。特别是像儒家这样经历了两千多年发展的思想体系,不可能没有各种不同观点。而只要符合上述三条,儒家都能包容接受。其实在孔子的时代,孔门弟子对问题的认识也并不一致。《荀子·子道》记载了一件事,孔子用同样一个问题问他的学生:"知者若何?仁者若何?"子路的回答是"知者使人知己,仁者使人爱己",子贡的回答是"知者知人,仁者爱人",颜渊的回答是"知者自知,仁者自爱",而孔子都接受了。儒家在发展过程中有丰富的,有变化的。丰富的如曾子的"孝",子思的"中",孟子的"义利",荀子的"礼"等。变化的至少可见于三个时期。一是战国时期,孟子、荀子的观点其

第五章 "子部"概说　　131

实都与孔子有一些不同,而荀子的不同点更多。他的"法后王"是对当时诸侯各自为政局面的肯定,"性恶论"则直接导向了法家思想。二是汉代,董仲舒(前179—前104)加入了"天人相应",导致东汉出现了打着儒家旗号的谶纬学说;他提出的"三纲五常"也不尽合孔孟原意。三是宋明时期的程朱理学和陆王心学,前者加入道家思想,后者加入佛教思想,都使得儒家观点变得与先秦很不一样。特别是在"圣人"观上。孔子不敢自命为"圣",孟子说"人皆可以为尧舜",已经与孔子不同了,但这只是讲成"圣"的潜在性。到韩愈、朱熹之后,就把潜在性演变成"人人必须做圣人"的规定性,在儒家内外实施道德绑架,结果导致了虚伪的"道学"。因此我们不能把两千多年的儒家看作一体,对不同时代自称儒家的人要作出具体分析。第三是对儒家外部的包容性。所谓儒家以外的各家,主要是指不接受前述三条(宗"六经"、一天下、道德观)的学派。例如道家、墨家、法家等,这些学派大都批判、否定儒家的观点,有的还很激烈,如庄子的《胠箧》篇、韩非的《五蠹》篇等,但儒家在发展过程中照样吸收了这些"异端"思想的合理成分。汉代融法入儒,魏晋以道入儒,宋代更实现了三教合流。直到近现代西学东渐,以儒家为基础的中国文化仍有能力对之进行包容,形成以中国文化为主体的当代新文化。

第三节　道家

道家的名称始见于司马谈《论六家要旨》,在战国时无此一说,庄子跟老子间也无直接或间接的师承关系,把他们合称一派其实有点勉强。老子生在孔子前,因此理论上也不在"诸子"之列,把老子称为道家并尊为开派祖师,是习惯如此,这里姑存其旧。

一、《老子》与"道"

第一个有趣的问题是：诸子百家其实都在论道，而且各有其"道"，为什么只有道家被称为"道"家？原因在于各家的"道"可以泛指"规律、原则"，例如儒家之道是国家治理的原则，兵家之道是用兵打仗的规律等，只有老子的道指的是"道"的本体。《老子》第四十二章说："道生一，一生二，二生三，三生万物。"孔子把这个意思引入《周易》，《系辞上》说："是故易有太极，是生两仪，两仪生四象，四象生八卦。"仔细比照这两句，可以发现与"道"相应的是"易"，如果说"易"是儒家哲学的本体，那么"道"就是道家哲学的本体。这是道家得以称"道"家而别家不能的原因。当然这里的"易"与"太极"之间不是"生"的关系，与《老子》的"道生一"不同。到了北宋程朱理学第一人周敦颐（1017—1073）的《太极图说》，劈头第一句话就是"无极而太极"，在"太极"之前加上了一个"无极"，"无极"等于"道"，"太极"等于"一"，就与《老子》对应起来了。这是为什么说程朱理学有道家影响的重要证据。《老子》的"道"有两个特点。第一个是飘渺不可捉摸，见第二十一章："道之为物，惟恍惟惚。惚兮恍兮，其中有象；恍兮惚兮，其中有物。"第二个是道不可道，见第一章："道可道，非常道。名可名，非常名。"其中第二个更加重要。这句话一般理解为"可以说出来的道就不是常道，可以叫出来的名就不是常名"，其实是错的。"道"字可以解析为"从辶，首声"，义为"道路"，因此西方汉学家把它译为"the way"是有道理的。"道"又可分析为"从辶从首，首亦声"，义为"带路"，也就是后来向导的"导"字。"常"字据马王堆帛书本和郭店竹简本，应该是"恒"字。"道可道，非常道"的字面意思就是"可以让你跟着走的路，不是恒久之路"，或者说，有两种"道"，一种是永远不变的"恒道"，但因为它恍恍惚惚，你不可能找到；你能找到并循

第五章 "子部"概说

着它走的"道",不是"恒道"。后面一句同样,完全反映事物本质的名称("恒名")是叫不出的,凡你能叫出的名称,都不反映事物的本质。我们可以举个例子。例如英文叫作"potato"的植物,在中文里有许多名称:"土豆"(埋在土中像豆一样的食品)、"马铃薯"(形状像马脖子上挂的铃铛的薯类)、"洋山芋"(来自海外的像山芋一样的植物)等。但这些名称都不反映这种植物的本质("potato"这个名称同样不能反映),这就是"名可名,非常名"。前面一句同样,如果"道"指"规律",那么凡照着办就能成功的规律,就不是真正的规律。如果我们联系现代哲学,就知道这说的其实是相对真理和绝对真理的关系。真理具有相对性,我们只能无限地向绝对真理靠拢,但永远到达不了绝对真理。因此"道可道,非常道"即使拿到今天,也是非常深刻的真理观,包含非常深刻的辩证法。《论语》中孔子有一句没头没尾的话:"朝闻道,夕死可矣!"前人都不知道在说什么,我相信就是针对这个思想而发的,因为在孔子时代没有别的人、别的理论能让他如此震撼。孔子还把这一思想用到了《周易》中,形成了"易"的辩证法,即所谓"易有三义:变易、不易、简易"之说。用现在的话来说就是:"一切都在变化之中,唯一不变的就是'变'本身,这是简单的道理!"这就是《周易》最深刻的地方,也是孔子序《周易》,使《易经》哲学化的最根本地方。老子的思考是在如此深度,他怎么可能参加诸子百家的争鸣呢?

二、《老子》与"帝王之术"

在2 500多年前能进行如此深刻的思考,与老子的地位、身份有关。老子的职务是周王室的守藏吏或柱下史,古代"史、吏"通,两者其实是一回事。从"左史记言,右史记事"看,这是周天子身边的一个高级职位——周王室档案的记录者和保存者。他从周灵王二十一年

(前551,同年孔子诞生)起任守藏史,直到周敬王四年(前516)王子朝事件中主动或被动地跟随到楚国,前后做了35年。这个身份,使他能接触和看到远比孔子多得多的机密材料和核心文献,了解的天下大势也比孔子全面得多。老子可以说是当时全国最博学的人,因此孔子四次向他求教。以博学为基础,他才可以从形而下走向形而上的思考,成为中国"哲学"第一人。但这不等于老子不关心国家的治理问题。事实上,《老子》作于他的晚年,那时他已"奔楚"而隐居了很多年(有人考证老子西出函谷关是在周敬王三十五年[前485],则已是奔楚30年之后了,其时孔子也已到了晚年),因此他谈到"治国",肯定会是对更长历史时期施政得失的思考。曾经的地位,使得老子更倾向于从周天子的角度,而不是从一般诸侯国,乃至体制外知识分子的角度来思考。对于"时代之问",孔子的方案是"仁道"或者说"人道",是替各级统治者设计的;孟子的"王道",荀子再加上"霸道",都是替诸侯设计的。老子考虑的就是"帝道",总结他30多年的体制内经历和30年的体制外观察。因此有人说老子的书其实讲的是"帝王之术"或"帝王之道",这是不错的。这个"帝道",是为天子设计的,只有他讲得出,孔子不行,其他诸子更不行。老子的"帝王之术"主要包括五个方面。一是无为而治:"是以圣人处无为之事,行不言之教。"(第二章)"我无为,而民自化;我好静,而民自正;我无事,而民自富;我无欲,而民自朴。"(第五十七章)二是实施愚民政策:"古之善为道者,非以明民,将以愚之。"(第六十五章)"是以圣人之治,虚其心,实其腹,弱其志,强其骨,常使民无知无欲。"(第三章)三是效法天地,不偏私:"天地不仁,以万物为刍狗;圣人不仁,以百姓为刍狗。"(第五章)四是谦容:"江海所以能为百谷王者,以其善下之,故能为百谷王。是以欲上民,必以言下之。欲先民,必以身后之。是以圣人处上而民不重,处前而民不害。"(第六十六章)"知其雄,守其雌,为天下溪;……知其荣,守其辱,为天下谷。"(第二十八章)五是以弱胜强:"天下莫柔弱于水,而攻坚强者莫之能胜,以其无以易之。弱之胜强,柔之胜刚,天下莫不知,莫能行。"(第七十八章)为什么说这些是"帝王之道"?因为完全是为天子设计的,天子可以做,诸侯不愿做,也不可能做。因此商鞅向秦孝公讲"帝道",公"时时睡",根本听不进去。《老子》中还有一些思想,如"小国寡民""和光同尘"等,不大像是"帝道",大概是他从后期隐居生活中得出的体验。

三、重读《庄子》

庄子生活的时代大体与孟子相同,约处于战国中期。司马迁说他"其学无所不窥",可能是老子、孔子后最博学的人,加上《庄子》行文汪洋恣肆,想象奇特,用语瑰玮,对后世有极大影响,明末金圣叹(1608—1661)提出"六才子书"之说,评《庄子》为第一。他是文学家膜拜的对象,也是哲学家的宠儿。他身上被贴的哲学标签是先秦诸子乃至后世所有"哲学家"中最多的,往往引他一两句话,就可戴上一顶帽子。他说"彼亦一是非,此亦一是非",那是相对主义、折中主义;他说"吾生也有涯,而知也无涯,以有涯随无涯,殆矣",那是不可知论、悲观主义;他说"子非我,安知我不知鱼之乐",那是诡辩论;他说"故天下每每大乱,罪在于好知",那是反智主义;"逍遥游",那是绝对自由论、神秘主义;"庖丁解牛",那是自然主义;等等。这么多的主义,如何给他的思想一个总的定性?自司马迁说"然其要本归于老子之言"后,历代学者都把他归入道家。然而庄子自己在《天下》篇论当世各家时,却把自己与老子分在不同地方,这如何解释?我们认为,因为庄子思想涉及如此多的方面,理解他必须要有一个整体切入口,不能像瞎子摸象那样东摸一下西摸一下。而从整体去看有两个途径,一是时代背景,因为任何思想的产生都离不开时代;二是当事人的自我认识。时代背景,就是前面说的,春秋战国由乱求治的"时代之问",这是诸子百家都必须回答的。老子的"道"包括"天道"和"帝道",两者都有点超越"时代之问",这是他的地位决定的,别人却无法绕开。而当事人的自我认知,于庄子却是最现成的。在《庄子·天下》中,他对"庄周"有个评述,可说是从总体上理解他的钥匙。其中有一句话可说是"总论",有一段话可说是"分论"。"总论"的一句话是:"万物毕罗,莫足以归。"也就是说,他的自我定位是兼容并包,不归某家。难怪我们读他的《天下》篇犹如读一篇学术史论,对各家各派都可以指点江山。《庄子》中也几乎包含各派的具体观点,而看不到他坚守的是哪一派。"分论"的一段话有四句:"以天下为沈浊,不可与庄语。以卮言为曼衍,以重言为真,以寓言为广。独与天地精神往来,而不敖倪于万物。不谴是非,以与世俗处。"我们把这四句话重新排序,更可看清他的基本立场。第一句,"以天下为沈浊,不可与庄语"。我们说,"百家争鸣",各家都必须首先回答春秋战国的"时代之问",这句话就是他的回答,简单地说就是"不参与",原因是天下太肮脏了,不值得严肃对待,这造成了全书嬉笑怒骂的嘲世态度。我们来看庄子的背景。庄子姓"庄",这个姓说明他是楚庄王(前613—前591年在位)的后裔,出身贵胄。但他生于当时不属于楚国的蒙地,可见到他那时家境已没落,甚至比孔子还糟糕,有人猜测他的先人是楚国内乱时被驱逐出境的。贵族后裔的身份使他有可能受到良好的教育,因此学问广博;而家族的败亡史也使他看清世态炎凉。尽管他成名以后,楚威王请他回楚国任相,但他完全没有兴趣卷入这个旋涡,并留下"吾将曳尾于涂中"(《庄子·秋水》)的典故。这个态度可说与儒家针锋相对,也可说是庄子与儒家的分道扬镳。庄子最早受的是儒家教育(他8岁从裘氏学儒,14岁从子綦学道),对儒家那种"知其不可为而为之"的强行入世态度是不赞成的。他抓住了孔子的自

第五章 "子部"概说

相矛盾之处：孔子自己说过"不在其位,不谋其政"(《论语·泰伯》),但又强行要走入世之路,"行天子之事"。庄子在《渔父》篇借渔父之口批评说:"子之所以者,人事也。天子、诸侯、大夫、庶人,此四者自正,治之美也。四者离位而乱莫大焉。官治其职,人处其事,乃无所陵。……今子既上无君侯有司之势,而下无大臣职事之官,而擅饰礼乐,选人伦,以化齐民,不亦泰多事乎?"孔子之后,最坚决入世的是孟子,所谓"自反而缩,虽千万人,吾往矣"(《孟子·公孙丑上》)。孟、庄的处世态度体现了两个极端,由于庄子明明有能力参与而不参与,在《老子》的"知雄守雌、知荣守辱"论中找到了知音,因而孟、庄之别也被视为儒、道之别。从这个意义上看,后世真正的儒家是从孟子开始的,而后世道家的真正代表应该是庄子。第二句话,"不谴是非,以与世俗处"。这表现了他对诸家学说的超然态度。正因为"不参与",对热衷于"参与"的诸家学说来说,他就取得了一个超然物外的居高临下视角,可以对它们进行恣意评论,赞成也好,批评也好,对其是非不作评判。《天下》篇列举诸家,只是客观评述,认为各有自得之处,但都不完备,他感叹的只是"道术将为天下裂"。不像荀子《非十二子》,把六家十二人一个个骂遍,甚至主要还是针对同为儒家的子思和孟子。这说明百家争鸣,荀子是参与者,庄子不是。这一点也与老子相同。第三句话,"独与天地精神往来,而不敖倪于万物"。庄子在政治上采取"不参与"的态度,又具有"其学无所不窥"的条件,因此他能更多地活在自己的精神世界里,进行更多的哲理思索。这是他与老子的共同点。人们谈《庄子》,特别爱提第一篇《逍遥游》和第二篇《齐物论》。《逍遥游》使他"独与天地精神往来",《齐物论》使他"而不敖倪于万物"。第四句话,"以卮言为曼衍,以重言为真,以寓言为广"。这是他的说理方式和行文风格。类似的话在《寓言》篇里也出现过:"寓言十九,重言十七,卮言日出,和以天倪。"如果说《天下》篇是对三"言"的定性,那么《寓言》篇简直就是对三"言"的定量了。"寓"有二义,一是"寄寓",说明书中讲的故事都有寄托,是某种思想的曲折表达;二是"偶",孔子、孟子喜欢"你问我答",以标准答案提供者的方式来论述自己的观点,双方有高下之分,庄子则喜欢设主客对话的方式,托两个似真似假的人物来共同讨论某一问题或事件,而且其答案并非只由一方提供,往往以一方为主,双方互有补充,二者更平等。二说中我更赞成第二说。因为"寓意于言"是通常情况,而"偶言"方式却是庄子的独门之秘,且占了"十之九"的篇幅。后来中国文学中的汉赋大量采用主客问答的形式,恐怕就是受了《庄子》的影响。"重"也有二义,一是"重要、有分量",二是重复。两种解释皆可。"重言"指重复也就是引用先哲时贤的言论,以加强论说的力量。"卮言"也有二解,一说是"无心之言",如酒器盛酒,满则倾;二说"卮"通"支",是支离破碎之言。合起来指新奇而又非预先想好的语词,日新月异而又合乎天然。这确是庄子语言的风格,汪洋恣肆,瑰丽多彩,经常出人意表。

四、关于"无为而治"

老子和庄子都谈"无为而治",甚至孔子也说过:"无为而治者,其舜也与?夫何为哉?恭己正南面而已矣。"(《论语·卫灵公》)三人中,老、孔其实是一样的,老子是把它作为"帝道"的治理原则,孔子也是,不过他只有羡慕之情,因为他缺少直接经验。庄子则更进一步,把"无为"看作"天道",也就是自然法则,人人应该遵守。他专门写了一篇《天道》,说:"夫虚静恬淡寂寞无为者,天地之平,而道德之至。"并且提出了"无为""有为"的辩证法:"夫帝王之德,以天地为宗,以道德为主,以无为为常。无为也,则用天下而有余;有为也,则为天下用而不足。故古之人贵夫无为也。上无为也,下亦无为也,是下与上同德。下与上同德则不臣。下有为也,上亦有为也,是上与下同道。上与下同道则不主。上必无为而用天下,下必有为为天下用。此不易之道也。"他还说"无为也则任事者责矣",也就是说,在君主"无为"的情况下,臣下要"有为",各司其职。这是对老子的补充。而他自己,显然两者都与之无关,因为适用"无为"原则的还有"以此退居而闲游江海,山林之士服"。他属于最后一种。这一观点的提出,使他成了后世隐居不仕、冷眼观世者的一面旗帜。

五、道家的影响

由于老、庄其实不在一个位面上,因此道家对后世的影响也有两个方面。一个方面是一些统治者奉行"黄老之术",如汉初的"文景之治",其实就是文帝和他的妻子——景帝时的窦太后"好黄老之术"的结果。唐代的"贞观之治"也是如此。"黄老之术",主要就是老子的"无为而治"。"无为而治"到底怎么治?"黄老之术"中,黄帝起了什么作用?以前我们对此知之甚少,但战国时的两本书填补了这一空缺。一是《列子》。列子(约前450—前375)生于庄、孟之前,他的著作《列子》许多人认为是后人伪托的。但我相信中国所有古书都是累积而成,此书同样有列子时期的思想在内。《列子·黄帝》,借黄帝之名,谈了"无为而治"的具体做法和效果。黄帝的做法是:"放万机,舍宫寝,去直侍,彻钟悬,减厨膳,退而闲居大庭之馆,斋心服形,三月不亲政事。"由此达到神游"华胥氏之国"的效果:"其国无帅长,自然而已;其民无嗜欲,自然而已……"二是《黄帝四经》,《汉书·艺文志》有载但后来失佚了,1973年,在长沙马王堆出土了此书的帛书本。其中的《经法·君正》篇,谈到了"无为而治"的完整过程:"一年从其俗,二年用其德,三年而民有得,四年而发号令,五年而以刑正,六年而民畏敬,七年而可以征。一年从其俗,则知民则;二年用其德,民则力(指力于田);三年无赋敛,则民有得;四年发号令,则民畏敬;五年以刑正,则民不幸;六年……(原文佚);七年而可以征,则胜强敌。"从汉文帝到汉武帝,我们发现他们几乎完整推行了这七个步骤。另一个方面才是庄子的影响,各种真出世或假出世的"隐逸高士",都打着庄子或"道家"的旗号。《列子》中还有一些值得注意的地方。例如《天瑞》篇说:"故曰:有太易,有太初,有太始,有太素。太易者,未见气也;太初者,气之始也;太始者,形之始也;太素者,质之始也。"这段话简直是"易有太极,是生两仪,两仪生四象,四象生八卦"的另一种说法,可见孔子《易传》的思想在战国初就产生了影响。又如战国初有个杨朱,据说影响很大,《孟子·滕文公下》说"杨朱、墨翟之言盈天下,天下之言,不归杨则归墨",但杨朱的书没有流传下来,他的理论具体是什么别人也不知道,只看到《孟子·尽心上》中说的"杨子取为我,拔一毛而利天下,不为也",就留下一个极端自私者的印象。其实这是断章取义。杨朱的原话是:"古之人,损一毫利天下,不与也;悉天下奉一身,不取也。人人不损一毫,人人不利天下,天下治矣。"他是从人己权利边界的角度来谈的,根本目标还是"天下治"。这段原话正见于《列子·杨朱》篇。

第四节 墨家

从时间上来说,墨子紧接孔子,是孔子之后第一个起来争鸣的"诸子"。他也是贵族后裔,尽管后来没落,但依然能接受很好的教育。他一开始是学儒的,因此他的学说中儒家的底子很明显,如同样称颂尧舜禹等"先圣",同样歌颂夏商周三代,同样引用《诗》《书》,同样谈"仁""义"等儒家推出的道德标准。墨子与儒家共同之处太多,因此他开始大约并没有要与儒家分庭抗礼的意思,表现在诸子百家中这是唯一一个不合惯例,以"子"名"家"的学派。诸子百家,一般用"子"来称人,如孔子、庄子、韩非子,用"家"来称学派,如儒家、道家、法家。只有"墨子"和"墨家"都是用"墨",还引起了后人关于"墨"是不是姓的种种猜测。后来墨家的主张逐渐明确,也与儒家划清了界限。

墨子的观点是什么呢？他在回答"时代之问"时提出了什么主张呢？我们还是要从他的书来看。《墨子》全书71篇,现存53篇。他对"时代之问"的回答集中体现在《鲁问》篇中的一段话里:"凡入国,必择务而从事焉。国家昏乱,则语之尚贤、尚同；国家贫,则语之节用、节葬；国家憙音湛湎,则语之非乐、非命；国家淫僻无礼,则语之尊天、事鬼；国家务夺侵凌,即语之兼爱、非攻。"也就是针对五种情况,提出十大对策。仔细比较这十大对策与儒家的主张,我们发现两者其实是在大同下的小异。这"小异"体现在墨子几乎接受儒家的一切,除了"礼乐"。回过头去看全书,我们发现儒墨都颂先圣,但儒家讲的是"八圣"——尧、舜、禹、汤、文王、武王、周公、孔子,但墨家只讲"六圣",没有周公和孔子。不提孔子好理解,因为时间太近。为什么不提周公？因为周公制礼作乐,是整个周文化的奠定者。否定周公,就是否定以"礼乐"为代表的周文化,这就与主张"吾从周"的孔子拉开了距离。十大对策,几乎都与否定"礼乐"相关。例如墨家最基本的观点"兼爱"就是反对儒家的"礼有差等"的,"非乐"就是否定儒家的乐教的。否定周代,却不否定先圣《诗》《书》,又不否定孔子的忠信仁爱,墨子内心的榜样是谁呢？原来是尧舜禹三代。我们从《尚同上》篇中看出了端倪:"夫明乎天下之所以乱者,生于无政长。是故选天下之贤可者,立以为天子。天子立,以其力为未足,又选择天下之贤可者,置立之以为三公……"然后天子要虚心听从下面的意见,做到"天子唯能壹同天下之义,是以天下治也"。这就是"尚同"。原来墨子解决治理天下大乱的方案是民主推举天子、三公、诸侯等各级"正长"。这不就是三代的实践吗？

为什么墨子会有这样的主张？这就不得不考察他的身世背景。墨姓是个罕见姓，它有两个来源，一是舜禹时期的墨如，一是春秋时宋襄公的哥哥墨夷（也称目夷）。许多人相信是后者，也许因为其地位更显赫，因此史上往往说墨子是宋国人。但我更倾向于前者，即他是墨如的后人。墨如是谁？东汉王符（约85—约163）在《潜夫论·赞学》中说："虽有至圣，不生而知；虽有至材，不生而能。故志曰：黄帝师风后，颛顼师老彭，帝喾师祝融，尧师务成，舜师纪后，禹师墨如，汤师伊尹，文武师姜尚，周公师庶秀，孔子师老聃。"原来墨如是一个帝师级的人物。据说禹的父亲鲧治水失败被诛，禹受命接着治理，但他不知如何办好，其母女嬉就为他请来了墨如。墨如教他疏导之法。经十三年，终告完成。如果墨子的祖上是大禹的老师墨如，那么墨子的一系列言行就好理解了。他不接受孔子竭力推荐的周代，而希望回到更早的夏代。他主张节葬节用，认为衣食住行只要满足温饱需要就行了，而这正是三代时的情况。《辞过》篇详细叙述古代宫室、衣服、饮食、舟车等的产生过程，如宫室："古之民未知为宫室时，就陵阜而居，穴而处，下润湿伤民，故圣王作为宫室。为宫室之法，曰：室高足以辟润湿，边足以圉风寒，上足以待雪霜雨露，宫墙之高足以别男女之礼，谨此则止。凡费财劳力，不加利者，不为也。""衣服"等也是如此。行为上，孟子批评他："墨子兼爱，摩顶放踵利天下，为之。"但仔细一看，这不就是当日大禹治水时"腓无胈，胫无毛，沐甚雨，栉疾风"的形象吗？因此《庄子·天下》篇说："使后世之墨者，多以裘褐为衣，以跂蹻为服，日夜不休，以自苦为极。曰：不能如此，非禹之道也，不足为墨。"

孔子要克己复礼，回到周公时代，时人已经觉得有点迂腐；墨要回到更早的夏代,那就更不可行了。比如前文说的天子、三公、诸侯等要通过选举产生,恐怕没有一个统治者会听得进去。他要从天子到百姓,大家跟上古的人一样艰苦朴素,同甘苦,共患难,也完全没有可行性。墨子的方案有时看起来甚至非常幼稚。例如他的核心主张"兼爱"。他认为天下之所以大乱,是因为人与人之间、国与国之间不相爱。"若使天下兼相爱,国与国不相攻,家与家不相乱,盗贼无有,群臣父子皆能孝慈,若此则天下治。"那么怎么才能做到"兼爱"呢？他说大禹治水、文王治岐、武王伐商不难吗？他们能做,我们也能做。然后列举《尚书》及《诗经·周颂》中关于尧舜禹汤的文字,最后说,《大雅》不是说了吗？"无言而不仇,无德而不报。投我以桃,报之以李。"因此"爱人者必见爱也,而恶人者必见恶也"。这个难题,就这么轻易地解决了。他的其他观点大多也是如此。因此司马谈《论六家要旨》说:"墨者俭而难遵,是以其事不可遍循。"至于杨墨并立、儒墨并提,恐怕是孟子、韩非故意夸大了。他的绝对平均主义主张,与唐末黄巢之后的农民起义口号中常有类似处,但与他可能无关。

从今天来看,《墨子》一书真正的价值,也是其他诸子不具备的地方,是书中的《经上》《经下》《经说上》《经说下》《大取》《小取》6 篇,以及《备城门》以下 11 篇。前面 6 篇又合称《墨经》或《墨辩》,是先秦诸子中最难读懂的,是古代少见的自然科学论文。其中含有丰富的数学、物理学、逻辑学思想,有重要的科学史价值。墨子有不少善造器械故事,恐怕与他丰富的自然科学知识有关。《备城门》以下 11 篇,其标题是《备城门》《备高临》《备梯》《备水》《备突》《备穴》《备蛾傅》《迎敌祠》《旗帜》《号令》《杂守》,加上失佚的 9 篇,都是专门讲防守的。前人认为这是古代兵法中讲防守法最早最系统的,可与《孙子兵法》13 篇同看。《墨子》中还有一篇《公输》,记录了他以防守战胜以进攻著称的公输般,可见墨家对其防守术也颇自负。

墨子卷之一

兵部侍郎兼都察院右副都御史巡撫西川等處地方軍務兼理糧餉 欽賜一品服尋畢沅注

親士第一

泉經音義云倉頡篇曰親愛也說文解字云從見從辛今辨不一然謂之士此與俗身篇無稱子墨子云疑翟所著也

入國而不存其士則亡國矣見賢而不急則緩其君矣非賢無急非士無與慮國緩賢忘士而能以其國存者未曾有也昔者文公出走而正天下桓公去國而霸諸侯 尚與上通攝合也謂合諸侯越王勾踐遇吳王之醜而尚攝中國之賢君 合也謂三子之能達名成功於天下也皆於其國抑而大醜也 廣雅云抑安也李善文選注云河猶日安其大醜也太上無敗上公注老子云太上謂太古無其次敗而有以成此之謂用民吾聞之曰非

清刻本《墨子注》

第五节 《管子》

先秦诸子中,《管子》一向谈得较少。一是因为作者有争议,管仲生活在春秋初期,许多人不相信春秋初期会有内容这么丰富的作品,认为一定出自战国后期稷下学派众人之手。二是因为《管子》内容驳杂,众人谈儒、道、名、法、阴阳诸派都兴高采烈,因为各家观点鲜明,又针锋相对,而《管子》却既不属于任何一派,又似兼含各派,不好进行归类。于是《汉书·艺文志》把它列入道家,而《隋书·经籍志》起又把它列入法家。对此怎么看?我们认为,第一,就像我们一贯所说,中国古书往往有个累积的过程,特别是先秦古书,往往既含创始人奠定的基础,又包含其传人乃至后人的增补。不能因其中涉及后代之事(如《管子》的《戒》篇、《小称》篇提及管子临终及身后之事)便否定其中可能包含的前代内容,还是需要进行实事求是的分析,在剔除其明显属于后人添加的成分(如《管子》中的《戒》篇、《小称》篇及《管子解》5篇)后,辨析其属于前代创作的部分。第二,从《管子》不属儒、道、名、法、阴阳家,又包含儒、道、名、法、阴阳家思想来看,正可以反证其必出于儒、道、名、法、阴阳之分之前。既然我们已经证明百家争鸣始于孔子,则《管子》一书之主体部分必然完成于孔子之前。而从《管子》的内容看,许多话、许多事非管子不能道,就好像《老子》中的有些话孔子和诸家说不出一样,《管子》的许多内容不但孔子和诸家说不出,连老子也说不出。第三,如果认为《管子》是战国作品,那么它必须回答我们前面提出的"时代之问",可惜它没有。因此它断然不是战国作品。也许其文字经过战国时稷下学者的润色,甚至不排除后来刘向整理时的加工,但其基本思想应该还是管子的。第四,《管子》不属于某家,不等于说它没有研究的核心问题,事实上,试图以偏执的"战国诸子"观为框架去概括远早于它的思想,本身就是武断的。从《管子》全书来看,它讨论的范围非常宽广,诸如政治、军事、经济、法律、社会等,它都谈到了。实际上它谈的就是治国理政的整体。由于孔子在"六经"之外的论述,更多地集中在修身之学,这就使《管子》成了先秦在"六经"以外,从整体上研究治国理政的唯一一部专书,其价值远远超出战国其他诸家。因此梁启超《管子评传》说:"管子者,中国之最大政治家,而亦学术思想界一巨子也。"既然《管子》研究的核心是"治国理政",那就不应该归入战国才有的某一"家",而可以成为单独一家。如果一定要给它取个名称,不妨称作"治家"。也许在这个名称下,更便于从总体上认识《管子》的历史价值和现实意义。第五,至于文字先后,这是需要细加分析的。诚然有人可以找出一些文字,认为《管子》只能产生在战国时期,但我们也可以找到一些证据,证明它在某些书之前。例如《乘马》篇有"无为者帝,为而无以为者王,为而不贵者霸",较之《老子》第三十八章的"上德无为而无以为,下德无为而有以为。上仁为之而无以为,上义为之而有以为。上礼为之而莫之应,则攘臂而扔之",可以看出《老子》的文本要晚于《管子》。同样,《七法》篇"十战十胜,百战百胜",也必定先于《孙子·谋攻》"百战百胜,非善之善者也"。因此晚清学者丁士涵说:"孙子言兵,本《管子》。"综上我们可以得出结论:此书奠基于管子,终成可能在战国初,大约与《黄帝四经》同时。至于其内容,梁启超认为"度其中十之六七为原文,十之三四为后人增益",与《墨子》差不多。我以为是可信的。基于这样的结论再来看《管子》的价值,就有了一个新的出发点。

一、《管子》的价值

如果肯定《管子》的主体部分成于春秋初期,在老子、孔子之前,则《管子》一书可说填补了两个空白。第一是"六经"与孔子间的空白。前面说过,孔子是个"一身而二任焉"的角色,他是"经学"即"在位者"治国理论的总结者,又是"子学"即以"非在位者"身份提出治国建议的开创者。然而这两者都有一个欠缺:理论提出者和实际执行者不是同一个人。"六经"提出了一套完整的制度构想,但因为周公"制礼作乐"是在还政前一年,他的构想在周代未必得到了实施;孔子提出了"德治"的设想,却从没有过实践的机会,只能把理论一代一代传下去。那有没有一个人,他既是治国理论的提出者,又是治国理论的实施者呢?综观中国历史,恐怕管仲是唯一的一个。有人提出还有北宋的王安石,但王安石执政时间太短,因而实际并不成功。第二是"天下"治理与"国家"治理间的空白。周公制定的制度是为"天下"治理设计的,因此详尽而周密。但实际上,由于分封制度的实施,在秦始皇推行郡县制之前,夏商周三代的"天子"都只是名义上的,实际能进行有效治理的只是"王畿"一带。到了春秋时期,"天子"的地位更加边缘化,实际地位与"诸侯"也差不多。《左传·隐公三年》所载"周郑交质"的事反映了周天子的窘况。对诸侯国来说,真正需要的治理经验是"国家"的治理经验,所谓"王道""霸道"之争都是从"国"的地位出发的。管仲提出的一套完整的治"国"理论正好满足了这个要求。明代学者赵用贤(1535—1596)在《管子书序》中说:"王者之法,莫备于周公;而善变周公之法者,莫精于管子。"他肯定管仲实现了从"治天下"到"治国家"的过渡。由于秦汉以后,中国人的眼界扩大了,"三代"时的"天下"放在世界范围内,也不过相当于一"国",因此管子的治国经验也能为历朝历代所用,直到今天还是如此。

二、《管子》回答了他那个时代的问题

《管子》与诸子百家处在不同的时代,一在春秋初,"天子"影响式

微,"国"的意识强烈,需要有一套强国富民的理论。一在春秋末,礼崩乐坏,需要一套变乱为治,直至重新统一的理论。《管子》回答的是前一个时期的问题,诸子回答的是后一个时期的问题。两者不可互相取代,管子回答不了后代的问题,诸子也没有回答前代问题的土壤。这里需要明白"霸"字在春秋前后的不同含义。在齐桓公时代,"霸"还是个正面词,其义同"伯",所谓"霸诸侯",就是做诸侯之长,是在尊奉周"天子"为天下"共主"的前提下,以政治、经济、军事等实力为基础,做天下诸侯的"大哥"。这个"大哥"要在道义上作出表率,以德服人。作为霸主,要在尊王、治国、安天下方面作出表率。这正是管子理政和施政的基础。但在发展过程中,"霸"的含义发生了变化,越来越向单纯的武力方面发展,到后来就成了恃强凌弱的代名词。晋文公已经有了这个苗头。宋襄公想挽回这个局面,回到以德称霸的老路,结果失败得灰头土脸。自他以后,"霸"基本成了负面的词。由此可见,管子的思想只能产生在齐桓公时代。由于正处在"霸"的上升期,因此他提出的是一套完整的治国理政的制度设计,既涉及治国理政的基本目标("富国安民")、基本途径("顺民心")、基本原则("以人为本")等一系列理论问题,又涉及国家治理的方方面面,包括政治、经济、法律、军事、内政、外交等(我们今天非常熟悉的一些口号就出自《管子》,如"以法治国"出自《明法》篇,"以人为本"出自《霸言》篇,"令行禁止"出自《七法》篇,等等)。由于他身居相位,有全面的实施权,因而能够把齐国从一个"海隅之国"治成当时第一强国。而在管子之后,主客观条件变了,整个春秋战国时期就再也没有这样的机会了。孟子倒是非常想成为管仲第二,他甚至对管子表现出鄙夷,说:"管仲得君,如彼其专也;行乎国政,如彼其久也;功烈,如彼其卑也。"(《孟子·公孙丑上》)自以为可以做得比管子更好,《孟子·公孙丑下》篇记载,他在离开齐国的路上说:"夫天未欲平治天下也;如欲平治天下,当今之世,舍我其谁也?"但我们看到的却是他的"酸溜溜",因为他不懂时代以及主客观条件早就变了。

三、《管子》的主要贡献

以往研究诸子,不是从哲学角度就是从文学角度展开,而这两方面正好不是《管子》之长,这是它长期遭到冷落的又一个原因。如果换一个角度,从国家治理史角度去看,《管子》的价值就大了。它是继《周礼》之后,又一部国家治理专著。从其内容来看,我们甚至可以说它是最早的经济学、行政管理学、社会组织学、军事学、外交学等的著作。其中提出的观点和思想,至今仍有意义。这里略举数端。

《管子》明确提出民本思想。民本思想是中国治理文化之本,最早出现在《尚书·五子之歌》:"民惟邦本,本固邦宁。"而《管子》说得更明确:"天下者,国之本也;国者,乡之本也;乡者,家之本也;家者,人之本也;人者,身之本也;身者,治之本也。"(《权修》)这大概是后来"修身齐家治国平天下"的源头。因此治国的根本在"顺民心":"政之所兴,在顺民心;政之所废,在逆民心。"(《牧民》)而顺民心的目标是"与民为一体":"是以明君顺人心,安情性,而发于众心之所聚。是以令出而不稽,刑设而不用。先王善与民为一体。与民为一体,则是以国守国,以民守民也。"(《君臣上》)

治国的关键在于"得人":"古之天下,所以取昭名广誉,厚功大业,显于天下,不忘于后世,非得人者,未之尝闻。"(《五辅》)因此,"一年之计,莫如树谷;十年之计,莫如树木;终身之计,莫如树人。一树一获者,谷也;一树十获者,木也;一树百获者,人也。"(《权修》)在此基础上,管子最早提出了选人之法:"公宣问其乡里,而有考验。乃召而与之坐,省相其质,以参其成功成事。可立而时,设问国家之患而不肉,退而察问其乡里,以观其所能,而无大过,登以为上卿之佐。

名之曰'三选'。"(《小匡》)马端临《文献通考》认为"三选"是中国最早的选举法。

治国之基是"富民":"凡治国之道,必先富民。"(《治国》)"国多财,则远者来;地辟举,则民留处;仓廪实,则知礼节;衣食足,则知荣辱。"(《牧民》)《管子》有《轻重》19篇,几乎全部是谈经济的,因此有人说这是第一部经济学专著。经济是管子治齐的重中之重,因为没有一个富强的国家,就没法开展内政、外交的一切活动,更不要说用兵了,所谓"三岁治定,四岁教成,五岁兵出"(《小匡》)。《管子·轻重戊》篇记载了好几个管仲以经济为武器,迫使敌国屈服的故事。这里引较短的一则:桓公问于管子曰:"莱、莒与柴田相并,为之奈何?"管子对曰:"莱、莒之山生柴,君其率白徒之卒,铸庄山之金以为币,重莱之柴贾。"莱君闻之,告左右曰:"金币者,人之所重也。柴者,吾国之奇出也。以吾国之奇出,尽齐之重宝,则齐可并也。"莱即释其耕农而治柴。管子即令隰朋反农。二年,桓公止柴。莱、莒之籴三百七十,齐粜十钱,莱、莒之民降齐者十分之七。二十八月,莱、莒之君请服。

君臣是国家治理的主体,君臣关系也是治国者必然会谈到的话题(如果把君、臣理解为管理者和被管理者,《管子》就是最早的管理学)。《管子》有几篇是专谈君道、臣道及君臣相处之道的,如《立政》《枢言》《君臣》《四称》《治国》《九守》《七臣七主》等,其《心术》篇更可说是"驭臣术"。其中最了不起的有两点。一是提出"君"必须受法的限制:"君臣上下贵贱皆从法,此之谓大治。"(《任法》)"有道之君者,善明设法,而不以私防者也。而无道之君,既已设法,则舍法而行私者也。为人上者释法而行私,则为人臣者援私以为公。"(《君臣上》)。二是第一次提到了"相"的意义。历史上曾有"伊尹为相"的说法,但并没有明确过"相"这个职位,《周礼》谈"六官",并没有"六官"之上的相位,管仲是第一个明确"相",并且明确谈到其地位的:"道德出于君,制令传于相,事业程于官。"(《君臣上》)中国后代几千年的治理体系,以宰相统率六部和百官,对皇帝负责,就是《周礼》和《管子》的结合。

《管子》是法学的开创者。胡适《中国哲学史大纲》认为"中国古代只有法理学,只有法治的学说,而无所谓'法家'"。关于法治的学说,最早起源于《管子》。在《管子》之前,只有"刑"没有法,《尚书》有《吕刑》篇以刑为法,"惟作五虐之刑曰法","惟敬五刑,以成三德"。《管子·正》篇为"五刑"正名,认为"五刑"是国家治理的五个方面:"罪人当名曰刑,出令当时曰政,当故不改曰法,爱民无私曰德,会民所聚曰道。"同时写了《法禁》《重令》《法法》《正》《任法》《明法》《正世》等一系列专门论"法"的文章,远在后世法家之先。"以法治国"这句话最早就见于《明法》篇。管子还提出了执法的一些基本原则,一是执法必严:"圣君任法而不任智,任数而不任说,任公而不任私,任大道而不任小物,然后身佚而天下治。"(《任法》)二是令尊于君:"明君不为亲戚危其社稷,社稷戚于亲;不为君欲变其令,令尊于君;不为重宝分其威,威贵于宝;不为爱民亏其法,法爱于民。"(《法法》)这也是后世将他归入"法家"的原因。

《管子》开兵家之先。中国最早的兵法据传是《太公兵法》,即所谓《六韬》,是姜太公助武王伐纣时所作。最有名的兵法是《孙子兵法》《吴子兵法》《孙膑兵法》等。姜太公封于齐,孙武、孙膑都是齐人,吴起本姓姜,可见兵法家们都跟齐国有着不解之缘。从姜子牙(?—约前1015)到孙武(前545—前470)中间隔了约500年,而管仲正好处在中间,不能不说是个极好的过渡。《管子》中的《兵法》《地图》《参患》《制分》就是专谈兵法的,因此后人说此书是同为齐人的《孙子兵法》等所本。不仅如此,由于管子是齐国实际当政者,与孙武等只是带兵的将军不同,有许多与军事配套的国家战略是单纯作为将军提不出,也不可能提出的,这是《管子》胜过《孙子兵法》的地方。

如《小匡》篇谈"作内政而寓军令"之法:"五家为轨,五人为伍,轨长率之。十轨为里,故五十人为小戎,里有司率之。四里为连,故二百人为卒,连长率之。十连为乡,故二千人为旅,乡良人率之。五乡一师,故万人一军,五乡之师率之。……故卒伍之人,人与人相保,家与家相爱,少相居,长相游,祭祀相福,死丧相恤,祸福相忧,居处相乐,行作相和,哭泣相哀。是故夜战其声相闻,足以无乱;昼战其目相见,足以相识;欢欣足以相死,是故以守则固,以战则胜。"这是后来曹操等所谓"屯田制"的前身,充分利用农业社会的特色,军民一体,不打仗时是农民,拿起武器便是兵。这个传统是从管子开始的。他又提出不战而胜的八个条件,即财、工、器、士、政教、服习、遍知天下、明于机数:"故兵未出境,而无敌者八。"(《七法》)这也是后来孙子"不战而屈人之兵"的先声。

《管子》还是一部论外交之书。在天子位虚、各国争霸天下的背景下,春秋诸侯之间的关系就有点像现代国家之间的关系。齐桓公和管仲成就的最大功业,在国内是发展经济,强国富民;在"国际"是"九合诸侯,一匡天下"。所谓"匡"就是用正义治理天下。与别国打交道,必须先了解敌国的情况,管子提出了一个考察标准,即"八观":"行其田野,视其耕芸,计其农事,而饥饱之国可以知也。""行其山泽,观其桑麻,计其六畜之产,而贫富之国可知也。""入国邑,视宫室,观车马衣服,而侈俭之国可知也。""课凶饥,计师役,观台榭,量国费,而实虚之国可知也。""入州里,观习俗,听民之所以化其上,而治乱之国可知也。""入朝廷,观左右,求本朝之臣,论上下之所贵贱者,而强弱之国可知也""置法出令,临众用民,计其威严宽惠,行于其民与不行于其民可知也。""计敌与,量上意,察国本,观民产之所有余不足,而存亡之国可知也。""匡"的总政策是"大国小之,曲国正之,强国弱之,重国轻之,乱国并之",最后达到"德利百姓,威振天下,令行诸侯而不拂,近无不服,远无不听"(《霸言》)的结果。他还有一些具体的政策,如"强国众,合强以攻弱,以图霸;强国少,合小以攻大,以图王"等。他九合诸侯,每次都达成一定的政治目标,树立了齐国"负责任大国"的形象:"一会诸侯,令曰:非玄帝之命,毋有一日之师役。再会诸侯,令曰:养孤老,食常疾,收孤寡。三会诸侯,令曰:田租百取五,市赋百取二,关赋百取一,毋乏耕织之器。四会诸侯,令曰:修道路,偕度量,一称数,薮泽以时禁发之。五会诸侯,令曰:修春秋冬夏之常祭,食天壤山川之故祀,必以时。六会诸侯,令曰:以尔壤生物共玄官,请四辅,将以礼上帝。七会诸侯,令曰:官处四体而无礼者,流之焉莠命。八会诸侯,令曰:立四义而毋议者,尚之于玄官,听于三公。九会诸侯,令曰:以尔封内之财物,国之所有为币。"

四、略说《吕氏春秋》

由于一般介绍诸子百家对《管子》都着墨很少,因此前文花了较多的篇幅来介绍。前人不谈或少谈《管子》的原因是怀疑它不是管仲所作,而是战国时期的作品。但反过来想想,即使是出自战国时期,在距今2000多年前有这么辉煌的思想也非常值得我们骄傲并加以研究了,何况从前面所论可知,很多思想只能是管子时代的产物,后人是提不出的。写到这里,我们想起另一本不受重视的作品,那就是《吕氏春秋》。不受重视,是因为该书属"杂家",似乎没有自己的观点,东抄西抄,不值得重视。其实不然。前人往往认为"杂家"的"杂"就是杂七杂八的"杂",其实班固对之有明确的定义:"兼儒墨,合名法,知国体之有此,见王治之无不贯。"也就是说,它不属于儒、墨、名、法任一家,却兼有各家的思想,因为这是出于"王治"的需要。这与《管子》的性质何其相似乃尔。因此,班固的"杂家",实际上就是前面所说的"治家",它是以国家治理为根本目标,不偏向任一家的综合派。吕不韦强调"不二""执一",是专制统治的最早提出者。其《审分览·不二》篇云:"听群众人议以治国,国危无日矣。何以知其然也?老聃贵柔,孔子贵仁,墨翟贵廉,关尹贵清,子列子贵虚,陈骈贵齐,阳生贵己,孙膑贵势,王廖贵先,儿良贵后。此十人者,皆天下之豪士也。"诸家均有片面之处,而国家必须有统一思想、统一法令:"有金鼓,所以一耳也;同法令,所以一心也;智者不得巧,愚者不得拙,所以一众也;勇者不得先,惧者不得后,所以一力也。故一则治,异则乱;一则安,异则危。"其《审分览·执一》篇更强调天子的专制:"王者执一,而为万物正。军必有将,所以一之也;国必有君,所以一之也;天下必有天子,所以一之也;天子必执一,所以抟之也。一则治,两则乱。"我们甚至大胆猜想,吕不韦当时组织人编写此书,有点类似周公"制礼作乐",要在秦始皇亲政以前,为他草就施政制度和纲领。从他的书含"十二纪""八览""六论"看,他也有司马迁《史记》那样总结历史以为今用的目的。据《史记·吕不韦列传》,书写成后,吕不韦将它"布咸阳市门,悬千金其上,延诸侯游士宾客有能增损一字者予千金"。这就是著名的"一字千金"的故事。有人说这体现了吕不韦的自信,有人说这体现了他的权势,如东汉高诱说:"诱以为时人非不能也,盖惮相国,畏其势耳。"但据我看两者都不是。当时吕不韦权势熏天,没必要靠一本书来立威,恐怕是为了宣传,扩大影响。由于条件限制,当时的书写成后一般没有几个人看得到。这样放在闹市,并以利诱之,看的人便多了,这为他将来以此施政创造了条件。因此隐隐也有给即将亲政的秦王政施加压力的因素。至于这本书的总体倾向,高诱《吕氏春秋序》说它"以道德为标的,以无为为纲纪,以忠义为品式,以公方为检格",实际是综合了春秋战国诸家之长,而以黄老的"无为"为主。可惜秦王亲政以后,马上借嫪毐之祸将吕不韦驱逐出京,自然不可能采取他的施政办法,反而为韩非的思想所吸引。

第六节 法家

胡适说中国古代没有什么法家,只有法理学或法治思想,但法理学或法治思想却并非"法家"独有。这是对的。对于国家治理来说,"法"有三个方面:法治、法律、法理。其中前两个只有实际统治者(天子、诸侯、相等)才有可能提出、决定和实施,一般的体制外知识分子可以议论的只有最后一个"法理"。法在中国起源很早,在《尚书》的《舜典》《皋陶谟》《吕刑》里都有记载,不过那时叫"刑"。《吕刑》还提到"五刑之属三千",可见那时已有了详细的法律条目。《周礼·秋官司寇》提到"司刑掌五刑之法",同时提到了"刑"和"法"。以上涉及"法律、法治"的都是统治者的行为。最早讨论法理并提出"以法治国"的是管仲,他是齐国治理的实际主持者,可以"法治、法律、法理"三者并重。春秋战国时期百家争鸣,核心问题是国家和天下的治理,这必然要涉及法,而参与者从孔子开始都不是实际治理者,因此只能谈法理。只有少数人短时间或在某种程度上实际参与了决策,如商鞅之于秦孝公,吴起之于楚悼王,吕不韦、韩非、李斯之于秦始皇等。这就造成了两种情况,一是非"法家"者也会谈法,从孔子、墨子到荀子都是如此;二是"法家"往往带有"杂家"性,没有纯粹的来源。原先被视为儒家、道家、名家、墨家等的人,其学生和门徒后来都可能成为"法家",最典型的是荀子的弟子韩非和李斯。那么,"法家"和非"法家"的区别在哪里呢?在于同样谈"法",别的学派在处理与之对立的理论,如"礼"与"法"、"德"与"刑"的关系时还比较温和,往往是两者并提,偶有偏重,而"法家"似乎铁了心要贯彻其逻辑的彻底性,认准一条死理,没有通融余地,对于"法"以外的主张统统排斥甚至无情打击。这特别能迎合那些急功近利、野心勃勃的统治者,如秦孝公、秦始皇,其短期内因为执法之苛严,能收到立竿见影的效果,但也必定不能持久,因为国家受不了,百姓受不了。彻底的"法家"本人似乎也没有得到善终的,如商鞅、吴起、韩非、李斯等人。从历史上来看,真正有效的治理是道法合流,辅以儒家的道德约束。成功的先例是管仲,因此孔子夸奖他说:"如其仁!如其仁!"也就是说,达到了心目中最高的"仁"的治理的标准。而《黄帝四经·经法·君正》中的"七部曲"在汉初得到的印证也证明了这种合流治理的有效性。

这里以商鞅和韩非为例,来看看战国法家的主要主张。

商鞅的法治思想可说由一环扣一环的四步组成。

第一,重农战。商鞅要实现他允诺秦孝公的称霸天下的目标,第一步必须使秦国变得富强,强大了才能对外用兵,富足了用兵才有底气。秦国当时是个偏在西北、交通不便的边陲国家,又没有什么特产,不像齐桓公称霸时可以靠盛产的鱼盐和商业贸易来致富。商鞅的方法就是重农战。秦地是中国农业和周朝祖先后稷的发源地,发展农业可以致富,重视军队能够打仗。这也是许多诸侯国都在做的事情。商鞅狠就狠在他的彻底性,为了发展农战,提出重农抑商等政策,认为"务学诗书……靡事商贾,为技艺,皆以避农战。具备,国之危也。民以此为教者,其国必削"(《商君书·农战》)。为此,他还鼓励开垦荒地,并且禁止人民迁徙,试图把他们牢牢地绑在土地上,安心从事农业。

第二,厚赏重刑。那么怎么落实"重农战"呢?商鞅的办法是厚赏重刑,即赏要赏得够,罚要罚得重,这是文武并重:"凡赏者文也,刑者武也,文武者,法之约也。""故赏厚而信,刑重而威,必不失疏远,不违亲近,故臣不蔽主,而下不欺上。"(《商君书·修权》)厚赏是不搞平均主义,要舍得赏,其实是划算的:"善因天下之货,以赏天下之人。故曰:明赏不费。"同样,刑必须重:"故禁奸止过,莫若重刑。刑重而

必得,则民不敢试,故国无刑民。"(《商君书·赏刑》)

第三,法、信、权并重。商鞅说:"国之所以治者三:一曰法,二曰信,三曰权。法者,君臣之所共操也;信者,君臣之所共立也;权者,君之所独制也。"(《商君书·修权》)他特别强调"信",认为这是推行法的必要条件。《史记·商君列传》记载了他"立木为信"的故事:"令既具,未布,恐民之不信己,乃立三丈之木于国都市南门,募民有能徙置北门者予十金。民怪之,莫敢徙。复曰'能徙者予五十金'。有一人徙之,辄予五十金,以明不欺。卒下令。"后来吕不韦布《吕氏春秋》于闹市,说能改一字者赏千金,大概也是学的这个办法。"权"是商鞅专为君而设的,所谓"权者,君之所独制也",也就是主张君主集权。这大概是国君最爱听的。

第四,审"壹"而已。商鞅把治国归结为一个字——"壹"。"圣人之为国也,壹赏,壹刑,壹教。壹赏则兵无敌,壹刑则令行,壹教则下听上。"(《商君书·赏刑》)"壹赏"指"利禄官爵抟出于兵,无有异施也"。"壹刑"指"刑无等级,自卿相将军以至大夫庶人,有不从王令、犯国禁、乱上制者,罪死不赦。有功于前,有败于后,不为损刑。有善于前,有过于后,不为亏法"。《史记·商君列传》记载了太子犯法,商鞅因为"太子,君嗣也,不可施刑,刑其傅公子虔,黥其师公孙贾"的故事,这是后代经常看到的"王子犯法,与庶民同罪"的最早出处。"壹教"指"博闻、辩慧、信廉、礼乐、修行、群党、任誉、清浊,不可以富贵,不可以评刑,不可独立私议以陈其上"。最后一句在《靳令》篇又被称为"六虱":"六虱:曰礼、乐,曰诗、书,曰修善、孝弟,曰诚信、贞廉,曰仁、义,曰非兵、羞战。国有十二者,上无使农战,必贫至削。"这很可能是后来李斯主张"焚诗、书"的源头。

除了上面四个相对来说比较积极的主张以外,商鞅还制定了"连坐"和"告奸"的法律。《史记·商君列传》说:"令民为什伍,而相牧

第五章 "子部"概说　　157

司连坐。不告奸者腰斩,告奸者与斩敌首同赏,匿奸者与降敌同罚。"在正式法律里要百姓相互监视,并鼓励告密,这可能是闻所未闻的恶法了。因此尽管商鞅之法在短期内达到了"道不拾遗,山无盗贼,家给人足,民勇于公战,怯于私斗,乡邑大治"的效果,但孝公一死,他即遭公子虔等的反诬,人亡政废。

一般书上介绍韩非,会说他是"法家的集大成者",其实他集的不但是法家,而且是诸子各家。人们往往有个错觉,以为荀子是韩非的老师,年纪一定比他大很多,吕不韦是秦始皇的"亚父",应该算秦朝的人,因此他们三人的著作,肯定是《荀子》最早,《韩非子》次之,《吕氏春秋》最晚。实际上恰恰相反。三部书中,成书最早的是《吕氏春秋》,是在秦王政八年(前239),其时秦王还未亲政。第二年秦王通过平定嫪毐亲政,吕不韦被免,三年后被迫自杀。前237年,郑国渠事件使得秦王下令逐客,李斯上《谏逐客书》,年底"用事",也许任了"相"。此时韩非已著书十余万言,传至秦国。前233年,韩非到秦并被李斯害死。荀子先在齐任稷下学宫祭酒,后被谗而至楚,前253年春申君以为兰陵令,同时办学,李斯、韩非均从其学,大约有四五年,因李斯于前248年入秦为吕不韦舍人。前238年春申君死,荀卿被废,居兰陵。《史记·孟子荀卿列传》说"李斯尝为弟子,已而相秦。荀卿嫉浊世之政,亡国乱君相属……于是推儒、墨、道德之行事兴坏,序列著数万言而卒"。这样看来,荀子是在李斯任相(前237)之后开始整理自己的著作的,有人把他的卒年定在前238年即春申君死的那一年,这是不对的。有人定在前233年即韩非死的同一年,我们取此说。《荀子》的最终成书是在《韩非子》之后。重新梳理这三部书的先后,可以使我们对战国的这三部著作有更新的认识。这三部都是集成性的著作。吕不韦《吕氏春秋》成书最早,其时他在秦国拥有春秋初管仲在齐国的地位,他编《吕氏春秋》,是想作一部类似于《管子》那样综合性的治国理政之作,因此对此前各家之说进行了综合,态度比较平和公允,更推崇的是国家稳定基础上的"黄老之术"。《韩非子》一书的主体应该成于前253年韩非与李斯一起从荀子学"帝王之道",至前237年李斯任秦相之间,其时他在韩国不被看重,事秦还没有机会,还在努力著述、推销自己的过程中。因此言辞激烈,观点偏激,像一般纵横家一样,以投"人主"所好为目标。那种急功近利的法家思想最容易为"人主"所喜,因此《韩非子》虽然也集大成,但更多地偏向法家方面。荀子虽未像吕不韦那样当政,但也不像韩非那样需要推销自己,他"三为祭酒",是稳稳的学界领袖,因此"综合"就更加全面,甚至在目睹了两位弟子在秦国的遭遇和李斯的所为之后,更多地向儒家回归,同时更加注重文化的传承。因此,三部几乎同时代完成的书却体现出了不同的特色。

前面说过,法家往往具有纵横家的特色,所谓纵横家,《汉书》说它"权事制宜,受命而不受辞",即自己并没有根本主张,只是察言观色,迎合所说对象的需要,为达目标,不择手段;而所用言辞往往只服务于一个目标:说服对方。因此,对同一个问题,纵横家往往作正反两种准备,并且都有充足的理由。典型的纵横家是苏秦、张仪。苏秦开始准备的是一套"连横"策略,企图以此说服秦惠王,但上书十次秦王不听。后来又准备一套"合纵"策略,终于说服了东方六国。所谓"法家"也是如此。商鞅手里拿了三套方案去见秦孝公——帝道、王道和霸道,一个不成换一个。他心里并没有这三个"道"哪个更好的价值判断,只是看秦孝公要哪一个。韩非也是如此。他的《初见秦》有"亡韩"之论,《存韩》篇是"存韩"之说,两者矛盾,但完全符合战国纵横家只为己谋的做派。做合格的纵横家要有两个准备,一是充足的论说材料,以便随时运用;二是犀利的言辞和文笔,以增强说服对方的能力。苏秦也曾为此下过死功夫。《战国策·秦策一》记他从秦国失败回来后,"乃夜发书,陈箧数十,得太公阴符之谋,伏而诵之,简练以为揣摩。读书欲睡,引锥自刺其股,血流至足"。韩非下的功夫也明明白白地表现在他的书里,他的《说林》《内储说》《外储说》等都是游说材料的储备,《说难》《难言》《难一》至《难四》等讨论的是论说的困难和应对的策略。一个论辩家将他的材料储备和应对策略和盘托出是很少见的,因此《韩非子》一书可说是议论家的宝库。其中包含了300多个寓言故事,一直受到人们的喜爱和引用。战国诸子三大论说家中,韩非的论说风格可能是对后世影响最大的。三人中,孟子继承孔子采取问答体,只不过他的答语较长,往往自成篇章;庄子独创的"寓言"或我们解释的"主客体",后来成了"赋"体的主要形式;只有韩非子采用"论点—论据—论证"的方法,以鲜明的观点、生动而丰富的例证而特别受到后世文学家、政论家的喜欢。韩非是这种风格,他的同门李斯也是这种风格(见其《谏逐客书》),后来汉初贾谊、晁错等都采用这种风格,从而形成了中国传统政论文的典型风格,与西方主要依靠严密的逻辑推理形成了明显的区别。

韩非思想的底色是黄老之术。不少书上介绍韩非的思想是商鞅的"法"、申不害的"术"和慎到的"势"的结合。这话可以说又对又不对。说它对,是因为如果我们只看韩非的《五蠹》篇,那里面确实三者都提到了。如"势","以义则仲尼不服于哀公,乘势则哀公臣仲尼";如"法","父母之爱不足以教子,必待州部之严刑者,民固骄于爱、听于威矣";如"术","故明主之道,一法而不求智,固术而不慕信,故法不败,而群官无奸诈矣"。说它不对,是因为《五蠹》篇提到这三者却没提商鞅等人的名字,而在提到他们名字时持批评态度。如《难势》篇点名批判慎子,说慎到认为"贤智未足以服众,而势位足以诎贤者也",而韩非认为势这个东西,"贤者用之则天下治,不肖者用之则天下乱",由于天下不肖者多,因此结论是"以势乱天下者多矣,以势治天下者寡矣。夫势者,便治而利乱者也"。又如《定法》篇点名批评"申不害言术,而公孙鞅为法",结论却是"二子之于法术,皆未尽善也"。那么,韩非的主张到底是什么呢?司马迁《史记》说他"喜刑名法术之学,而其归本于黄老",我认为很值得重视。本来,韩非与李斯一起向荀子学"帝王之术",也就是"黄老之术"。因此我认为韩非的思想可以归结为"黄老之术为体,商管等法为用"。"黄老之术"的核心在于"无为而治",这是《老子》一书的核心思想。我们注意到,韩非书中有《解老》《喻老》二篇,这是先秦诸子中唯一的,也是历史上对《老子》一书的最早注解。前面我们说《老子》的"道"有两个含义,一是哲学的"道",一是"帝王之术",而韩非把两者统一起来了:"道者,万物之始,是非之纪也。是以明君守始以知万物之源,治纪以知善败之端。故虚静以待,令名自命也,令事自定也。虚则知实之情,静则知动者正。"(《韩非子·主道》)在他之前各家对"无为而治"的理解只是"君逸臣劳",即"君无为,臣有为",但他有更深刻的理解:"明君无为于上,群臣竦惧乎下。明君之道,使智者尽其虑,而君因以断事,故君不穷于智;贤者敕其材,君因而任之,故君不穷于能;有功则君有其贤,有过则臣任其罪,故君不穷于名。"(《韩非子·主道》)可见前人说"法出于道"是有道理的。

但韩非没有止步于"君逸臣劳"的"无为而治",执行这个政策,春秋时有两家取得了明显的成功,一是齐桓公与管仲,一是秦孝公与商鞅。但韩非看出了他们政策的不可持续性。管仲一死,齐桓公就"逸"不起来了,结果是"虫流出尸不葬";秦孝公一死,商鞅想"劳"也没机会,结果是"公孙鞅车裂"。总结他们的教训,韩非认为君臣关系是治道的根本。从君的方面来说,君不要轻易流露自己的好恶,让臣下有机可乘:"君见恶则群臣匿端,君见好则群臣诬能。"(《韩非子·二柄》)从臣的方面来说,治臣是"治道"的重中之重。"法、术、势"其实都首先是用来对付臣的,然后才扩大到老百姓。韩非书论奸臣类型之多远超其他典籍,《八奸》《十过》《奸劫弑臣》等就是专门分析臣的种种不轨的。法,韩非又称"度",他的《有度》篇是专门讲法的,首先是对付臣的法:"故明主使其群臣,不游意于法之外,不为惠于法之内,动无非法。""法不阿贵,绳不挠曲。法之所加,智者弗能辞,勇者弗敢争。刑过不避大臣,赏善不遗匹夫。"术,他又称"柄",《二柄》篇讲了对付臣的两个手段:"明主之所导制其臣者,二柄而已矣。二柄者,刑、德也。何谓刑、德?曰:杀戮之谓刑,庆赏之谓德。"势,他认为一定要达到"明主者,使天下不得不为己视,天下不得不为己听"的效果,这才是"善任势",而办法则是商鞅式的连坐告密:"此其所以然者,匿罪之罚重,而告奸之赏厚也。"在排除与耕战无关的所有职业方面,他也同商鞅一样,而且走得更远。他的《八说》篇批判八种人,认为"不弃者吏有奸也,仁人者公财损也,君子者民难使也,有行者法制毁也,有侠者官职旷也,高傲者民不事也,刚材者令不行也,得民者君上孤也。此八者匹夫之私誉,人主之大败也"。他的《五蠹》篇则指"学者(指儒者)、言古者(指纵横家)、带剑者(指游侠)、患御者(指避兵役者)、商工之民"五者为"邦之蠹也","人主不除此五蠹之民,不养耿介之士,则海内虽有破亡之国,削灭之朝,亦勿怪矣"。韩非的主张以君道为核心,辅以周密的"治臣之道",因此特别为年轻气盛、亟思奋发有为的秦始皇所喜欢。可惜他千算万算,没有算到他的同门师兄弟李斯竟会采取阻止他与秦始皇直接见面的方法让他不得见用,而秦始皇竟会放弃与自己"偶像"见面的机会,结果只能"弃之而用其法",这也是历史上一件不可解之事。

第六章
"术艺"概说

子部是四部分类中最庞杂的类,其来源是《七略》里的"诸子、兵书、数术、方技",《七录》所含的"杂艺",《新唐书》所含的"艺术、类书",以及《七录》等列为附录而《四库全书》收入的"佛道"等。为简便起见,我们把它分为两类,一类是"一家之说",也就是上一章的诸子类;另一类是"一技之长",即这一章的"术艺",包括"诸子"以外的部分。从"治道"的角度看,这一分法比较容易理解。所谓"一家之说"都是百家争鸣的参与者或相关者,其"说"都是就"治国平天下"发表自己的看法。而"一技之长"一般并不与"治国平天下"这一大题目相关,只是就某一门类(相当于今天的"学科")深入研究。换句话说,"一家之说"是"公共知识分子"就公众的事发表意见(在古代表现为向帝王公侯献策),而"一技之长"是"专家"说专家的话。《汉书·艺文志》所举的"九家十流"都符合"一家之说"的标准,包括"小说家流"。而"兵书""方技"等是专业的事情,确实不应该放在"诸子"里,后代把"兵家、医家"列为诸子是不合刘向父子及班固等分类的原意的。"佛道"是东汉以后才有的,班固他们都没接触到,而从南北朝的《七录》开始,都将它作为正录或四部分类外的附录,这容易理解,因为它们虽然都是"一家之说",但与"治道"无涉;又不是一个"艺",难以进入"术艺"的分类。直至南宋以后,因宋孝宗说:"以佛治心,以道治身,以儒治世。诚知心也、身也、世也,不容有一之不治。"佛道才作为治道的一部分,纳入了"治道"的体系,因此从那时开始的目录著作,如晁公武的《郡斋读书志》,就把"神仙类、释书类"纳入了子部。本章着重介绍兵家、医家及当代人们感兴趣的一些艺术门类,在此之前先说一下没特别提出来说的几类。

其一,农家。《庄子·天下》和司马谈《论六家要旨》都没有提到农家,它到《汉书·艺文志》里才成为九家十流之一,大约班固认为农家的主张"使君臣并耕",也可算是一种"治国"主张。《汉书》里列在这一家的九种著作全部失佚了,只有在《孟子》的《滕文公上》篇里,可以看到许行有同样的主张:"贤者与民并耕而食,饔飧而治。"因此人们把许行列为农家。但这是一种绝对平均主义的无政府主义空想,被孟子批得体无完肤。因此后来谈到农家,一般不再提他们的政治主张,而是就农业论农业,这就使这一家不再是"一家之说",而应当归入我们说的"一技之长"里了。现在流传下来属于农家的书最重要的有两部,一部是南北朝时北魏贾思勰的《齐民要术》,此书成于北魏永熙二年(533)至东魏武定二年(544)间,全书10卷92篇,由耕田、谷物、蔬菜、果树、树木、畜产、酿造、调味、调理、外国物产等构成,是中国现存最早最完整,也是世界上最早的大型农业百科全书。中国后来的农业四大名著(元代官修的《农桑辑要》、元代王祯的《农书》、明代徐光启的《农政全书》和清代官修的《授时通考》)可说都取法此书。另一部是徐光启(1562—1633)的《农政全书》。所谓"全",指的是集历代农学之大成,有言论,有实践,甚至还有"泰西水法"。《四库全书总目》说:"其书本末咸该,常变有备,盖合时令、农圃、水利、荒政数大端,条而贯之,汇归于一。虽采自诸书,而较诸书各举一偏者,特为完备。"

其二,小说家。"小说"的字面意义是"小"的"说",这个"说"是论说、辩说的意思,也就是韩非子《说难》《说林》《内储说》《外储说》的"说",是一段一段的小故事、小议论,旨在说明某种治国理政的道理。班固根据孔子"虽小道,必有可观者焉"的主张,认为"如或一言可采,此亦刍荛狂夫之议也",因此列为一家。它的特点有三,一是每则篇幅短小;二是一事一议,彼此之间未必有联系;三是一般非虚构,像《韩非子》收的那些故事大都有历史出处。刘向著有《说苑》,也是这一性质。据说刘向还著有《世说》,但这部书已佚。后来刘义庆(403—444)仿之著《世说新语》,应该是现存最早的符合"小说家"要求的著作。全书分"德行、言语、政事、文学、方正、雅量"等36门,对当世人物和社会万象进行品评。小说家类后来向两个方向发展,一个方向仍符合我们上面说的三个标准,甚至更向专题和综合发展,专题如唐末五代王定保(870—940)的《唐摭言》,全书15卷,于唐代科考之事特详。又如历代诗话、词话,本质上也是"小"的"说",但现在归入文评类。综合型的后来又称为"笔记",最有名的是"宋代三大笔记":北宋沈括(1031—1095)的《梦溪笔谈》、南宋洪迈(1123—1202)的《容斋随笔》与王应麟(1223—1296)的《困学纪闻》。如加上明末清初顾炎武(1613—1682)的《日知录》,可称古代四大笔记。它们共同的特点是范围广阔,见解深刻,而且有许多专门性著作很难找到的内容。例如《梦溪笔谈》中关于中国古代科技的资料。另一个方向则是不合上面的第三条标准"一般非虚构",成了后代意义上文言小说的滥觞。《四库全书》以《山海经》作为这类书之首(别的书目出于不同认识,放在地理类或历史类),后来重要的著作有西晋张华(232—300)的《博物志》(有牛郎织女故事的最早记载)、东晋干宝(？—336)的《搜神记》(有董永与七仙女故事等)、东晋王嘉(？—390)的《拾遗记》、唐末陈翰的《异闻集》(收录大多唐代传奇故事)等。集大成者为北宋太平兴国年间李昉(925—996)等奉敕编成的《太平广记》,共500卷,收书近400种,是宋代以前文言小说之渊薮。南宋洪迈在《容斋随笔》之外,又著有《夷坚志》,就属于这一类。比较同一作者的两部书,可见这两类"小说"之不同。

其三,天文与数学。子部的"数术"类在汉代范围很广,包括天文、历法、阴阳、五行、卜筮、算卦、风水、谶纬等,除天文、历法外很多掺有迷信的成分,这里不详论。天文学上有一部重要著作,作者是战国时齐人甘德和魏人石申。甘德著有《天文星占》八卷,石申著有《天文》八卷,后人把两书合起来,称《甘石星经》。此书后来失佚,现在可见的是后人辑本,如清代王谟(1731—1817)跋的《汉魏遗书钞》本《星经》上下卷。《甘石星经》记录了恒星变化位置图表、二十八星宿、金木水火土五大行星的运行,记载了800多颗恒星的名字,测定了120颗恒星的方位,是世界上公认的第一部天文学著作。我们今天所说的"数学",古时也归在"数术"里。中国最古老的数学著作有两本。一本是《周髀算经》,之所以称为"经",是因其在开头设有周公与商高的问答,古人甚至认为是周代"六艺"(礼、乐、射、御、书、数)中"数"的教材,唐初也规定它为国子监明算科的教材之一。如果此说成立,则其书当成于西周之初,距今3000多年,那真是太古老了。但清代和民国的疑古思潮起来,这观点就被否定掉了。现当代学者章鸿钊、陈方正等经过仔细研究,认为此书三个部分可能成于三个时期:上卷之一周公与商高的问答成于西周初,上卷之二陈子与荣方的问答成于战国即公元前4世纪左右,上卷之三及下卷成于公元前1世纪,约当汉宣帝时。这个观点符合我们的"累积层"观,我认为可以接受。这个结论依然会带来很大震动。因为该书上卷之一提出了勾股定理,上卷之二将商高的用矩之道发展成测望日高的重差术,上卷之三和下卷则利用陈子的模型,提出了天文学上的盖天说"天象盖笠,地法覆槃",这些都是世界数学和天文史上了不起的成就。另一本数学经典是《九章算术》,推测最早成于东汉初,但流传本是三国刘徽(约225—约295)于魏元帝景元四年(263)作注的本子。此书在算术、代数、几何等方面都有杰出的贡献,如在世界上最早提出十进小数概念,提出正负数的概念及其加减运算的法则,改进了线性方程组的解法,提出了"割圆术"等。

其四,类丛。类书和丛书相关而不相同。类书是采撷群书,分门别类,辑录资料,依类相从,按一定方式(依义或依韵)加以编排,以便寻检征引,这是古代重要的工具书。类书在《隋书·经籍志》里还不成气候,到《新唐书·艺文志》才成为子部的一个类。考其原因,因为虽然理论上说最早的类书是三国时魏桓范(?—249)等编的《皇览》,但真正引起重视的是唐代,大规模进行更是在宋代,为欧阳修等亲眼所见。唐代最有名的类书有虞世南(558—638)编的《北堂书钞》、欧阳询(557—641)等奉敕编的《艺文类聚》、徐坚(660—729)等奉敕编的《初学记》和白居易(772—846)编的《白氏六帖》,称"唐代四大类书"。其中最有价值的是《艺文类聚》和《初学记》。《艺文类聚》被誉为"体例最善",是类书编撰的样板。它先分为"天、岁时、地、州、郡、山、水、符命、帝王、后妃、储宫、人、礼、乐、职官"以及各种制度、器具、食物、动植物等共46部,下分727个子目,每目之下,先录"记事",即典籍中有关记载;再录文学作品,即诗赋赞表等。这是第一个详尽的知识分类辞典,也是第一个按内容而非形式分类的作品汇集,因此叫"艺文类聚"。《初学记》的长处在于更实用,书分 23 部,313 个子目,比《艺文类聚》要精简,目下分叙事、事对、诗文三类,其中最有特色的便是"事对",可说是专为练习诗文之用,初学者用来非常方便。因此宋代刘本为此书作序曰:"可用以骈四俪六,协律谐吕,为今人之文,以载古人之道。"这本书到现代还有影响。鲁迅的散文《好的故事》一文中就提到过它。宋初的四大类书是李昉等奉敕编纂的《太平御览》1 000 卷(977—983 年成书)、王钦若(962—1025)等奉敕编纂的《册府元龟》1 000 卷(1005—1013 年成书)、李昉等奉敕编纂的《太平广记》500 卷(977—978 年成书)和李昉等奉敕编纂的《文苑英华》1 000 卷(982—986 年成书)。《太平御览》以《艺文类聚》为蓝本,引书1 690 余种,其中多数今已不传,因此史料价值极高。《册府元龟》篇幅最大,内容多涉史类,有人说是十七史的浓缩。《太平广记》引用的都是完整的短篇小说,《文苑英华》所引的都是完整的诗赋文章,可说已介于类书与丛书之间。后来《太平广记》入小说类,《文苑英华》入集部总集类。最大的类书是明代的《永乐大典》,22 937 卷,11 095 册。明成祖永乐元年(1403)诏令大臣解缙(1369—1415)编纂《文献大成》,次年竣工。永乐三年(1405)再令姚广孝(1335—1418)重修,永乐六年(1408)修成,命名为《永乐大典》。该书集中图书 8 000 余种,以《洪武正韵》为纲进行整编,其体例是"用韵以统字,用字以系事"。可惜正本毁于明末,副本也在八国联军侵入北京时被洗劫,现仅存 800 余卷。

  依照类书的方法,如果所搜罗编排的是整本的书,那就成了"丛书"了。因此这两类情况有相通处,都是按一定目标设定框架,在此范围内搜罗片段或全书,进行重新组织,成为新的一部书或一群书。诚如鲁迅所说,"选本所显示的,往往并非作者的特色,倒是选者的眼光",因此类丛也可列为"一家之说"或"一技之长"。当然,也有人认为丛书非经非史非子非集,主张在四部之外单列,例如清末张之洞的《书目答问》,就单设了"丛书"一部。《书目答问》也是20世纪以前最后一本重要的目录学著作。

第一节 兵家

兵家原不在《汉书·艺文志》的"九家十流"之内,关于这一点现在很容易理解。因为诸子百家争鸣的是治国平天下之道,凡"平治"之道当然都会讲到用兵,但单纯的用兵可能既不宜作为治国之道,也不宜过于强调其在"平天下"中的作用,毕竟这不合"君子之道"。何况诸子中,除儒家的孔子、孟子和道家的庄子外,几乎都有论兵的内容,有的著作如《管子》《商君书》《墨子》中的论兵内容还十分精彩,单独抽出来足以称为一部部"兵法",但对他们来讲都只能算是平治理论的一部分,不能跟整体并列,只能算是一种"术"。兵家进入子部是从南北朝《七录》开始的,汉代谶纬之说盛行,因此《七略》中特设"术数略",《汉书·艺文志》作"数术略",阮孝绪《七录》把"数术"与"方技"合并,统称"术伎"。这时,本身数量不足以单独成录的兵书就只有两个去处,要么归入"术伎",要么归入"诸子"。比较下来,兵书当然与谈政治的诸子更相关,因此合并称为"子兵录"。《隋书·经籍志》干脆把"术伎"也并入"子兵",子部便成了我们现在看到的样子。从内容上来看,中国古代的兵家不仅比子部中后面的杂技杂艺来得重要,与前面诸子中的某些"家"相比,也不遑多让,非常值得专门研究。从上古起,就有"国之大事,在祀与戎"的说法,战争是古代国家的常态。从武王灭商起,经过春秋到战国,打了无数的仗,涌现了无数的军事天才,以及很多有关军事理论、排兵布阵、用兵策略等的著作。特别是在《孙子兵法》出现之后,用兵打仗变成了一门艺术、一种哲学,更值得加以探讨。兵家成为"家"虽然明确于唐代的《隋书》,但成为"学"却是在尚文抑武的宋代。宋仁宗天圣八年(1030)开设武举,庆历三年(1043)首设武学,因朝臣反对而废,宋神宗熙宁五年(1072)复建武学于武成王庙(姜太公庙),以《孙子》《吴子》《六韬》为考试内容。元丰三年(1080),宋神宗诏命国子监司业朱服和武学博士何去非等人"校定《孙子》《吴子》《六韬》《司马法》《三略》《尉缭子》《李靖问对》等书,镂版行之"。这就是《武学七书》,又称《武经七书》,其中为首的是《孙子兵法》,我们以之为基础,介绍中国兵家理论的特色。

一、兵家之源

中国兵家的源头在哪里?《武经七书》中,《六韬》传说为助周武王克商的军师姜太公所作,是《太公》的一部分,《司马法》是周初"夏官司马"的旧法,后经春秋名将司马穰苴"申明之"(司马迁语),这两部书后人常怀疑是伪书。从内容和文字上看确实不无道理,但从"累积层"的观点看,其最初的作者未必与姜太公等无关。而且我特别注意到,谈兵法者多齐人:姜太公始封于齐;司马穰苴本姓陈,田完之后,齐人;孙武,齐人;孙膑,齐人;吴起祖上姓陈,也是齐人。另外,精于兵法的管仲也是齐人。更令人惊讶的是,1972年在山东临沂银雀山汉墓出土了《孙子兵法》《孙膑兵法》《六韬》《尉缭子》《晏子》和《〈守法〉〈守令〉等十三篇》的竹简,不仅证实了《孙膑兵法》的存在,证实了《六韬》不是伪书,还发现尉缭可能也是齐人,《守法》《守令》中有与《管子》《墨子》相重之处,则墨子可能也与齐人有关。作《三略》的黄石公不知何许人,隐居于下邳,距齐地不远,而《史记》说"相传其源出于太公"。甚至商鞅复姓公孙,也有说出于齐国之一支。再联想到诸子中儒家不知兵。孔子回答卫灵公说"俎豆之事,则尝闻之矣;军旅之事,未之学也",大概是实话。孟子反战比墨子还厉害,墨子"非攻"反对的是侵略战争,孟子反对一切战争,说:"征之为言正也,各欲正己也,焉用战?"(《孟子·尽心下》)另外还留下了"天时不如地利,地利不如人和"的名言,以及"五十步笑百步"的故事,显然并不真正知兵。但同为儒家的荀子却著有数千字长文《议兵》,一起"议"的人除赵孝成王之外,还有"临武君",有人说就是孙膑,可见他是能与军事专家对话的。这可能与他长期待在齐国稷下学宫有关。这样看来,我们可以得出一个结论:兵法出于齐,其源头在姜太公。为什么是姜太公而不是别人?对此我有一个大胆的假设:《太公》是周初《周书》的一部分,也就是说,是周王室内部的史料。古有"左史记言、右史记事"的传统,这一传统为天子所独有,大约一直坚持到东周,所谓《诗》亡然后《春秋》作",各诸侯国之有史是从春秋时期开始的,在此之前只有天子有史,藏在中枢,别的诸侯国是没有的。但由于历史的原因,可能有两个例外。一个是周公所在的鲁国,一个是姜子牙所在的齐国。周公制礼,是周朝"文治"的奠基人,因此可能获得特许,拥有"六经"的副本。因此在王子朝奔楚后鲁国的孔子具有整理六经、开设私学的条件。同样,姜子牙是周初"武功"的奠基人,他与文王、武王的问答是周朝"武治"的宝贵文献,而齐国也被赐予了副本。因此《太公》又名《周书》。这样一来,在诸子中知兵的都是有机会读到此书的,除了身居周王室中枢的老子以外,就只有身处齐国中枢的管仲和他的传承人。因此我们可以得出两个结论:第一,兵法是姜太公所创,通过齐国流传下来的。第二,姜太公的兵法思想,是中国兵法思想的源头。

二、道大于器,政大于兵

把姜太公看作中国兵家的源头,使我们有了一个观察中国古代军事理论更广阔的视角。传说中的《太公》内容极广,《汉书·艺文志》在儒家类载有《周史六弢》6篇,在道家类载有《太公》237篇(含《谋》81篇、《言》71篇、《兵》85篇)。而到了《隋书·经籍志》,太公的书全部归入兵家,包括《太公六韬》《太公阴谋》《周书阴符》等。这种归类的不同说明了《太公》内容的复杂性,但也给了我们一个提示,姜太公的兵家思想其实与道家、儒家都有关系。道家就是老子的圣人之道,儒家就是周公的礼治之道。以上这些太公书多数已佚,在清人严可均(1762—1843)所辑的《全上古三代秦汉三国六朝文》中,我们可以看到《政语》《四辅》《六韬》《问答》《阴谋》《金匮》《兵法》《阴秘》等多种书的残篇。通读这些内容,我们的感觉是如果把《太公》书看作一个整体,就很像另一部《管子》。它涉及"取天下"和"治天下"的方方面面,而"兵法"只是其中一个内容。这样我们再来读《老子》《管子》《墨子》《商君书》《孙子》《吴子》《尉缭子》《荀子》《三略》等,就可以发现,这种"政大于兵、政重于兵"的思想是一脉相承的,表现在几个方面:其一,不轻言战。《太公·兵道》说:"故圣王号兵为凶器,不得已而用之。"《老子》进一步说:"兵者不祥之器,非君子之器,不得已而用之,恬淡为上。胜而不美,而美之者,是乐杀人。夫乐杀人者,则不可以得志于天下矣。"其二,不战而屈人之兵。如《管子·七法》所谓"故兵未出境,而无敌者八",包括"财无敌、工无敌、器无敌、士无敌、政教无敌、服习无敌、遍知天下无敌、明于机数无敌"。其三,以人为本。《太公六韬》记武王问太公曰:"凡用兵之极,天道、地利、人事,三者孰先?"太公回答:"天道难见,地利、人事易得。天道在上,地利在下,人事以饥饱、劳逸、文武也。故顺天道不必有吉,违之不必有害;失地之利,则士卒迷惑;人事不和,则不可以战矣。"这就是后来孟子"天时不如地利,地利不如人和"的先声。《荀子·议兵》更归结为"凡用兵攻战之本,在乎壹民"。其四,以义为正。《吴子》作了概括:"其名又有五:一曰义兵,二曰强兵,三曰刚兵,四曰暴兵,五曰逆兵。禁暴救乱曰义,恃众以伐曰强,因怒兴师曰刚,弃礼贪利曰暴,国乱人疲、举事动众曰逆。"其五,军民合一。武王问如何作战攻守御的准备,太公回答:"战攻守御之具,尽在于人事。耒耜者,其行马蒺藜也。马牛车舆者,其营垒蔽橹也。锄耰之具,其矛戟也。蓑薛簦笠,其甲胄干盾也。镢锸斧锯杵臼,其攻城器也。牛马,所以转输粮用也。鸡犬,其伺候也。妇人织纴,其旌旗也。丈夫平壤,其攻城也。春铍草棘,其战车骑也。夏耨田畴,其战步兵也。秋刈禾薪,其粮食储备也。冬实仓廪,其坚守也。田里相伍,其约束符信也。里有吏,官有长,其将帅也。里有周垣,不得相过,其队分也。输粟收刍,其廪库也。春秋治城郭,修沟渠,其堑垒也。"这就是后来管子、商鞅等耕战政策的前身。以上这些,并不都与军事直接相关,但正是在这些前提条件下,产生了《孙子兵法》那样专门研究用兵打仗的著作。其六,攻心为上。在具体行动上,《六韬·武韬》还发明了"文伐"的作战方式。所谓"凡文伐有十二节",实际上是制造、利用敌方内部矛盾的各种手段,造成敌人内乱,然后,"十二节备,乃成武事。所谓上察天,下察地,征已见,乃伐之"。

三、《孙子兵法》的军事思想

在所有兵家著作里,《孙子兵法》有其特殊性,表现在两个方面。第一,它是最"纯"的,只谈军事,几乎不谈其他;第二,它是最"精"的,就论兵的周详而言,可说无出其右。为什么会这样?因为孙子的身份与诸人不一样。其他诸人,要么是执政者,如太公、管子、商鞅等,要么是建言者,如墨子、吴起等,而孙武是纯粹的带兵将领,他向吴王进献兵法十三篇,只谈军事,不论政治。后来他与伍子胥领兵灭楚,也只是以"客卿"身份担任军师。专业之人谈专业之事,心无旁骛,因此可以谈得最精细。《孙子兵法》确实论及战争的方方面面,周到、细致而详尽,可说形成了一个体系。我们可以先把十三篇的内容作个简要概括:

《计》篇,核心思想是"未战而庙算胜",用兵要"攻其无备,出其不意"。

《作战》篇,核心思想是速战速决:"兵贵胜,不贵久。"

《谋攻》篇,核心思想是"不战而屈人之兵",做到"知己知彼,百战不殆"。

《形》篇,核心思想是"先为不可胜",从而"立于不败之地"。

《势》篇,核心思想是蓄势待发,"势如彍弩,节如发机"。

《虚实》篇,核心思想是"形兵之极,至于无形",达到"致人而不致于人"。

《军争》篇,核心思想是掌握主动,"悬权而动","避其锐气,击其惰归"。

《九变》篇,核心思想是"智者之虑,必杂于利害",甚至"君命有所不受"。

《行军》篇,核心思想是善于"相敌",做到"足以并力、料敌、取人而已"。

《地形》篇,核心思想是知地形,做到"知彼知己""知天知地",以及"视卒如子"。

《九地》篇,核心思想是因地制宜,"合于利而动,不合于利而止"。

《火攻》篇,核心思想是"火攻,必因五火之变而应之"。

《用间》篇,核心思想是强调"用间":"此兵之要,三军之所恃而动也。"

以上我们尽量用一句话概括每篇主题,合起来可以看出《孙子兵法》有一个相对完整的结构。第1—3篇是战争之前的谋划,是总体指导思想;第4—6篇是具体战争的谋划;第7—11篇是战争时各种实际情况的处理;第12篇是如何利用特殊的战术手段——火攻;第13

篇"用间"即如何具体"知彼",实际是整个战争的基础。在这一总体思路下有许多具体精彩的情势分析和相应对策,因此《孙子兵法》成了真正的战争指导书、打仗必备手册。再结合从《太公兵法》《管子》到《司马法》《吴子》《荀子》等关于国家政治、经济等战略方面的论述,确实是了解军事的基础。无怪乎中国历史上有这么多军事家喜欢《孙子兵法》,甚至连外国军事家(如拿破仑)也喜欢不已。由于这一套战略战术不仅能指导战争,还对处理其他竞争性事务有借鉴意义,因此也被广泛用于其他领域。最有意思的是《七录》在把"兵书"并入诸子的同时,把围棋、象棋、博弈等也并入《子兵录》,其原因想来就是看到了《孙子兵法》之类的"兵法"也适用于其他领域。至于当代人们津津乐道的"日本将《孙子兵法》用于商战"就更可理解了。由于《孙子兵法》中有一句"兵者,诡道也",《太公》又有一些篇目称《阴符》《阴谋》《阴秘》,因此后世的一些纵横家也会借兵家的名义,如有人把《鬼谷子》的源头也推为《太公》。那就有待进一步研究了。

第二节 医家

医书在《汉书·艺文志》和《隋书·经籍志》里都没有被列入诸子,因为其性质很明显,是"一技之长",与诸子争鸣、治国平天下无关。尽管后来有"上医医国,中医医人,下医医病"的说法,但毕竟没有人会把医学作为治国理政的方案。后来中国医学的独特体系、独特治疗方式和效果越来越引起重视,因此到《四库全书总目》就不再称"医书"类而称"医家"类,医家也成了诸子百家之一。

一、中医典籍概说

在长期的流传过程中,中医典籍可说浩如烟海。在《汉书·艺文志》中医经和医方两类一共才收书 18 种,而到了《宋史·艺文志》就有了 509 种。在诸多医学典籍中,最早的是四大经典:托名黄帝的《黄帝内经》、托名神农的《神农本草经》、托名扁鹊(秦越人,约前 407—约前 310)的《难经》,以及汉代张机(字仲景,约 150—约 219)的《伤寒杂病论》。现代又加上唐代孙思邈(约 581—682)的《备急千金要方》和明代李时珍(1518—1593)的《本草纲目》,成为中医学必读的经典。由于唐代王冰(710—804)在《黄帝内经·素问序》中提到孔安国称伏羲、神农、黄帝之书为"三坟",因此后人附会《黄帝内经》《神农本草经》加上《伏羲八卦》就是"三坟"。这当然是不可能的。但古代传说应该也有一定根据,比如为什么不反过来说"神农内经""黄帝本草经"呢?这些传说至少说明中国医药学起源很早。神农是中国农业的祖先,神农尝百草的故事也流传甚广。推想起来,在草本植物中培育出五谷和发现某些植物的药用功能应该是一回事。农业从五谷始,药学从草本始,是合理的推测。当然,从发现到总结,再形成文字,应该有个漫长的过程。《神农本草经》在《汉书·艺文志》里没有记载,可见它到汉代时还只是在民间流传而没有成书。《黄帝内经》虽有记载而书早佚,现在看到的所有版本都是以王冰注本为基础的。中医的这几本典籍各有特色。《黄帝内经》分《素问》和《灵枢》两部分,其中《素问》81 篇是最重要的基础理论部分,是学习中医、了解中医的必读书,《灵枢》81 篇更多的是讲针灸,因此又被称为《针经》。《难经》又名《黄帝八十一难经》,传说是扁鹊对《黄帝内经》中各种疑难问题的解释。但"八十一难"与《素问》《灵枢》各自的 81 篇并没有对应关系,取"八十一"之数大约是指其多与全,解答的也是《黄帝内经》全书相关问题。张仲景在历史上被称为"医圣",他的《伤寒杂病论》后来散佚了。西晋太医令王叔和(210—285)把搜寻到的部分整理成《伤寒论》,而北宋翰林学士王洙(997—1057)于馆阁蠹简中偶然

神農本草經疏卷之一

東吳繆希雍仲淳甫著
同邑門人李枝粲訂

予之作是疏也該悟經文義難槩述求其宗趣宜有裁節是以或先經而闡義或隨文而暢旨或斷章以相比或因源以導流或從末而會本或根性以知非凡茲數者期在發明經旨適當於用然懼偏見多遺

明刻本《神农本草经疏》

发现《伤寒杂病论》残简,又与当时的名医林亿、孙奇等人一起,把《伤寒论》以外的杂病部分整理成三卷,名为《金匮要略》。因此张仲景的书现在被分成了两部。"伤寒"在中医术语里指所有因外感引起的病症,其实也是杂症。两书其实只是一部,比较起来,《伤寒论》更重理论和概述,《金匮要略》更重具体的病,甚至有人说它是"以病为单位的论述"。张仲景的最主要贡献是提出了"辨证论治"的中医基本原则,并提出了辨太阳病、辨阳明病、辨少阳病、辨太阴病、辨少阴病、辨厥阴病等"伤寒六经病"的辨治方法。《伤寒论》下卷中还有"辨脉法""平脉法",有人认为是王叔和在编辑时掺入的。因为王叔和本人是脉学专家,在整理《伤寒论》之外,还写了中国第一部脉学专书《脉经》。在前人论述的基础上,把脉象归纳为浮、芤、洪、滑、数、促、弦、紧、沉、伏、革、实、微、涩、细、软、弱、虚、散、缓、迟、结、代、动等24种,并描述了各种脉象的不同指下感觉。如"浮脉,举之有余,按之不足""沉脉,举之不足,按之有余""伏脉,极重指按之,着骨乃得"等,奠定了后世脉学的基础。孙思邈人称"药王",活了一百多岁,所著《千金要方》,又名《备急千金要方》,书名意义是"以为人命至重,有贵千金,一方济之,德逾于此,故以为名也"(原序)。此书是对唐以前医药学的一个总结,也是古代第一部"临床医学百科全书"。全书30卷,分医学总论、妇人、少小婴孺、七窍、诸风、脚气、伤寒、内脏、痈疽、解毒、备急诸方、食治、平脉、针灸等232门,收方5 300首。孙思邈晚年又著《千金翼方》,是《千金要方》的姐妹篇,亦分30卷。卷首为"药录",辑录药物800余种。书中对内、外各科病症的诊治在《千金要方》的基础上均有增补,并收录《千金要方》未载的方剂2 000余首。现存《神农本草经》载药365种,历代虽有增补,但到晚明时已感到不敷应用,而且时有差错,李时珍发愤要重加编著,他"岁历三十稔,书考八百余家,稿凡三易。复者芟之,阙者缉之,讹者绳之。旧本一千五百一十八种,今增药三百七十四种,分为一十六部,著成五十二卷"(王世贞《本草纲目序》),完成一部集大成的著作。更有意义的是他还创造了"纲目体"的编排方法,以"部"为纲,以"类"为目进行分类,先分为水、火、土、金石、草、谷、菜、果、木、服器、虫、鳞、介、禽、兽、人等十六部,在各部之下再分出若干类,如草部下分为山草、芳草、隰草、毒草、蔓草、水草、石草、苔类、杂草等十一类,十六部合计六十类。在类下列出各种药物。每一药下均就"释名、集解、修治、气味、主治、发明、附方"等栏目进行解说。全书附图1 100多幅,附方11 000余首,体例完备,为历代药典之最,也为世界所瞩目。

二、《黄帝内经》与阴阳五行

阴阳五行是中国文化的重要内容,阴阳始见于《周易》,五行始见于《尚书》,但都语焉不详。《汉书·艺文志·诸子略》里有"阴阳家",所收21种著作现均不存,其代表人物邹奭、邹衍等人也徒留其名而已;《术数略》里有"五行类",所收阴阳、五行及灾异类著作31种,现也已不存。如果把《黄帝内经》的成书时期确定为春秋战国之际,那么谈阴阳五行的,在它之前的有《管子》,特别是其中的《四时》《五行》《幼官》《幼官图》《轻重己》诸篇;在它之后的有董仲舒的《春秋繁露》,特别是其中的《阴阳义》《阴阳终始》《阴阳位》《阴阳出入》《天地阴阳》《五行之义》《五行相生》《五行相胜》《五行逆顺》《治水五行》《五行治乱》《五行变救》《五行五事》诸篇。董仲舒的解释尤其详尽,但从阴阳家到董仲舒,其论阴阳五行都是为政治服务的(因此被纳为一"家"),其核心观点是"天人相应"和"五德终始",东汉后更流为谶纬之说。只有《黄帝内经》在阴阳五行学说基础上建立起了中医基本理论。从今天的角度看,阴阳五行说与中医可说有互依互存的关系:中医理论因阴阳五行说得以建立,阴阳五行说借中医得以传承。阴阳五行学说只有通过中医来理解才是正道。为什么这么说？因为阴阳、五行的起源是大自然，同样是"天人相应"，阴阳家们对应的是"人事"，把人世间发生的事情从天象地变上找原因；而中医对应的是"人体"，人体本身也是某种自然界的产物，有着许多一般"科学"更不要说人文社会科学无法解释的现象，而与自然界的运动变化却有某种关联。中医力图找出其中的规律，这是非常珍贵的探索。在《黄帝内经》中，阴阳五行理论主要体现在《素问》开头两卷特别是其中的《阴阳应象大论》和《金匮真言论》两篇里，下面以这两篇为主，结合其他论述，对此作些介绍。

阴阳起源于《易经》，虽然《易经》本身及其卦爻辞里都没有直接谈阴阳，但八卦明显是阴阳理论的产物，孔子的《系辞》把它说清楚了。所谓"易有太极，是生两仪，两仪生四象，四象生八卦"，就是八卦的产生过程、六十四卦的基础。从八卦反映自然的角度看，所谓"太极"指宇宙，"太极生两仪"就是开天辟地，两仪就是"阳、阴"或者"天、地"；"两仪生四象"就是天地的运行产生了四季，"阳、阴"所生的"少阳、太阳、少阴、太阴"分别与四季相应，这是地处温带、四季分明的中国所特有的，处于热带或寒带的国家和地区就不会产生这样的理论。"四象生八卦"，八卦就代表了事物的多样性，本书"《周易》"节里对之作了介绍。而64卦及384爻就体现了万事万物的发展变化及其规律。中医的理论与此是相应的。《阴阳应象大论》里说："阴阳者，天地之道也，万物之纲纪也，变化之父母，生杀之本始，神明之府也。治病必求于本。"《金匮真言论》篇更联系天时、人身作了进一步的阐发："阴中有阴，阳中有阳。平旦至日中，天之阳，阳中之阳也；日中至黄昏，天之阳，阳中之阴也；合夜至鸡鸣，天之阴，阴中之阴也；鸡鸣至平旦，天之阴，阴中之阳也。故人亦应之，夫言人之阴阳，则外为阳，内为阴。言人身之阴阳，则背为阳，腹为阴。言人身之脏腑中阴阳,则脏者为阴,腑者为阳。肝、心、脾、肺、肾,五脏皆为阴,胆、胃、大肠、小肠、膀胱、三焦,六腑皆为阳。"得病的原因是阴阳失调:"阴胜则阳病,阳胜则阴病。阳胜则热,阴胜则寒。重寒则热,重热则寒。"而治病的原则则是:"审其阴阳,以别柔刚。阳病治阴,阴病治阳。定其血气,各守其乡。"

"五行"最早见于《尚书·虞夏书》的《甘誓》篇,属于夏启的时代,但只是提了一下。后来在《周书·洪范》篇里作为"九畴"的第一畴出现:"五行:一曰水,二曰火,三曰木,四曰金,五曰土。水曰润下,火曰炎上,木曰曲直,金曰从革,土爰稼穑。润下作咸,炎上作苦,曲直作酸,从革作辛,稼穑作甘。"但这里只解释了五行的特点和性质,彼此间仿佛是孤立的,没有什么联系。到了《管子》,五行象征的事物更多了,但彼此的联系仍未建立。实际上,五行说的核心在于"行",即运行。正如董仲舒所说:"行者,行也。其行不同,故谓之五行。"(《春秋繁露·五行相生》)这个"行"应该包括五行各"行"内部的运行与五行之间的运行。《黄帝内经》在这方面可说比前人前进了一大步。如《阴阳应象大论》对"木"的解释:"东方生风,风生木,木生酸,酸生肝,肝生筋,筋生心,肝主目。……在天为风,在地为木,在体为筋,在脏为肝,在色为苍,在音为角,在声为呼,在变动为握,在窍为目,在味为酸,在志为怒。怒伤肝,悲胜怒;风伤筋,燥胜风;酸伤筋,辛胜酸。"这段话说了三层意思,第一层是从"东方生风"到"肝主目",说明"木"所象征的事物之间内部的关系。第二层是一系列"在×为×",说明"木"在各领域象征的事物。这些都说明"外内之应,皆有表里"。第三层是最后六句,分为三组,每组两句,前一句是说本"行"内象征事物间相互的影响,后一句的"胜"后来习惯说"克",即受到另一"行"的制约。如"怒伤肝,悲胜怒"是说,因为同属于"木",因此发怒会伤害肝,而悲伤(属于"金")则可以克制怒气。《金匮真言论》也有关于五行的论述,例如关于"木":"东方青色,入通于肝,开窍于目,藏精于肝。其病发惊骇,其味酸,其类草木,其畜鸡,其谷麦,其应四时,上为岁星,是以春气在头也。其音角,其数八,是以知病之在筋也,其臭臊。"我们把这两篇文章以及其他篇章里关于五行象征的说法放在一起,列成下表(《五运行大论》里还有"五性、五德、五用、五化、五虫、五政、五令、五变、五眚"等,限于篇幅不录):

五行	五季	方位	气候	五味	五脏	五腑	五体	五官	五华	五色	五音	五声	五变	五志	五畜	五谷	五臭	五劳	五液
木	春	东	风	酸	肝	胆	筋	目	爪	青	角	呼	握	怒	鸡	麦	臊	行	泪
火	夏	南	热	苦	心	小肠	脉	舌	面	赤	徵	笑	忧	喜	羊	黍	焦	视	汗
土	长夏	中	湿	甘	脾	胃	肉	口	唇	黄	宫	歌	哕	思	牛	稷	香	坐	涎
金	秋	西	燥	辛	肺	大肠	皮	鼻	毛	白	商	哭	咳	忧	马	稻	腥	卧	涕
水	冬	北	寒	咸	肾	膀胱	骨	耳	发	黑	羽	呻	栗	恐	彘	豆	腐	立	唾

说明:五官的说法依《金匮真言论》是"目、耳、口、鼻、二阴",与此稍有不同。

"相生"在《黄帝内经》里称为"生"(如上文"筋生心"即"木生火"),"相克"称为"胜"(如上文"燥胜风"即"金克木")。五行相生相克的顺序依"木、火、土、金、水"次序(假设为1、2、3、4、5),相邻为"生"(1→2→3→4→5→1),相间为"克"(1→3→5→2→4→1),即木生火,火生土,土生金,金生水,水生木;木克土,土克水,水克火,火克金,金克木。《金匮真言论》以四时为例云:"春胜长夏,长夏胜冬,冬胜夏,夏胜秋,秋胜春,所谓四时之胜也。"除了"生、胜"论之外,中医还有"乘、侮"论,所谓"乘"有乘虚而入之意,所谓"侮"有恃强凌弱之意。《五运行大论》里说:"气有余,则制己所胜而侮所不胜;其不及,则己所不胜侮而乘之,己所胜轻而侮之。"这种"乘、侮"就造成了疾病。这是中医对五行理论的发展。中医以阴阳五行为基础,建立起了人与自然相对应的系统,对病症病因进行分析和治疗。例如著名的"望闻问切",就是五行说在诊断上的应用。《难经·六十一难》:"《经》言'望而知之谓之神,闻而知之谓之圣,问而知之谓之工,切脉而知之谓之巧',何谓也?然。望而知之者,望见其五色以知其病;闻而知之者,闻其五音以别其病;问而知之者,问其所欲五味,以知其病所起所在也;切脉而知之者,诊其寸口,视其虚实,以知其病,病在何脏腑也。《经》言'以外知之曰圣,以内知之曰神',此之谓也。"后来张仲景的《伤寒杂病论》、孙思邈的《千金要方》、李时珍的《本草纲目》诸著作,对病、方、药的分析和论述,都是建立在阴阳五行说的基础上的。

中医的基本理论还有脏腑理论,主要见于《黄帝内经·素问》的《灵兰秘典论》《五脏生成论》《五脏别论》;经络理论,包括十二经脉,主要见于《黄帝内经·灵枢》的《经脉》《经别》《经水》《经筋》,以及奇经八脉,主要见于《难经》的《二十七难》《二十八难》。此外还有气穴理论,见于《黄帝内经·素问》的《气穴论》《气府论》等。这些内容涉及中医对人体结构的认识,因为过于专业,这里就不细说了。

但从以上简述的基础理论中,我们已经可以认识到中医之所以在世界上别具一格,是因为有其自身的理论特色。我们将之概括为五个方面:其一,天人相应论。这个"天"可理解为"自然、宇宙",中医把人与宇宙看作一体,所谓"人体小宇宙",通过阴阳、八卦和五行理论,把人与自然联系起来,得病、诊断、治病的过程其实都可看作人与自然的对话。其二,系统论。阴阳、八卦和五行及各自所对应的事物,分别构成了网络,而这些网络之间又有交叉,构成了更复杂的网络,牵一发而动全身,诊病治病是系统论下的操作过程。其三,动态论。从阴阳八卦到六十四卦是个发展变化的过程,其核心是"易",即变化;五行生克是个双向循环的过程,其核心是"行",即运行。因此以阴阳五行为基础的理论,其核心是"动",即变化不居。这是诊病治病的基础。其四,同病异治论。《素问·五常政大论》是五行说的进一步深化,把五运因"衰盛不同,损益相从"分成了"平气、不及、太过"的三气之纪,在此基础上提出了"同病异治"的治病原则:"地有高下,气有温凉。高者气寒,下者气热……(则)西北之气,散而寒之,东南之气,收而温之。所谓同病异治也。"其五,预防论。阴阳五行的变化是有规律的,顺其规律,可以预测事物的发展,因此中医发展出一个重要理论:治未病。《素问·四气调神大论》说:"故阴阳四时者,万物之终始也,生死之本也,逆之则灾害生,从之则苛疾不起,是谓得道。……是故圣人不治已病治未病,不治已乱治未乱,此之谓也。"这是中医跟其他医学相比的最大特色之一。

第三节　佛教

佛教和道教作为宗教,本与治道无涉,因此自《七录》起两教文献均作为外编或附录,《四库全书》收入子部,但"惟录诸家之书为二氏作者,而不录二氏之经典"。这是因为佛教《大藏经》、道教《道藏》本身已经卷帙浩繁,尤其是《大藏经》,足可抵四库之一"库",确实不便采入。但释、道在三教中居其二,在中国文化史上起了重要作用,同时有其独特的思想体系及行为准则,也符合"自成一家"的"子"的精神,因此在这里作简单介绍。正史上论释道的第一篇也是唯一一篇文章是北齐魏收(507—572)作的《魏书·释老志》,以北魏(386—534)为主,记载了佛教和道教在中国北方的传教情况。由于《魏书》系断代史,因此所载内容颇受限。为什么两氏次序先佛后道?《四库全书总目》说是因为《七录》与《释老志》均如此。其实是因为从历史发展顺序来看,是佛教传入在先,中国本土的道教产生在后。

一、佛教的产生与传入中国

(一) 佛祖生卒年的异议

佛教创始人是古印度的释迦牟尼,关于他生卒年的争议很大,据说有70多种不同说法,最远和最近年代的极端之差竟达2 054年。如西藏所传佛灭为公元前2422年,丹麦学者韦斯特加德(Westergard)考证佛灭于公元前368年。这在世界三大宗教中恐怕是唯一的。这些不同说法中,最重要的有三种,一是中国北方说,一是中国南方说,一是南传佛教说。中国北方说即据《释老志》,佛生年"当周庄王九年、春秋鲁庄公七年夏四月",则生卒年为公元前687年至公元前607年。此说后为隋费长房《历代三宝记》等佛典目录学采用。中国南方说是据僧伽跋陀罗译《善见律毗婆沙·出律记》(书成于488年)所载"众圣点记"推算,佛生卒年为公元前565年至公元前486年。此说为历代《高僧传》等沿用,现已为国际学界所接受。中国佛学界的"佛历"也采用此说。南传佛教说有数种,有的与中国南方说相符,而有一种是传至斯里兰卡、缅甸的,认为佛生卒年是公元前623年至公元前543年,目前国际上通行的"佛历"即依此说,定佛涅槃之年(前543)为佛历元年。作为一个国际性宗教,在佛诞问题上却有如此众多的说法,这是很少见的。

(二) 佛教传入中国的时间

佛教传入中国的时间一般认为是东汉明帝永平十年(67)。中国北方的《释老志》和南方的《高僧传》都持此说。汉明帝"夜梦金人,傅毅以佛对",然后"帝遣郎中蔡愔、博士弟子秦景等使于天竺,写浮屠遗范。愔仍与沙门摄摩腾、竺法兰东还洛阳"。当然《释老志》还提到在此之前,"哀帝元寿元年,博士弟子秦景宪受大月氏王使伊存口授浮屠经"。西汉哀帝元寿元年是公元前2年,比明帝说早了近70年。但梁启超认为永平十年说绝不可能,他引《后汉书·西域传》指出,当时正是西域与中国交恶之时,绝无来往,直到永平十六年,"西域自绝六十五载,乃复通焉"。这使我想起2017年我在云南大理感通寺看到的一段介绍:"感通寺始建于汉明帝(公元145年)时期,西竺国高僧摩腾、竺法兰入中国时所建。"这段话有几个疑点。一是汉明帝在位为58—75年,145年之说显然有误。二是"西竺国"并不存在,竺法兰为中天竺人,摩腾(一般称为摄摩腾或迦叶摩腾)是大月氏人。两人应汉明帝之邀,于67年来到洛阳,建洛阳白马寺,译《四十二章经》,为中国佛教之祖。两人均留并卒于洛阳,未闻有来过云南及建寺之事。我对此有个初步假设,汉代丝绸之路不是只有长安往西经西域这一条,还有一条南路,由长安往南经四川、云南入缅甸至印度。如果感通寺的介绍属实,则摄摩腾、竺法兰二人走的或许是南路,而且可能是先到大理,后到洛阳,如此假说得到证实,则中国佛教史或需重写。

(三)佛教传入的两条途径

佛教传入有西僧东来和东僧西去两条途径。西僧东来最早的是摄摩腾和竺法兰二人。继他们二人来华的僧人是安世高和支娄迦谶,魏晋以后就更多了。有名的有康僧会、竺法护、鸠摩罗什、佛驮跋陀罗、昙无谶、支恭明等,唐代则有善无畏、金刚智、不空等人。东僧西行求法的,最早的是三国魏的朱士行(203—282),于260年西游。其后到唐玄宗时,据梁启超统计,共有105人西行。其中最著名的有三人。一是东晋的法显,二是唐代的玄奘,三是唐代的义净(635—713)。法显自399年西游天竺,历30余国,13年后始回中国,著有《佛国记》。玄奘自贞观三年至十九年(629—645)17年间,历经百有三十八国,带回大小乘佛教经律论"凡五百二十夹,总六百五十七部",并著《大唐西域记》。义净因仰慕法显、玄奘,立志西行求法,于唐高宗咸亨四年(673)由海路出发,先后在天竺和室利佛逝(在今苏门答腊)游历,至武周证圣元年(695)回国,求得梵本三藏近400部,并著《大唐西域求法高僧传》。佛教的传入主要通过翻译,以上这些中外高僧同时也是翻译大师。最重要的是鸠摩罗什、玄奘、不空、义净,史称"佛经四大翻译家"。而在中国国内,为佛经翻译和传播作出重要贡献的还有释道安(312—385)、慧远(334—416)、僧祐(445—518)、僧肇(384—414)等,以及其后诸多高僧大德。高僧人名,外来的依所来自国为姓,如"安"来自安息,"竺"来自天竺,"康"来自康居,"支"来自月氏;也有取自佛教因素的,如"佛"来自佛陀,"昙"来自悉昙等。中国僧人以释迦牟尼之"释"为姓,始自道安。

二、佛教文献

关于佛教的文献有三种,一是经典,二是人物,三是传播。

(一)佛教经典

经典体现为目录与经藏。第一部佛经目录是东晋高僧释道安的《综理众经目录》,收录自摄摩腾、竺法兰所译《四十二章经》至东晋孝武帝宁康二年(374)约300年间的汉译佛经及注经作品目录。惜此书已佚。现存最早的佛经目录是梁代僧祐的《出三藏记集》。所谓"出"就是翻译,"藏","藏者器也。何谓为器?器者,能聚集众义也",相当于四库的"库","三藏"就是佛教经典"经、律、论"三部分的典籍。此书分为四个部分,"一撰缘记,二铨名录,三总经序,四述列传",分别记载佛经原始、佛经目录、佛经序论、译者传记。另附"杂录",著录中国学者和僧人撰写的论著。僧祐以后,隋代有费长房的《历代三宝记》(书成于597年)。唐代续有多种目录,而以智昇撰于开元十八年(730)的《开元释教录》集其大成,此书体例严密周详,本身也是中国目录学的名著。全书20卷,分两大部分,一为总录,二为别录。总录以译人为主,共列19朝176人。别录以经典为主,自汉明帝永平十年(67)至唐玄宗开元十八年(730)664年间的"大、小二乘三藏圣教及圣贤集传,并及失译,总二千二百七十八部,都合七千四十六卷"。此书可说是《大藏经》的基础。唐代木版印刷趋于成熟,现存最早木版实物是刻于唐懿宗咸通九年(868)的《金刚经》。第一部木刻版《大藏经》,始于北宋太祖开宝四年(971),成于宋太宗太平兴国八年(983)。此后至清代共有十余种官私木刻版,惜多已不全,现存各善本中有《赵城金藏》,为金代所刻,是当代任继愈主持编纂的《中华大藏经》的底本。《中华大藏经》收录经籍4 200余种,23 000余卷,是迄今搜罗最为宏富的汉文《大藏经》。

(二) 佛教人物

佛教人物的文献集中在四朝的《高僧传》,即梁代僧慧皎的《高僧传》、唐代释道宣的《续高僧传》、宋代赞宁的《大宋高僧传》、明代释如惺的《大明高僧传》(书成于1617年)和释明河的《补续高僧传》(书成于1641年)。《高僧传·序录》称其所录"始于汉明帝永平十年,终至梁天监十八年,凡四百五十三载,二百五十七人。又傍出附见者二百余人。开其德业,大为十例:一曰译经,二曰义解,三曰神异,四曰习禅,五曰明律,六曰遗身,七曰诵经,八曰兴福,九曰经师,十曰唱导"。《续高僧传》叙从梁代起到唐贞观十九年,"正传三百四十人,附见一百六十人。序而伸之,大为十例:一曰译经,二曰解义,三曰习禅,四曰明律,五曰护法,六曰感通,七曰遗身,八曰读诵,九曰兴福,十曰杂科"。在"十例"中删去"神异、经师、唱导"三例,增加"护法、感通、杂科"三例,这成为以后的通例。《大宋高僧传》接续之,"正传五百三十三人,附见一百三十人"。《大明高僧传》只收译经、义解、明律三例,人数也较少,因此释明河重撰《补续高僧传》,仍依十例,"自赵宋至昭代四百余载,不分宗派,凡真正佛子,略已该括"。这几部《高僧传》可说囊括了历代高僧及他们的事迹,是研究佛教史的重要材料。

(三)佛教传播

佛教的传播当然首先依靠翻译,其次便是宣传和普及。《高僧传》本质上也是宣传普及,更直接的是宣讲教义并释疑。在唐末以前有梁僧祐的《弘明集》、唐释道宣的《广弘明集》、唐释道世(596—683)的《法苑珠林》。唐末以后因诸宗皆衰,禅宗独盛,宣讲者多关禅宗,有北宋法眼宗道原的《景德传灯录》,北宋临济宗李遵勖的《天圣广灯录》,北宋云门宗惟白的《建中靖国续灯录》,南宋临济宗悟明的《联灯会要》,南宋云门宗正受的《嘉泰普灯录》。五书先后于北宋景德元年(1004)至南宋嘉泰二年(1202)的近200年间分别成书。内容多有重复,因此释普济撮其要旨,合为一书,名《五灯会元》,于1253年刻印。其实早于"五灯"的还有五代南唐泉州招庆寺静、筠二禅僧编的《祖堂集》,书成于南唐中主保大十年(952)。此书在国内久佚,1912年日本学者关野贞、小野玄妙等在韩国南部伽耶山海印寺发现了《祖堂集》的20卷完整本。经考证是高丽高宗三十二年(1245)命人雕版印制的。由此传回中国。这可说是最早的灯录,也是禅宗研究的重要文选。

三、佛教理论

佛教理论包括三个方面:基本理论,格义与融入,十宗。

(一)基本理论

这是释迦牟尼创立的。其基础是"四谛"说,"谛"相当于"真理"。四谛是"苦谛、集谛、灭谛、道谛"。"苦谛"指人生的本质是苦,有"生、老、病、死、怨憎会、爱别离、求不得、五取蕴"八种,其中"五蕴"

指"色、受、想、行、识"。"集谛"指产生"苦"的原因,是因为"业"(身业、口业、意业、前世业等),由"业"引起"报",这就是"业报","报"的方式是"六道(天、人、阿修罗、饿鬼、地狱、畜牲)轮回",而造业是因为"无明","无明"是因为人有"贪、嗔、痴"三毒。这些连起来,就是佛家的"因缘"说。"灭谛"指要消灭"苦",以达到"涅槃",涅槃指摆脱生死轮回后进入的境界。《杂阿含经》卷十八:"贪欲永尽,瞋恚永尽,愚痴永尽,一切烦恼永尽,是名涅槃。""道谛"是达到涅槃的八正道"正见、正志、正语、正业、正命、正精进、正念、正定",分别是指正确的见解、思维、言语、行为、生活、努力、忆念、禅定。佛教主张"缘起说",赵朴初认为包含四个重要论点:无造物主、无我、无常、因果相续。

(二)格义与融入

东汉及魏晋时,中国的思想文化已经非常丰富,佛教作为一种外来文化如何进入?据我看来是采用了两种方法。一种是格义,即通过比附方式类比本土概念以取得生存。如《魏书·释老志》说:"其始修心则依佛、法、僧,谓之三归,若君子之三畏也。又有五戒,去杀、盗、淫、妄言、饮酒,大意与仁、义、礼、智、信同,名为异耳。"实际是把佛教教义与儒、道基本概念相对应。其不能对应的,则巧为之说,以求融合。比如佛教与中土相去最远的是忠孝概念。佛教主张众生平等,对君王皆不行跪拜礼;佛教僧侣剃发出家,断绝七情六欲。这些都与传统儒家伦理形成尖锐冲突,很难调和。在南方,东晋安帝元兴二年(403)太尉桓玄下令沙门弟子必须跪拜王者,高僧慧远针锋相对地提出《沙门不敬王者论》,迫使桓玄收回成命。而在北方北魏太武帝时,沙门法果主动见帝即拜。他的解释是皇帝明睿好道,即是当今如来:"能弘道者人主也,我非拜天子,乃是礼佛耳。"至于儒学以为"百行之本"的孝道,《弘明集》的解释是,忠孝不能两全,尽忠者不能全孝,这是"虽小违于此,而大顺于彼"。宋代高僧契嵩(1007—1072)更作了《孝论》十二章(载其《镡津文集》),提出"夫孝也者,大戒之所先也;戒也者,众善之所以生也"。"孝"俨然成了佛教的基础。融儒入佛,这是佛教得以在中国生根发展的基础。

(三) 十宗

佛教自东汉传入中国,经魏晋南北朝,在唐代达到极盛,形成了诸多宗派。宗派的形成是佛教中国化的标志,主要有"十宗"之说。列表如下:

中国佛教之"十宗"

宗名	别名	祖庭	创始人	创立时间	基本经论	印度远祖	衰亡时间
成实宗	小乘空宗	草堂寺	鸠摩罗什	东晋	成实论	诃梨跋摩	中唐后
三论宗	法性宗	草堂寺、栖霞寺	鸠摩罗什	东晋	中论、百论、十二门论	龙树、提婆	中唐后
净土宗	莲宗	东林寺、香积寺	慧远	东晋	无量寿经	马鸣、龙树	明末后
禅宗	佛心宗	少林寺	达摩	梁	楞伽经、金刚经、六祖坛经	马鸣、龙树	明末后
俱舍宗	小乘有宗	大慈恩寺	真谛	陈	俱舍论	世亲	晚唐后
天台宗	法华宗	国清寺	智𫖮	陈	法华经、大智度论、中论		晚唐后
贤首宗	华严宗	华严寺	法藏	陈	华严经	马鸣、坚慧	晚唐后
律宗	南山宗	净业寺	道宣	初唐	四分律	昙无德	晚唐后

续 表

宗名	别名	祖庭	创始人	创立时间	基本经论	印度远祖	衰亡时间
法相宗	慈恩宗	大慈恩寺	玄奘	初唐	瑜伽师地论、成唯识论	无著、世亲	晚唐后
密宗	真言宗	大兴善寺	不空	盛唐	金刚顶经、大日经	龙树、龙智	晚唐后

鸠摩罗什在中国佛教产生和发展中起了重要作用。2019年10月我去西安草堂寺(前身即罗什译经的长安逍遥园),曾写过一首诗:"罗什逍遥开译场,三千僧众并芬芳。果然高下清音彻,四祖八宗谒草堂。"逍遥园译经是古代最大的译场,前后参与者达3 000多人次,所译《金刚经》《维摩诘经》《妙法莲华经》《阿弥陀经》等是一般人除《心经》《坛经》外最熟悉的佛家经典(罗什也有《心经》译本,质量不亚于玄奘所译)。后日僧凝然(1240—1321)《八宗纲要钞》称罗什为"八宗之祖"(即上述十宗减去律宗和净土宗)。而草堂寺因鸠摩罗什所译成为三宗或四宗之祖庭。三宗者,三论宗、成实宗,以及日本日莲宗。四宗则再加上华严宗,因唐宪宗时华严宗五祖定慧禅师曾在草堂寺讲学。

以上十宗,成实与俱舍属小乘佛教,其余均属大乘佛教。现代学者钱穆认为"其间法相、天台、华严称'教下三家',禅宗称'教外别传',四宗皆大乘上法,于佛学界最有势力,余则支孽附庸而已"。此四派中,法相曾盛于天竺,其余均创自中国。佛教在历史上经过了三次劫难,称"三武灭佛"。第一次是北魏太武帝(424—451年在位),第二次是北周武帝(561—578年在位),第三次是唐武宗(841—846年在位)。从根本上来说,是由于宗教与政治的冲突,同时影响了经济。唐武宗灭佛最为彻底,因此武宗会昌五年(845)甚至可说是佛教在中国的基本消亡之年。此后只有净土宗之念佛修行犹流传于民间;禅宗因"不立文字,明心见性"得以发扬,至宋时形成"五宗七派"(临济、沩仰、曹洞、云门、法眼五宗,临济宗又分出黄龙、杨岐两派)。在发展过程中禅宗本身也起了变化,禅的概念本来来自小乘佛教,主张个人通过静坐默想得到解脱。至大乘则指悟道觉道,精神摆脱外在束缚(此与庄子有了共同语言),而有北宗"渐悟"与南宗"顿悟"之别。至宋时,"顿悟""不立文字"变成了"当头棒喝""语含机锋",甚至打哑谜、比急智,而且从《坛经》起实际上已经立了文字,《五灯会元》更是各宗教义的文字记录。可说到了禅宗,印度传来的佛教完全中国化了。

第四节　道教

道教是本土性的宗教,深深植根于中国文化与历史。其产生与发展过程也极其复杂。在讲道教思想之前,我们先要对其产生和发展史作一个简单的梳理。

一、道教的产生与发展

道教的产生与发展过程大体可分为四个阶段:酝酿期、诞生期、成熟期、高潮和衰亡期。

（一）酝酿期

酝酿期从远古到东汉。道教产生有远源和近源。原始巫术、祖先崇拜、神灵祭祀、神仙方士等,都是其远源;而阴阳五行、星相术数、谶纬杂占等则是其近源,其中也包括老子和庄子的思想。虽说现代多数人认为道家与道教无关,但"无风不起浪",道教奉老子为始祖,奉《道德经》为经典,总有一定的因由。

(二) 诞生期

诞生期在汉末到两晋。东汉后期,道教两大教派几乎同时诞生。一是张陵(又名张道陵,34—156)于汉顺帝汉安元年(142)创立的五斗米道,又名天师道;一是黄巾军领袖张角(？—184)于汉灵帝熹平年间(172—178)创立的太平道。张陵尊老子为教祖,汉桓帝好神仙,延熹八年(165)两次祭祀老子,张陵之子张衡(96—179)推动习读《老子》,这是《老子》与神仙术结合的开始。张衡之子张鲁(？—216)作《老子想尔注》,这可说是第一部《老子》的道教注本。张角则以于吉作的《太平青领书》为经典,奉"中黄太一"为主神。《太平青领书》后称《太平经》,从政治上来看,是黄老之术与阴阳家的结合,主张"但顺天地之道,不失铢分,则立致太平"。这是"太平"一词的来源,张角用来作为发动农民起义的理论纲领。诞生期可以延伸到两晋的葛洪(283—363)。葛洪著有《抱朴子》,内篇论道,外篇论儒。但内篇不像道家之书,它讲服药求仙、炼丹符咒,更像神仙家之书。该书卷十《明本》提出了"道家之教",是第一次把道家和道教连在一起:"唯道家之教,使人精神专一,动合无形,包儒墨之善,总名法之要,与时迁移,应物变化,指约而易明,事少而功多,务在全大宗之朴,守真正之源者也。"总之,诞生阶段有了宗教形式,也有了宗教经典。其后黄巾起义失败,太平道失去传承;张鲁虽败于曹操,但曹操为收买人心,没有制止天师道的传播。

(三) 成熟期

成熟期在南北朝,其代表人物开始是北魏的寇谦之(365—448)与南朝宋的陆修静(406—477),分别为南北天师道的代表。寇谦之自称"太上老君"亲授其"天师"之位,并赐《云中音诵新科之诫》二十卷,命他"清整道教,除去三张伪法……专以礼度为首,而加之以服食闭练",实际是用儒家礼仪对早期道教体制进行了全面改革,"音诵"

是参照儒家礼仪的伴乐形式,仿效宫廷祭礼,创制道教诵经乐章,为道教音乐之始。陆修静的贡献,一是编撰《斋戒仪范》100卷,完善了"九斋十二法"的道教斋仪,并且确立了道民、道士、道官、道师等道职系列;二是编纂《三洞经书目录》,建立了道教典籍分类体系,为隋唐以后整理道书、编修《道藏》所沿用。陆修静属于南天师道上清派的第七代宗师,上清派的开祖是魏晋女道士魏华存(252—334),著有《黄庭经》。第九代传人是南梁茅山派的陶弘景(456—536),著有《真诰》。上清派的最大贡献是使道教走向士族知识分子(后来的禅宗也是如此,这是佛道两教衰亡后得以在中国延续其文化影响的主因)。陶弘景还著有《真灵位业图》,是第一部系统的道教神仙谱系,收录神仙400多人,按七阶排定位次。最高者为"三清四御"。"三清"即居玉清境的元始天尊、上清境的灵宝天尊及太清境的道德天尊。下面的人物极其复杂,基本囊括了上古至彼时传说中和实际上的圣帝贤君、英雄人物,如尧、舜、禹和孔子均在神仙之列。自此居道教首位的就有了元始天尊和太上老君两说。后人试图用"一气化三清"等学说来解说,这里不展开。

（四）高潮和衰亡期

高潮期在唐宋和元,明以后则进入衰亡期。第一个高潮是唐代,李氏皇室与老子李耳连宗,因此道教特受重视。唐高宗乾封元年(666),老子被封为"太上玄元皇帝",其后地位越来越高。唐玄宗则把一系列道家著作纳入道经,据《新唐书·艺文志》,"天宝元年,诏号《庄子》为《南华真经》,《列子》为《冲虚真经》,《文子》为《通玄真经》,《亢桑子》为《洞灵真经》",并把道经纳入科举考试。宋真宗在神仙谱中找到"赵元朗",认为他是赵氏皇室祖先。真宗时张君房主持编写《大宋天宫宝藏》4 565卷,又择其要编成《云笈七签》("云笈"指道书,"七签"指洞真、洞元、洞神三种总经,太元、太平、太清与正一四种辅经共七类经典的纲要)。可惜前者现已失佚,只留后者传世。其后宋徽宗更自称"教主道君皇帝"。宋室南渡后,北方金世宗大定七年(1167)王重阳创立全真教派,以"三教圆融、识心见性、独全其真"为宗旨,与传统道教诸派所合并的正一教派(张天师为教主)相抗衡。王重阳的七位弟子称全真七子,其中的丘处机曾面见成吉思汗,深得礼敬,使全真教在元初一度极盛。明世宗朱厚熜笃信道教,自号"玄都境万寿帝君"。明代重视道书整理,明英宗正统十年(1445)编成的《正统道藏》和明神宗万历三十五年(1607)编成的《万历续道藏》,为经典的保存和传播作了重要贡献。明以后道教逐渐衰微。

二、道教的特点和主要精神

上文是对道教历史的粗要勾勒。作为在历史上起到过重要作用的宗教,道教有哪些特色呢?我想至少有4条:包容性、此岸性、实践性、积极性。这使它与其他宗教包括中国化的佛教区别了开来。

(一)包容性——中国文化特色的体现

道教的第一大特点是它的包容性。我们在梳理道教史时总觉得它不像佛教那样眉目清楚,甚至它的指导思想也模模糊糊。它最初的两种经典是《老子》和《太平经》。《老子》的基本思想是清静无为,这既是帝王之术,又是养身之道。《太平经》170卷,内容博大,多为图谶、神仙、方术,关注治国理政,也有黄老之术的内容。寇谦之要除去"三张伪法",其实只是增加了儒家礼乐的内容。葛洪,历来被视为道士,他却在《抱朴子·自叙》中说"洪忝为儒者之末",并说:"道者,儒之本也;儒者,道之末也。"他的《抱朴子》内篇论道,外篇论儒,显然是要打通道儒。陆修静完善道教仪轨,是向佛教取法。他编《三洞经书目录》,更是受释道安编《综理众经目录》的启发。金元之全真道更以三教合一为己任,以道家的《道德经》、儒家的《孝经》、佛家的《心经》

同时作为立教经典,三教合一的立场最鲜明。明代小说《封神演义》相传系道士陆长庚所作,把诸佛菩萨也牵扯进道教的神仙体系来了。虽说小说家言不足为据,但看中国各地的道观,供奉的神仙也确实是最杂的。广泛的包容性是把双刃剑,一面是可以争取最大的包容度,扩大传播面和影响;另一面是难免鱼龙混杂,泥沙俱下,一般宗教中的愚昧迷信成分容易混入。因此道教内部其实也有不同派别,如上清派人士文化修养高,就多重于个人精、气、神的修持,不重符箓、斋醮和外丹,贬斥房中术。当然也有人专门喜欢这一套,包括后来某些皇帝更是乐此不疲。

(二)此岸性——道教与世界诸宗教的最大区别

世界上几乎所有宗教包括佛教都以彼岸性为特色,寄希望于来世,独有道教具有此岸性,争取的不是来世,而是此世,是在这一生中就要实现的目标。道家的最高目标是成仙,仙是不死的存在,与死后被尊为的"神"不同。凡追求来世的,本世必定无所作为,如佛教只求"解脱";而凡追求本世的,必定会有一番作为,如追求长生、注意养生、享受人生、欣赏世界、欣赏生活。中国历史上的所有美术,包括诗歌、书法、绘画、音乐、戏曲、园林,甚至饮馔,等等,即使非道家道教所创,也多经道家道教而得到大力弘扬。中国艺术呈爆发之势是在魏晋南北朝,许多文艺形式的产生与成熟与道家道教有关。陈寅恪曾经考证出,南北朝时期凡名字带"之"的都是天师道徒,见他《金明馆丛稿初编》所载《天师道与滨海地域之关系》《崔浩与寇谦之》两文。循此思路,我们赫然发现,北魏天师道宗师寇谦之本人就是一位,而且他祖上名寇恂之,父亲名寇修之,均不避重名。此外,书法家有王羲之、王献之父子;画家有顾恺之,其父顾悦之;诗人有颜延之;学者有裴松之;数学家有祖冲之;廉吏有吴隐之;名将有刘牢之。这些人都是天师道信徒。当然也有名字不带"之"的道教人士,如中国第一篇《养生论》的作者嵇康(224—263),他也是当时最著名的音乐家,著有《琴赋》和《声无哀乐论》。天师道特别喜欢竹子(大约取其"虚清"义),我们发现,尽管《诗经》就有"绿竹猗猗"的句子,但竹子真正成为中国文人之精神喜好却正始于魏晋南北朝。以嵇康为首的"竹林七贤"、王羲之的"茂林修竹",都给人留下深刻印象。另外,对中医药作出重要贡献的陶弘景(著有《本草经集注》)和孙思邈都是道士。

(三)实践性——道教与道家的区别所在

通常我们很难区别道教与道家,特别是道教缺少经典,只能将道家典籍奉为自己的经典;而道教所作所为与道家有同有不同。如果从理论与实践的角度去理解,相对会比较简单,即道家重理论,道教重实践。老子的帝王之道,一般人无从实践。庄子谈逍遥、谈养生、谈"吹嘘",也是以理论为主。后来的《列子》等均然。但道教在其思想指导下,产生了一门门"术":养生术、气功、武术、医学、采药、炼丹、服石、数学、符水、咒语、堪舆(风水)、术数、星相、遁甲、命理、房中术等。可以说,中国历史上大多数科学、技术、艺术、方术的发展,都与道教有关。上述诸"术",有的有积极意义,如气功、武术、医学、采药等;有的无意中推动了科学的发展,如炼丹之于化学、风水之于环境科学、星相之于天文学、术数之于数学,等等;有的则现在还看不出其积极意义,如命理、符水等。此外,陈寅恪认为书法是在天师道手里走向成熟的,其笔势与符书恐不无关系,这也是一说。

(四)积极性——道教与佛教的区别

同样属于中国传统的两大宗教,道教与佛教有什么区别? 在我看来,就在于对待人生的态度,道家是积极的、入世的、乐观的,佛家是消极的、出世的、悲观的。这是由它们的根本教义决定的。佛教的根本教义是"空"(佛教有"空、有"两派之争,但所谓的"有"指的是"佛法"或"因缘",不是世间实体),所谓"四大皆空"。佛教传入中国时,格义家以道家的"无"对应之,似乎是一回事,其实两者完全不同。在道家看来,"无"本身就是"有",是"有"的一种特殊且微妙的存在形式。《老子》第十一章最清晰不过地说明了"无"的存在的意义:"三十辐共一毂,当其无,有车之用。埏埴以为器,当其无,有器之用。凿户牖以为室,当其无,有室之用。故有之以为利,无之以为用。"中国独特的艺术几乎都是在"无"的背景下发展起来的,如书法的"飞白"、绘画的"留白"、戏曲的"虚拟程式"、造园的"借景"、音乐的"余韵"、诗歌的"言外之意"等。中国的儒释道三家,儒道两家处世态度都比较积极,但表现不一。儒家体现在保国利民上,因此有"虽千万人吾往矣"的气概;道家更体现在尊重生命上。两者在"穷则独善其身"上取得了共同点。道家处世态度比较达观,在逆境中也能保持乐观。苏东坡是个典型,但支撑他的是道家思想,而非儒家或佛家思想。佛家的人生哲学比较悲观。比较道佛两家,我们还可以用另外两个词语:道家是"看得穿",佛家是"看得破"。但中国的佛家后来在很多地方与道家混一了。比如武术是道家"生命哲学"的产物,本非佛家所长。道家发展出五禽戏、八段锦、太极拳、武当剑等。佛家只有禅宗的少林寺后来有了少林拳、易筋经,显然是受道家的影响。这些在印度佛教是看不到的,在禅宗以前的佛教徒也多数是苦行僧。

第五节　书法

子部中的艺术类出现最晚,在《汉书·艺文志》中根本没有,自《七录》起归入"杂艺",一直到《四库全书总目》才正式出现"艺术类"。考其原因,在于它与国家治理并不直接相关,不合四部分类目标。书法和绘画中先进入四部体系的是书法,这是拜它所书写的文字所赐。经部"小学"有《尔雅》,是解释群经的训诂书,由训诂而文字音韵,由文字而及其体式,由体式而及其书式,这就是书法由来的脉络。因此书法最早进入的不是"子部"而是"经部",《隋书·经籍志》在"小学"里就收了最早的几部书法著作:虞龢的《法书目录》、卫恒(? —291)的《四体书势》、萧子云(487—549)的《五十二体书》、庾肩吾(487—551)的《书品》和颜之推(531—597)的《笔墨法》。由于"书画同源",加上隋唐以后皇帝都喜爱书画,因此《新唐书》以后也为正史收录,但无法进入经部,只能居于子部的"杂艺"。《四库全书总目》后合并入艺术类。收藏书画作品最早的是隋炀帝,《隋书·经籍志》载:"(炀帝)又聚魏已来古迹名画,于(观文)殿后起二台,东曰妙楷台,藏古迹;西曰宝迹台,藏古画。"而正史中最早记载书法作品的是《新唐书·艺文志》:"二王、张芝、张昶等书一千五百一十卷。"并特别注明这是唐太宗、唐玄宗亲自下令收集的。关于书法,想谈下面几点。

一、书法的汉字性

书法的起源是文字,中国文字学的奠基之作是汉代许慎作的《说文解字》。该书的"叙"既是最早的文字理论,也是最早的文字演变史和书体史。唐代魏徵的《隋书·经籍志》几乎全部沿用其说并延伸之,这里引用如下:"书之所起,起自黄帝苍颉。比类象形谓之文,形声相益谓之字,著于竹帛谓之书。故有象形、谐声、会意、转注、假借、处事六义之别。……自苍颉迄于汉初,书经五变:一曰古文,即苍颉所作。二曰大篆,周宣王时史籀所作。三曰小篆,秦时李斯所作。四曰隶书,程邈所作。五曰草书,汉初作。秦世既废古文,始用八体,有大篆、小篆、刻符、摹印、虫书、署书、殳书、隶书。汉时以六体教学童,有古文、奇字、篆书、隶书、缪篆、虫鸟,并藁书、楷书、悬针、垂露、飞白等二十余种之势,皆出于上六书,因事生变也。魏世又有八分书。"这段话说了三件事,我们用三个术语来概括:一是"字理",是文字的造字原理,即象形、谐声等"六书"(魏徵采用班固术语,与许慎稍有不同),这是后来整个"小学"研究的基础。二是"字体",指历史上相继使用的字体,许慎提到5种,我们在前后加上甲骨文和楷书,得到7种,顺序如下:甲骨文、大篆、古文、小篆、隶书、草书、楷书。大篆包括金文和石鼓文。古文实际是战国文字,包括孔壁文字和20世纪出土的简帛文字。八分其实是汉隶,晋唐人有时称楷书为"隶书",则把以前的隶书称为"八分"。草书在这里主要指汉代的章草,是用于奏章的一种正式文字。晋唐以后的"狂草"和"行书"均不属于"字体",而属于下面说的"书体"。三是"书体",魏徵说"皆出于上六书,因事生变也",即同一字的不同形式以应对不同需要。如"缪篆,所以摹印也;鸟虫书,所以书幡信也"。行书和狂草的位置应在这里。这三种分类中,字理与书法无关,与书法相关的是字体和书体,其区别在于前者是"历时"的而后者是"共时"的。但现在讲"书法"已不再区分,一般通称"书体"。"悬针、垂露"原来是指两种小篆写法,"飞白"是蔡邕创造的一种隶书写法,这些都属于"书势",即书法下更细的分类。

二、书法的工具性

书法是中国特有的艺术,不仅跟汉字密切相关,还与汉字书写工具密切相关。可以说没有特定的汉字书写工具就不会有汉字的书法。汉字书写工具笔墨纸砚,古称"文房四宝",可见对它的重视和喜爱。造笔的最早记载出自宋苏易简(958—997)的《文房四谱》,说是秦国名将蒙恬(?—前210)所造。不过他说出自《史记》,而我在今本《史记》中却没能找到。造墨的最早记载出自明朱常淓(1607—1646)的《潞藩新刻述古书法纂》,说是周宣王(前827—前782年在位)时人邢夷所造。造纸的最早记载出自范晔的《后汉书·宦者列传》,说是蔡伦(63—121)所造。造砚的最早记载出自《太公金匮》:"砚之书曰:石墨相著而黑,邪心谗言,得无污白。"《文房四谱》更是提前到了黄帝时期:"昔黄帝得玉一纽,治为墨海焉。其上篆文曰'帝鸿氏之研'。"这些记载是希望把"四宝"产生的时代尽量往前推,但除了蔡伦造纸外,恐怕都不太靠得住,因为记载者与被记者实在相隔时代太久了。让他们想不到的是,文房四宝出现的时间实际上比他们希望得还要早。这是由考古发现证明的:在殷墟的出土物中,发现了龟甲上有软笔书写的朱墨痕迹,证明其时应该已经有了笔和墨;在西安出土了西汉的灞桥纸,比蔡伦要早一两百年;砚的产生以墨的产生为前提,应该也不会太晚。但根据"木桶原理",起决定性作用的应该是最后的重要发明。从文房四宝看,这个最后的短板就是纸,纸的发明及普遍应用是书法产生发展的根本因素,而这可能要到晋代。西晋书法家卫恒的《四体书势》说:"弘农张伯英者,因而转精其巧,凡家之衣帛,必先书而后练之。"张伯英就是东汉著名的"草圣"张芝(?—192),以他的地位,练字用的还是"衣帛"这种贵重的东西,可见那时纸虽然已发明或改良,但仍比较稀有。直到晋代,左思(250—305)的《三都赋》引起了"洛阳纸贵",才标志着纸全面取代帛成为书写材料。正是纸的成功推动了其余三宝的发展。晋代是成熟期,到唐代就是高潮期,"四宝"的精品、珍品。如笔中的宣笔,墨中的李廷珪墨,砚中的端、歙、澄泥、洮四大名砚,纸中的宣纸,都从晋唐开始到现在,只有宣笔在元代后为湖笔所取代。而书法也在晋唐达到了中国历史上的最高峰。中国字体的演变从甲骨文到楷书也是书写工具从硬笔到软笔的变化。硬笔的载体是甲、骨、金、石、竹、木,"书写"工具是刀、笔,方法是刻、铸、写等;软笔的载体是竹、木、帛、纸,书写工具是毛笔和漆、墨。经过2000年的发展,终于在晋代到了以毛笔和宣纸为代表的软笔时代,毛笔功能的充分发挥造成了书法的辉煌。今天的书写工具又有了翻天覆地的变化,写字也从艺术进入到更实用的时代,但是要谈起书法,恐怕还是要回到文房四宝时代。

三、书法的理论研究

有了书法就有书法的理论研究。这一研究大致沿着四条线,我们从《隋书·经籍志》所录的几本书也可看出端倪:第一,书体。以卫恒的《四体书势》肇其端,萧子云的《五十二体书》次之。但萧书今不传。唐代韦续作有《五十六种书》,不少内容很牵强。一般是在卫恒"古文、篆、隶、草"四体基础上,在"篆"中区分大、小篆,在"草"中区分章、狂草,加上后来的楷、行,共八种。第二,书品,即对历代书家作品的介绍和品评。最早的是羊欣(370—442)的《古来能书人名录》,列69人,《隋书·经籍志》载庾肩吾的《书品》列128人,仿九品中正之法列为九等。后有李嗣真(?—696)《书后品》列82人,在"上上品"之上更列张芝、锺繇、王羲之、王献之4人为"逸品"。第三,笔意,即书法艺术的探讨,包括用笔(笔画的艺术)和结体(结构的艺术)。《隋书·经籍志》收了颜之推的《笔墨法》。其实最早把书法作为艺术创作进行研究的应是秦相李斯的《笔妙》与东汉大儒蔡邕的《笔论》《九势》,均见于南宋陈思编的《书苑菁华》。《笔妙》云:"夫用笔之法,先急回,后疾下,如鹰望鹏逝,信之自然,不得重改。送脚若游鱼得水,舞笔如景山兴云。或卷或舒,乍轻乍重,善深思之,此理当自见矣。"《九势》则讨论了"结字、转笔、藏锋、藏头、护尾、疾势、掠笔、涩势、横鳞"九种书写技巧。其后有卫夫人(名铄,272—349)作《笔阵图》,王羲之作《书论》《笔势论》,都在颜氏之前。有名的书论之作还有唐代孙过庭的《书谱》,因孙过庭作于唐垂拱三年(687)的真迹流传至今,书、论俱在,尤可宝贵。如果将"笔意"和"结体"分述,则一千多年来笔意影响最大的是所谓"永字八法"。"八法"创始人有王羲之、智永二说,以后说比较可信。八法是:一,点为侧;二,横为勒;三,竖为弩;四,挑为趯;五,提为策;六,撇为掠;七,短撇为啄;八,捺为磔。前人认为只要练好了这八种笔法,就写所有字都不在话下了。"结体"影响最大的大约是欧阳询的"三十六法":"排叠、避就、顶戴、穿插、向背、偏侧、挑撬、相让、补空、覆盖、贴零、粘合、捷速、满不要虚、意连、覆冒、垂曳、借换、增减、应副、撑拄、朝揖、救应、附离、回抱、包裹、却好、小成大、小大成形、小大大小、左小右大、左高右低、褊、各自成形、相管领、应接。"第四,综合,即以上各种研究的综合。最早的综合性著作是唐张怀瓘(开元时人)的《书断》和张彦远(815—907)的《法书要录》。其后有北宋朱长文(1041—1098)的《墨池编》等,而以南宋陈思编的《书苑菁华》最为重要。此书共20卷,可说把南宋以前关于书法的论著"一网打尽"。《四库全书总目》对其评价甚高,说:"大略肇自椎轮,层冰成于积水,其造始之功,固亦未可泯焉。"宋以后有名的书法论著有包世臣(1775—1855)的《艺舟双楫》和康有为的《广艺舟双楫》。

四、中国书法的核心追求

自魏晋以来,书人、书作、书品、书话、书论、书评,层出不穷,浩如烟海,令人有无从着手之感。其中有没有一个核心内容,可以以一驭万,把握书法的精神呢?我以为是有的,这就是一个"力"字。有时说成"骨力、笔力",有时说成"势"。这是从读历代书论中体悟出来的。最早的书论——李斯的《笔妙》中就有一句:"夫书,非但裹结流快,终藉笔力遒劲。"最有名的书论——卫夫人的《笔阵图》,其核心就是"笔力":"善笔力者多骨,不善笔力者多肉;多骨微肉者谓之筋书,多肉微骨者谓之墨猪。多力丰筋者圣,无力无筋者病。——从其消息而用之。"她的"笔阵图"其实就是"笔力"的具体表现:"横,千里阵云"

"点,高峰坠石""撇,陆断犀象""折,百钧弩发""竖,万岁枯藤""捺,崩浪雷奔""横折钩,劲弩筋节"等。这些都成了后代论笔画的基础,"力"也成了后人论书评书的标准。唐太宗总结他自己学书的经验,说:"今吾临古人之书,殊不学其形势,惟在求其骨力,而形势自生耳。"为什么"力"会成为中国书法的核心追求?我们可以从蔡邕的《九势》中找到解答:"夫书肇于自然,自然既立,阴阳生焉;阴阳既生,形势出矣。藏头护尾,力在字中,下笔用力,肌肤之丽。故曰:势来不可止,势去不可遏,惟笔软则奇怪生焉。"原来中国书法的根本矛盾是文字之方正("阳")与毛笔之柔软("阴")的矛盾,"阴阳"产生了"形势"(字体和笔势),解决的办法就是"力";有了"力",则"奇怪"即多姿多态的书法表现就产生了。

五、名家名作举隅

下面举一些书法史上经常提到的名家名作,以加深对以上介绍的理解。

(一) 大篆

大篆主要是金文,铸在钟鼎等器皿上,如《大盂鼎铭》和《毛公鼎铭》,前者是西周康王二十三年(前1003)的作品,后人评价为"体势雄伟,气度恢宏"。后者是西周宣王时的作品。后人评价为"圆劲遒美,结体劲健"。此外则有别具一格的石鼓文,据考证为春秋时期秦国的作品。后人评其书为"端庄凝重,笔力稳健"。

(二) 小篆

小篆第一人无疑是李斯,现可见的有《泰山刻石》《峄山刻石》《琅琊刻石》《会稽刻石》等"四山刻石",后人评价为"大气平正,遒劲匀圆""宽博流畅,骨肉丰匀"。其次是盛唐李阳冰,他是大诗人李白的族叔,号称"李斯以后第一人",传世刻帖有《三坟记》《城隍庙碑》。

康有为《广艺舟双楫》称其"以瘦劲取胜"。最后是清代邓石如(1743—1805),为清代第一人,后人评其晚年篆书"圆涩厚重,雄浑苍茫,力透纸背"。

(三)隶书

隶书创于秦,但直至西汉都没有留下有影响的作品。现在西汉的隶书只能从出土竹简中看到。现存隶书多是东汉作品。隶书第一人是蔡邕,他的代表作品是汉灵帝熹平四年(175)所立《熹平石经》,后人评为"圆浑厚重,气力饱满"。此外有影响的汉隶有《张迁碑》(刻于汉桓帝永寿二年[156])、《曹全碑》(刻于汉灵帝中平二年[185]),二者都是学习隶书的范本。前者被评为"有穿金刻玉之力",后者被评为"内清刚而外秀美"。汉以后没有重要的隶书,只有所谓"唐隶",那是因为帝王的喜爱。唐代帝王爱书,太宗喜行书,武后喜草书,玄宗喜隶书,曾书《石台孝经》,被认为是唐隶之最。

(四)章草

章草第一人是张芝,惜无作品传世。其次为索靖(239—303),作品有《出师颂》《月仪帖》。另一位以章草名家的是陆机,他的《平复帖》是中国传世最早的法帖。清末学者杨守敬(1839—1915)《平帖记》说:"系秃颖劲毫所书,无一笔姿媚气,亦无一笔粗犷气,所以为高。"但有人认为这帖的字不是章草。

(五)魏碑

魏碑也称"北楷",实际体现了从隶书向楷书的过渡,与南朝王羲之等成熟的楷书相比有明显的区别,主要以碑刻形式传世。著名的有《张猛龙碑》和《张黑女墓志》。前者刻于北魏孝明帝正光三年(522),后人评为"刚峻险劲,精能造极";后者刻于北魏节闵帝普泰元年(531),后人评为"清劲峻洁,遒厚精古"。

（六）楷书

楷书亦称正书,是晋以后中国的规范字体,因此历来名家众多。如晋有钟王(锺繇、王羲之),初唐有欧虞褚薛(欧阳询、虞世南、褚遂良、薛稷)"四大家",中唐有颜柳(颜真卿、柳公权),元有赵孟頫等。锺繇号称"正书之祖",是楷书第一人,但他的作品只留下临本,代表作有《宣示表》《荐季直表》等。王羲之是著名的书圣,他的楷书代表作有《黄庭经》《乐毅论》,都是小楷,"刚柔并济,古朴苍劲"。其子王献之楷书有《洛神赋十三行》,赵孟頫称其"字画神逸,墨迹飞动"。初唐四家以欧阳询为第一,他的《九成宫醴泉铭》一直被推为学书的最佳范本,后人赞誉不绝,如"笔力刚劲,秾纤得衷"等。虞世南的代表作是《孔子庙堂碑》,成于唐太宗贞观七年(633),后人评为"笔圆体方,外柔内刚"。褚遂良的代表作是《大唐三藏圣教序》及《记》,有两碑,立于唐高宗永徽四年(653),序为唐太宗作,记为唐高宗作,加上褚遂良书,人称"三绝碑"。其书特点是"虽瘦实腴,似轻实沉"。欧阳询连同颜真卿、柳公权和元代赵孟頫合称中国"楷书四大家",也只有此四人的楷书被尊为"体",如"欧体""颜体"等,连王羲之都没有这样的荣耀。颜真卿的作品分前后期,前期代表作是《多宝塔感应碑》,后期是《颜家庙碑》,前者作于44岁,人称"腴润清劲,严谨匀稳";后者作于72岁,被评为"年高笔老,风力遒厚"。柳公权的代表作是《玄秘塔碑》,刻于唐武宗会昌元年(841),其风格是"挺拔劲峭,风骨特立"。宋四家苏轼、黄庭坚、米芾、蔡襄似均不以楷书胜。元初赵孟頫四体皆能,其楷书代表作有《大元敕藏御服之碑》《汉汲黯传》《寿春堂记》等。前人评曰"雍容华美,不乏骨力",而石韫玉(1756—1837)评《寿春堂记》曰:"笔势若龙若骊,如快马入阵,纵横莫当。"

（七）行书

行书第一人为王羲之。他的代表作有《兰亭集序》《快雪时晴帖》

等。《兰亭集序》被誉为"天下第一行书"。"天下第二行书",是颜真卿的《祭侄文稿》;"天下第三行书",是苏轼的《黄州寒食帖》。行书在真(即楷)、草之间,非真非草,王羲之独步。而其子王献之又创造出"行草",在行书与草书之间,如他的代表作《中秋帖》。颜真卿的行书还有《争座位帖》。苏轼的行书还有《前赤壁赋》。米芾的字可能是宋四家中流传最多的,江南不少园林里都可见到。他的代表作是《蜀素帖》《苕溪诗卷》,人称前者"肥不没骨,瘦不露筋",后者"笔力老辣沉雄,潇洒自然"。赵孟頫的行书代表作是《洛神赋》。

(八) 草书

草书亦创自王羲之。他的代表作为《十七帖》。王献之的草书代表作为《鸭头丸帖》。隋代僧智永是王羲之七世孙,他的《真草千字文》被誉为"历代法书第一",也就是学书的第一个范本,前人赞为"法度严谨,笔力精到,气韵飞动"。唐代的草书名家最多,有孙过庭的《书谱》、张旭的《古诗四帖》和怀素的《自叙帖》等,对后代的影响也最大。

第六节 绘画

中国绘画始于虞舜的妹妹敤首,这是个累积的美丽传说。最早是西汉末刘向的《列女传》提到"舜之女弟",接着东汉班固《汉书·古今人名表》和许慎《说文解字》补出了她的名字:"敤首舜妹""舜女弟名敤首"。这是有人无事,有了"舜妹",但没说她做了什么事。另外,晋代左思的《三都赋·魏赋》里有一句"有虞作绘,兹亦等竞",为《文选》作注的李善和李周翰找到前一句话的出处是《尚书·皋陶谟》,我们查了一下,应该是这一句:"予(舜自称)欲观古人之象……以五采彰施于五色作服。"这可说是有事无人,舜命人以"五采"装饰衣服,没说叫谁做,当然他自己也不会做。结果到明末清初,就把两者捏在一起了。明末朱谋垔(1584—1628)的《画史会要》"五帝"条:"画嫘,舜妹也。画始于嫘,故曰画嫘。"第一次出现"嫘"的名字。沈颢(1586—1661)的《画尘》"表原"条则说:"敤首脱舜于瞍、象之害,则造化在手,堪作画祖。"这是在确定敤首作画的情况下,进一步解释为什么她有资格成为"画祖"。把这些资料合起来看,可以发现"敤首作画"说其实并不可靠。一则这是拼凑起来的故事;二则即使成立,也没能达到编故事者想把画史推得越古越好的目标。从实际来看,第一,不管是河图洛书的传说,还是黄帝时"史皇作画"的传说,都比它早(后者见张彦远《历代名画记》"史皇,黄帝之臣也,始善图画,创制垂法");第二,从考古史料看,如果我们把彩陶纹饰和岩画也看作绘画的话,则中国绘画产生的历史不但比舜早,可能比黄帝的时代还要悠久。

相对于"敤首作画"的传说,"书画同源"论就有意义多了,尽管其"源"也是个传说,传说之外有其合理性,而且它说出了中国绘画的一个本质特征,这才形成了与西方不同的中国绘画传统。下面就从此说起。

一、书画同源

中国第一部系统的绘画史是唐代张彦远(815—907)的《历代名画记》。张彦远也是最早的书法理论集《法书要录》的作者。关于书法和绘画的两部最早最重要的书出自同一作者,这本身似乎也在旁证"书画同源"。张彦远提出"书画同源",从书中看,他举出了五条证据。第一,源头相同。源于古代同一传说"龟字效灵,龙图呈宝"。龟字即洛书,龙图即河图,两个圣迹即文字、图画的前身。第二,先合后分。原先书画不分,在创制过程中有了分工:"是时也,书画同体而未

歷代名畫記卷第一　唐河東張彥遠愛賓撰
　　　　　　　　　　明東吳毛人晉子晉訂

叙畫之源流

夫畫者成教化助人倫窮神變測幽微與六籍同功四時並運發於天然非繇述作古先聖王受命應籙則有龜字効靈龍圖呈寶自巢燧以來皆有此瑞迹聨乎瑤牒事傳乎金冊庖犧氏發於滎河

明刻本《历代名画记》

分,象制肇创而犹略:无以传其意,故有书;无以见其形,故有画。"又如六书中有"象形",书体中有"鸟虫书",张彦远认为这就是书中有画。第三,功用相同。书画有同样的教化作用,他引陆机的话说:"丹青之兴,比雅颂之述作,美大业之馨香。宣物莫大于言,存形莫善于画。"因而就像许慎说"盖文字者,经艺之本,王政之始。前人所以垂后,后人所以识古"一样,张彦远认为"图画者,有国之鸿宝,理乱之纪纲",甚至说:"夫画者,成教化,助人伦,穷神变,测幽微,与六籍同功。""六籍"就是六经,这就把绘画的地位提高到与文字一样了,也使绘画有资格进入以治国为本的四部体系。第四,工具相同。书画都"归乎用笔,故工画者多善书"。第五,方法相通。例如书家王献之作"一笔书",而画家陆探微(?—约485)作"一笔画";画家张僧繇"点曳斫拂,依卫夫人《笔阵图》";画家吴道子授笔法于书家张旭。这三例都说明"书画用笔同法"。这一条后人发挥得不少。著名的如元赵孟𫖯自题《秀石疏林图》诗:"石如飞白木如籀,写竹还应八法通,若也有人能会此,须知书画本来同。"而以明代王世贞《艺苑卮言·附录四》所云最详尽:"语云画石如飞白,木如籀。又云画竹干如篆,枝如草,叶如真,节如隶。郭熙唐棣之树,文与可之竹,温日观之葡萄,皆自草法中得来。此画之与书通者也。至于书体,篆隶如鹄头、虎爪、倒薤、偃波、龙凤麟龟、鱼虫云鸟、鹊鹄牛鼠、猴鸡犬兔、科斗之属,法如锥画沙、印印泥、折钗股、屋漏痕、高峰坠石、百岁枯藤、惊蛇入草,比拟如龙跳虎卧、戏海游天、美女仙人、霞收月上。及览韩退之《送高闲上人序》、李阳冰《上李大夫书》,则书尤与画通者也。"张岱(1597—1679)《跋徐青藤小品画》说得更神:"今见青藤诸画,离奇超脱,苍劲中姿媚跃出,与其书法奇崛略同。……故昔人谓摩诘之诗,诗中有画;摩诘之画,画中有诗。余亦谓青藤之书,书中有画;青藤之画,画中有书。"其实我们还可替张彦远补充第六条:理论相通。如"意在笔前,字居心后"是卫夫人、王羲之的书法主张,而张彦远在《论顾陆张吴用笔》中说"意存笔先,画尽意在",两者用语几乎全同,可见他已到了浑然不自知的地步了。

这六条的背后其实还有一个更深层次的东西,张彦远没有提到,也不可能提到,只有今天在把中国画与以油画为代表的西方画作比较时才会发现:中国画是线条的艺术,西方画是色彩的艺术。而中国的书法和绘画一样,都是线条的艺术,这使两者之间必然有共通性,而与西方艺术区别了开来。认识这一点很重要,可以防止中外文化交流中的误解。比如我们习惯于将中国的"毛笔"译成英文"writing brush",这就是把它类比于西方的油画笔。油画笔适宜于西式的"敷彩",但不适宜于画中国画,更不能用来写中国书法,由此可以体会到其中的区别。

二、绘画简史与名作举隅

由于中国画同书法一样,其基本工具是文房四宝(以及颜料),因此在晋唐之前与之后的历史是不同的。之前的绘画,不说陶器纹饰与岩画,恐怕是以帛画和壁画为主。《论语》"绘事后素"说的是帛画,《韩非子·外储说左上》"画鬼魅易,画犬马难"指的可能是壁画。屈原的《天问》,系观壁画而作。王逸《楚辞章句》说屈原在放逐中,"见楚有先王之庙及公卿祠堂,图画天地山川神灵,琦玮僪佹,及古贤圣怪物行事。周流罢倦,休息其下,仰见图画,因书其壁,呵而问之,以渫愤懑"。这可能是记载中先秦最壮观的壁画,但现在看不到了。出土的帛画有战国的《人物龙凤图》《人物驭龙图》和汉马王堆T型帛画。汉代的宫殿壁画可见于王逸之子王延寿的《鲁灵光殿赋》:"图画天地,品类群生。杂物奇怪,山神海灵。写载其状,托之丹青。千变万化,事各缪形。随色象类,曲得其情。上纪开辟,遂古之初。五龙比翼,人皇九头。伏羲鳞身,女娲蛇躯……"但实物已不可见。实物可见的是出土的汉墓壁画,如西汉洛阳的卜千秋墓壁画、八里台墓壁画,以及大量的画像砖和画像石,有名的如山东嘉祥武梁祠画像石、河南南阳画像石等。魏晋以后,壁画主要体现在佛教寺院及石窟中,如四大石窟都有大量壁画。顾恺之、陆探微、张僧繇、展子虔、吴道子、韩干等都画过佛寺壁画,吴道子更是以画壁画为主。但绘画创作特别是艺术探讨重心已转到绢质尤其是纸质画面上来了。人物画、山水画、花鸟画这三大类型中国画先后产生,并渐次达到高潮:人物画的高潮在晋唐,巅峰是吴道子;山水画的高潮在宋元,巅峰是李成、范宽;花鸟画的高潮在明清,巅峰是八大山人。

(一) 人物画

最先产生的是人物画。其实这也是以前壁画的重要主题——先圣先王、公卿大臣,乃至忠臣节妇。这也是书画同源的表现,都是为了突出教化作用。《孔子家语·观周》记:"孔子观乎明堂,睹四门墉有尧舜之容,桀纣之象,而各有善恶之状,兴废之诫焉。又有周公相成王,抱之负斧扆,南面以朝诸侯之图焉。"王延寿描写鲁灵光殿后接着说:"黄帝唐虞,轩冕以庸,衣裳有殊。下及三后,淫妃乱主。忠臣孝子,烈士贞女。贤愚成败,靡不载叙。恶以诫世,善以示后。"汉宣帝绘麒麟阁,汉明帝绘云台阁,唐太宗绘凌烟阁,都是极好的体现。受其影响,开始的帛纸画也是以人物画为主。重要的作家有所谓"画家四祖"顾恺之、陆探微、张僧繇、吴道子。陆、张均无作品传世,顾有传世摹本《女史箴图》《洛神赋图》。吴道子画了几百处壁画,但唐武宗会昌灭佛后几乎全部被毁。他的传世作品有《送子天王图》摹本,另有《八十七神仙卷》,徐悲鸿倾家购得,考定为吴道子真迹。初唐的人物画家还有阎立本(601—673),《凌烟阁二十四功臣图》就出自他之手。传世作品有《历代帝王图》、《步辇图》等,都是以帝王为对象。

盛唐则有以张萱和周昉(780—804)为代表的仕女画家,张萱的《虢国夫人游春图》《捣练图》和周昉的《簪花仕女图》,妇女体态丰腴,体现了盛唐气象,也是现代人提到唐代就说"以肥为美"的来源。中唐有周位的《高逸图》,是其《竹林七贤图》的残卷。晚唐有贯休(832—912)的《十六罗汉图》。五代有周文矩(907—975)的《文苑图》及顾闳中的《韩熙载夜宴图》。宋代有白描大师李公麟(1049—1106)的《维摩诘像》。宋代人物画常带风俗画之趣,如李唐(1066—1150)的《村医图》、李嵩(1166—1243)的《货郎图》、王居正(1087—1151)的《纺车图》等,徽宗朝更出现举世罕见的张择端的《清明上河图》。南宋梁楷(1150—?)则独创"减笔"风格人物画,寥寥数笔,饶有风趣,如所作《泼墨仙人图》《六祖截竹图》等。元明以降,作者更多,但人物画总体成就不如唐宋。有名作品如元代钱选(1239—1299)的《杨贵妃上马图》,赵孟𫖯的《浴马图》《红衣罗汉图》,王振鹏(约1280—约1350)的《伯牙鼓琴图》,刘贯道的《消夏图》等;明代唐寅(1470—1523)的《秋风纨扇图》《孟蜀宫妓图》,文徵明(1470—1559)的《老子像》,徐渭(1521—1593)的《驴背吟诗图》,陈洪绶(1598—1652)的《屈子行吟图》《归去来图》等;以及清代黄慎(1687—1770)的《渔翁渔妇图》,罗聘(1733—1799)的《鬼趣图》等。

(二) 山水画

山水画的产生与魏晋的时代风气有关,"竹林七贤"的人格与生活成为人们仿效的对象,山水文、山水画、山水诗几乎同时产生,可分别以袁崧(?—401)、顾恺之、谢灵运(385—443)为代表。袁崧作有《宜都山水记》,其《三峡》一段曾为郦道元《水经注》所引。顾恺之《论画》云:"凡画,人最难,次山水,次狗马,台榭一定器耳。"他并作有《画云台山记》,可知他有山水画作品。嗣后宗炳(375—443)作有中国历史上第一篇山水画专论《画山水序》。他曾说:"噫!老病俱至,名山恐难遍游。唯当澄怀观道,卧以游之。"于是"凡所游历,皆图于壁,坐卧向之",留下了"卧游"的典故。这些画当然没有流传下来。现在所能见到的最早的山水画是隋代展子虔的《游春图》。唐代李思训(651—716)、李昭道(675—758)继承展子虔传统,并创"青绿山水"派。明代董其昌论画有南北派,以之为"北派之祖",但留下的作品只有李昭道的《明皇幸蜀图》的摹本。相应地,"南派之祖"是王维(701—761),作有《山水诀》,并创造了"破墨山水",即水墨画法。他"画中有诗,诗中有画",把山水画推到了一个新高度,并开创了文人画的传统。同为水墨画家的有张璪(德宗朝人),据说他有"双管齐下"之能,一为生枝,一为枯枝。但王维和张璪也没有真迹流传下来。山水画的高峰在五代和两宋,兼及元代。明王世贞《艺苑卮言》曾概括说:"山水:大小李,一变也;荆关董巨,又一变也;李成范宽,又一变也;刘李马夏,又一变也;大痴黄鹤,又一变也。""大小李"即李思训父子。"荆关董巨"指五代荆浩(约850—911)、关仝(约907—960)、董源(934—约962)、巨然四人。前二人属"北派",代表作有荆浩的《匡庐图》,关仝的《关山行旅图》;后二人属"南派",代表作有董源的《潇湘图》,巨然的《秋山问道图》。李成(919—967)、范宽(略晚于李成)是北宋大家,李有《读碑窠石图》《茂林远岫图》等,范有《溪山行旅图》《雪山萧寺图》等,可谓古代山水画的巅峰之作。"刘李马夏"是"南宋四家"刘松年、李唐、马远和夏圭,刘有《四景山水图》四幅,李有《万壑松风图》,马有《踏歌图》,夏有《溪山清远图》。"大痴黄鹤"分别指元代画家黄公望(1269—1354)和王蒙(1308—1385)。黄的代表作是《富春山居图》,王的代表作是《太白山图》。王世贞对元代只提二人,对之总体评价不高。其实二李的画与五代两宋之画多系画工画,接续王维文人画传统的在宋有米芾、米友仁(1086—1165)父子,他们创造的"米氏云山"朦胧隐约,充分发挥水墨画特色。元代画家以隐逸为多,更具文人特色。黄公望、王蒙之外,尚有吴镇(1280—1354)和倪瓒(1301—1374)。此四人合称"元四家"。吴的作品如《洞庭渔隐图》,倪的作品如《六君子图》。赵孟頫虽不以山水画名,但他作为元初文人领袖,作品还是可以一观的,如《鹊华秋色图》。明代画坛则有"明四家",也称"吴门四家",因沈周(1427—1509)、唐寅、文徵明和仇英四人均为苏州府人。沈有《庐山高图》,唐有《落霞孤鹜图》,文有《桃源问津图》,仇有《仙山楼阁图》。晚明山水画则有董其昌,代表作为《秋兴八景图》。清代有"清初四大家",也称"清初四王",为王时敏(1592—1680)、王鉴(1598—1677)、王翚(1631—1717)与王原祁(1642—1715)四人。四人作品依次各举一例:《山水图》《仿宋元山水图》《虞山枫林图》《山中早春图》。"四王"之外,还有"四僧":弘仁(1610—1664)、髡残(1612—1692)、朱耷(即八大山人,1624—1705)、石涛(即原济,1642—1707)。其代表作依次有《疏泉洗研图》《苍翠凌天图》《山水图》《黄山八胜图》。

(三)花鸟画

如严格以"花、鸟"为主题,则花鸟画的产生颇晚,恐怕要到五代。但如把牛马等大动物也包括在"花鸟画"里,则时间可大大提前。最早以画马著称的是唐代曹霸(约704—770)及弟子韩干(?—780),曹画已不存,韩有《照夜白图》传世。最早以画牛著称的是韩滉(723—787)及其弟子戴嵩,韩有《五牛图》、戴有《斗牛图》传世。宋代则有李公麟的《五马图》可与之媲美。但严格意义上的花鸟画确实产生于五代,其代表是南唐徐熙和后蜀黄筌(?—965)。两人传世作品甚少,徐有《雪竹图》,但有人怀疑并非真品;黄有《珍禽图》,但毫无构图,显系草稿。两人以不同风格开了后世花鸟画的先河,形成了迥然不同的两派。北宋郭若虚《图画见闻志》引时人语云:"黄家富贵,徐家野逸。"因黄为宫庭供奉,多画禁廷珍禽瑞鸟,画以工笔为主,创

"双勾法";而徐为江南处士,爱画汀花野竹,且"落墨为格,杂彩副之",创"没骨法",实际开了后世水墨写意画的先河。入宋以后,由于黄筌之子黄居寀(933—?)居宫庭画院主导地位,影响甚大,北宋前期花鸟画几乎是黄派天下。《宣和画谱》著黄居寀作品332件,但多不存。传世作品有《山鹧棘雀图》,上有宋徽宗御题"黄居寀山鹧棘雀图"八字。徽宗赵佶(1082—1135)本人于书画均有独创,书创"瘦金体",画也是花鸟大家,其传世代表作为《芙蓉锦鸡图》。宋代文人以苏轼为代表,喜欢徐熙一派风格,特别喜爱枯林竹石、梅花、兰花等题材,发展出花鸟画中的"四君子"画种。其代表作有文同(1018—1079)的《墨竹图》、苏轼的《枯木怪石图》、杨无咎(1097—1169)的《四梅花图》、赵孟坚(1199—1264)的《墨兰图》等。元代花鸟画,工笔的代表是钱选的《八花图卷》。而文人派的则有赵孟頫的《秀石疏林图》、王冕(1287—1359)的《南枝早春图》、柯九思(1290—1343)的《双竹图》等。赵孟頫夫人管道升(1262—1319)作有《水竹图》,是不可多得的女性画家之作。明清是花鸟画的高峰,明代的代表是吴门画派和"白阳青藤"。吴门画派的贡献是使花鸟画范围扩大,真正走向成熟。沈周的传世作有《卧游图》,唐寅有《春园鸣禽图》,文徵明有《兰竹图》。白阳、青藤分别是陈淳(1483—1544)和徐渭的号,两人是公认的水墨大写意花鸟画的创始人。陈的传世作品有《花卉册》,徐的传世作品有《四时花卉册》。清代的花鸟画,前期是八大山人和石涛,尤以八大山人被认为是水墨写意花鸟的巅峰之作,代表作为《荷花水鸟图》。中期以扬州画派即扩大的"扬州八怪"为代表,其中华喦(1682—1764)、金农(1687—1764)、郑燮(号板桥,1693—1965)的成就较大,其代表作分别是《秋枝鹦鹉图》《冷香图》《墨竹图》。晚期以海上画派的"四杰"为代表,即虚谷(1823—1896)、蒲华(1830—1911)、任颐(字伯年,1840—1895)和吴昌硕(1844—1927),代表作分别是《枇杷图》《天竺水仙图》《花鸟图四屏》《桃石图》。

（四）文人画

与花鸟画发展几乎同步的是"文人画"的成熟。文人画即以文人身份作画，使画有"书卷气"。整个过程可以说分三步走。第一步是诗画结合，第二步是诗书画结合，第三步是诗书画印结合。第一步一般认为始于王维，"诗中有画，画中有诗"。第二步是画中要有题诗，一般认为始于苏轼。清人方薰（1736—1799）《山静居画论》云："款题图画，始自苏、米，至元明而遂多。"但现存的《烟江叠嶂图》，苏轼所题的诗在画后而不在画中。真正题在画中的诗目前可见最早的是宋徽宗的画，他的《芙蓉锦鸡图》和《腊梅山禽图》上都有他用瘦金体题的五言绝句。宋徽宗开绘画科考，以诗句命题作画，如"竹锁桥边卖酒家""踏花归去马蹄香"（均见俞成《萤雪丛说》）、"野水无人渡，孤舟尽日横""乱石藏古寺"（均见邓椿《画继》），对推动诗画相配起了重要作用。到明代吴门四家，就蔚成风气了。而从文徵明之子文彭（1498—1573）起，则更进入了第三步，要求画上不但有印，还须是自制印，这就使"诗书画印"四绝成了明清以后文人画的标配，同时也促进了篆刻这门艺术自汉末以后的重新繁荣。

三、中国画论精神

虽然六朝以前也有关于绘画的片言只语，但一般认为中国的画论始于东晋，顾恺之是第一个正式论画的，而南齐谢赫的《古画品录》，提出了第一个系统的画论——"六法"，并以六法品评画家。谢赫之后，中国画论向三个方向发展，一是画人品评，后来演变成了画史；二是画论探讨；三是由画论而派生出的画技研究。由于画技过于专门，这里只谈画史和画论。重点是后者。

画史是从唐代张彦远的《历代名画记》开始的。该书共10卷，用了7卷篇幅列举自黄帝时代至唐武宗会昌元年(841)的画家并加以品评。后来宋代郭若虚《图画见闻志》接手,从会昌元年记到北宋神宗熙宁七年(1074)。再之后南宋邓椿《画继》又接上,从熙宁七年编至南宋孝宗乾道三年(1167),隐然形成了一个接力传统。元中叶庄肃著《画继补遗》(书成于大德二年[1298]),将自高宗至恭帝的南宋画家编为一集。元末夏文彦著《图绘宝鉴》,在这几本书及《宣和画谱》等的基础上,完整梳理了自黄帝至元顺帝至正(1341—1368)中期的能画者共1500余人,"在画史之中,最为详赡"。明代韩昂作《图绘宝鉴续编》,补充明代由洪武元年(1368)至正德十四年(即成书之年,1519年)画家100余人。清代冯仙等人又续纂,从6卷增加到8卷,成为研究画史的基本史料。

画论开始于顾恺之与谢赫。与许多事物一开始便是高峰一样,谢赫"六法"说一出,便达到了中国画论的巅峰,以至北宋郭若虚说:"六法精论,万古不移。"什么是六法?谢赫说:"六法者何?一气韵:生动是也;二骨法:用笔是也;三应物:象形是也;四随类:赋彩是也;五经营:位置是也;六传移:模写是也。"这段话有两种断句法,我们的断法是四字分为两段,后两字是对前两字的解释,例如"生动"是对"气韵"的解释。另一种断法是四字连读,如"一,气韵生动是也",我们不取。六法中后四法不难理解。第三法谈写实,第四法谈布色,第五法谈构图,都是绘画的基本要素,中西相同,但六法放在次要位置。第六法讲临摹,张彦远觉得无关紧要,"乃画家末事",他强调"师资传授",这种中医带徒式的一对一传授,也是中国艺术教育的一个传统。六法中最能体现中国画特色是第一法和第二法,特别是第一法。第二法讲用笔的"骨法",实际就相当于书法中说的"力",是毛笔运用的最高追求。书法中处在第一位,但在绘画中却居第二位。绘画中居第一的是"气韵"。"气韵",谢赫在文中别处也说成"神韵"。"生动",源于早于谢赫的王微(415—443)《叙画》一文中的"横变纵化,故动生焉",是一个动宾结构:"生出""动意",也就是顾恺之所说的"传神"。如果说"力"是中国书法的最高追求,则"生动"或"传神"是中国绘画的根本精神,也是与西方传统绘画的重大区别。有人问:难道西方画不要求"生动"?西方还真没有这一传统。"生动"是延时性的,花之开、水之流、鱼之游,都是一个过程,中国画追求的是表现其动态。顾恺之说"手挥五弦易,目送归鸿难",就是因为"手挥五弦"可以定格,而"目送归鸿"是个过程。而西方画的特点是"时间定格"。不但画"静物"(still life)、"风景"如此,画故事性的大场面,如《最后的晚餐》《拿破仑加冕》等也是如此,画面像抓拍的照片,通过角度、透视、明暗、色彩等,时间被定格在特定的"瞬间"。有人说根据画面阳光的角度和阴影甚至可以推算出是上午还是下午。谢赫在六法外提到了"用意",但没有强调。唐代张彦远借鉴书法提出"意存笔先,画尽意在"。如果以他的"意存笔先"替换六法中的"传移:模写"(位置可放在一、二之间),则六法确实可以理解为整部中国画论史的总纲。此后直到清末,无数的画家、评论家发表了无数的言论,有的是专门著作,有的是随意点评,还有的是大家宏论。但通读下来,却发现它们总体上都没有超出六法的范围,只是阐释、充实、补充,以及发挥而已。比如谢赫时代还是人物画的天下,山水画的位置怎么经营?郭熙《林泉高致》提出了"高远、深远和平远"的"三远"之说,确定了中国画的散点透视技法。这是对"经营:位置"的充实。人物可以"生动",山水怎么"生动"?郭熙说:"山欲高,尽出之则不高,烟霞锁其腰,则高矣;水欲远,尽出之则不远,掩映断其脉,则远矣。"花鸟怎么"生动"?清代邹一桂(1693—1765)《小山画谱》提出了"活脱"说:"画有两字诀,曰活曰脱。活者,生动也,用意、用笔、用色,一一生动,方可谓之写生。……脱者,笔笔醒透,则画与纸绢离,非笔墨跳脱之谓。跳脱仍是活意。花如欲语,禽如欲飞,石必崚嶒,树必挺拔,观者但见花鸟树石,而不见纸绢,斯真脱矣,斯真画矣。"这是对"生动"的发展。再如谢赫时的画都是彩绘,唐代张璪、王维创造"破墨山水",所谓"破墨"即把墨色破开,以浓淡形成不同层次。后来张彦远称之为"运墨而五色具",这是对"敷彩"的深化。谢赫以后,具体画论集中在三个主题上。一是神似与形似,二是南宗与北宗,三是笔法与墨法。三个主题其实都从六法中来。因此,了解"六法",特别是前两法,对中国传统画论也可"思过半"了。这里再举几个来自画论而已经成为成语或格言的例子,来看看中国画论对普通人思想的影响,可说已到了百姓日用而不知的地步。

"传神阿堵",出自《世说新语·巧艺》所记顾恺之的故事:"顾长康画人,或数年不点目精。人问其故。顾曰:'四体妍蚩,本无关于妙处,传神写照,正在阿堵中。'"这是顾恺之"传神"论的出处,也是具体体现。"画龙点睛"的故事与之相关,但更神了,是《历代名画记》所记梁代张僧繇的故事:"金陵安乐寺四白龙不点眼睛,每云'点眼即飞去',人以为荒诞,固请点之。须臾雷电破壁,两龙乘云腾去上天,二龙未点眼者见在。"

"吴带当风,曹衣出水",见于郭若虚《图画见闻志》:"吴之笔,其势圆转,而衣服飘举;曹之笔,其体稠叠,而衣服紧窄。故后辈称之曰'吴带当风,曹衣出水'。"曹是北齐画家曹仲达,吴是吴道子。"当风"指迎风飘起,这是"生动"的具体写照。

"画虎画皮难画骨",这是《增广贤文》上的句子,其实出自杜甫的《丹青引赠曹将军霸》:"弟子韩干早入室,亦能画马穷殊相。干惟画肉不画骨,忍使骅骝气凋丧。"实际是"画马画肉不画骨",这是对韩干画马的批评,不如他老师曹霸。后者画的马应该是"锋棱瘦骨成"。这说明杜甫论画主张"骨法"。不过韩干画马肥不过是唐

第六章 "术艺"概说 　219

玄宗后期的时代之风,一如同时周昉的仕女画,在此之前和之后均非如此。

"胸有成竹",不少人以为出自苏轼,其实出自苏门学士晁补之(1053—1110)的诗《赠文潜甥杨克一学文与可画竹求诗》:"与可画竹时,胸中有成竹。"这是"意在笔先"的绝妙写照。

"读万卷书,行万里路",这句话原文出自明代董其昌《画禅室随笔》,他认为是达到"气韵"的途径:"画家六法,一气韵生动。气韵不可学,此生而知之,自有天授。然亦有学得处:读万卷书,行万里路,胸中脱去尘浊,自然丘壑内营,立成鄄鄂。随手写出,皆为山水传神矣。"这是作画,其实也是其他文艺创作的必由途径。可惜现在人引这句话,前半句只是虚晃一枪,重点在后半句。有人还要加上"不如"二字,那只是为旅游公司做广告耳。

第七节　琴棋

子部的内容实在太多,特别是收入"杂艺"之后,人们社会生活的方方面面都有可能进入,这里无法全面展开。不过上面介绍了"书画",似乎不该忽略"四艺"中排在它们之前的"琴棋"。因此我们再加一节,对之略作介绍。

一、琴

"琴"特指"古琴",古琴今天在民乐中只是一个小众化的存在,但它在历史上的文化地位非常之高。不但在"琴棋书画"四门才艺中高居首位,而且历史上有许多美好的传说,是别的乐器所不能比拟的。最有名的传说是春秋时期俞伯牙、锺子期"高山流水"赏知音的故事。此外还有战国雍门周以琴见孟尝君,西汉司马相如琴挑卓文君,东汉蔡邕制"焦尾琴",三国嵇康临终一曲《广陵散》,等等。《西厢记》"琴心"一折更为人所熟知。还有"左琴右书""琴剑走天涯"等古代文人的生活追求。李白以壮游天下著名,但许多人可能不知道他的行囊中有两样不可少的东西,就是琴和剑,他曾有诗说"古琴藏虚匣,长剑挂空壁"(《淮南卧病书怀寄蜀中赵征君蕤》)。因此2017年我游采石矶,在咏李白的诗中也写下了这件事:"仗剑抱琴天下游,吴山楚水总关愁。""琴棋诗画"四字连用,最早见于唐代张彦远《法书要录》卷三,在介绍智永禅师的弟子辩才时说:"辩才博学工文,琴棋书画,皆得其妙。每临禅师之书,逼真乱本。"该书重点介绍辩才的书法,但讲他的才能时却把琴排在第一。这个顺序后来成了传统。《红楼梦》中贾府四位小姐"元、迎、探、惜"四"春",她们的大丫鬟的名字就以琴棋书画为序——"抱琴、司棋、侍书、入画"。为什么琴的地位这么高?有几个原因。第一是它的发明者了不起,战国时有部史书叫《世本》,秦后散佚了,现在只能看到后人的辑本。《世本》有一卷专讲各种事物的起源。其中说"伏羲作琴,神农作瑟",也就是说,琴是中国人文始祖亲制的东西,地位自然崇高。第二是它的功能了不起。古代以礼乐治国,《周礼》说乐有"六律、六吕、五声、八音",律吕是定音标准,五声指"宫、商、角、徵、羽"五个音阶,八音即"金、石、土、革、丝、木、匏、竹"八类乐器。琴属于"丝"类。东汉桓谭(约前23—56)的《琴道》说:"八音之中,惟丝最密,而琴为之首。"琴为首,并非因其音色,而是因其象征的政治意义。战国邹忌(约前385—前319)把琴的功能提炼为"琴音调而天下治",《史记·田敬仲完世家》记载他对齐威王说的话:"夫大弦浊以春温者,君也;小弦廉折以清者,相也;攫之深而释之愉者,政令也;钩谐以鸣,大小相益,回邪而不相害者,四时也。夫复而不乱者,所以治昌也;连而径者,所以存亡也:故曰琴音调而天下治。夫治国家而弭人民者,无若乎五音者。"朱长文(1039—1098)

的《琴史·释弦》更对此作了发挥。第三是它的象征意义了不起。古代君子以玉比德,亦以琴比德。桓谭说:"琴之言禁也,君子守以自禁也。"琴曲的名称多称"操",操即君子的操守。因此《左传·昭公元年》说:"君子之近琴瑟,以仪节也,非以慆心也。"历来人们并不把琴当作单纯的娱乐。此外,宋代罗泌(1131—1189)的《路史》卷九"朱襄氏"条,还有"琴惟阳""瑟惟阴"的说法,琴瑟相配就是阴阳调和,是自然、社会、人生,以及治国理家的最高理想。《诗经·关雎》"窈窕淑女,琴瑟友之",《诗经·棠棣》"妻子好合,如鼓琴瑟",影响了后来人们对美好生活的追求。关于琴的文化典籍,重要的有东汉桓谭的《琴道》、三国嵇康的《琴赋》、唐代司马承祯(647—735)的《素琴传》、薛易简的《琴诀》等,而以宋代朱长文的《琴史》和明代蒋克谦的《琴书大全》集其大成。《琴史》共6卷,前5卷介绍自尧舜禹开始直到北宋欧阳修、范仲淹等与琴相关的名人、琴家共156人,是将历代散见的材料首次汇总,意义巨大。末卷为专题评论,共论了与琴相关的11个专题:"莹律、释弦、明度、拟象、论音、审调、声歌、广制、尽美、志言、叙史。"其中《尽美》篇提出"琴有四美:一曰良质,二曰善斫,三曰妙指,四曰正心。四美既备,则为天下之善琴",最受后人赞叹。《琴书大全》是名副其实的"大全",全书22卷,分别为"序琴、声律(上下)、琴制、琴式、琴徽、琴弦、指法、指法手势图、弹琴/琴事、曲调(上下)、曲调拾遗、历代弹琴圣贤(上下)、记载、杂录、文、琴诗(上下)、琴谱(上下)",可说是一部琴学百科全书,特别是借此保存了许多以前失佚的资料。现存最早的琴谱则是明初宁王朱权积12年工夫编定的《神奇秘谱》,书成于洪熙元年(1425)。其中不乏名曲,如《遁世操》《广陵散》《高山》《流水》《阳春》《白雪》《梅花三弄》等。

在先秦时期,琴瑟常常并提,但汉以后瑟的名声不太响了。究其原因,恐怕还是受了阴阳说的影响。琴为阳,代表的是春天、生长、光明等含义;而瑟为阴,代表的是秋天、萧瑟、凄清等含义。唐代有两首与瑟有关的名诗。一首是钱起(约722—780)的《省试湘灵鼓瑟》,不仅通篇是悲苦之音,结句"曲终人不见,江上数峰青"也给人一种怅然若失之感。另一首是李商隐的《锦瑟》,表达的也是同样的感情,结句是:"此情可待成追忆,只是当时已惘然。"汉代通西域,从西域引进了不少乐器,如琵琶、箜篌、笛子、胡琴等,唐以后琵琶更成了弦乐的主乐器,瑟就淡出中国文化了。

二、棋

琴棋书画的"棋"特指围棋。《世本》说"尧造围棋,丹朱善之"。虽说也是圣人所造,但开始时似乎没有后来那么"高大上",晋人张华的解释是丹朱比较愚笨,因此尧造了围棋来开发他的智力。春秋战国关于围棋的记载证明这一猜想是有道理的。如《左传·襄公二十五年》记太叔文子批评大臣宁喜为国君考虑事情不周:"宁子视君不如弈棋,其何以免乎?弈者举棋不定,不胜其耦。而况置君而弗定乎?"《论语·阳货》记孔子说:"饱食终日,无所用心,难矣哉!不有博弈者乎?为之,犹贤乎已。"这些都与智力相关。因此《孟子·告子上》说:"今夫弈之为数,小数也。"围棋命运的改变始于作《琴道》的桓谭与著《白虎通》的班固。桓谭《新论》有《言体》篇,其所谓的"大体",类似于今天说的"大局",他从"大体"的角度提到了围棋:"世有围棋之戏,或言是兵法之类也。及为之,上者远棋疏张,置以会围,因而伐之,成多得道之胜;中者则务相绝遮要,以争便求利,故胜负狐疑,须计数而定;下者则守边隅,趋作罫目,以自生于小地,然亦必不如。"并举楚汉相争时薛公劝黥布造反提出上中下三策来说明。这是历史上第一次从兵法角度来论围棋。班固作有《弈旨》,这是现存最早的关于围棋的专文,文中说围棋"上有天地之象,次有帝王之治,中有五霸之权,下有战国之事,览其得失,古今略备",而且赞赏玩围棋像《诗经·关雎》一样"乐而不淫,哀而不伤",可以练气养性。班固之后,经学大师马融作有《围棋赋》,其开头几句是"略观围棋兮法于用兵,三尺之局兮为战斗场。陈聚士卒兮两敌相当,拙者无功兮弱者先亡",继承了把下围棋比作用兵的传统。进入魏晋,清谈之士以养性、谈兵相标榜,围棋也就成了高人的韵事。最著名的莫过于东晋谢安(320—385)指挥淝水之战,制定计划前他在下围棋,捷报传来时他还是在下围棋,好像淝水之战的胜利全仗着围棋的功劳似的。《三国志》记关羽刮骨疗毒,本来是"割炙引酒,言笑自若",到了《三国演义》就成了"公饮酒食肉,谈笑弈棋,全无痛苦之色",也添加了下围棋的内容。南朝阮孝绪编《七录》,在目录学史上第一次增加了"术艺部"(属于"术伎录"),其中收了徐泓《围棋势》、范汪等《围棋九品序录》、马朗等《围棋势》、褚思庄《棋品》等八种。棋是琴棋书画四艺中第一个进入正统目录学的,可惜这些书都已佚,否则中国的棋学发展还会有新的面目。现在可见的最早的对棋的论述是南北朝沈约为萧武帝所撰《围棋品》一书写的序,中有云"入神造极之灵,经武纬文之德,故可与和乐等妙,上艺齐工",这是非常高的评价。唐代围棋传到了朝鲜和日本,也有一些围棋著作,如玄宗时著名国手、棋待诏王积薪的一些作品及《敦煌棋经》等,也都已失佚。现存最早最著名的棋学著作是宋代张拟的《棋经》,又名《棋经十三篇》,从书名可知完全是套用孙子的《兵法十三篇》,序中亦自云:"今取胜败之要,分十三篇,有与兵法合者,亦附于中云尔。"坦陈将下棋比作用兵之意。而这部书读起来也确有读兵法的感觉。十三篇的标题是:"棋局、得算、权舆、合战、虚实、自知、审局、度情、斜正、洞微、名数、品格、杂说。"其中有不少精彩的论述。如《合战》篇几乎是一篇用兵哲学论:"有先而后,有后而先,击左则视右,攻后则瞻前。两生勿断,皆活勿连。阔不可太疏,密不可太促。与其恋子以求生,不若弃之而取势。与其无事而强行,不若因之而自补。彼众我寡,先谋其生;我众彼寡,务张其势。善胜者不争,善阵者不战,善战者不败,善败者不乱。夫棋始以正合,终以奇胜。"《品格》篇提出:"夫围棋之品有九:一曰入神,二曰坐照,三曰具体,四曰通幽,五曰用智,六曰小巧,七曰斗力,八曰若愚,九曰守拙。"这个九品说据说来源于三国魏邯郸淳(约132—221)的《艺经》,但该书已佚。九品说就是后来中、日、韩等国围棋"九段"说的滥觞。张拟的生卒年无考,《棋经十三篇》最初载于宋代翰林院棋待诏李逸民编的《忘忧清乐集》。该书除《棋经十三篇》外,还收有《棋诀》《论棋诀要杂说》等著作及一些全局棋谱。明代出了一些集成性的著作,如王穉登(1535—1612)的《弈史》,这是一部类似于《书史》《画史》《琴史》的著作,主要列叙了自古以来与围棋相关的人物及事迹。又如褚克明的《秋仙遗谱》,该书收录了自唐宋以来的大量棋局实例,徐慰怀为之作序,亦将棋谱比之兵法:"弈之为数,古人虽谓之小,而战守攻围之法、布置冲击之方,大率得兵家之意以为之者也。其于用谱,亦曰以心思运乎成谱,而无为谱之所拘,则善矣。"

围棋为传统所重是因为它体现了兵家之道,而同为棋类的象棋就没有这么幸运,尽管其在民间的普及程度可能比围棋有过之无不及。有人认为是因为围棋产生早而象棋产生迟。其实不然。虽然象棋有"楚河、汉界",令人怀疑起源于楚汉相争之时,实际从其内容看,它以"车"为主力,至少是春秋及以前之事。舜弟名"象",有人说因他顽劣不驯,舜禁闭之,但又恐其寂寞,故发明象棋令其有所娱乐,这就与围棋的发明差不多同时了。如果认为象就是动物大象,则时间就更早,可追溯到黄帝大战蚩尤之时。北宋晁补之《广象戏格·序》说:"象戏兵戏也,黄帝之战,驱猛兽以为阵。象,兽之雄也。故戏兵以象戏名之。"但这些都是猜测,对象棋地位也没有什么影响。这种现象

第六章 "术艺"概说

的根本原因在于没有人对象棋在理论上、精神上进行提升。围棋可以令人联想到兵法,又可使人心境平静,于治国治身两宜,因此为士大夫所重。象棋也留下了不少棋谱,如明代有徐芝的《适情雅趣》和朱晋桢的《橘中秘》,清代有王再越的《梅花谱》和张乔栋的《竹香斋象棋谱》等,收集了许多古谱。但这些只是实谱记录,《橘中秘·叙》云:"橘中虽隘,自觉天地之宽;胜负虽分,竟忘角逐之想。"《竹香斋象棋谱跋》云:"呜呼!进退存亡,惟变不失其正;屈伸赢缩,精义可以入神。"终觉境界不及围棋,只是纯粹的游戏。

第七章
"集部"概说

集部的数量在四部中是最大的。据文渊阁《四库全书》,四部的收书分别为 695、563、930、1 282,合计 3 470 部。经、史、子、集之比约为 0.20∶0.16∶0.27∶0.37。集部的数量超过经、史之总和。因为经、史、子各有专题,其内容和范围比较确定,而集是这些确定范围之外的任何著作,凡归不到经、史、子的,就入集部。

集部的范围虽大,但总结起来还是有个核心的,那就是广义的文学。但正如史部不等于西方概念的 history(因其中的"书志"内容实际涵盖了社会科学诸学科),子部不等于西方的 philosophy(因诸子以外的内容包括了许多现代属于自然科学、人文艺术的学科)一样,集部与西方的 literature 也不能等同,因其中的

"文"的部分远比西方的散文(essay或prose)要丰富复杂。而且如果采用了"散文"的概念,那么经、史、子何一非"散文"?四部之分就等于取消了。

集部的形成和发展是个累积的过程。它的源头是刘歆《七略》亦即《汉书·艺文志》里的"诗赋略",但此时其范围比较窄,所收只是赋(4类)和诗(1类),因其时"文"还没有专门的著录(这也是《汉书》诸传收录传主作品特别多的原因,许多作品就是这样保存下来的)。魏晋以后开始有个人文集出现,因此南齐王俭仿《七略》撰《七志》时,就认为"诗赋之名,不兼余制",因此把"诗赋"的名称改为"文翰"。后来阮孝绪著《七录》,又改"文翰"为"文集",理由是"窃以顷世文词,总谓之集,变'翰'为'集',于名犹显"。这是"集"作为分类名称的得名之由。《隋书·经籍志》承《七录》而来,在这过程中还把原来的双名改成单名,如"经典"改为"经","子兵"改为"子","文集"也就成了"集"。究其实,还是诗文之集。

从"诗赋"到"集",名称变了,性质也有很大变化。"诗赋"是具体文学作品,"集"是作品合集,可能是诗赋,也可能是非诗赋。例如贾谊的作品,在《汉书·艺文志》里分别在"诸子略·儒家"和"诗赋略"里,刘向的作品,分别在"诸子略"的儒家、道家和"诗赋略"里,扬雄的作品更是在"六艺略·小学""诸子略·儒家"和"诗赋略"三个"略"里。而到了《贾谊集》《扬雄集》等,就都归在一起了。因此集部的组成比较杂,主要有两个来源,一是诗赋,二是"杂文"。诗赋以《诗经》《楚辞》为源头,"杂文"则来自于汉代诸子(如贾谊、董仲舒等)及后代类似作品。文史专家余嘉锡先生说"秦汉诸子即后世之文集",是有一定道理的。子书的基础一是要"成一家之言",二是要回答平治天下这个时代之问。这个要求在战国秦汉时最迫切,秦汉以后,经过百家争鸣,取长补短,实际上各家主张都有"杂家"的味道,单纯的

"一家之言"已很难产生。东汉以后,由于造纸术及印刷术的突破,物质条件改善,因而诗文之作越来越多,越写越长,传播越来越广,所表达之内容亦越来越丰富。文体的形式越来越繁复,诗文的写作技巧也越来越讲究,因而人人都热衷于汇编个人的全部作品,结果就产生了"诗文集",顶替了原来"诗赋"的地位。

最早在《汉书·艺文志》里只有诗和赋。《七录》的"文集录"下分成"楚辞""别集""总集"和"杂文"四类。这个"杂文"正是"诗赋"和"文翰"的内容,如诗、赋、歌辞、箴、铭、诫、赞、诔、碑文、书,甚至诏、奏、弹事、对策、檄文、露布、启事等,是"诗赋略"在内容上的扩大。但这个"杂文"依文体分,与"别集、总集"依作者分会产生矛盾。例如"杂文"里有谢灵运的《杂诗钞》十卷、《回文集》十卷、《连珠集》五卷等,但"别集"里又有《谢灵运集》。因此到了《隋书·经籍志》,就取消了第四类而只保留前三类。

三类中,《楚辞》独成一类。"别集"的"别"相对于《楚辞》而言,意谓在《楚辞》之外,别成一集。"总集"则相对于"别集"而言,别集是个人作品的汇集,一人以上的作品汇集,就叫"总集"。总集的起源,前人说是始于谢安、王羲之等人在兰亭,石崇(249—300)等人在金谷园的文人雅集,把所作之诗汇成"集"。但这只是一种可能的来源,真正的总集应该是有意编纂的文章合集。最早的是见于《七录》的晋代挚虞(250—300)的《文章流别》六十卷。但此书已佚。现存最早最有名的总集是梁昭明太子萧统(501—531)编的《文选》。此书还有一个特别的意义,即它不收传统属于"经""史"(其中的"论""赞"除外)"子"的作品,实际上为"集部"起了界定范围的作用。其后徐陵(507—583)编了《玉台新咏》,开创了总集的又一体例,即只收某一种文体的作品,而不像《文选》那样兼收并录。

同时期还有一部更有名的著作,即刘勰的《文心雕龙》,但它是关于诗文理论的书,既非别集(《文心雕龙》是个人成体系专著,别集是个人作品汇集),也非总集(《文心雕龙》虽提及多人,却非多人作品合集,甚至不收具体作品)。《隋书》把它放在"总集",新旧《唐书》仍之,但总觉勉强。到《宋史·艺文志》就想出了个办法,在三类之外加了一个"文史类",专门收录诗文评论之类的著作。但"文史类"这个名称有点名不副实,因此《四库全书》将其改为"诗文评"。这就使集部有了四类。

《四库全书》的集部一共分为五类。在上述四类之外,还增加了一个"词曲类"。这更是纯从文体着眼的,因为词、曲虽都来源于诗,但宋代以后创作和论述越来越成气候,附庸蔚为大国,将之独立出来确实是有道理的。

但从现代关于"文学"的眼光来看,"四库"的收录和分类还有一个大问题,即缺少戏曲和小说。正如严复(1854—1921)在译倭斯弗(Basil Worsfold)《美术通诠》时的按语中所说:"词曲、小说之属,中国以为'乱雅',摈不列于著作之林,而西国则绝重之。"过去不重视不等于今天不重要,因此沿《四库全书》增加文体类旧例,我们的讨论还要加上两类:戏曲类和小说类。

下面对"集部"的介绍在大的范围仍依传统,从四个方面进行。一是《楚辞》,这是别集之始;二是别集,以作者为主;三是总集,以文体为主;四是诗文评,介绍中国文学理论与特色。只是诗文评的内容非常丰富,我们单独列为一章。

第一节 《楚辞》

《楚辞》在集部中的地位非常特殊,它不属于别集、总集,但又有别集、总集的特点,还具有诗赋、词曲等专门文体的特点。《楚辞》的主体是刘向编的《屈原赋二十五篇》,这是屈原个人的作品集,符合"别集"的要求。在此基础上刘向又加上宋玉、景差、贾谊、王褒等人乃至自己仿屈原的作品,合称《楚辞》,则又符合"总集"的要求。而其风格别成一体,一如宋代学者黄伯思(1079—1118)《东观余论·校定楚辞序》中所说,"盖屈宋诸骚,皆书楚语,作楚声,纪楚地,名楚物,故谓之'楚辞'",又符合按文体分类的要求。这样,把它放在各个类里似乎都不合适,因而在从《七录》开始的所有书目里,《楚辞》都单独成一类。

除了这种体制上的原因,我认为《楚辞》独立,还有文化史上的意义。前面说过,从"六经"到"经史子集",体现了一条中国文化形成发展的主线,其核心就是"治"学。从这条线去看作为集部之首的《楚辞》,可以发现它处在子、集的交会点,有着承上启下的意义。

一、承上——《楚辞》是战国诸子之一

从承上的意义看,《楚辞》本身就是"子"的一种。且不说屈原本人被人称作"屈子",《离骚》更有《离骚经》之说,从屈原生活的时代看,他没法自处于战国诸子之外。屈原生活在战国中期,略晚于孟子和庄子,而早于荀子、韩非子、吕不韦等,作为其时的政治活动家,他无法避开"平治天下"这个时代之问,也必然成为诸子中的一家。只是对于他的思想归属有不同的见解而已。对此前人有过许多讨论,儒家说、道家说、法家说、纵横家说、阴阳家说都有。我认为,第一,屈原可能是任何家,但不可能是纵横家。前面我们说过,战国诸子都有纵横家的味道,因为许多人并没有坚定不变的主张,朝秦暮楚,四处游说,只希望为被游说者所用。商鞅、韩非、孟子、荀子均如此。屈原与他们不同,在任何时候他心里都只有楚国,生死以之,至死无悔。第二,他既有各家特色,又不属于任何家,那不是"杂家"吗?这正是

战国后期诸家的特色,只是屈原较早地体现了这一特色。然而与其说是"杂家",我更愿意称他为"辞赋家"。这个"辞赋家"是从政治意义上说的,也就是说,屈原是以辞赋为手段,来表达他对治国平天下的政治见解。

二、启下——《楚辞》开创了中国式文学传统

战国诸子在纵横家的风气下,一处游说不成,便换一处,实在无人用他,便终老著书。孟子、荀子都是如此。屈原至死不肯离开故国,他的主张无法实现,便转而进入内心,通过创作辞赋来抒发感情。这就在无意中开创了中国式的文学创作传统,可归结为四句话:以爱国为基本宗旨,以抒情为基本形式,以想象为重要手段,以华丽为重要呈现。从四部体系来看,《楚辞》作为集部之首,为其后两千多年的中国文学尤其是诗歌树立了一个崇高榜样,是当之无愧的。这就是我们说的"启下"的意义。对《楚辞》的承上启下意义,《文心雕龙》有个很好的总结,说它在四个方面"同乎风雅",即继承了传统——"典诰之体""规讽之旨""比兴之义""忠怨之辞";而在另四个方面"异乎经典",也就是创新——"诡异之辞""谲怪之谈""狷狭之志""荒淫之意"。从儒家立场出发,刘勰对后四个方面是持批评态度的。但我们觉得这要从两方面看,从文学的角度看,艺术思维有其不同于逻辑思维之处;而从文学实践的角度看,这些方面走过头确实会以辞害意。实际上人们对此是能区别的。例如汉代扬雄说:"诗人之赋丽以则,辞人之赋丽以淫。""诗人"这里指的就是屈原,"辞人"则是包括他自己在内的司马相如等辞赋作者。

三、《楚辞》的内容

《楚辞》的特点是"书楚语,作楚声,纪楚地,名楚物",黄伯思具体

解释说:"若些、只、羌、谇、蹇、纷、侘傺者,楚语也;顿挫悲壮,或韵或否者,楚声也;沅、湘、江、澧、修门、夏首者,楚地也;兰、茝、荃、药、蕙、若、蘋、蘅者,楚物也。他皆率若此,故以楚名之。自汉以还,去古未远,犹有先贤风概。而近世文士,但赋其体,韵其语,言杂燕粤,事兼夷夏,而亦谓之楚词,失其指矣。"可见《楚辞》的时代性、地域性极强,后代人学楚辞,最多只能学习使用"兮、些、只、羌"等虚字,别的是学不像的。这就使《楚辞》成了一个封闭性的类,与集部其他类可以无限开放不同。《楚辞》的内容可分为两类:屈原所作和仿屈原所作。清代楚辞专家蒋骥说:"原赋二十五篇,情文相生,古今无偶。《九辩》以下,徒成效颦。"对仿屈原作品评价是不高的。屈原的作品 25 篇有两说,一说认为包括《离骚》1 篇、《九歌》11 篇、《天问》1 篇、《九章》9 篇以及《远游》《卜居》《渔父》各 1 篇。另有一说则认为《九歌》只算 9 篇,再加上《招魂》和《大招》两篇(前说认为《招魂》《大招》是宋玉、景差招屈原魂,后说则认为是屈原自招生魂)。两说无从证伪,从区分"屈作"和"仿屈作"的角度看,以后说为好。因为这两篇在整部《楚辞》中也非常有特色,非仿作可比。

四、《楚辞》的艺术价值

鲁迅在《中国小说的历史的变迁》一文中说:"自有《红楼梦》出来以后,传统的思想和写法都打破了。——它那文章的旖旎和缠绵,倒是还在其次的事。"这句话也适用于《楚辞》之于中国诗歌。中国诗歌的源头是《诗经》,但如果我们比较《诗经》和《楚辞》,会惊异地发现,凡《诗经》以为特色、以为必不可少的东西,如"风雅颂赋比兴",如"兴观群怨",在《楚辞》中都找不到或不明显,或表现方式不一;而《楚辞》中那些特色,在《诗经》中也往往没有。比如上面提到的"爱国"概念,不但在《诗经》中没有,在春秋乃至战国诸子的文章中也没有。这个思想甚至超越了孔子,孔子主张"鸟则择木,木岂能择鸟",因此惶惶然奔走于列国之间,以求他的"道"得行。只有屈原不管在什么情况下,都坚持热爱故国、热爱故土,"虽九死其犹未悔"。他开创的爱国主义传统成为几千年中国诗歌的基调,在全世界诗歌中罕有其匹,而他的伟大人格魅力,也成为中国诗人永远的榜样。

比如丰富的想象。《诗经》的来源,一是采集各地民谣,二是描写贵族士大夫的实际生活,三是歌颂祖先的功绩,其核心是一个"实"字,所谓"诗无邪"。因此几乎容不下丰富的想象。想象的翅膀,在上古文献中,《山海经》之外,要到列子、庄子才展开,而在比庄子稍后的《楚辞》里才得到更丰富的展示。不论是《离骚》《远游》,还是《招魂》《大招》,想象之瑰奇,令人感到不可思议。尤其是《天问》,王逸《楚辞章句》说屈原在放逐中,"见楚有先王之庙及公卿祠堂,图画天地山川神灵,琦玮僪佹,及古贤圣怪物行事,周流罢倦,休息其下,仰见图画,因书其壁,呵而问之,以渫愤懑,舒泻愁思"。结果一口气问了170多个问题,"天地万象之理,存亡兴废之端,贤凶善恶之报,神奇鬼怪之说",几乎问了个遍,因此有人说它是"千古奇文"。从他"仰见图画,因书其壁"来看,《天问》最早是写在壁上的,这又是最早的题画诗,开创了中国诗画结合的又一个传统。由之可以推想,《九歌》恐怕也是见到相关壁画或观察民间祭祀活动,再加以想象而成的。同样是写民间,《诗经》中就不可能有《九歌》这样的作品。

又如象征手法。我们看到《诗经》有比兴,《论语》等中有以山水比德、以玉比德,但像《橘颂》这样通篇象征的作品,在《楚辞》以前是没有的。王逸还说:"《离骚》之文,依《诗》取兴,引类譬谕,故善鸟香草,以配忠贞;恶禽臭物,以比谗佞;灵修美人,以媲于君;宓妃佚女,以譬贤臣;虬龙鸾凤,以托君子;飘风云霓,以为小人。"这种系统性的"比",也远远超出了《诗经》对比兴的运用,形成了《楚辞》特有的修辞特色。

再如辞藻的华丽及意境的创造。《诗经》的用词,大多朴实无华,像《秦风·蒹葭》《陈风·月出》这样意境优美、辞藻华丽的篇章是很少见的,而《楚辞》中却比比皆是。《离骚》《远游》的辞藻令人目眩,而《九歌》创造的意境更令人心动,特别是其中的《湘夫人》《山鬼》,可说是中国古代最美的诗篇之一。

如果说屈原的"辞赋家"兼含政治与文学的意义,那么其政治意义上的辞赋家为荀子所继承。《汉书·艺文志》记有"孙卿赋十篇",后人考证说就是《荀子》中的《成相篇》5章和《赋篇》5章,但其内容完全是关于治国平天下的,可说是赋化的诸子文。而其文学意义上的辞赋家则为宋玉所继承。宋玉是学屈原最成功的,在《楚辞》中收有《九辩》一篇,其内容和风格都很像《离骚》。还有没收在《楚辞》里的《风赋》《神女赋》《登徒子好色赋》等,对后世影响也很大。综合继承这两方面的则是贾谊,他不仅有《吊屈原赋》《鵩鸟赋》这样出色的赋作,其《过秦论》《陈政事疏》等政论气势磅礴,可说是散文化的《楚辞》。司马迁《史记》把屈原和贾谊并传,恐怕也不是没有道理的。

第二节　别集

别集是作家的个人作品集,别集的编排以时代为序。《孟子·万章下》说:"尚论古之人,颂其诗,读其书,不知其人,可乎?是以论其世也。"别集"个人""时代"兼重就为"知人论世"提供了条件。因此读别集,主要是由个人看时代,从时代看个人。从整体上看时代对个人的影响,又从个人的成就看其对时代的影响,包括文学、文化、思潮、文体、风格等。四部中集部最大,集部中别集最大,从古至今不知集中了多少作者的著作。介绍起来似乎难以下手,只能从中挑选一些介绍者认为最重要的作家和著作。这里也是如此,仍以朝代为序,但希望更强调时代与作家的相互关系,希望串起来能看出中国文学发展的大势。

别集是个人的文集,编者的希望当然是多多益善,最好把作者的所有作品都搜罗在内。由于历史的原因,许多收入早期书目的文集后来散佚了,但后来的人又努力"辑佚",把它恢复了过来,甚至比原先还要多还要全。别集当然以个人的全集为主,在早期尤其如此,一本《贾谊集》,就把贾谊的全部作品,包括文和赋都收进去了。但后代作者的作品越来越多,于是就会出现两类集子,一类是某种文体的全集,一类是全集,比如李白就有《李太白诗集》和《李太白全集》,前者只收诗,后者还包括各种"杂文"。"集"有的是自己编的,有的是过世后亲属或学生编的,有的是后人通过"辑佚"搜罗出来的。命名方式也不一,有以本名命名的(如《贾谊集》),有以字号命名的(如《曹子建集》),有以官职命名的(如《杜工部集》),有以地望命名的(如《韩昌黎集》),等等。我们在讨论时基本从《四库全书总目》出发,但不限于此,许多《四库》未收、不收的我们也会提到。总之,借"别集"之名,我们考虑的是"个人的全集"这一含义,提到某个人名,就意味着他和他的全部作品,而不局限于收入某家目录的某个具体本子。因此对于版本我们也不细加辨析,一般以常见的为主。

一、汉魏六朝

《四库全书总目》把"汉至五代"列为一期,由于这段时间长达千年,为了便于叙述,我们把它分成两段,汉魏六朝为第一段,隋唐五代为第二段。第一段时期有几点值得一说。

(一)"子"与"集"的纠缠

我们说"集"部来源于"子"部,这在两汉特别是西汉时期看得最清楚。从最早设立"文集录"的阮孝绪的《七录》,到"二十五史"的最后一部《清史稿》,"别集"的领衔人一再变化就体现了这一点。《七录·别集》以战国荀子的《荀况集》为首(该书中荀子不在"经典录·儒家"),其后有贾谊、晁错、刘安(前179—前122)、董仲舒等人的集子。《隋书·经籍志》仍之,但《孙卿子》同时见于儒家。从《宋史·艺文志》开始,别集改以《董仲舒集》开头,荀子以下诸人分别进了儒家(贾谊)、法家(晁错)、杂家(刘安)等。《四库全书总目》把董仲舒的《春秋繁露》收入经部"春秋"类,而别集则以扬雄的《扬子云集》开头。到了《清史稿·艺文志》,别集在清诸帝外,更以《曹子建集》领衔。从《七录》到《清史稿》,别集之首从战国的荀况到三国的曹植,中间横跨两汉整整四百年。这说明汉代确实是一个"子""集"相混的时代,也说明"集"部确是由"子"发展而来的。汉代很多作家有入子部的资格。例如扬雄,其《太玄》模仿《易经》,《法言》模仿《论语》,《方言》模仿《尔雅》,以继承经典为己任。《四库全书总目》把《扬子云集》列为别集之首,却又在"子部·儒家"收了扬雄的《法言》,犯了体例不严的毛病。再如刘向,著有《说苑》《新序》《列女传》《列仙传》,编《战国策》《山海经》,整理了中国第一部目录《别录》,是一位重要的文史学家。《隋书·经籍志》收有《刘向集》,但后来失佚了,只有后人辑的《刘子政集》。汉代以后,称"子"就更难被认可了。例如魏晋时傅玄(217—278)的《傅子》,是晋代少有的治国理政之作,内容很像《管子》,后世却很少提及。

(二)赋:两汉"一代之文学"

王国维在《宋元戏曲考·序》中说:"凡一代有一代之文学:楚之骚,汉之赋,六代之骈语,唐之诗,宋之词,元之曲,皆所谓一代之文学,而后世莫能继焉者也。"他把"骚""赋"区别开来是很有道理的,因为《楚辞》中屈原的作品没有叫"赋"的,而称"赋"的宋玉的作品却没有收在《楚辞》里。但"赋"却源于"骚",荀子、宋玉、贾谊都是学屈原的,他们的作品是汉赋的直接源头。汉初另一位辞赋大家枚乘(前210—约前138)以作品《七发》著称,但《七发》同样是学屈原,特别是其中的《招魂》《大招》。其主客问答的形式,有人说是学宋玉,其实还是学屈原的《卜居》和《渔父》,也有《荀子·赋》的因素。

除了骚体以外,汉赋还有一个重要来源,那就是汉初以贾谊《过秦论》和《陈政事疏》为代表的汪洋恣肆、气势磅礴的大散文,这样的雄文在秦以前是看不到的。正是诗、文两方面传统的结合,才催生了两汉大赋。两汉大赋以《七发》开端,其后有"马扬班张"四大家之说,分别指司马相如、扬雄、班固和张衡。司马相如的代表作是《子虚赋》《上林赋》和《大人赋》,扬雄的代表作是《甘泉赋》和《长杨赋》,班固的代表作为《两都赋》,张衡的代表作为《二京赋》。这些赋描写宫廷及帝王的生活(张衡《西京赋》兼及市民生活,为宋代《东京梦华录》之先声),极其铺张之能事。这种描写虽说是模仿《招魂》《大招》,但两者宗旨完全不同。《招魂》等是敷陈故国故土之可恋,招魂归来;而四大家的赋则是歌颂帝王的糜烂生活,到最后才"曲终奏雅",劝谏君王不要过于奢靡。"劝百讽一",其实反而起了负面作用,当事者扬雄、班固也已看到这一点。"劝百讽一"就是扬雄对宋玉、枚乘的赋的批评,因此他晚年颇悔少作,说这种赋是"童子雕虫篆刻","壮夫不为也"。班固则把批评对象延伸到司马相如和扬雄。张衡也看到这一点,因此后来改作抒情小赋。特别是他的《归田赋》,对六朝小赋起了引领作用,有人把它看作是六朝"俳赋"之始。

除宫廷大赋外,汉代还有一些"中赋",以主客对话的方式,抒发自己的怨愤。这大概是学《楚辞》中《渔父》《卜居》的形式,而内容却是屈原、贾谊、董仲舒以及司马迁都曾表达过的。开其绪的是东方朔(约前161—前93)的《答客难》,其后有扬雄的《解嘲》、班固的《答宾戏》、崔骃(？—92)的《达旨》、张衡的《应间》、蔡邕的《释诲》。这个传统一直延续到晋代郭璞的《客傲》和唐代韩愈的《进学解》。

四大家及蔡邕都有别集在《七录》《隋书·经籍志》里著录，但到《四库全书总目》时只有扬雄的《扬子云集》和蔡邕的《蔡中郎集》尚存，其余三人只有后人的辑本了。我们注意到这些大家中，扬雄是学术大家，班固是史学大家，张衡是天文学家、地理学家、数学家和画家，蔡邕是经史学家、音乐家、书法家，他们并不以写赋为业，要了解他们，需要看他们的全部作品。只有司马相如是文学侍从，职业文人，因此在《解嘲》类著作中唯有他缺席也是可以理解的。

两汉大赋的余响是左思的《三都赋》，那已是晋代的事了。《晋书·文苑传》说此赋写成后，"豪贵之家竞相传写，洛阳为之纸贵"，但之后这种大赋就很少了。其命运有点类似英国的"史诗"，自弥尔顿后，在文学史上就淡出了。

（三）三曹：文学的自觉

建安时期上承两汉，下启魏晋。曹氏父子、建安七子主要活动时期应在汉代，这段时间在中国文学史上极为重要。鲁迅在《魏晋风度及文章与药及酒之关系》中说："用近代的文学眼光看来，曹丕的一个时代可说是'文学的自觉时代'，或如近代所说是为艺术而艺术的一派。"这在一定程度上已成了学界共识。所谓"自觉时代"是相对于"非自觉时代"而言的，就是说在此前不是没有文学，只是没有"自觉"意识到而已。"自觉"至少体现在三个方面，一是主体自觉，二是文体自觉，三是理论自觉。这三个方面到建安时代才真正实现。主体自觉就是意识到或承认自己在搞文学，最简单的表现就是署名。以诗为例，在汉末以前中国几乎没有署名的诗人，也没有个人署名的诗集、文集。《诗经》《楚辞》不说，汉乐府、《古诗十九首》也都是无名氏作品，直到建安时期出现中国第一首叙事长诗《孔雀东南飞》，还是无名氏的作品。真正开始署名的诗人就是三曹。从这点看,《清史稿·艺文志》把曹植的《曹子建集》列为"别集"之首,也不是没有道理。三曹作为文坛领袖,还带动了周围一批人,主要就是"建安七子"——孔融(153—208)、陈琳(?—217)、王粲(177—217)、徐干(?—217)、阮瑀(约165—212)、应玚(?—217)、刘桢(?—217),都是当时大名鼎鼎的作家。这个名单中还应包括蔡琰,让她在文学史上留下大名的《悲愤诗》正是曹操将她从匈奴赎回后写的。从三曹开始,中国文学进入了署名的时代,也就是自觉的时代。

文体自觉是指对文体的关注和创新。"《诗》亡然后《春秋》作",《诗经》传统到春秋战国后中断。屈原的传统在他身后一分为二,"骚"的传统只剩下拙劣的模仿,以至《楚辞》后继无人;而通过荀子、宋玉、贾谊继承的传统进入汉朝后迎合统治者需要发展成宫廷大赋,一味堆积铺陈,歌功颂德,虽然"曲终奏雅",但毕竟"劝百讽一",到东汉也就走到了尽头。张衡等开始尝试另找出路,写抒情小赋和周边生活的咏物赋,到建安时代就见到了成效。曹丕、曹植和建安七子都是作赋高手。祢衡(173—198)的《鹦鹉赋》、王粲的《登楼赋》、曹植的《洛神赋》尤其是历来称颂的赋中精品。四言诗经过数百年的沉寂,到曹操手里得到了复兴。他的《短歌行》《龟虽寿》《观沧海》等被誉为《诗经》以后四言诗的又一高峰。建安时期五言诗的最佳作品无疑是无名氏的《孔雀东南飞》、辛延年的《羽林郎》和蔡琰的《悲愤诗》,但曹操的《蒿里行》、曹植的《箜篌行》、陈琳的《饮马长城窟行》等也不遑多让。七言诗的起源众说纷纭,但比较一致的结论是起源于曹丕的《燕歌行》。短篇散文以前多见于史部,特别是《史记》的"太史公曰"和班固的"赞曰",也是从建安时代起引起了人们的注意,如孔融的《论盛孝章书》、曹操的《述志令》、陈琳的《为袁绍檄豫州》、诸葛亮(181—234)的《出师表》等,可说盛况一时。

協規同力破操必矣操軍破必北還如此則荊吳之勢強鼎足之形成成敗之機在於今日 權大悅即遣周瑜程普魯肅等水軍三萬隨武侯詣左將軍併力拒操遂破操於赤壁、

前出師表

臣亮言先帝創業未半而中道崩殂今天下三分益州疲敝此誠危急存亡之秋也然侍衛之臣不懈於內忠志之士忘身於外者蓋追先帝之殊遇欲報之於陛下也誠宜開張聖聽以光先帝遺德恢弘志士

明刻本《汉丞相诸葛忠武侯全集》

理论自觉也在这一时期产生。汉末以前的文论散见于各种书序,曹丕的《典论·论文》是公认的有系统的中国文论之始,讨论了文章的性质、文体分类和特色,以及对具体作家的批评等。他还写了《与吴质书》,可谓是此文的姐妹篇。曹植则在其所作的《与杨德祖书》里发表了对文学的意见。中国文人的雅集,其实最早的是西汉梁孝王刘武(？—前144)的梁园,他招揽了枚乘、邹阳、庄忌和司马相如等辞赋家,但由于梁王本人不懂文学,也提不出什么有价值的意见,因此终究没产生"自觉的文学"。建安时期三曹作为文坛领袖,既有实践,又有理论,其成功是必然的。

建安文学深深影响了其后的文学发展,最早的就是紧随其后魏晋之际的"竹林七贤"。七贤中成就最大的是嵇康,他是继曹操后的四言诗第二人,又有《琴赋》《声无哀乐论》等音乐理论著作,他的《与山巨源绝交书》是散文史上的名篇。他还著有《养生论》《答向子期难养生论》,是中国历史上最早的养生专论。阮籍(210—263)的《大人先生传》、向秀(约227—272)的《思旧赋》、刘伶(约221—300)的《酒德颂》都是赋中的名品。阮籍的《咏怀诗》82首更开了专题诗的先河,其后有左思的《咏史诗》8首、郭璞的《游仙诗》14首,乃至唐代陈子昂(约659—约700)的《感遇诗》38首、张九龄的《感遇诗》12首等。文论则有挚虞的《文章流别论》等。

曹操有《魏武帝集》,曹丕有《魏文帝集》,曹植有《曹子建集》,嵇康有《嵇康集》,阮籍有《阮步兵集》。

(四) 两晋南北朝

265年司马炎代魏自立,建立晋朝,279年灭吴统一全国,未几即发生八王之乱,317年晋室南渡,建立东晋,自此开始南北分裂局面。此次南渡,历史上又称"衣冠南渡",世家大族举族而迁,把中原文化带到南方。自东晋及其后宋齐梁陈四朝,文化传统绵延不绝。而北方为少数民族统治,所谓"五胡乱华",文化受到较大摧残。这一时期文化重心在南方。我们拟以南方五朝为主,加上南北分裂前的西晋,各举一两位作家作代表,介绍这段时期的文化和文学。

陆机有《陆机集》。西晋最重要的文学家是陆机。其实他是华亭(今上海松江)人,东吴灭后去了北方。他在文学史上的贡献包括两个方面。一是奠定了骈文文体。刘勰《文心雕龙》说:"造化赋形,支体必双。"中国自上古《尚书》《诗经》起就不乏对偶的句子,秦楚以后运用渐多(如李斯《谏逐客书》及宋玉诸赋),至汉代更"变本加厉"。刘勰说:"扬马张蔡,崇盛丽辞。""扬马张蔡"就是把汉赋四大家中的班固换成蔡邕。有人统计,在《解嘲》类的赋里,对偶文字甚至占了百分之七八十。骈文与一般对偶文的不同之处在于其有两大特色:隔句对和四六字句。这个特色到陆机才真正鲜明起来。因此一般把骈文的真正开始定于陆机,其代表作就是《演连珠》50首(尽管连珠体始于扬雄)。王国维把"六代之骈语"看作"一代之文学",陆机的奠基之功不可谓不重要。陆机的第二个功绩在文论方面。他的《文赋》继曹丕之后,又前进了一大步,而且开创了以文艺作品论文的形式。中国有"以诗论诗"的传统,如唐代杜甫的《戏为六绝句》、金代元好问(1190—1257)的《论诗三十首》。其源头盖在此。

王羲之有《王羲之集》。提到东晋的重要作家,首先想到王羲之。《七录》收有《王羲之集》,后人辑有《王右军集》。王羲之以书见长,是当时的文坛领袖,兰亭雅集的组织者。他留下的作品不多,但有几个特点。一,他作有《用笔赋》《题卫夫人〈笔阵图〉后》《笔经》,是最早的书法理论之作。二,他的作品集中最多的是"杂帖",粗略统计有500多通,这大概是最早的书信便笺集,得以流传可能主要是因为其书法(据说唐太宗就搜集了很多),但从文学的角度看,许多便笺也颇短小耐读。三,他的代表作是《兰亭集序》,有趣的是,兰亭雅集41人参加,26人赋了诗,15人未赋被罚,但《兰亭集序》流传千古,兰亭集的诗作却没有流传下来,连王羲之自己作的两首诗(一首四言,一首五言)也少有人知。这种"有序无诗"的现象很有意思,比王羲之更早的石崇组织的30人的金谷雅集,也只留下了他的《金谷诗序》,未见诗作。包括后来有名的《滕王阁序》,应该也出自一次文人雅集,从序中"请洒潘江,各倾陆海"看来,应该是要求与会者都提供作品的,但除王勃(650—676)的诗外一首都没留下来。

陶渊明(约365—427)有《陶渊明集》。两晋最重要的作家是陶渊明,他也是继屈原之后的又一位大诗人。他开创的"隐逸诗派"或者说"田园诗派",在中国历史上影响深远。读陶渊明,需要知道每一位作者思想都是多元的,陶渊明也不例外。鲁迅在《且介亭杂文二集·"题未定"草六》中评价陶渊明"并非整天整夜的飘然",也有"金刚怒目式"的时候,是有道理的。在《陶渊明集》中,最能代表隐逸、田园的作品是《归去来兮辞》《归园田居》《饮酒》等,但除此之外,也有《读山海经》那样的激愤之辞,有仿董仲舒《士不遇赋》和司马迁《悲士不遇赋》作的《感士不遇赋》那样的感慨之言,以及《闲情赋》那样的深情之作。《桃花源记并诗》是诗、序并存而序的影响更大的作品。后来唐代王勃的《滕王阁序并诗》也是如此。

谢灵运有《谢灵运集》。南朝刘宋的代表作家可举谢灵运。自"竹林七贤"以后,受道教和玄学的影响,中国文化似乎进入了"山水"时代。画有宗炳的史上第一篇山水画论《画山水序》,文有袁崧的《宜都山水记》(为后来郦道元《水经注》"江水"条所本),赋有玄言派诗人孙绰(314—371)的《游天台山赋》《太平山铭》,而诗的代表就是山水诗派的创始人谢灵运。就像山水画是中国画中最具特色的画种之一一样,山水诗也是非常中国式的文学作品。谢灵运的山水诗数量占他诗作总数的三分之一以上,雕琢与自然描写并重,对后世影响极大,其中《七里濑》《登池上楼》《登江中孤屿》等更是千古传诵之作。谢灵运也是作赋的高手。他的《山居赋》洋洋4 000余字,可谓是山水家之大赋,极力铺陈"山野草木水石谷稼之事"。谢灵运还是文士中重要的佛学家,参加过早期佛经翻译的中文润饰,写有《维摩经十譬赞》《佛影铭》《庐山慧远法师诔》等文,《石壁立招提精舍》《过瞿溪山饭僧》《净土咏》等诗,还作有《辨宗论》,这是中土佛学重要文献。此外,他写有《十四音训叙》,以注解《大般涅槃经·文字品》,是对梵文读音的研究,对后来沈约等人提出声律说应有所启发。可惜今天已经无法见到。

沈约有《沈隐侯集》。齐梁之间的作家代表可举沈约。沈约是南齐竟陵王萧子良门下的文学团体"竟陵八友"之一,同在其中的还有后来的梁武帝萧衍(464—549)及范云(451—503)、谢朓(464—499)、王融(467—493)等人。沈约是当时的文坛领袖,又是与范云一起拥立萧衍称帝的功臣,地位很高。他在文化上的重要贡献一在史学,一在文学。史学上,他是《宋书》的编纂者,尤其精心撰写了其中的"八志",其中的《志序》,可说是关于写"志"的一篇专题论文,在"二十五史"中是唯一的。文学上,他与王融、谢朓等是"永明体"的创造者,提出"四声八病"之说,这是诗文"声律论"的起源,对后来诗文的律化和文学形式的发展有极重要的意义,以至竟有人把作诗规定的诗韵称作"沈韵"。沈约的具体论述,见于他的《宋书·谢灵运传论》及《答陆厥书》。

徐陵有《徐孝穆集》,庾信(513—581)有《庾开府集》。陈朝可说者为徐陵和庾信,徐有《徐孝穆集》,庾有《庾开府集》。两人齐名,人称"徐庾",都是梁简文帝开创的"宫体诗"的干将。宫体诗有两个特点,一是辞藻华美,二是讲求声韵。徐编有《玉台新咏》,著有《鸳鸯赋》;庾也著有《春赋》《镜赋》《鸳鸯赋》等。后来李白说"自从建安来,绮丽不足珍",指的就是这类作品。但这只是庾信前期的情况,他后来出使西魏,又被迫仕北周,滞留北方不归,文风为之一变。杜甫说"庾信文章老更成",就是指他后期的作品,最主要的有《哀江南赋并序》及《枯树赋》等,可谓在内容和形式上都达到了六朝赋和骈文的巅峰,也影响了唐代的文风。

二、隋唐五代

隋朝历史太短,而且隋代著名文人大多是由南朝入隋的,例如颜之推在梁为官,被掳入西魏,先后仕北齐、北周和隋朝,自叹"三为亡国之人"。他是中国历史上第一部家训《颜氏家训》的作者,又是参与编写《切韵》的主要"决定"者之一。但这两部书均不在集部。他还作过一篇《观我生赋》,其沉痛感不亚于《哀江南赋并序》。

唐代的"一代之文学"是诗。其实诗可说贯穿整部中国文学史,唐代得以以诗专名,在于它有几项成就:一是律化之完成,二是七言之成熟,三是古风另起炉灶。加上作者众多,质量上乘,遂雄踞历代之首。三者中,最重要的是律化之完成。隋代开始科举考试,但一般以策问为主,唐高宗起要加试"杂文",甚至要求"通文律者然后试策"。这就相当于现在的"高考指挥棒",使全国文人的写作趋于"律化",不仅是诗,而且是文。律诗最终完成于武后朝的宋之问(约656—约712)、沈佺期(约656—约715)。七言诗始于曹丕,到唐代才流行,并且完成律化。而律化后,诗人们为在日常创作中摆脱格律束缚,另寻出路,结果使古风大放异彩。这些因素共同促进了唐诗的繁荣。此外,以宫体为代表的齐梁诗文因不适合大唐气象而遭到摒弃,也引起了文体的改革,韩愈、柳宗元便是最早的鼓吹者和实践者。

唐代(618—907)以安史之乱(755—763)为界,政治、经济、社会、文化可以分为前后两段,明代高棅(1350—1423)在《唐诗品汇·总序》中更细分为四段——"初、盛、中、晚",为多数人所接受。按其说,初唐从唐高祖武德元年至唐玄宗登基的先天元年(618—712),是大唐国力达到鼎盛之时;盛唐从唐玄宗开元元年至唐代宗永泰元年(713—765),前期是唐代最强盛、最富裕之时,后期遭际安史之乱,走向没落;中唐从唐代宗大历元年至唐文宗大和九年(766—835),开始藩镇割据,社会动荡;晚唐从唐文宗开成元年到唐朝灭亡(836—907)。此从之。

(一)初唐

高棅提到的初唐作家有十四人:"虞(世南)魏(徵)诸公,稍离旧习;王(勃)杨(炯)卢(照邻)骆(宾王),因加美丽;刘希夷有闺帏之作,上官仪有婉媚之体;陈子昂古风雅正,李巨山文章宿老,沈(佺期)宋(之问)之新声,苏(颋)张(说)之大手笔。"这里介绍三人。

魏徵有《魏郑公集》。魏徵是唐太宗重臣,曾主持撰写《隋书》,主编《群书治要》,是正式采用经史子集四部名称的第一人,历史学家、目录学家、政论家。他的文章以谏议为主,是治国理政的重要史料,其中不乏《上太宗十思疏》《十渐疏》这样的名篇。还有些"表、议、书、铭"之作,书法史上有名的《九成宫醴泉铭》的原作,就出自他之手。

王勃有《王子安集》。初唐四杰的作品是文风由六朝转至唐的关钥,既有六朝余风,亦别开生面。王勃可说是其中的代表。他的《滕王阁序》水平超过庾信的《哀江南赋序》,是古今第一名篇。他的《送杜少府之任蜀州》已是格律谨严的五言律诗。他的《采莲曲》虽是六朝旧题,但语言活泼,句式多变,而且开启了唐诗中"思征人"的母题。骈文之外,王勃也善赋,有不少精彩之作。他的《寒梧栖凤赋》题下有注"以'孤清夜月'为韵",人们据此认为这是可见的唐代律赋第一篇。

陈子昂有《陈拾遗集》。韩愈《荐士》说:"国朝盛文章,子昂始高蹈。"因此陈子昂被视为唐初"起八代之衰"的第一人。陈子昂的诗歌中,以《感遇》38首最为有名,《登幽州台歌》尤为脍炙人口。他的《与东方左史虬修竹篇序》可谓是向六朝旧风挑战的宣言书,是一篇重要的文论。政治上,作为右拾遗,他敢于犯颜直谏。武则天朝以重用酷吏著称,他先后上了《谏刑书》《谏用刑书》《申宗人冤狱书》等,并说:"臣闻古人言,为国忠臣者半死,而为国谏臣者必死,然而至忠之臣,不避死以谏主。"体现出忠贞之气。

(二) 盛唐

高棅提到的盛唐作家有十人:"李翰林(白)之飘逸,杜工部(甫)之沉郁,孟襄阳(浩然)之清雅,王右丞(维)之精致,储光羲之真率,王昌龄之声俊,高适、岑参之悲壮,李颀、常建之超凡。"这里介绍三人。

李白有《李太白全集》。李白的生卒年几乎与盛唐相始终,可说是盛唐最典型的代表。他的诗风豪迈雄健,最完美地体现了大唐气象。他的诗形式全面,以五言古风和乐府为第一,前者如《古风五十九首》《月下独酌》,后者如《蜀道难》《将进酒》《关山月》《长干行》等。七言古体也有不少作品传颂,如《梦游天姥吟留别》《宣州谢朓楼饯别校书叔云》《庐山谣寄卢侍御虚舟》等。七言绝句与王昌龄并称唐代第一,名作有《早发白帝城》《黄鹤楼送孟浩然之广陵》《望庐山瀑布》等。五言绝句也不乏佳作,如《独坐敬亭山》《秋浦歌十七首》,《静夜思》更是在千百年来中国人最熟记的古诗中位居第一。李白性格狂放,不爱受拘束,因此律诗写得较少。五言律诗还有几篇名作如《渡荆门送别》《秋登宣城谢朓北楼》《送友人》,七言律诗有名的就只有一首《登金陵凤凰台》,还多处失粘。李白作有《菩萨蛮》《忆秦娥》二词,被后人誉为"百代词曲之祖"。实际上在他之前已有词作,不过有影响的文人词,他确是第一位。诗歌以外,李白还有赋、表、书、序、记、颂、赞、铭、碑、祭文等存世。其中《大鹏赋》以《庄子·逍遥游》中的鲲鹏自比,是他的代表作。他的表书中多自荐书,以《与韩荆州书》

为代表,体现了他不甘寂寞,希望为国做一番事业的迫切心情。他还写过一篇名为《代寿山答孟少府移文书》的趣文,代山立言,宗旨仍是自荐,希望出山做一番事业后再回归江湖。

王维有《王右丞集》。王维与李白生卒年几乎相同,但他没有李白那样的求仕压力,反而长期处于半官半隐状态,四十几岁便开始经营蓝田辋川别业。他是山水田园诗派的代表,继承了陶渊明田园诗和谢灵运山水诗两家传统,合为一家。王维兼善诸体,而以五言见长。宋代《册府元龟》说他"尤工五言诗,独步于当时"。《红楼梦》中黛玉教香菱学诗,提出的范文也是王维的"五言律一百首"、杜甫的"七言律一百二十首"、李白的"七言绝句一二百首",可见后人认可的这三人的长处。王维的五言律诗特别出色,如《山居秋暝》《过香积寺》《终南山》《观猎》《汉江临眺》等,确实是教科书级别的。五言绝句也同样精彩,尤其是《辋川集二十首》《相思》《杂诗》等。七言绝句《送元二使安西》《九月九日忆山东兄弟》,七言律诗《积雨辋川庄作》《和贾舍人早朝大明宫之作》也为人所熟知。六言绝句倡自嵇康,入唐后王维作有《田园乐七首》,别开生面。五言古风《渭川田家》,七言古风《桃源行》《洛阳女儿行》均为当行本色,《洛阳女儿行》更是后人所谓元和体、梅村体(即平仄绝句叠加的七言歌行)的真正起源。从内容来说,王维虽以山水田园为主,但也有其他题材的诗,如作为盛唐诗风代表的边塞诗,他也作有《从军行》《陇西行》《使至塞上》《少年行》等。王维还是水墨和写意画的开创者,所谓"南宗画派"的宗师。他亲自为《辋川集二十首》画了壁画《辋川图》,开了诗画合作的先河,还写有不少重要的画论著作,如《山水论》《山水诀》《为画人谢赐表》等。诗画互映,成就一代大家。

杜甫有《杜工部集》。杜甫只比李白、王维晚了 10 年左右,但生活经历大不相同。他亲历了盛唐的繁荣,也见证了安史之乱给国家和人民带来的痛苦。这种反差记录在他的诗里,形成一代"诗史"。他的作品也应当分两段看:安史之乱爆发前和安史之乱爆发后。而他最有价值的诗大多在后期,量多质更高。这就使他的总体诗风,虽同处盛唐,但与王维、李白、高适、岑参等似乎完全不在一个时期。英国汉学家葛瑞汉(A. C. Graham)编《晚唐诗选》,甚至把《秋兴八首》等杜甫后期的诗列为晚唐诗的开头,也不无道理。作为古今中国诗坛第一人(李杜并称,但崇杜者更多),杜甫诗的成就是全方位的,当然最突出的是七律。七律在沈佺期、宋之问手中成形,但真正集大成的是杜甫,他自己说"晚节渐于诗律细",他晚年的七律更达到炉火纯青的地步,如《登高》《秋兴八首》《蜀相》《咏怀古迹五首》《江村》《客至》等,成为后人学习的典范。他的五律,如《月夜》《春望》《旅夜书怀》《登岳阳楼》等,也感人至深。他的五言古诗有"三吏""三别"以及《自京赴奉先县咏怀五百字》《羌村三首》《赠卫八处士》等,乐府和七言古风《兵车行》《丽人行》《饮中八仙歌》等均久为传诵。杜甫的绝句似不及他的其他诗体出名,但也有五绝《绝句二首》、七绝《绝句四首》等精品。他的《戏为六绝句》更可说开辟了"论诗绝句"这一新文体。除了论诗,杜甫还以诗论画、论音乐。他的《天育骠骑图歌》《丹青引赠曹将军霸》《韦讽录事宅观曹将军画马图》《题壁上韦偃画马歌》《画马赞》等可说是题马诗的巅峰之作,《画鹰》《画鹘行》《通泉县署屋壁后薛少保画鹤》《杨监又出画鹰十二扇》等也极具精神。《观公孙大娘弟子舞剑器行》则是论舞。杜甫的文章留存不多,早期的"三大赋"很有名,但实际没有超出汉代大赋的窠臼。

(三) 中唐

高棅提到中唐前期有"韦苏州(应物)之雅澹,刘随州(长卿)之闲旷,钱(起)、郎(士元)之清赡,皇甫(冉)之冲秀,秦公绪(系)之山林,李从一(嘉祐)之台阁"七人,后期有"柳愚溪(宗元)之超然复古,韩昌黎(愈)之博大其词,张(籍)王(建)乐府,得其故实,元(稹)白(居易)叙事,务在分明,与夫李贺、卢仝之鬼怪,孟郊、贾岛之饥寒"十人。这里同样介绍三人。

韩愈有《韩昌黎集》。古代文人能诗善文的不少,但真正诗文俱佳、并臻一流的公认有四人:唐代的韩、柳和宋代的欧、苏。而韩愈名列第一。韩愈在中国文学史上的地位很高,往前堪比司马迁,往后位列唐宋八大家之首。但我们首先应注意的是,他也是历史上重要的思想家、教育家。《原道》《原性》《原毁》《读荀子》《读墨子》《重答张籍书》《论佛骨表》诸作,使他跻身历代思想家行列,成为宋代理学的先驱。《师说》可能是《礼记·学记》之后最重要的论教育的文章。韩愈还是史学家,撰有《顺宗实录》。《张中丞传后叙》等文章体现了他的史家才能。作为文学家,在理论上,他是唐代"古文运动"的领袖。"古文"运动是一场文体革新运动。韩愈反对六朝以来堆积辞藻、讲求骈丽的文体,称之为"时文",而把散体的风格叫作"古文",这是以复古名义搞维新。韩愈写了《与冯宿论文书》《答李翊书》《送高闲上人序》等,推行他的主张。他还用大量实践证明他的主张。他的文章汪洋恣肆,几乎无所不能,把"赠序"和"墓志铭"两种文体发挥到淋漓尽致,名文有《送李愿归盘谷序》《送孟东野序》《柳子厚墓志铭》等。他的《祭十二郎文》被誉为"至情之文"。在诗歌上,他创造了奇崛的风格,人称"以文为诗"。他的诗以古风见长,如《山石》《雉带箭》《贞女峡》《石鼓歌》等,但也有语言流畅的近体律绝,如《左迁至蓝关示侄孙湘》《晚春》《早春呈水部张十八员外》等。

柳宗元有《柳河东集》。柳宗元也是思想家,而且更大胆,更具批判精神。他的论、辨诸作,如《封建论》《时令论》《断刑论》《桐叶封弟辨》《论语辨》,以及《非国语》《天说》《天对》等,都是对历来成说的质疑。文论方面,他的《答韦中立论师道书》就文论文,更多地谈自己学作文章的心得,给人以启发,与韩愈强调文以载道不同。柳宗元的文章以山水游记最为著名,特别是其中的"永州八记"。他还写了许多亭堂记,如《桂州訾家洲亭记》《永州韦使君新堂记》等,数量之多,可认为是这一领域的开拓者。他的传记文也写得相当不错,既写大人物,如《段太尉逸事状》,又写不为人注意的小人物,如《种树郭橐驼传》《梓人传》《童区寄传》《捕蛇者说》,后者可能还是他开创的。他的吊赞箴戒等杂体文和骚体小赋也很有特色,嬉笑怒骂,皆成文章,如《三戒》《骂尸虫文》等。柳宗元的诗多古体,爱用仄韵,故显得峻峭。有名的有七律《登柳州城楼寄漳汀封连四州》、仄韵五律《溪居》《夏初雨后寻愚溪》、仄韵七绝《夏昼偶作》、仄韵五绝《江雪》、仄韵七言《渔翁》、五古《田家三首》《掩役夫张进骸》等。最后一首使人想起明代王守仁(1472—1529)的名作《瘗旅文》。

　　白居易有《白氏长庆集》。白居易和元稹(779—831)发起的"新乐府运动",是韩柳古文运动的深入,而在思想上更强调"文章合为时而著,歌诗合为事而作";在语言上更强调通俗易懂,"老妪能解",李忱作《吊白居易》云:"童子解吟长恨曲,胡儿能唱琵琶篇。"白居易可能是历史上第一个生前为自己编文集的文人。在他以前的"集",几乎都是后人编的,而《白氏长庆集》(后改为《白氏文集》)是他生前编就的,而且有50卷本、60卷本、70卷本及75卷本等多种版本。因此他的作品数量之多、保存之完整,在唐人中首屈一指。现存《四库全书》的是71卷本,其中诗37卷,收诗2 859首,文34卷,收文919篇。白居易把自己的诗分成讽谕诗、闲适诗、感伤诗和杂律诗四类。前两类之分,他自己说是:"谓之讽谕诗,兼济之志也;谓之闲适诗,独善之义也。"因此为时事而作的诗都在讽谕类,如《秦中吟十首》《新乐府五十首》《有木诗八首》等。描写闲居及与朋友交往的诗在闲适类。感伤类是因情而发的诗,著名的《长恨歌》《琵琶行》以及表达莫名愁绪的短诗《花非花》都在这一类。杂律诗是从形式上分的,流传名作有《钱塘湖春行》《大林寺桃花》《暮江吟》等。白居易也是作赋高手,集中收赋15首,多数是有明确限韵的律赋,他还写有一篇《赋赋》,是以赋体论赋的一篇名作。而其《大巧若拙赋》则被视为符合律赋要求的样板。他的散文有论文学的名篇《与元九书》。此外,《草堂记》《三游洞序》《冷泉亭记》诸文亦颇可读。

(四) 晚唐

高棅提到的晚唐作家则有"杜牧之(牧)之豪纵,温飞卿(庭筠)之绮靡,李义山(商隐)之隐僻,许用晦(浑)之偶对",以及"刘沧、马戴、李频、李群玉辈",共八人。这里介绍杜牧(803—852)、李商隐、温庭筠(约812—866)三人。三人虽然各体均长,但各有其最显著的特色:杜牧的七绝、李商隐的七律和温庭筠的词。

杜牧有《樊川文集》《樊川诗集》。杜牧最值得说的有三点。第一,整个晚唐沉湎在一种"世纪末"的风气中,诗歌追逐辞藻华丽、对仗工整之作。杜牧身处这种风气中还能保持清朗的风格,很不容易。他的诗中最出色者为七绝,人评为可与李白、王昌龄鼎足而三。名作有《江南春》《清明》《过华清宫》《赤壁》《山行》《秋夕》《金谷园》《泊秦淮》《寄扬州韩绰判官》《赠别二首》《遣怀》等,有的清丽,有的沉重,有的香艳。第二,杜牧一介书生而好兵,学习曹操注了《孙子兵法》十三篇,并写有多篇论兵之文,如《战论》《守论》《注孙子序》《上司徒李相公论用兵书》《上李太尉论北边事启》等。第三,杜牧的赋作得不多,只有《樊川文集》卷一的三篇,但质量很高,尤其是《阿房宫赋》,就其本身而言,在唐代传颂的赋中可算第一;就其影响而言,影响了宋代欧、苏等的文赋。文赋区别于汉大赋、六朝俳赋、唐律赋者有三条,一是主客问答,二是首尾用散句,三是涉入议论。《阿房宫赋》三者都具备,因此成为创体之始。此外,杜牧还是书法家,他自书的行草《张好好诗》,潇洒流逸,高古典雅。

李商隐有《李义山文集》《玉谿生诗集》。李商隐以七律著称,尤其是其中两个题材,咏史和"无题",无题诗多涉男女私情,也有人认为有政治寄托,这是中国文学史上的公案。著名的七律有《锦瑟》《重过圣女祠》《隋宫》《无题·昨夜星辰昨夜风》《无题·来是空言去绝踪》《无题·相见时难别亦难》《无题·重帏深下莫愁堂》《马嵬》《安定城楼》等。其他形式也有不少名作,如七绝《霜月》《夜雨寄北》《瑶池》《嫦娥》《贾生》,五律《蝉》《晚晴》,五绝《乐游原》等。五言长篇《行次西郊作一百韵》被认为可继杜甫《北征》《自京赴奉先县咏怀五百字》,七言长篇《韩碑》被认为可继韩愈《石鼓歌》。李商隐自己曾编有《樊南四六甲集》《樊南四六乙集》,今序尚存,而书已佚。有人认为李商隐骈文水平很高,但已无从证明。观《李义山文集》中一些骈体还是很不错的,如有一篇《祭小侄女寄寄文》,读来很见深情。李商隐还有一部有趣的作品,叫《杂纂》,讲一些生活趣事,未收入上述文集。但宋人王君玉和苏轼均有续作,可见不虚。商务印书馆《丛书集成》初编曾编入。

温庭筠有《温飞卿集》。温庭筠的作品从某个方面说正好体现了从诗到词的过渡。他是唐代最后的大诗人之一,与李商隐并称"温李";又是早期最优秀的词作者之一,与韦庄(约836—910)并称"温韦"。他曾编有《金荃集》,是史上第一部个人词集,宣告了词开始正式进入文学殿堂。但温庭筠的词风与"温李"诗风一样,以香艳为主,甚至有过之而无不及。有人说温词的辞藻特别香艳富贵,例如光描写衣服被帐的词就有绣衫、罗袖、画罗、绣衣、霞帔、金带、绣罗襦、绣芙蓉、金鹧鸪、金凤凰、金鸂鶒、金鹦鹉、金翡翠、金雁、鸳鸯锦,以及锦衾、鸳被、锦帐、凤帐、绣帷、罗幕等,甚至成为后来花间派词人竞相模仿的榜样。他的14首《菩萨蛮》和6首《更漏子》尤为其中之最。此

第七章 "集部"概说 253

外,他的《南歌子·手里金鹦鹉》《望江南·梳洗罢》也受人喜欢。他的诗大多比较温婉,如《舞衣曲》《张静婉采莲曲》《赠知音》《照影曲》等,但也有些苍劲之作,如《回中作》《过五丈原》。诗中以五律为最好,有《题卢处士山居》《早秋山居》《商山早行》等,其中对句尤其出色。温庭筠外号"温八叉",据称"八叉手而八韵成",可见也是作律赋的快手。从所作的《锦鞋赋》等看,也多浓艳之作。

(五)五代

五代的历史只有短短五十几年,却是词产生的关键期。中原朝廷梁、唐、晋、汉、周因战乱频仍,没有产生重要作家,倒是偏处西方的蜀国和南方的南唐产生了一些重要词人,主要是西蜀的韦庄和南唐的李煜。

韦庄有《韦庄集》。他是由唐入蜀的诗人,严格地说应该属于唐代,但他是劝蜀王称帝的开国功臣,因此列在这里。他先以诗著名,特别是黄巢军攻入长安后,他作《秦妇吟》一诗,名满天下,人称"秦妇吟秀才",此诗1 600多字,比《长恨歌》长一倍,是唐代第一长诗。因诗中有"内库烧为锦绣灰,天街踏尽公卿骨"两句,为公卿辈所忌,他自己后来编定诗集《浣花集》时也没有收入,因此失佚已久。后来在敦煌石室中发现。他的诗中最好的是七绝,有人以为不亚于盛唐,如《台城》《送日本国僧敬龙归》《古离别》《金陵图》《江外思乡》等。其他近体诗也不错。他的词与温庭筠齐名,其实要过之,语言浅白,而情致更深。最出色的作品包括5首《菩萨蛮》、3首《归国遥》、2首《荷叶杯》、2首《女冠子》和2首《思帝乡》。李白、温庭筠和韦庄三家的《菩萨蛮》可谓为宋词奠定了基础。

李煜有《李后主词》。后人辑有《李煜全集》。同宋徽宗赵佶一样,李煜是失败的皇帝,但却是个文艺全才。诗词以外,他能书善画,《宣和书谱》《宣和画谱》都有关于他的作品和风格的记载,南唐徐熙的工笔花鸟可能就是他倡导的结果。他还懂音乐,能自己作曲,与夫人大周后共同整理了《霓裳羽衣曲》,还曾有续《乐记》之作,可惜未流传下来。他使用的澄心堂纸、李廷珪墨、龙尾石砚后来都成为文房四宝中的顶级精品。李煜作为亡国之君,作品留存不多,诗词共约70余首,以词为主。他的词可能是唐五代水平最高的一个。清代词论家周济(1781—1839)说天下美人"严妆佳,淡妆亦佳,粗服乱头,不掩国色"。他把温庭筠比作严妆美人,韦庄比作淡妆美人,而李煜则是"粗服乱头"的真正国色。王国维认为词从李煜开始,变伶工之词为士大夫之词。李煜的词以国亡降宋为界,可分为前后两段。前期寄情声色,后期则写家国之痛。他的词,语言明快,声律和谐,几乎件件是精品。前期的作品主要有《一斛珠·晓妆初过》《清平乐·别来春半》《捣练子令·深院静》《长相思·云一緺》《菩萨蛮·花明月暗笼轻雾》等。此外还有即位四年后写的《昭惠周后诔》,文字悲切,酸楚动人,但相比于后期的词,辞藻还是浓艳了些。后期的词包括《虞美人·春花秋月何时了》《望江南·多少恨》《破阵子·四十年来家国》《浪淘沙令·帘外雨潺潺》《乌夜啼·无言独上西楼》《相见欢·林花谢了春红》等,语言趋淡而情意更深,确是后人难以超越的精品。

三、宋金元

宋代是中国古代文化的鼎盛期,诗、词、文、书、画均臻时代高峰。其成就上比唐代而不逊色,下视明清则难以超越。名家大家辈出,加之印刷术进步,作者创作数量丰富,"集"部的作品越来越多,且越来越大。因篇幅限制,这里只能从历史影响角度精中选精,优中择优,因此将宋分成北宋、南宋两段介绍,金、元则各一节。

(一)北宋

北宋选欧阳修、苏轼和李清照三人。欧、苏先后为北宋文坛领袖,影响无人可及。李清照为光烁千古的女词人,在文学文化史上自应独占一席。

欧阳修有《欧阳文忠公集》,共153卷,附录5卷。欧阳修在很多方面有创新之功,如《集古录》创金石文字研究之新,《六一诗话》创诗话体文学批评之新,《洛阳牡丹记》创花卉植物学研究之始,《欧阳氏谱图》创民间家谱学之始,参编的《崇文总目》创正史外官修目录之始,等等。他领导的"诗文革新运动",使唐代韩、柳开创的"古文运动"真正取得了成功。他桃李满天下,"唐宋八大家"中三苏、王安石、曾巩均出自其门下。史学方面,他与宋祁合修《新唐书》,又独撰《新五代史》,还写有《正统论》等重要史论。他在文学上的才能也是全面的。苏轼说他"论大道似韩愈,论事似陆贽,记事似司马迁,诗赋似李白",识者以为知言。明代王世贞评他"文胜词,词胜诗,诗胜书",基本也是成立的。他最有名的文是《醉翁亭记》和《秋声赋》,其次有《朋党论》《伶官传序》《泷冈阡表》等。词中最著名的是《生查子·元夕》《南歌子·凤髻金泥带》及《采桑子十首》,其次有《踏莎行·候馆梅残》《朝中措·平山堂》《诉衷情·眉意》《玉楼春·春山敛黛低歌扇》《蝶恋花·庭院深深深几许》及《渔家傲十二首》。诗歌代表作有《戏答元珍》《啼鸟》《春日西湖寄谢法曹歌》等。

苏轼有《东坡全集》115卷。他是比欧阳修更著名的全才,堪称中国文学史之最。文与欧阳修并称"欧苏",诗与黄庭坚合称"苏黄",词与辛弃疾(1140—1207)合称"苏辛",书列宋代"苏黄米蔡"之首,画是文人画的开创者。他的作品诸体皆能,无一不精。文有《赤壁赋》《石钟山记》《喜雨亭记》《放鹤亭记》《表忠观碑》《潮州韩文公庙碑》《亡妻王氏墓志铭》等,还有《东坡志林》《艾子杂说》等涉笔成趣的笔记;词有《念奴娇·赤壁怀古》《水调歌头·明月几时有》《江城子·密州出猎》《江城子·乙卯正月二十日夜记梦》《蝶恋花·春景》《洞仙歌·冰肌玉骨》《定风波·莫听穿林打叶声》《永遇乐·明月如霜》《贺新郎·乳燕飞华屋》等;诗五古有《神女庙》《和王晋卿》《怀西湖寄晁美叔同年》《次韵子由论书》《书晁补之所藏与可画竹》等,七古有《百步洪》《登州海市》《和子由踏青》《戏子由》《游金山寺》《吴中田妇叹》,五律有《仙游潭》《雨中看牡丹》等,五绝有《吴江岸》《儋耳山》等,七律有《和子由渑池怀旧》《六月二十七日望湖楼醉书》《新城道中二首》《雪后书北台壁》等,七言绝句脍炙人口的更多,如《题西林壁》《饮湖上初晴后雨》《惠崇春江晚景》《春宵》《海棠》《花影》《赠刘景文》等。以上是把苏轼作为史上首屈一指的文学家来介绍他的作品,苏轼还有另一种读法,即把他作为一个政治家来读。苏轼文集中,"赋、记、传、碑、铭、颂、箴、赞、偈、祭文、祝文、青词、尽牍、杂著"等可作文学看,而"论、策、上书、议、表、状、启、制敕、诏"等可作政论来读。这些文章里凝聚了他作为一个忧国爱民的政治家对于治国理政的深刻见解,不亚于战国秦汉的"诸子"。例如《刑赏忠厚之至论》《礼以养人为本论》《晁错论》《思治论》《议学校贡举状》《上神宗皇帝书》等,以及文学类里的《三法求民情赋》等。特别是他的系列策论,包括《策略》5篇、《策别课百官》6篇、《策别安万民》6篇、《策别厚货财》2篇、《策别训兵旅》3篇、《策断》3篇,更可看作完整的治国理政大纲,值得我们重视。

  李清照有《漱玉集》《漱玉词》,后人辑为《李清照集》,诗词总数不足80首,确定为其所作的仅40余首。这点数量,对于一个家学渊源又聪明早慧,17岁就能写出《如梦令》的才女来说,确实少了点。她与丈夫赵明诚又是收藏家,"凡古物奇器丰碑巨刻所载,与夫残章断画摩灭而仅存者,略无遗矣"。到头来却连自己的作品都保存不下来,可见其遭际流离之苦,难以想象。但仅剩的这点作品,也足以使她跻身中国文学史上的顶尖作家行列。特别是作为宋代"一代之文学",李清照的词,与早于她的五代李煜并称"词家二李";又与晚于她的南宋辛弃疾合称"济南二安"(李清照字易安,辛弃疾字幼安,均为济南人);于当世更睥睨包括欧、苏在内的所有词家,可见其自视之高。她的词以南渡为界,可分前后两期。前期反映了贵族少女的安逸生活,夫妇生活的和谐与思念。这一题材本是唐末五代以来的老套,但由于出自女性之手,更加真实细腻。如《如梦令·常记溪亭日暮》《如梦令·昨夜风疏雨骤》《一剪梅·红藕香残玉簟秋》《醉花阴·重阳》《凤凰台上忆吹箫·香冷金猊》等。她气格豪迈的《渔家傲·天连云涛连晓雾》和论文《词论》也应作于此时。南渡以后,国破家亡,她的作品几乎全以血泪凝成。如《声声慢·寻寻觅觅》《临江仙·庭院深深深几许》《武陵春·春晚》《行香子·草际鸣蛩》《永遇乐·落日熔金》等。词以外,李清照也留下了一些诗,虽为数不多,但体现了与词不同的风格,更豪迈、更沉着。她的古风《浯溪中兴颂碑和张文潜韵二首》《上枢密韩公、工部尚书胡公》及绝句《夏日绝句》,简直可看作两宋之交的诗史。

(二)南宋

宋室南渡,有所谓"中兴四大家"——尤袤、杨万里、范成大、陆游(1125—1210),而以陆游为首。词是宋朝的"一代之文学"。如依"豪放—婉约"的简单两分法,则北宋时"豪放派"以苏轼为首,"婉约派"以李清照为代表;南宋时婉约派众多,而"豪放派"以辛弃疾为首。此外,朱熹作为理学大师,影响中国700多年,他本人也是杰出诗人;文天祥(1236—1283)作为中国历史上少有的状元出身的民族英雄,文采也有可观之处。因此南宋我们选了陆、朱、辛、文四人。

陆游有《剑南诗稿》《渭南文集》等,后汇成《陆放翁全集》,另有墨迹传世,也是诗、词、文、书法兼长的全才。他还撰有《南唐书》18卷,主持编修孝宗、光宗两朝实录和三朝史,是重要的史学家。他文集中占了几乎六分之一篇幅的墓志铭往往写得特别长,犹如史传,如为他老师曾几写的《曾文清公墓志铭》长近三千字。他的《天彭牡丹谱》可说是欧阳修《洛阳牡丹记》的姐妹篇。他的《入蜀记》四万余字,是中国最早的长篇游记。陆游还写有读来趣味盎然的《老学庵笔记》。他的文集中有大量的"跋",是他对前人或时人诗、词、文、书法的简要点评;其次是"记",其中有不少佳作,如《书巢记》《东屯高斋记》《居田记》等。陆游存诗9 000多首,是历代诗人之最。清代诗人赵翼特别推崇他,甚至认为他超过苏轼,因为诗中透露出满腔爱国之情,特别是入蜀后,"其诗之言恢复者,十之五六;出蜀以后,犹十之三四"。晚年则以乡居生活为主,诗亦清新可喜。他的诗七言胜于五言,而七言中尤以七律为佳。名作有七律《书愤》《病起书怀》《黄州》《枕上作》《游山西村》《临安春雨初霁》《征妇怨效唐人作》等,七绝《秋夜将晓出篱门迎凉有感》《十一月四日风雨大作》《剑门道中遇微雨》《冬夜读书示子聿》《梅花绝句二首》《沈园二首》《示儿》等。其他则五古有《观大散关图有感》《白鹤馆夜坐》,七古有《关山月》《金错刀行》《长歌行》《大雪歌》等。陆游的词兼有婉约和豪放两种风格,明代学者杨慎《词品》说他的词"纤丽处似淮海(秦观),雄慨处似东坡(苏轼)"。前类作品如《钗头凤·红酥手》《卜算子·咏梅》《临江仙·离果州作》《鹊桥仙·一竿风月》等,后类作品如《诉衷情·当年万里觅封侯》《夜游宫·记梦寄师伯浑》《双头莲·呈范至能待制》《浪淘沙·绿树暗长亭》《谢池春·壮岁从戎》等。

朱熹有《朱文公文集》和《朱子语类》,后人辑为《朱子全书》。朱熹一生勤于读书、教学、写作,著述极丰,遍及经史子集。于经类有《周易本义》《易学启蒙》《诗集传》《仪礼经传通解》《四书章句集注》《四书或问》《论孟精义》,于史类有《资治通鉴纲目》《八朝名臣言行录》《绍熙州县释奠仪图》《家礼》,于子类有《太极图说解》《通书解》

《西铭解》《近思录》《伊洛渊源录》《延平答问》《童蒙须知》《小学》《阴符经考异》《周易参同契考异》,于集类有《楚辞集注》和《昌黎先生集考异》。以上有的归在经史子各部,但编入《朱文公文集》或《朱子全书》时却都归到集部了。除以上专著外,他的门人编有《朱子语类》140卷,是他在教学中与学生的问答录。其中与治国理政相关的是《论治道》《论取士》《论兵》《论刑》《论民》《论财》《论官》诸篇。朱熹的诗文集有《朱子遗集》6卷,含赋、诗、奏札、书、杂著、序、跋、记、铭、箴、赞、碑、祭文、墓志、传等。朱熹的学问太博大,掩盖了他在诗文创作及书法等方面的成就。他的诗词合起来有300首左右,数量不算少,质量也很高。总体感觉他的古体写得比近体好,古体中五言比七言好,近体中七言比五言好。五言学陶渊明、谢灵运,一些闲居、山水诗写得极好。尤其是《奉同尤延之提举庐山杂咏十四篇》,在写景中对庐山进行了文化历史考察;《武夷精舍杂咏》显然是模仿王维《辋川集》而作;《武夷棹歌》则以一曲一首的办法描写了武夷九曲溪的景色。这些都可列入当地的旅游文献。宋诗爱说理,苏轼已开其端,他的《琴诗》《题西林壁》其实都是说理诗,但写得很美。朱熹的说理诗尤多,其中有的写得很一般,但也有写得非常出色的,例如《观书有感二首》,又如《春日》,堪称最佳的说理诗。朱熹只留下不到20首词,但也有写得很好的,如《水调歌头·富贵有余乐》《念奴娇·临风一笑》等,后者甚至可列入梅花词精品。《朱子语类》带有口语记录的性质,是后代人研究南宋语言的重要史料。

辛弃疾有《稼轩长短句》《美芹十论》。人们谈到辛弃疾,一般视之为大词人,其实他首先是个大英雄。古往今来自认为怀才不遇的人很多,但多数情况下他们的"才"并没有机会得到证实,包括李白、杜甫等人。只有辛弃疾是事实证明的文武双全的大英雄,文能进行恢复中原的战略思考,武能孤胆深入敌营擒杀叛徒。作词实在是他壮志难酬下的精神寄托。清代诗人赵翼有句云"国家不幸诗家幸,赋到沧桑句便工",对辛弃疾可说极合适。读辛弃疾,先要读他的《美芹十论》《九议》,其次才是他的词。《美芹十论》是献给皇帝的,《九议》是呈给丞相的。《美芹十论》为"审势、察情、观衅、自治、守淮、屯田、致勇、防微、久任、详战",可分为两部分,前三条是知彼,后七条是知己。知彼知己,百战不殆,因此这是一个完整的战略,辛弃疾称之为"万字平戎策"。《九议》则是关于战争谋略的一些具体建议。这两篇文章的价值不亚于包括《孙子兵法》在内的先秦诸子,可惜不为所用,因此辛弃疾只好把全部精力寄于词作,从而成为古今首屈一指的大词人。宋末词人刘克庄评他的词是"大声鞺鞳,小声铿鍧,横绝六合,扫空万古",是合适的。他的词中最为人称道的是那些激昂慷慨的悲歌之作,如《破阵子·为陈同甫赋壮词以寄之》《水龙吟·登建康赏心亭》《南乡子·登京口北固亭有怀》《菩萨蛮·书江西造口壁》《永遇乐·京口北固亭怀古》等,但也不乏饱含深情的婉约之词,如《祝英台近·晚春》《青玉案·元夕》,还有充满生活情趣的《清平乐·村居》《西江月·夜行黄沙道中》。词到辛弃疾,境界已开拓到无所不可写的地步。从词的发展来看,"二李"以身世入词,是对词的境界的第一次开拓;苏轼"以诗为词",是对词的境界的第二次开拓;辛弃疾"以文为词",是对词的境界的第三次开拓。至此,词的形式已臻顶峰,后人很难有更大的突破。

文天祥有《文山先生全集》。能让人读得潸然泪下的传记不多,《宋史·文天祥传》可能就是其中之一,简直就是南宋末年和文天祥本人的惨痛历史,难怪清末小说家吴趼人(1867—1910)据此写成的小说,书名就叫《痛史》。人们常为文天祥的民族英雄声名所惑,不知道他也是一位才气横溢的诗人和文人。文天祥20岁中进士,宋理宗亲自主持策问,他当廷作对,洋洋万言,一挥而就,理宗亲点其为状元。他的《衡州上元记》,写得栩栩如生,是少见的佳作。可惜他大半生处于战争乱离中,这种平静生活的机会不多。他最重要的文集是他自编的《指南录》《指南后录》《吟啸集》和《集杜诗》。由于文天祥的诗常有序,详述作诗的背景,因此这几部书合起来完全可作一部详细的抗元史诗读。《指南录·后序》是血泪凝成的名篇。《指南后录》中《过零丁洋》和《正气歌》二诗是与岳飞《满江红》齐名的反映民族气节的不朽名作,可谓字字泣血。文天祥的词写得不多,但如《念奴娇·驿中别友人》《满江红·燕子楼中》等,也相当沉痛。集句诗是集古人成句成新诗,王安石是其倡始者。因这种方式既要熟悉前人作品,又要集成自己要表达的新意,还要符合格律平仄等的要求,其实非常之难,因此历来不甚提倡。但文天祥以这方式玩出了新花样,他在颠沛流离中以杜甫为知音,在被执赴京及关押中,竟完成《集杜诗》200 首。这 200 首本身既成了一部史诗,又为集句诗正了名。他还用杜诗集成模仿蔡文姬《胡笳十八拍》的《胡笳曲》,也是一个创举。

(三) 金代

金代(1115—1234)和南宋(1127—1279)时代大多重叠,有点类似于南北朝。但当时文化重心在南方,北方的作家不多。值得注意的有两人,一是王若虚(1174—1243),二是被称为金代"一代宗匠"的元好问。这里略作介绍。

王若虚有《滹南遗老集》。王若虚金亡后不仕,隐居于滹沱河之南,自名"滹南遗老"。《滹南遗老集》46 卷,前 37 卷为辨惑,有《五经辨惑》《论语辨惑》《孟子辨惑》《史记辨惑》《新唐书辨惑》《君事实辨》《臣事实辨》《议论辨惑》《著述辨惑》《杂辨》《谬误杂辨》《文辨》等。第 38—40 卷为《诗话》。最后 6 卷为杂文及诗。北宋欧阳修开始一股"疑古"思潮,南宋王应麟《困学纪闻》则以读书笔记为名,行考古疑古之实。王若虚此书在王应麟之前,可说是最早的一部考据专书。《四库全书总目》说"统观全集,偏驳之处诚有,然金元之间,学有根柢者,实无人出若虚右"。王若虚的诗文不多,但比较真挚,如《赠王士衡》写一个"善哭"的狂人、友人,《再致故园述怀五绝》写丧乱还家的感慨。文章也是如此。《揖翠轩赋》是一篇为友人亭阁所作的文赋,很有笔致;《焚驴志》是一篇寓言小品,笔淡意深。

元好问有《遗山集》40卷,其中赋、诗14卷,文26卷。元好问是有金一代文坛泰斗,诗、词、文、曲,无所不能,更可贵的是兼有史才。金亡后他以史臣自任,编成百万字的金史材料,虽未成,但成为后来元丞相脱脱编《金史》的主要依据。元好问编的金代诗歌总集《中州集》,搜罗了200多位作者的2000多首诗词,并为每人写了小传,也成为《金史·艺文传》的主要依据。脱脱主持编写了二十五史中的三史:《宋史》《辽史》《金史》。后人评价《金史》质量最高,其中有元好问的功劳。元好问27岁时作的《论诗三十首》和后来写的《论诗三首》是继杜甫《戏为六绝句》之后影响最大的论诗绝句,对后世影响很大。他的其他诗中首推所谓的"丧乱诗",作于金国灭亡前后,以组诗为主。如七律《歧阳三首》《壬辰十二月车驾东狩后即事五首》,七绝《癸巳五月三日北渡三首》《续小娘歌十首》《俳体雪香亭杂咏十五首》等。元好问留下300多首词,最为后人传诵的是《摸鱼儿·恨人间情是何物》,可说写情写到极致,大概没人想到原来是为雁儿而写的。其实另一首同调的《摸鱼儿·问莲根有丝多少》也写得极佳,可称为姐妹篇。他也有气势豪迈之词,如《水调歌头·赋三门津》。一般人说"元曲",其实元曲的源头在金朝,元好问是最早写曲的文人之一,他留下了9首散曲,最著名的是《[双调]骤雨打新荷·绿叶阴浓》。另如《[黄钟]人月圆·卜居外家东园》,已能体现出曲与词的不同风格。他的26卷文集中,"碑碣"竟有16卷,占一半以上,其中有的写得相当不错,如《闲闲公墓铭》《内相文献杨公神道碑铭》分别记赵秉文(1159—1232)、杨云翼(1170—1228)两位诗人,竟在文前阐发关于文体和科举发展的议论,是碑碣中少见的。碑碣文某种程度上相当于传记,这16卷碑碣完全可以当作正史的列传看。元好问有史才和治才,于此可见。"记"文中值得注意的有《张萱四景宫女》。张萱是唐代著名仕女画家,但传世作品甚少。这篇文章细致描述了四幅画的整体布局、人物形象及动态,是绘画史的重要资料。

(四) 元代

说到元朝,先要澄清一个"元代无文化"的误会。许多人以为游牧民族残暴统治,儒家地位低下,因此元朝没有什么文化,并举"九儒十丐"之说以为证。其实这是把戏言当事实。"九儒十丐"之说来源有二,一是谢枋得(1226—1289)《叠山集》之《送方伯载归三山序》:"滑稽之雄,以儒为戏者曰:'我大元制典,人有十等:一官、二吏,先之者,贵也;贵之者,谓有益于国也。七匠、八娼、九儒、十丐,后之者,贱之也;贱之者,谓无益于国也。'嗟乎,卑哉!介乎娼之下、丐之上者,今之儒也。"文中明说是"滑稽之雄",即最大的玩笑。二是郑思肖(1241—1318)《心史·大义略叙》:"鞑法:一官、二吏、三僧、四道、五医、六工、七猎、八民、九儒、十丐,各有所统辖。"但这本书托名宋末郑思肖,实际是明末崇祯十一年(1638)从井中发现的,发现时纸墨如新(可参见顾炎武《井中心史歌序》)。因此许多人包括《四库全书总目》都认为是"明末好异之徒"的伪作,目的是影射当时的政治,据说编的成分很大。

从史实来看,元代不但不反儒,而且还是中国历史上尊儒的又一个重要阶段。表现之一是重用儒士。元世祖忽必烈是个有雄才大略的皇帝,他在位35年,最大成就是坚持"行汉法"。早在即位之前,就慕名请益临济宗高僧海云法师(1202—1257),问"安天下之法",海云为他留下了学生儒士刘秉忠(1216—1276),刘秉忠对元朝政治体制、典章制度的奠定起了重大作用。他根据《周易·乾卦》彖辞"大哉乾元",建议忽必烈改国号为"大元",并为忽必烈规划大都城的建设,奠定了北京城的基础。忽必烈重用的儒生还有赵复、姚枢(1201—1278)、郝经(1223—1275)、许衡(1209—1281)等,这些人俨然成了他治国理政的"智囊团"。忽必烈三教并重,佛教除重视海云法师和刘秉忠,实现了禅宗临济宗的中兴外,还尊藏传佛教萨迦派第五代首领八思巴(1235—1280)为国师。道教则继其祖成吉思汗会见全真道丘处机,授其总管天下道教之职后,亲自召见天师道第三十六代天师张宗演(1244—1292),这是自东汉以来"天师"之名第一次为朝廷所正式承认。表现之二是确立了"四书"的地位,这既是儒学的发展,也是儒学的历史转向。上述赵复等人都是朱熹学生兼女婿黄榦(1152—1221)的弟子或再传弟子,也是元代"理学北传"的核心人物。许衡等人更利用担任国子监祭酒的机会推动了元代科举考试的恢复和改革,据《元史·选举志》,他们以"经学实修己治人之道,词赋乃摘章绘句之学"为名,主张"罢诗赋,重经学",把唐宋以来的三门考试(论、经学、诗赋)减为"德行、明经"两科。同时在"经学"中突出朱子学,考试命题一以"四书"及朱注为准。从此以后,朱注"四书"的地位隐然超越了"五经",影响了其后近700年儒家及社会主流思想的发展。表现之三是尊孔也上了一个新台阶。从汉到清,历代帝王都给孔子上过尊号,但在各种尊号中,名气最响、最为人所熟知的恰是元代作出的,这就是元武宗至大元年(1308)加封的"大成至圣文宣王",其影响一直延续到今日。

因此,尽管元朝历史只有百年左右,但文化仍很昌盛。文学艺术中最突出的是戏曲和绘画,元曲为"一代之文学",绘画在历史上上继宋下启明。除此之外,天文学有郭守敬(1231—1316)的《授时历》,农学有王祯的《农书》,史学有虞集(1272—1348)等的《经世大典》和脱脱主编的宋、辽、金三史,杂学有陶宗仪(1329—1412)的《南村辍耕录》《说郛》等。元代诗文重要作家,杂剧有关汉卿(？—约1300)、马致远(1250—约1324)、王实甫(1260—1336),南戏有高则诚(1305—?),散曲有张养浩(1270—1329)、张可久(1270—约1350),诗文则有赵孟頫、虞集、杨维桢(1296—1370),以及少数民族作家萨都剌(1272—1355)、贯云石(1286—1324)等。限于篇幅,这里介绍三人。

关汉卿有今人辑的《关汉卿全集》。钟嗣成(约1279—约1360)《录鬼簿》说他金末为"太医院尹",如果这是个官的话,则金亡于1234年,他的生年不会晚于1210年。这比后来的马致远、王实甫都要早得多。朱权(1378—1448)《太和正音谱》说他"初为杂剧之始"即杂剧的创始人,可能是事实。臧懋循(1550—1620)《元曲选·序》说他"躬践排场,面傅粉墨",他可能也是杂剧作家中粉墨登场的第一人,甚至是唯一一人。他创作的戏剧作品有67种,现存18种,数量和质量都为元剧之冠。以上三点都跟英国剧作家莎士比亚很相似。他最著名的作品如《窦娥冤》《救风尘》《望江亭》《鲁斋郎》《单刀会》等直至今天仍以各种形式活跃在戏曲舞台上。他也是散曲的最早作者之一,今人辑有《关汉卿散曲集》,收小令57首、套数14套。数量比不上马致远,更比不上以散曲著称的张可久,但质量仍属上乘,在内容上和技巧上与前人如元好问的作品大不相同,充分表现出了后来成为元曲特色的风格,如生动、自然、通俗、诙谐等。王国维称"关汉卿一空倚傍,自铸伟词,而其言曲尽人情,字字本色,故当为元人第一"。其内容多写闺情、离别、闲适、写景等,没有大多数元曲家怀才不遇的牢骚,也许与他真正没有功名利禄之心有关。他最有名的散曲是套数《[南吕]一枝花·不伏老》和小令《[双调]大德歌》十首。此外,如小令《[仙吕]一半儿·题情》四首、《[南吕]四块玉·闲适》四首等也相当不错。套数《[双调]新水令》写青年男女初次幽会,非常细腻生动。特别值得注意的是《[中吕]普天乐·崔张十六事》,以16首小令敷演《西厢记》故事,可以看到《西厢记》从小说到戏曲的发展过程。唐代元稹创作传奇小说《会真记》,宋代赵令畤(1061—1134)以此为基础作《[商调]蝶恋花》鼓子词十二首,采取的是词夹杂小说情节的形式;金代董解元(1190—1208)著《西厢记诸宫调》,采用了诸宫调形式,据王国维《宋元戏曲考》,"诸宫调"是"小说之支流而被之以乐曲者也",其与杂剧的区别在于杂剧是"代言体"而诸宫调基本还是"叙事体"。关汉卿的16首《普天乐》采取了又一形式:单宫单调重叠,与杂剧和诸宫调均不同。从情节来看,已与后来托名王实甫的《西厢记》相去不远,只有"喜得家书"和"远寄寒衣"是后来没有的。因此也有人说《西厢记》是关、王二人共同完成的作品。这个问题还可进一步研究。

赵孟頫有《松雪斋集》。提起元代文学绕不开赵孟頫,原因大约有三:一是他的赵宋宗室身份,他是宋太祖赵匡胤的十一世孙,却应诏到元朝做了高官。在特别强调民族气节的宋元之交,尤其是在"宋末三杰"文天祥、陆秀夫、张世杰及崖山随陆秀夫蹈海的十万军民的衬托下,他的行为令人难以接受,甚至在他同胞兄弟十人中,他也是唯一入仕的人。因而其成就越大,招致的物议也越大。即使他后来多有悔意,也难为人原谅。二是他是继苏轼之后,不可多得的又一位艺术全才,诗、文、书、画、金石、音乐,均臻当时乃至整个元代的最高水平。尤其是书画,可说是划时代性的。书法,他是继唐代欧、颜、柳以后唯一一个以个人名体的书家,称为赵体,这是连王羲之、苏轼都没有的待遇。绘画,他是文人画传统的真正开创者。一般认为文人画创自苏轼,但苏轼乃至整个宋代,文人画与院体画对峙,真正巨作还出自非文人的范宽、李成、张择端等人。直到赵孟頫之后,中国画才成了文人画的天下。三是他与夫人、同为书画家的管道升伉俪情笃,一首《我侬词》,流传至今仍为佳话。读赵孟頫,值得注意的是他的学生杨载写的《赵公行状》中的一段话:"公之才名颇为书画所掩。人知其书画而不知其文章,知其文章者而不知其经济之学也。"赵孟頫著有《松雪斋集》,其中文集7卷,诗集5卷,附补遗1卷。他的文中最值得注意的是关于艺术的论文,如《乐原》《琴原》《印史》等,其中《印史》摹有古印340枚,一一为之考证,是历史上第一部印史之作,推动了元明后"诗书画印"合流的发展。惜此书已佚,只留下了序。此外他有大量的书论之作,最有名的是《定武兰亭跋》,又称《兰亭序十三跋》,既是书法珍品,又是论书法的精心之作。实际上"十三跋"外他至少还写过7篇论兰亭序的跋,可见在这上面下足了功夫。他的书画跋及像赞总数约160篇,是书画史的重要文献。他的诗作有500多首,其中题画诗就有近120首,在题画诗史上有重要地位。有名的《题耕织图二十四首奉懿旨撰》,据其《农桑图序》一文,应是为杨叔谦"因大都风俗"画的24幅画题的,由于他一向关注农事,因此这24首诗的水平超过了以往很多田园诗,特别是《耕六月》《耕十二月》《织七月》等几首。他以画家之目观画,以诗家之手写诗,因此诗境特别美,如《题杨司农宅刘伯熙画山水图》《题舜举小隐图》《题萱草蛱蝶图》等;而他的山水诗也特别富有画意,如《桐庐道中》《巫山一段云》等。

萨都剌有《雁门集》。举萨都剌是以他作为少数民族作家的代表。中华民族的形成是个历史融合的过程,时间长了,便会忽视有些人的"少数民族"身份。例如金代大诗人元好问,其实是鲜卑拓跋氏的后裔,但我们一般不会把他看作少数民族作家。而元代以后,民族问题突显。尤其是元代分人为四等:蒙古人、色目人、汉人和南人。这一区别就更明显。在这种情况下,优秀的少数民族汉文作家就更引人注目。元代出了好几位这样的作家,其中最有名的如蒙古族(近人陈垣考为回族)人萨都剌和畏兀儿(今维吾尔)族人贯云石。特别是萨都剌,其诗词成就甚至在元中期文坛领袖虞集等人之上。萨都剌生于雁门,因此名其诗集为《雁门集》,共收诗词780余首。其中词的数量不多,仅10余首,但几乎全是精品。特别是荡气回肠的怀古词,如《满江红·金陵怀古》《念奴娇·登石头城次东坡韵》《酹江月·登凤凰台怀古》《酹江月·姑苏台怀古》《酹江月·过淮阴》《木兰花慢·彭城怀古》等,可谓历代怀古词之最。也有格调高古的词,如《酹江月·题清溪白云图》《酹江月·游句曲茅山》等。萨都剌长于乐府和古体诗,最喜欢的诗人是李白,写有《过池阳有怀唐李翰林》等诗,本人诗风亦似之,如五古《度闽关》《度岭舆至崇安命棹建溪》,七古《过嘉兴》《题陈所翁墨龙》等。他也有杜甫风格的诗,如五古《早发黄河即事》,七古《过居庸关》《题画马图》《征妇怨》等;还有李贺风格的如《望鼓山》《题茶阳驿飞亭》等,白居易风格的如《鹦鹉曲题杨妃绣枕》《蕊珠曲》《百禽歌》等,可谓奄有众家之长。他的宫词如《题四时宫人图》也非常有特色。相对来说,他的近体诗虽也有写得不错的,但不如古风与词那样有卓立千古的成就。元代干文传《雁门集序》说:"其豪放若天风海涛,鱼龙出没;险劲如泰华云门,苍翠孤耸。其刚健清丽,则如淮阴出师,百战不折,而洛神凌波、春花霁月之婀娟也。"这是基本符合事实的。

四、明代

明朝历史近300年,我们仿唐代的"初、盛、中、晚"分期,只是颠倒了盛、中的位置,并将中期并入初期。

(一)初中期:洪武到正德(1368—1521)

明之初期指洪武至成化时期(1368—1487),中期指弘治至正德时期(1488—1521),初期作家有洪武朝的"诗文三大家"(宋濂、刘基、高启),永乐朝的《永乐大典》主编解缙和台阁体"三杨"(杨士奇、杨荣、杨溥),以及英宗、代宗时的于谦(1398—1457)等,这里举宋濂为代表。中期文坛主流是复古派的"前七子",但成就并不高;还有"江南四才子"唐寅(1470—1523)、祝允明(1461—1526)、文徵明(1470—1559)、徐祯卿(1479—1551),但他们主要成就是书画,我们举更重要的学者王守仁为代表。

宋濂有《宋学士全集》。宋濂在明代政坛文坛地位很高,明太祖朱元璋称他为"开国文臣之首",许多政令诏书出自他之手,又命他担任十多年的太子老师,可见对其的倚重。朱元璋是历代少见的专制君主,因而宋濂的政史类著作有强烈的为当前政治服务的特色。他受命担任《元史》总纂修,对之作了两项重要的修改,使《元史》成为廿四史中的"唯一"。第一是打破《史记》设"儒林列传"、《后汉书》增设"文苑传"以来儒学之士与文学之士分列的传统,只设"儒学传",并说:"经非文则无以发明其旨趣,而文不本于六艺,又乌足谓之文哉?由是而言,经艺文章不可分而为二也明矣。"历史上,韩愈、欧阳修主张"文以明道",朱熹进而主张"文道合一",宋濂则更走到了极端。这当然也是朱元璋的想法。其直接后果便是明代科举考试采取的八股文,要求写作者"入口气""代圣人立言",从而钳制了考生发出自己的声音。第二是打破《史记》《汉书》以来直到《宋史》《金史》等的"论、赞"传统,《元史·凡例》说:"历代史书,纪志表传之末各有论赞之辞,今修《元史》不作论赞,但据事直书,具文见意,使其善恶自见,准《春秋》及钦奉圣旨示意。"从传统史学角度看,这是不合格与不负责任的。当然从最后一句可知,这也是朱元璋的意思。宋濂集中有"传"二卷,收传文数十篇,几乎篇篇有"赞曰、太史公曰、史官曰、太史氏曰"甚至"史濂曰、金华宋濂曰"等语,可见他于此体例并不陌生,其中有的传采入了《元史》(如《张义妇传》),但赞语却一律删去了。宋濂又受命编写《洪武圣政记》,这是模仿唐代《贞观政要》的,但与后书的"以史资治"不同,它是直接"以政资治"。宋濂还与乐韶凤等一起编《洪武正韵》,与刑部尚书刘惟谦等确定《大明律》,说明他对明初政治参与之深。他个人诗文主要集中在《宋学士全集》32卷及补遗8卷里。32卷中前30卷是文,后2卷是诗。他的文中写得最好的是记,多是为人家新修的轩亭室斋题记,可见其交游之广。《阅江楼记》是历代传诵的名篇,在极具气势的描写中含谏讽之意。还有的如《松风阁记》,读来有读宋玉《风赋》的感觉。他的送序极多,难能可贵的是几乎每文必有一主题,借题发挥,往往有不错的见解。有名的如《送东阳马生序》,自叙其少时读书经历,甚为感人;《送陈庭学序》谈山水对"言志"的影响而又不必专赖于山水,亦颇有见地。宋濂不以诗名,留下的诗不算多,不少是赠别诗,印象最深的是《送门生方孝孺还乡诗并序》,足见深厚的师生之情及对对方的厚望。另两首有特色的是柏梁体的题画诗《题花门将军游宴图》《题李太白观瀑布图》,后者写得更有气势。他的写情小诗如《古辞四首》《题亭上壁三首》《寄远曲四首》,也颇有风致。

王守仁有《王阳明先生全集》。王守仁更为人熟知的名字是他的号阳明先生,他是明代的大思想家、大政治家、大军事家。晚清以来有所谓"两个半圣人"之说,即依照《左传》"三立"("太上有立德,其次有立功,其次有立言")的标准,评出历史上只有两个半人达到了这个标准。"两个半"的名单有两种说法,一是孔子、王阳明为其二,曾国藩为其半;二是孔子不参加,王阳明、曾国藩为其二,诸葛亮为其半。在两个名单中,王阳明都稳居其一。其实这一说法最早就来自于清康熙癸丑年(1673)俞嶙为《王阳明先生全集》写的序:"古所称立德、立功、立言为三不朽,而克兼者实难。求其德足以绍往圣、功足以弥大变、言足以垂万世者,于吾先生庶几无憾矣。"时过境迁,他的"三立"主要体现在他留下的"言"中。全书 22 卷,大体分为四部分。卷 1—7 为"书、序、记、说、杂著",是理学;卷 8—9 为"赋、骚、诗",是辞章;卷 10 为"碑志、赞、铭",卷 11—20 为"奏疏、公移",是"经济";卷 21—22 是《传习录》和《语录》。康熙二十八年(1689)的《王阳明先生文钞》20 卷,认为《传习录》最重要,因此移到最前面,并占三卷,其余大体相同。王阳明的《传习录》是宋明儒学重要典籍,这里不详论。他的文和诗其实也颇有可观。明正德庚辰年(1520)作的《书佛郎机遗事》诗并序跋,提到"见素林公"(林俊,1452—1527,曾任湖广巡抚,是时已致仕)在听到宁王朱宸濠叛乱消息后,连夜制作佛郎机炮,并派人送给王守仁,但机到时乱已平定。这大约是中国历史上关于制造佛郎机的最早记载和诗咏。祭文为文集所常见,王阳明集中有《祭永顺宝靖土兵文》,祭湖广永顺、宝靖二司牺牲在南宁的土兵,已属少见。《瘗旅文》祭不知其名而客死贵州的吏目父子三人,更是奇文。此文与集中《去妇叹五首》,读来均十分感人。王阳明也有一些类似宋人的哲理诗,如《蔽月山房》《夜宿天池月下闻雷次早知山下大雨三首》等。他的《谒伏波庙二首》等颇能显示大将气概。

(二)盛期:嘉靖至万历(1522—1619)

明朝盛期的重要作家较多,杨慎之外,还有归有光、唐顺之(1507—1560)、茅坤(1512—1601)、徐渭、汤显祖(1550—1616)等,以及公安派"三袁"(袁宗道、袁宏道、袁中道),竟陵派钟惺(1574—1624)、谭元春(1586—1637)等。此时还有复古派的"后七子",但除王世贞外,成就同样不高。此外还有明代最特立独行的学者李贽(1527—1602)。这里介绍三人。

杨慎为中国古代著述最丰之人,著作达四百余种,据专家统计至今尚存 174 种。他的著作范围极广。经学方面有《升庵经说》《易解》《檀弓丛训》《周官音诂》《檀弓记》等,小学方面有《转注古音略》《音

王文成公全書卷之一

語錄一 傳習錄上

門人餘姚徐　愛　傳習
揭陽薛　侃　葺錄
餘姚錢德洪　編次
山陰王　畿　增葺
南昌唐堯臣　校閱

先生於大學格物諸說悉以舊本為正蓋先儒

明刻本《王文成公全書》

韵略例》《古音骈字》《六书索隐》《金石古文》《石鼓文音释》等,史学方面有《南诏野史》《全蜀艺文志》《云南山川志》《滇载记》《滇程记》等,考订笔记有《丹铅总录》《丹铅余录》《丹铅别录》等,诗话词话有《升庵诗话》《升庵词品》等,书画论有《书品》《画品》《墨池琐录》等,诗词曲作品有《升庵诗集》《升庵长短句》《陶情乐府》《二十一史弹词》《南中集》《南中续集》等,文言小说有《丽情集》《续丽情集》等,杂著有《古今风谣》《古今谚》等,甚至还有医学著作《素问纠略》《脉位图说》等。明代学者张燧认为他的作品是明代的骄傲,说:"升庵博洽似张茂先,诗文似庐陵、眉山两先生,坎壈过汉之贾长沙,而经术解悟直越宋之程、朱而上之。有升庵而当代之人物可与往哲争衡矣!"当代人最熟悉的他的作品是作为电视连续剧《三国演义》片头曲的词《临江仙·滚滚长江东逝水》。值得一提的是,杨慎的妻子黄峨(1498—1569)也是著名女诗人,"蜀中四大才女"之一(另三人为汉卓文君、唐薛涛及西蜀花蕊夫人),代表作《寄外》。她以诗闻名,又工于散曲,明时已有《杨升庵夫人词曲》。今人将两人所作合编为《杨升庵夫妇散曲》。

  归有光著有《震川先生集》,编有《三吴水利录》《易经渊旨》《诸子汇函》《文章指南》等。今人彭国忠编有《归有光全集》。归有光是明代重要的古文家、唐宋派的领袖,有"明文第一"之雅称,在散文史上的地位甚至要高过宋濂。他的文章从内容上看没有太多特色,无非是经解、题跋、议论、赠序、寿序、墓志、碑铭、祭文、行状等,但有三个方面值得一提。一是《三吴水利录》,全书共四卷,前三卷辑录前人有关论著七篇,后一卷是他自作的《水利论》两篇、《禹贡三江图》及《淞江下三江口图》。归有光认为防治太湖水灾重在治理吴淞江,这是他对家乡水利的建言献策,说明他不是个迂腐的读书人。二是他在顺德府(今河北邢台)通判任上作的《马政议》《马政志》《马政职官》《马政祀祠》《马政蠲贷》《马政库藏》等系列文章,可说是历史上关于马政的重要文献。三是《御倭议》《备倭事略》《论御倭书》《昆山县倭寇始末书》和《贺戚总戎平倭序》等,是关于明代重要外患倭寇的记载。他的文章可注意点也有三。一是前人交口称赞的情真意切的抒情小文,如《项脊轩志》《先妣事略》《寒花葬志》。二是如何在内容、题材、对象几乎雷同的情况下,写出不同的文章来。《震川先生集》中最多的文章大约是"寿序",其对象不少是乡里的"夫人、恭人、孺人、淑人"等,加以比读,可以发现写文章的技巧。三是八股文。谈明代文章不能不谈八股文,谈八股文不能不提归有光。《明史·归有光传》说:"明代举子业最擅名者,前则王鏊、唐顺之,后则震川、思泉。"他自己虽然"八上春官不第",即八次考进士未考中,但其八股文却成为别人模仿的范本。他最有名的八股文是《吾十有五而志于学》《诗三百一言以蔽之曰思无邪》《天子一位》等。归有光的诗比较一般,唯《海上纪事十四首》可作抗倭史诗读。

　　李贽有《李贽全集》。李贽是以"异端"自居的明代大思想家、大批评家、大文学家,他的著述极丰,有《藏书》《续藏书》《焚书》《续焚书》《史纲评要》《初潭集》《九正易因》《阳明先生年谱》《李温陵集》《读升庵集》《世说新语补》《四书评》等,还评点过小说《水浒传》《西游记》《三国演义》《残唐五代史演义》、戏曲《西厢记》《浣纱记》《拜月亭》《玉合记》《红拂记》等。当代学者张建业编有《李贽全集》《李贽全集续编》。李贽的最合适定位恐怕是批评家或评点家。他对经、史、子、集、小说、戏曲,甚至《雅笑》这样的笑话书,几乎无所不评,大大拓展了评点的领域,也创造了评点用语随意、精准的风格。上述诸书中,最可谓他代表作的是《藏书》和《焚书》。《藏书》是别开生面的史学专著,相当于在纪传体、纪事本末体、纲目体等之外别立一体,或可称"类评体",他把"君、臣"等分出各种类别,而后在大类、小类等下面列举出典型人物,简述其生平,然后加以一如"太史公曰"之类的评点。等于是把以前作为附属的"论赞"变成了主体。他的《初潭集》合刘义庆《世说新语》和明代焦竑《焦氏类林》二书为一,重新编排,而编排的提纲也体现了这种"类评体"的特色。《焚书》是他的诗文集,以言语之出格难为众人所喜自名为"当焚之书"。其中最为人所知的文章是《童心说》。《二十分识》一文也非常有他的风格,他自言处世只有"五分胆、三分才、二十分识",参禅学道是"二十分识、十分才、五分识",而"出词为经,落笔惊人",则有"二十分识、二十分才、二十分胆"。历史上大约只有他敢说这样的话。又如《琴赋》一文,在《白虎通》"琴者禁也"的基础上,提出"琴者心也,琴者吟也",即音乐表现人心,是个了不起的发展。

(三)晚期:天启至崇祯(1621—1644)

明末作家有冯梦龙(1574—1646)、张岱(1597—1689)、张溥(1602—1641)、陈子龙(1608—1647)、归庄(1613—1673)、王思任(1574—1646)、祁彪佳(1602—1645)等。此外钱谦益(1582—1664)曾为明末文坛领袖,但因其屈节降清,为人所不齿,甚至清帝乾隆也亲诏将他列入《贰臣传》。这里介绍比较独特的二人。

冯梦龙有《冯梦龙全集》。《汉书·艺文志》说:"故古有采诗之官,王者所以观风俗、知得失、自考正也。"民歌民谣是古代统治者了解民间真实情况的重要媒介。春秋以后这一传统断绝,文人几乎垄断了文学创作,只有汉末童谣、南朝吴歌、敦煌曲子词,偶然惊鸿一瞥,引起人们关注。民歌民谣、民间故事再次进入人们视野要到晚明时期,而冯梦龙功莫大焉。凭此冯氏便应在中国文学史上占有重要一席。《四库全书》不收冯氏著述,是一缺憾,这里必须补上。冯氏留存至今的著作由几个方面组成。第一是关于经学特别是《春秋》的著作,有《麟经指月》《春秋衡库》《春秋定旨参新》《春秋别本大全》《四书指月》等。"麟经"源于"绝笔于获麟",指孔子的《春秋》;"指月",以经为日,以传为月,因此"指月"即解释经传。冯梦龙有意模仿朱熹《四书章句集注》作《春秋》诸传的集注,这套书就显示了他的努力。但从根本上来说,这套书是为了帮考生应付科举考试。第二是关于当时政事史实之作,主要有《甲申记事》《中兴实录》,这是明末"天崩地裂之变"的实录。第三是白话小说的编辑和整理。冯梦龙认为"通俗演义一种,遂足以佐经书史传之穷"(《警世通言·叙》),他整理了著名的"三言"(《喻世明言》《警世通言》《醒世恒言》),还整理了白话长篇小说《三遂平妖传》《东周列国志》。第四是所谓"四大异书",即《智囊》《笑史》《情史》《笑府》,这些都是从史料中辑录出来专题故事集。第五是民歌俗曲,主要是《挂枝儿》《山歌》《夹竹桃》三部。此外,冯梦龙还编有散曲集《太霞新奏》,甚至编过总结民间牌戏的《牌经十三篇》和《马吊脚例》,充分体现了他对民间文艺的重视。如果第一、二方面还是一般作家都可能做的话,则后面三方面就是他的独特贡献了。

张岱,明末史学家、散文家,一生著述丰富,惜多散佚,现存者有《石匮书》《陶庵梦忆》等十余种,今人辑有《张岱全集》。张岱之作,可论者有四。一是史学。明末清初四大史家修明史。谈迁(1594—1658)的《国榷》动笔于天启元年(1621),张岱的《石匮书》动笔于崇祯元年(1628),查继佐(1601—1676)的《罪惟录》动笔于清顺治元年(1644),万斯同(1638—1702)于康熙十八年(1679)参与编修《明史稿》。其中只有谈、张二人是明人修明史,而起因均是对现有的史书记载不满。如张岱《石匮书自序》说,"有明一代,国史失诬,家史失谀,野史失臆",因此他从崇祯元年开始写书,明亡后,"屏迹深山",前后写了27年,"不顾世情,复无忌讳,事必求真,语必务确,五易其稿,九正其讹",方始完成。由于史料不足,只从朱元璋出生写到天启七年(1627)。与《国榷》是在《明实录》基础上采用编年体不同,《石匮书》采用的是正史的纪传体,全书220卷,分本纪、表、志、世家、列传五个部分。后谷应泰(1620—1690)撰写《明史纪事本末》,大量采用《石匮书》的内容,并邀张岱一起参与编写。张岱借此得见大量史料,得以完成记叙崇祯朝和南明史事的《石匮书后集》63卷,使整部明史成为完帙。他的史学个性极强,例如《石匮书·科目志·总论》,就是一篇指名道姓的声讨八股的檄文,"行之二百八十二年,高皇帝以之大误举子,而举子效而尤之,亦用以大误国家"。他还著有《古今义烈传》和《三不朽图赞》,也具有史家性质。二是小品。代表作是《陶庵梦忆》《西湖梦寻》和《琅嬛文集》。小品源头可溯到先秦,但真成气候却是晚明,理论源头可能是李贽的"童心说"和袁宏道的"性灵说",在实践中则可说是对八股的反动。最早以"小品"命名的书是王纳谏编辑的《苏长公小品》,初刊于万历三十九年(1611)。第一部个人"小品"是朱国祯(1558—1632)的《涌幢小品》。1633年,陆云龙等编选了一部《翠娱阁评选皇明小品十六家》,选评了徐渭、屠隆、袁宏道、汤显祖、虞淳熙、袁中道、钟惺、文翔凤、李维桢、黄汝亨、张鼐、陈仁锡、董其昌、陈继儒、王思任、曹学佺等16人的小品。最后4人当时还在世,也是张岱的朋友。张岱未入选,因为他的三部书都是明亡以后所作,其时还未问世。但一问世便压过了之前的所有人,成为小品文的最高典范。不仅《陶庵梦忆》《西湖梦寻》二书,就是《琅嬛文集》里的那些序、记、碑、铭,也几乎篇篇都是极佳的小品。如《茶史序》《老饕集序》《征修明史檄》等。三是杂学。张岱之学既博且杂,史学与小品之外,治经亦有心得,曾写过论《易》的《明易》《大易用》,可惜没有流传下来。他还有《四书遇》一书,主张以"悟"代替经书注解,有点类似今人所谓"心得""心解"之类,颇有些见解。他还写过《茶史》《奇字问》《柱铭抄》《陶庵肘后方》《老饕集》等,对茶史、小学、联语、医学、美食亦有兴趣。他的诗集中有一组《咏方物》诗，专门吟咏各地土产和美食。还有两部轻松的书：《快园道古》和《琯朗乞巧录》。前者犹如《世说新语》，分盛德、学问、经济、言语等20卷，品评人事；后者之"琯朗"是星名，传说祭之可得智慧，因此是智慧故事、文字游戏的集成之作。最能说明他学问之杂的是《夜航船》，此书是中国古代类书中涉及面既广，读来又轻松有趣的一部。四是诗词。《琅嬛文集》有两种版本，光绪三年(1877)黎培敬的六卷本是真正的"文"集，而卷六却收词17首；天一阁藏沈复灿的嘉庆钞本实为"诗"集，收诗近500首，却不收词。张岱的词只有17首，有16首是为其好友祁彪佳筑的寓山园写的《蝶恋花》，其中《虚堂竹雨》《镜湖帆影》颇有风致。他的诗虽多，但不如其文出色，可读的也是为祁彪佳寓山园49景题的49首五言绝句，以及《越绝诗》一组。另有《丙戌避兵剡中山居受用曰毋忘槛车》组诗14首，标题为"茅草厂、门板床、麻布帐、稻草荐、松树枕、衲布被、麻绳槭、瓦茶瓶、瓦灯盏、粗板桌、砂锅盆、地火炉、稻草鞋、竹溺器"，这恐怕是历来诗词中从未见过的。《陶庵梦忆序》说："陶庵国破家亡，无所归止，披发入山，骇骇为野人。……每欲引决，因《石匮书》未成，尚视息人世。然瓶粟屡罄，不能举火。"这组诗是最好的注解。

五、清代

《清史稿·文苑传》说："清代学术超汉越宋，论者至欲特立'清学'之名。"意思是唐诗宋词元曲之外，"清学(术)"也可视作"一代之文学"。而清代学术家多能文，集中往往学术、诗文并重。清代前后横跨4个世纪，这里分为四期。对应清帝年号，初期大体为顺治至康熙，中期由雍正、乾隆至嘉庆，后期是道光、咸丰至同治，末期则为光绪、宣统。

(一) 初期(17世纪)

初期文人大多由明入清,许多人对新王朝采取不合作态度,甚至自视为明遗民。但从历史角度,还是只能将其划入清代。最重要的学者有"清初三大思想家"顾炎武、黄宗羲和王夫之。重要文人则有钱谦益、吴伟业(1609—1672)、李渔(1611—1680)、朱彝尊(1629—1709)、王士禛(1634—1711)、纳兰性德(1654—1685)等。限于篇幅,这里介绍两人。

顾炎武有《亭林遗书》《顾炎武全集》。顾炎武是清初学术三大家之首、清代学术的开山鼻祖。传世有《音学五书》39卷、《天下郡国利病书》120卷、《肇域志》一编、《日知录》32卷,以及他的学生潘耒(1646—1708)编的《亭林遗书》,含《左传杜解补正》《五经同异》《九经误字》《圣安纪事》《明季实录》《韵补正》《历代帝王宅京记》《昌平山水记》《京东考古录》《求古录》《金石文字记》《菰中随笔》《救文格论》《亭林杂录》《亭林文集》《亭林诗集》等十余种。2011年,当代学者整理出版《顾炎武全集》,收书34种,又在上述基础上增加了《建康古今记》《官田始末考》等近10种。从这些著作来看,顾炎武在学术上的贡献是全方位的,经、史、子、集均有涉及,而尤其在史学、地理、音韵、文字、金石诸方面为清代学术起了引领和表率作用。《日知录》是古代四大笔记中唯一属于清代的一部,也是开清代学术笔记之风的一部,后来王鸣盛的《蛾术编》、钱大昕的《十驾斋养新录》、段玉裁的《经韵楼集》、阮元的《揅经室集》、陈澧(1810—1882)的《东塾读书记》,直至王国维的《观堂集林》,可说都是仿此之作,即内容兼包经史子集,形式上常从字词考辨出发而无所不谈。《日知录·正始》条云:"有亡国,有亡天下。亡国与亡天下奚辨?曰:易姓改号,谓之亡国;仁义充塞,而至于率兽食人,人将相食,谓之亡天下。……是故知保天下,然后知保其国。保国者,其君其臣肉食者谋之;保天下者,匹夫之贱，与有责焉耳矣。"1915年，梁启超有感于国难深重，写了《痛定罪言》一文，最后一句是："斯乃真顾亭林所谓'天下兴亡，匹夫有责'也。"对这段话作了高度概括，由此更不胫而走。顾炎武有文集6卷、诗集5卷。对于古代的作家来说，他们的第一种身份往往是各级官员，处在政务的第一线；第二种身份是学者，从事各种实学研究；第三种身份是儒者，也可能是释、道家的思想者，这几种身份都要求他们写文章，因此中国的文章无所不包。最后才是纯粹的诗文，特别是诗，真正是"余事"。至于他们最后究竟以哪种身份名留青史，要看哪个方面造诣最高。因此历史上很多的政治家、军事家、思想家，其实同时也是文学家，只是文学家的声名为其他方面所掩；同样，有许多文学家因为文学的成就太突出，以至掩盖了他们在其他方面的成就。整个清代的文化以学术胜，学术大家不知凡几，但像顾炎武这样既是学术祖师，又是诗文大家的并不多，有的人的诗文只是"备员"而已。顾炎武的文集中最有名的是他的"乙酉四论"，即《军制论》《形势论》《田功论》《钱法论》，乙酉即甲申（1644）崇祯殉国的第二年，此时福王朱由崧已在南京即位，号称南明。四论是顾炎武为南明小朝廷的全面建策，体现了他的治理才能和眼光。其他的重要文章有他为自己那些书写的序和一些与友人论学的书，体现了他的学术思想及由来，其中长信《答李子德书》是音韵学史上的名文。顾炎武的诗因国破家亡，历经丧乱，读来很有杜甫诗的沉郁风格。如五古《秋山二首》《浯溪碑歌》，七古《劳山歌》《井中心史歌》，五律《感事六首》《金陵杂诗》，排律《拟唐人五言八韵》，七律《海上》《汾州祭吴炎潘柽章二节士》，七绝《塞下曲》，等等，均颇可读。

吴伟业有《梅村家藏稿》。吴伟业号梅村，崇祯四年（1631）会元和殿试榜眼，入清后曾任国子监祭酒。他是史学家，著有《绥寇纪略》《春秋地理志》《鹿樵纪闻》等，其中《绥寇纪略》采用纪事本末体，《春秋地理志》由地理论史,都有一定特色。《鹿樵纪闻》写了7年,收文41篇,采用实录形式,记其所闻,具有重要史料价值。特别是《史可法殉扬》《南国愚忠》《嘉定之屠》《张煌言殉节始末》等篇,写得悲愤惨烈,可谓明末之"痛史";《闯献发难》写李自成张献忠起事,《西平乞师》写吴三桂引清兵入关,亦有不少细节。但吴梅村更以诗著名,是明末清初首屈一指的大诗人。其诗文集《梅村家藏稿》58卷,内含诗20卷("前集"即明亡前所作8卷,"后集"即明亡后所作12卷)、词2卷、诗话1卷、文35卷。另有传奇《秣陵春》,杂剧《通天台》《临春阁》。吴梅村长于叙事,诗、文均如此,甚至诗话也是议论少而记事多。他的诗中最出色的是歌行体,在元稹、白居易"长庆体"的基础上,强化平仄韵绝句交替的形式,从而形成新的特色,人称"梅村体"。代表作是《圆圆曲》,与白居易的《长恨歌》《琵琶行》和元稹的《连昌宫词》齐名。这种形式非常适合长篇叙事。吴伟业还写有《画兰曲》《永和宫词》《琵琶行》《百花骢歌》《楚两生行》《临淮老妓行》《雁门尚书行》《田家铁狮歌》等,甚至五言古风中也有类似风格的作品,如《毛子晋斋中读吴匏庵手抄宋谢翱西台恸哭记》《遇南厢园叟感赋八十韵》等。因此后人把他的诗看作诗史,如陈文述(1771—1843)《读吴梅村诗集因题长句》:"千古哀怨托骚人,一代兴亡入诗史。"是当之无愧的。说起吴梅村与《圆圆曲》,不得不提"秦淮八艳"这八位奇女子。在明清换代之际,她们的襟怀、见识、气节都胜过与她们交往的男子。百年后诗人袁枚(1716—1798)在《题柳如是画像》一诗中说:"勾栏院大朝廷小,红粉情多青史轻。"是对这一情况的真实写照。八人中除马湘兰去世较早外,陈圆圆与吴三桂的故事最有名,寇白门嫁给了毫无气节的保国公朱国弼,其余的都与当时的文人名士有交往,如柳如是与钱谦益、李香君与侯方域、董小宛与冒辟疆、顾横波与龚鼎孳等。而与卞玉京交往的正是吴梅村。只是他们二人最终未成姻缘,卞玉京在明亡后出家做了女道士。但吴梅村为她留下了许多诗词,如"前集"的《听女道士卞玉京弹琴歌》、"后集"的《过锦树林玉京道人墓》,以及"诗余"的《临江仙·逢旧》,写得情深意切。吴梅村的文可读者有《柳敬亭传》《志衍传》等。

(二) 中期(18世纪)

乾隆三十八年(1773)皇帝下诏开设"四库全书馆",四十七年(1782)《四库全书》编成,列入别集的最后几位作者是方苞(卒于1749年)、厉鹗(卒于1752年)和汪由敦(卒于1758年)。此处开始所论作者其实均未入《四库全书》正本,我们依体例补入。乾嘉是汉学全盛时期,群星璀璨。经学有惠栋(1697—1758)、江永(1681—1762),史学有王鸣盛、赵翼、钱大昕,小学有戴震、程瑶田(1725—1814)、段玉裁、王念孙等。文学上则首推袁枚和姚鼐(1732—1815),一以诗称,一以文胜。

袁枚是乾隆时三大诗人之首(另二人是赵翼与蒋士铨),著述甚丰,有《小仓山房诗集》37卷、《补遗》2卷,《小仓山房文集》35卷、《外集》(骈体文)7卷,《小仓山房尺牍》10卷、《随园诗话》16卷、《随园诗话补遗》10卷、《随园随笔》28卷、《随园食单》4卷、《新齐谐》(即《子不语》)24卷等。袁枚可说是性情中人,由几处可见。第一,他先后在沭阳、江宁、溧水等地任县令,甚有政声。在沭阳时作《苦灾行》《捕蝗曲》《征漕叹》等,为民分忧。离开沭阳时百姓依依不舍,他作《沭阳移知江宁别吏民于黄河岸上》和《出沭阳口号》,中有"五步一杯酒,十步一折柳""路饯酒倾七十里,赠行诗载一千篇"等句,应是写实。但为了隐居,33岁就辞官不做了,说是"两者不可得兼,舍官而取园者也"。第二,赵翼为他的诗集题诗,开头两句是"其人与笔两风流,红粉青山伴白头","红粉青山"是他的标志,指的是他率性而为,广招女弟子,在当时是有点惊世骇俗的。他编有《随园女弟子诗选》6

卷,录 23 人,实际招收过的女弟子超过 50 人。这些人多学有所成,甚至编有自己的诗集。乾隆壬子年(1792)袁枚与女弟子两次在杭州西湖雅集,并请尤诏、汪恭绘《随园湖楼请业图》长卷,四年后亲自题跋,影响很大。清代多闺阁诗人,恐怕与袁枚的倡导有很大关系。第三,历代性情文人如苏轼、张岱等均好美食并作有诗文,而像袁枚这样写成《随园食单》专著的,可能还是南宋林洪《山家清供》后的第一部。第四,袁枚诗抒性灵,文也写性灵,他的名文《祭妹文》,前人比之于韩愈《祭十二郎文》,同列为至性至情之作。其实他还写过《哭三妹五十韵》长诗,同样情深意切。他关于书的几篇文章,如《黄生借书说》《所好轩记》《散书后记》等,以及关于随园的六篇记,也是性情之文。第五,袁枚随口一句"大观园者,即余之随园也",引起了两百年红学纷争。第六,也正因此,他提出了文学史上有名的"性灵说"。袁枚为首席女弟子席佩兰的《长真阁集》题词时说,"字字出于性灵,不拾古人牙慧,而能天机清妙,音节琮琤",可见他还以此教徒,可谓不遗余力。他自己的几千首诗,可说是在努力实践他的主张。令人留下深刻印象的有《南楼观雨歌》,描写奇特,一如李贺;又如《水西亭夜坐》,写月、水、我,令人想起李白《月下独酌》的"举杯邀明月,对影成三人",与苏轼《点绛唇》的"与谁同坐,明月清风我"。

姚鼐著有《惜抱轩全集》,含《惜抱轩文集》16 卷,《惜抱轩文后集》10 卷,《惜抱轩诗集》10 卷、《后集》1 卷、《外集》1 卷,《惜抱轩法帖题跋》3 卷,《惜抱轩笔记》8 卷,《惜抱轩九经说》17 卷。另有《老子章义》2 卷,《庄子章义》5 卷,《左传补注》1 卷,《公羊传补注》1 卷,《惜抱先生尺牍》8 卷、《补编》2 卷,《惜抱轩书录》4 卷,编纂《五七言今体诗钞》18 卷(五、七言各 9 卷),《古文辞类纂》74 卷。姚鼐是经子、诗文、书法兼长的大家,而主要成就在古文上,是继方苞、刘大櫆(1698—1780)之后,桐城派古文的集大成者,并将该派主张系统化为

第七章 "集部"概说 283

"义理、考据、辞章"三者互用,对清代后期文章影响极大。《古文辞类纂》是他的精心之作,以唐宋八大家为主,把文体简约为13类,选秦汉以来直至明代归有光,清代方苞、刘大櫆诸人的文章共700余篇,以此树立桐城派在文章史上的正统地位。他还提出了阳刚阴柔之说,在《复鲁絜非书》里说:"天地之道,阴阳刚柔而已。文者,天地之精英,而阴阳刚柔之发也。"这是中国文章学最重要的理论之一。姚鼐的文章也尽力体现他的主张,《登泰山记》是他最著名的代表作。姚鼐在诗歌理论上宗王士禛的"神韵说",并以此作为选"今体诗"的标准。他自己的诗则学唐宋各家的都有,风格也比较多样。姚鼐对书法有深入的研究,著有《惜抱轩法帖题跋》3卷,对历代书法的评论颇中肯綮。他本人善行草,包世臣的《艺舟双楫·国朝书品》,把清代书家分为神品、妙品、能品、逸品、佳品五类九等。列"神品"一人,为邓石如的隶书和篆书,"妙品"上一人为邓石如的分书及真书,"妙品"下二人为刘墉(1720—1805)的小真书和姚鼐的行草书。这是极高的评价。

(三)后期(19世纪)

中国历史一般以鸦片战争为界,分为古代和近代,依此则龚自珍(1792—1841)当属"古代",但他的思想实际已进入了"近代"。据梁启超《清代学术概论》,"晚清思想之解放,自珍确与有功焉"。龚自珍《己亥杂诗》第104首也自负地说:"一事平生无龂龂,但开风气不为师。"他是以开风气者自居的,可说是鸦片战争前半个世纪最重要的诗人。鸦片战争开始了中国的近代,之后对中国社会影响最大的事件是太平天国运动,其间的风云人物是曾国藩。因此19世纪上下两半以他们两人为代表。

龚自珍有《龚定盦全集》17卷,内含《定盦文集》3卷,《定盦续集》4卷,《定盦文集补》之《续录》1卷、《古今体诗》2卷、《己亥杂诗》

1卷、《词选》2卷、《定盦文集补编》4卷。龚自珍是清代文字音韵大家段玉裁的外孙,自小受其教育熏陶,长于经学、小学、金石学。但他突破了乾嘉汉学的古文经学,信奉今文经学,是影响清代后期曾国藩、康有为、谭嗣同等人学术的"公羊学"的开创人。他渴望政治变革,服膺北宋改革家王安石,少年时就曾九次手抄其《上仁宗皇帝言事书》。他的重要政论《上大学士书》提出"自古及今,法无不改,势无不积,事例无不变迁,风气无不移易",显然有王安石"天命不足畏,祖宗不足法,人言不足恤"的影子。林则徐奉命赴广州禁烟,他写了《送钦差大臣侯官林公序》,"献三种决定义,三种旁义,三种答难义,一种归墟义"。林则徐专门答书云:"非谋识宏远者不能言,而非关注深切者不肯言也。"经学上,他的《六经正名》对经学作了极为清晰的梳理,认为孔子所见的只有六经,而后人或以传为经(如《春秋》三传),或以记为经(如《礼记》),或以群书为经(如《周官》《论语》《孝经》),或子为经(如《孟子》),甚至以"经之舆儓"为经(如《尔雅》)。这可说是千余年来真正的正本清源。他的《五经大义终始论》企图将五经之道"一以贯之",突破以往专注一经的局限,是个非常积极的尝试。他的《古史钩沉论》认为五经是"周史之大宗",诸子是"周史之小宗",都是非常通透的见解。龚自珍的诗文以《己亥杂诗》315首最著名,"落红不是无情物,化作春泥更护花""我劝天公重抖擞,不拘一格降人材"几句尤为脍炙人口。其实他的歌行也非常有特色,如《行路易》,从标题看就是与古人乐府常题《行路难》唱对台戏的,文字也很奇崛。《能令公少年行》《汉朝儒生行》《西郊落花歌》等也是如此。他的五古《寒月吟》、七律《咏史》《秋心》、五律《有所思》,词之《霓裳中序第一·当筵问古月》《金明池·按拍填词》《金缕曲·癸酉秋出都述怀有赋》《湘月·天风吹我》,文之《病梅馆记》《说京师翠微山》等,也颇可读。

曾国藩有《曾文正公全集》。在"两个半圣人"之说里,曾国藩也是候选人之一,而且是完整的"一个",也就是说,他也被认为是在"立德、立功、立言"方面均有建树的,旧时人们心目中的"完人"。"立德"是指他树立了修身、齐家、治国、平天下的道德规范,特别是在为天下得人和家教方面为后人树立了楷模。曾国藩的同僚、部曲、兄弟及后人几乎都在事业和学问上有所成就,有人认为这与曾国藩识人、知人、用人、教人等有关。"立功"是指他平定了太平天国,为清朝延续了半个世纪的寿命。有人认为他在平定太平天国之后声望和实力都到达了顶点,应该趁机回兵灭了满清,重建汉人的皇朝,因而在"立功"上功亏一篑,只能算"半个"圣人。其实也可换个角度看,所谓"立功"当然是指统一全国(因此诸葛亮在"两个半圣人"之说里只能算"半个"),曾国藩平定太平天国,使国家重新统一;但如他再发动战争,可能又会使国家陷于内战和分裂。他的功成身退对于整个国家来说未必不是明智之举。"立言"是指他的著作。曾国藩传世著作有光绪二年(1876)由李瀚章编辑、李鸿章校刊、他的33位弟子参校的《曾文正公全集》154卷。内含《首卷》1卷,《奏稿》30卷,《十八家诗钞》28卷,《经史百家杂钞》26卷,《经史百家简编》2卷,《鸣原堂论文》2卷,《诗集》3卷,《文集》3卷,《书札》33卷,《批牍》6卷,《杂著》2卷,《求阙斋读书录》4卷,《求阙斋日记类钞》2卷,《年谱》12卷。同年还刊行了王定安编纂、李鸿章题署的《求阙斋弟子记》32卷。此书记载曾国藩一生言行,性质犹如《论语》之于孔子。共分13类:卷1—2恩遇,卷3忠说,卷4—10平寇,卷11—13剿捻,卷14抚降,卷15驭练,卷16—18绥柔,附论洋务书牍,卷19—20志操,卷21—22文学,卷23—24军谟,卷25—26家训,卷27—30吏治,卷31—32哀荣。这里特别详记这两套书的目录,是因为曾国藩名气太大,不少后人假借其名进行编著。如《挺经》《冰鉴》等,就在疑似之间。民国时期,大达图书供应社出版 30 册本《曾文正公全集》,较之光绪本,增加了《家书》《家训》《治兵语录》《大事记》《荣哀录》《嘉言类钞》等内容。其中《治兵语录》是从蔡锷(1982—1916)宣统三年(1911)编著的《曾胡治兵语录》中摘出来的,其所分 12 章"将材、用人、尚志、诚实、勇毅、严明、公明、仁爱、勤劳、和辑、兵机、战守",也一如蔡锷。《家训》等均采自《求阙斋弟子记》。只有《家书》为前编所无,编者称出自"曾氏家藏本",但显然经过了重编,共分 12 卷:治家、修身、劝学、理财、济急、交友、为政、服官、用人、行军、旅行、杂务。其数量之多,内容之富,超过历代家书。曾国藩爱编书,正如鲁迅《集外集·选本》所言,"选本可以借古人的文章,寓自己的意见",通过选文来体现自己的学术思想。《经史百家杂钞》是曾国藩不满于姚鼐的《古文辞类纂》而编的,一是认为姚不收经史,是舍本求末;二是认为姚的分类不精,因此对姚的 13 类进行调整,改为著述、告语、记载三门 11 类,特别增加"叙记、典志"两类,体现了他对经史的重视,改变了姚氏重"集"、重"古文"的局限。为推广其思想,曾国藩还编了《经史百家简编》,从《经史百家杂钞》中精选 48 篇,约为原书的 1/20,可谓精而又精。曾国藩又编《十八家诗钞》,古今诗人仅选 18 人,可谓极精,而每人作品又选得极多。他的《鸣原堂论文》其实也是选本,选了历代著名奏疏 17 篇,教他弟弟曾国荃怎么作文章。曾国藩的学问,广而且深,而且十分接地气。如他有《水师得胜歌》《陆军得胜歌》《爱民歌》等,语言浅显,朗朗上口,是带兵者中所未曾有过的。曾国藩严于修身,于文有《五箴》《召诲》《日课四条》等,命其书斋曰"求阙",并作《求阙斋记》;于诗有《忮求诗二首》。曾国藩的诗以古风见长,明显受前人影响。如《里胥》有杜甫《石壕吏》风,《太学石鼓歌》有韩昌黎风,《游金山观东坡玉带诗》则有东坡风。诗文之外,曾国藩还长于联语。清代是中国历史上楹联的黄金期,曾即是大作手之一。可惜几种《全集》均未收录。2009年,湖南人民出版社出版彭爱华主编之《曾国藩楹联嘉言》,辑录曾氏楹联302副,为迄今最全之本,其中不乏可读之处。如"倚天照海花无数,流水高山心自知",据说是平定太平天国之后,手下人想劝其发动兵变,他书此自明其志。又如"报国矢孤忠,马革已无尸可裹;还家剩遗照,鲤庭空有泪长流",含情极深。再如"战战兢兢,即生时不忘地狱;坦坦荡荡,虽逆境亦畅天怀",也是忧时忧民之作。

（四）末期(20世纪)

清末最活跃的学者王国维和梁启超其实都已进入了民国,但王以遗老自居,不少重要著作完成于辛亥之前,我们把他列入古代;梁就划入近现代了。

黄遵宪(1848—1905)是外交家兼诗人,著有《日本国志》《日本杂事诗》《人境庐诗草》等,今人辑有《黄遵宪全集》,增加了文录、函电、公牍、笔谈等内容。他的《日本国志》以中国人为外国写"志",是史学的一个创举。正如薛福成(1838—1894)为他写的序中所说:"自古史才难,而作志尤难,盖贯穿始末、鉴别去取,非可率尔为也。"该书40卷,依中国历代史志形式,写了日本国的12志:"国统志、邻交志、天文志、地理志、职官志、食货志、兵志、刑法志、学术志、礼俗志、物产志、工艺志。"卷首有"中东年表",实际是中日对照的历史年表。此书读来既旧又新,既中又洋,给当时人的感觉恐怕不会亚于读严复翻译的《天演论》或林纾翻译的西洋小说。《日本杂事诗》是配合《日本国志》而作的,也有两点创新。一是采用当时流行的"杂事诗"形式,以诗纪事,因事系诗,与志相配,是组诗形式的另一种史诗。最早采用这种形式的大概是宋末文天祥的《集杜诗》,在黄遵宪时代最有名的大约是沈嘉辙、厉鹗等"武林七子"的《南宋杂事诗》。《日本杂事诗》采用同一形式,且用来写外国历史,确实令人耳目一新。二是第一次大规模地以诗歌形式写域外风情。之后要到近代女词人吕碧城

(1883—1943)才又一次结集写外国风貌(《吕碧城集·海外新词》)。杂事诗的另一种形式是年度性的史诗,开创者为龚自珍的《己亥杂诗》315首,作于1839年。一个甲子后的1899年,黄遵宪也作了《己亥杂诗》89首,与之呼应,收入《人境庐诗草》。《人境庐诗草》11卷收诗641首,加上后人补辑及《日本杂事诗》,黄遵宪共留下诗词一千余首,数量不多,但影响很大,可说是中国诗歌从传统向现代的转捩。概括起来,可说有三"新":意新,黄遵宪是倡导"诗界革命"第一人,主张脱离一切羁绊,所谓"我手写我口,古岂能拘牵"。题新,以新事物、新生活,特别是国外的新见闻为题材。《己亥杂诗》第一首是:"我是东西南北人,平生自号风波民。百年过半洲游四,留得家园五十春。"他的阅历可说无人能比,《温则宫朝会》《伦敦大雾行》《登巴黎铁塔》在当时可说闻所未闻,尤其是《今别离四首》,直接描写火车、电报、照相、轮船等。语新,大量使用新学新名词,包括翻译语、流俗语等入诗。如《锡兰岛卧佛》诗中有"罗马善法律,希腊工文章。开化首埃及,今亦归沦亡。念我亚细亚,大国居中央"等。黄遵宪的诗有名的很多,不少具有史诗价值。如《罢美国留学生感赋》《流求歌》《逐客篇》《纪事八首》《冯将军歌》《悲平壤》《哀旅顺》《哭威海》《台湾行》《初闻京师义和团事感赋三首》《述闻八首》,以及《天津纪乱十二首》《聂将军歌》等。

王国维著有《静庵文集》《宋元戏曲史》《人间词话》《观堂集林》等。他身跨清末与民国两个时期,是传统国学最后一位大师,也是20世纪新国学第一位大师。所谓"传统国学"指的是经史子集,所谓"新国学"指的是由于清末新材料发现带来的对传统历史的新研究。1912年废止读经,经史子集体系被打散,王国维著《观堂集林》24卷,集"艺林"8卷、"史林"14卷、"缀林"2卷,其实"艺林"即经部,包括《诗》《书》《礼》《乐》《春秋》等"六艺"及《说文》《尔雅》《方言》《切韵》等"小学";"史林"即传统史部,包括历史、地理、金石、甲骨等;"缀林"即集部,为诗文之作。1922 年,王国维作《库书楼记》,开头便说:"光、宣之间,我中国新出之史料凡四:一曰殷虚之甲骨,二曰汉、晋之简牍,三曰六朝及有唐之卷轴,而内阁大库之元、明及国朝文书,实居其四。"其中第三即敦煌文献,第四现称大内档案,这四者就是 20 世纪新国学的主要内容,其研究均由王国维及罗振玉(1866—1940)肇其端。王国维的研究,以辛亥革命为界,可以分为前后两段。前段主要是西学及在西学影响下的中学研究,出版著作有《静庵文集》《红楼梦评论》《宋元戏曲史》《人间词话》等。《静庵文集》多是研究西方哲学、美学、教育学等。《人间词话》是以旧形式写新思想。《红楼梦评论》《宋元戏曲史》二书在中国学术史上均有开创之功,《红楼梦评论》是打破中国评点传统,第一部现代意义的文学批评之作;《宋曲戏曲史》则是中国第一部文体专史。后段则是比较"纯"的国学研究,代表作即为《观堂集林》。王国维的诗,前段以词及近体诗为主,也有一些五言感怀之诗。后段则不乏长篇歌行。词以婉约为主,意境苍凉,可读者甚多,如《蝶恋花·阅尽天涯离别苦》《满庭芳·水抱孤城》《青玉案·姑苏台上乌啼曙》《摸鱼儿·秋柳》等,也有一些清新的,如《虞美人·弄梅骑竹嬉游日》《浣溪沙·舟逐清溪弯复弯》等。五古之《偶成》《端居》亦颇可读。长诗大都为感慨之作,如《颐和园词》《蜀道难》《癸丑三月三日京都兰亭会诗》等。王国维的文中,学术文之外,值得一读的有上面提到的《库书楼记》,叙述了罗振玉保存 9 000 袋 15 万斤大内档案和甲骨、古器物、碑志、金石拓本等的艰辛历程,可谓《隋书·经籍志·总序》叙历代书籍得失之续篇。又有《流沙访古记》一文,记他亲自到敦煌等地考察、发掘文物的经历,艰辛之况,难以想象。还有《国学丛刊序》,提出"学无新旧、无中西、无有用无用"之说,对 20 世纪学术有重大影响。

第三节　总集

总集与别集的区别在于,第一,别集强调个人,不管是全集,还是选集,只要是同一位作家所作,就入别集。有的作家著作特别多,诗文集以外,经、史、子均有所涉猎,但如果在个人名义下编在一起,还是算别集。典型的如《朱子全书》。而作者超过两人,就进入"总集"。因此如曹操、曹丕、曹植分别有《魏武帝集》《魏文帝集》《曹子建集》,都在别集;但如合在一起成《三曹集》,那就属于总集了。总集只看人数,不看作品数。"三曹"的作品全在固然是总集,各选几首也是总集。还可以依文体来选,如只选他们的诗或文,成《三曹诗选》《三曹文选》等,也是可以的。第二,别集在唐之前,一般都是后人编的,或家属,或学生,但从白居易起,作者开始为自己编集,甚至一编再编,后人只是在此基础上补充辑佚而已。当然也有因各种原因生前未能完成,主要靠后人编辑的,但理论上来说,别集是可以自己编的。而总集却一定是别人编的(当然不排除在编选时把自己选进去)。第三,看别集,关注的是是否"全";而看总集,则是看编者的眼光。正如鲁迅在《"题未定"草》中所说:"选本所显示的,往往并非作者的特色,倒是选者的眼光。"这种"眼光"体现在几个方面:一是人。看选谁,不选谁。二是作品。同是某人,看他选什么,不选什么。三是文体。看他专注于哪一种或哪几种文体。四是目的。有的人编选集是为了体现某种文学思想,有的人则是为了"辑佚",前者的眼光就很挑剔,后者则"多多益善",甚至断章散句也搜罗无遗,传闻讹抄也照收不误。对此我们就要有同情的理解了。

总之,别集重视的是人,总集重视的是文体和风格,特别是文体。依文体,总集又可分为两类:不分文体的总集和区分文体的总集。前者各体皆收,后者则只收特定文体。我们把后者再分为赋、文、诗、词、曲,以及戏剧和小说七类,其中前五类是传统的,戏剧和小说是《四库全书》不收而我们新增的。下面依类各举一些重要的著作。

一、综合性总集

不分文体也就是综合性的总集有三种,一种以作品为主,一种以作者为主,还有一种则是文体本身的汇总。

（一）作品的汇总

从理论上说,最早的作品总集应该是《尚书》,因为其作者包括多人,体裁以文为主,但也有诗,如《五子之歌》。但《尚书》已贵为"经",当然不再列入"集"。现存最早的综合性文集是梁代昭明太子萧统编的《文选》,或称《昭明文选》。这部书的历史意义体现在三个方面：第一,第一次把诗、文等从"经、史、子"中分列出来,实际上是为"集"部成立提供了理论依据。《文选序》中明确说明,它不取"经",即所谓"姬公之籍,孔父之书";不取"子",即所谓"老、庄之作,管、孟之流",因为它们"盖以立意为宗,不以能文为本";不取"史",即所谓"记事之史,系年之书",因为它们是为了"褒贬是非,纪别异同"。但取各史中的"赞论"和"序述",因为它们"事出于深思,义归乎翰藻"。这就为"文"作了一个非常明确的界定,也是"文"的"外延"。第二,全书体例实际上是个三级分类,第一层是"体",按文体分;第二层是"类",按题材分;第三层是作品,按作者时代编次。全书共分"赋、诗、骚、七、诏、册、令、教、文、表、上书、启、弹事、笺、奏记、书、檄、对问、设论、辞、序、颂、赞、符命、史论、史述赞、论、连珠、箴、铭、诔、哀、碑文、墓志、行状、吊文、祭文"等37类文体,是继曹丕《典论·论文》、陆机《文赋》及挚虞《文章流别论》之后最详尽的分类。在体下则按内容分"类",如"诗"下有"补亡、述德、劝励、献诗、公宴、祖饯、咏史、百一、游仙、招隐、游览、咏怀、哀伤、赠答、行旅、军戎、郊庙、乐府、挽歌、杂歌、杂诗、杂拟"等22类。这就为"文"划定了"内涵"。"内、外"结合,就使"集"或"文集"的概念明确起来了。以后只是在此基础上做加减法。第三,这是中国诗文的第一次历史结集,全书60卷,选录了自战国至梁代800多年间130多位作者的700余篇诗文。由于在此之前作者很少有个人结集的意识,作品大多散失。《文选》使这些作品得以保存,在中国文化史上有重要的意义,也为后人搜罗前人著作并结成集子树立了榜样。《文选》有唐代李善的注本,非常有名,可以参看。

仿照《文选》的最重要著作有北宋的《文苑英华》与《唐文粹》。北宋太平兴国七年(982),宋太宗召李昉、徐铉、宋白等人,后来又补充了苏易简等人,让他们"阅前代文集,撮其精要,以类分之,为千卷",于雍熙三年(986)书成,这就是《文苑英华》。这部大书以继承《文选》为己任,连"英华"二字都取自萧统所编而后来亡佚的两部书——《文章英华》和《古今诗苑英华》。它收录的作品上接《文选》的下限梁代,下迄五代。在体例上它也基本依照《文选》,全书1000卷,依文体分成"赋、诗、歌行、杂文、中书制诰、翰林制诰、策问、策、判、表、笺、状、檄、露布、弹文、移文、启、书、疏、序、论、议、连珠、喻对、颂、赞、铭、箴、传、记、谥哀册文、谥议、诔、碑、志、墓表、行状、祭文"等38种,其中与《文选》有同有异,体现了近500年间的消长变化。"歌行、杂文、中书制诰、翰林制诰、策问、策、判、状、露布、移文、疏、议、喻对、传、记、谥哀册文、谥议、墓表"等文体是新增的,我们注意到像"策、状、疏、议、传、记"等是唐代很常见的文体。赋、诗的第二层次分类也更细。如诗分"天部、地部、帝德、应制、应令、省试、朝省、乐府、音乐、人事、释门、道门、隐逸、寺院、酬和、寄赠、送行、留别、行迈、军旅、悲悼、居处、郊祀、花木、禽兽"等25大类,大类下还有小类。这种分类有点类似于唐以来的类书,与《文选》有较大的区别,但更符合唐代作品的实际。全书选录作家近2 200人,文章近20 000篇。由于工程巨大,又成于众人之手,因此质量方面问题不少。南宋时宋孝宗命周必大(1126—1204)等加以校正,终于成为一部可读之书。这部书的起讫范围从梁代至五代,所收唐代作品占了约十分之九,更像一部唐代诗文总集。《文苑英华》编后不久,姚铉(967—1020)花了十年时间,于1011年编成《文粹》一书,全书100卷,分量只有《文苑英华》的十分之一,文体也只分16类,范围局限于唐代,且不求全,仅以"纂唐贤文章之英粹者"为目标,因此有人说它是《文苑英华》的简编本。其实姚铉有自己的眼光和标准,所收材料也有未见于《文苑英华》的。这本书后来习称《唐文粹》,实际上开了一个新例,即断代性的综合诗文选本,为后代吕祖谦编《宋文鉴》,庄仲方(1780—1857)编《金文雅》,苏天爵(1294—1352)编《元文类》,黄宗羲编《明文海》,沈粹芬(1882—1939)、黄人(1866—1913)等编《清文汇》作出了榜样。但此书重古文轻骈文,难免有所偏颇。

(二)作者的汇总

以作者为主的总集,实际是从另一个角度继承《文选》的传统。《文选》以文体分卷,这就使同一作者的作品分在不同的卷,要从总体上阅读和了解作者殊为不易。唐代以后别集蜂出,可以通过读别集来解决,唐代以前的作家就没有这个便利。加上唐以前的作品还有不少处在散佚的状态,这些都需要有人整理。明代冯惟讷(1513—1572)编《古诗纪》,搜集唐以前的诗;梅鼎祚(1549—1615)编《历代文纪》,搜集唐以前的文;张燮(1574—1640)编汉魏《七十二家文选》,着意搜集散佚的作品。后来,张溥在张燮的书的基础上,吸收冯、梅的成果,编成《汉魏六朝百三家集》,收入从汉代贾谊至隋代薛道衡共103家的作品。每人一集,依赋、文、诗的次序,收入全部作品。此书特点是每集卷首有题辞,类似后来《四库全书总目》的"提要",对作家和作品作出评价,可供阅读借鉴。

清嘉庆十三年(1808),朝廷开设全唐文馆,严可均没在受邀之列,他认为唐以前的文也需要编纂,于是以一人之力,花了27年时间,在梅鼎祚、张溥两家书的基础上,编成《全上古三代秦汉三国六朝文》一书,而规模大大扩大,"揪五厄之散亡,扬万古之天声。唐已前文,咸萃于此"。全书依朝代分为"上古三代、秦、汉、后汉、三国、晋、宋、齐、梁、陈、后魏、北齐、后周、隋"及不知时代的"先唐"共15部分,741卷,收作者3 497人,每人附有小传,是迄今为止收录唐以前文章最全的一部总集。此书因卷帙浩繁,又有不少谬误,直到1893年,方在方功惠、王毓藻等人的努力下得以刊行。此书的文体分为"赋、骚、制、诰、诏、敕、玺书、下书、赐书、册、策命、策问、令、教、誓、盟文、对策、对诏、章、表、封事、疏、上书、上言、奏、议、驳、檄、移、符、牒、判、启、笺、奏记、书、答、对问、设论、论、难、释难、考、辨、七、记、序、颂、赞、连珠、箴、铭、诫、传、叙传、别传、约、券、诔、哀册、哀辞、墓志铭、碑、灵表、行状、吊文、祭文、祝文、题后、杂著"等70类,有"赋、骚",但不收诗,因此严格来说只是"文"的总集,但因此书基于《汉魏六朝百三家集》而成,我们放在这里一并介绍。

二、分体总集

分文体的总集理论上始于《诗经》,因为这是最早的一部诗歌总集,但因为是"经",因此习惯上不算。《楚辞》也是总集,但因地位特殊,也不算。真正的第一部分文体的总集始于南朝诗人徐陵的《玉台新咏》。下面我们依赋、文、诗、词、曲,以及戏剧、小说的次序,介绍一些重要的总集以及便于当代读者入门的著名选集。为了叙述方便,将曲和戏剧放在一起讨论。

（一）赋

赋是古代诸"文"之首。《诗经·鄘风·定之方中》"毛传"曰："升高能赋，……可以为大夫。"古人把赋看得很重，鲜有文人士大夫不能作赋的。不论在别集（如《杜工部集》）还是在综合性总集（如《文选》）里，赋总列在最前面，而且数量很大（《文选》60卷，赋占19卷；《文苑英华》1 000卷，赋占150卷）。规模最大的赋的总集是清代陈元龙（1652—1736）编的《历代赋汇》，正、外集及逸句补遗共184卷，收赋4 161篇。正集分"天象、岁时、地理、都邑、治道、典礼、祯祥、临幸、蒐狩、文学、武功、性道、农桑、宫殿、室宇、器用、舟车、音乐、玉帛、服饰、饮食、书画、巧艺、仙释、览古、寓言、草木、花果、鸟兽、鳞虫"等30类，外集分"言志、怀思、行旅、旷达、美丽、讽喻、情感、人事"等8类。其后张惠言（1761—1802）编了一本《七十家赋钞》，共6卷，辑录自屈原《离骚》至北朝庾信辞赋206篇，是史上有名的选本。近人瞿蜕园（1894—1973）编过一本《汉魏六朝赋选》，是较好的入门读本。

（二）文

古代文体从大的方面来说，无非就是赋、文、诗三大类。赋是押韵之文，因此与两头都有理不清的关系。有时算在文里，有时算在诗里。例如前文提到的《明文海》没收诗，却首列赋，就是把赋算在"文"里。如果把赋排除在外，就是单纯的"文"。而单纯的"文"又分两类：散文（又称"古文"）和骈文。散体和骈体本来只是两种文体，古代本不区分，《易》《诗》《书》都既有散行的句子，又有对偶的句子。《易传·文言》首先出现"文言"的概念，"文言"就是对语言进行修饰加工。从《文言》的实际来看，这一加工有两种方式，一是押韵，二是对仗。在文章中把押韵发展到极致就是赋，把对仗发展到极致就是骈文。一般情况下骈、散的运用是一个自然的过程，只是有的作者会刻意地运用。从先秦到南北朝，从量变到质变，产生了完全对仗的文体,但当时人自己并没有自觉。对骈俪之风的发现和厌恶是从唐代开始的。韩愈反对骈俪文体,把它叫作"时文"或"今文";而把散行文体叫作"古文",因为这是骈体文成熟以前人们常用的文体。韩愈的"古文运动"其实是政治性的运动。他主张"文以载道",而载道之文是散体,因此必须回归散体也就是"古文"。欧阳修、苏轼等继承了他的主张,而且以实际创作的成就提高了"古文"的地位。骈体文的概念相对于"古文",反而是后起的,是有意针对"古文"而提出的。因此出现了一个奇怪的现象:文集中如果包含了赋,则古文、骈文可以并存;如果不包含赋,则古文和骈文很少会同时选入。因此谈到"文"的总集,两者需分别处理。

"古文"的总集最早是南宋吕祖谦编的《古文关键》,收韩愈、柳宗元、欧阳修、苏轼等人的文章60余篇。后明初朱右(1314—1376)将韩愈、柳宗元、欧阳修、"三苏"和曾巩、王安石的文章编为《六先生文集》16卷。其中"三苏"作一家,茅坤将"三苏"拆开,重新编成《唐宋八大家文钞》164卷。"唐宋八大家"之名由此流行。超出唐、宋范围,自先秦编起的古文选本,较早的有明代唐顺之编的《文编》,而最有名的是清代姚鼐编的《古文辞类纂》。该书共74卷,按文体分为"论辨、序跋、奏议、书说、赠序、诏令、传状、碑志、杂记、箴铭、颂赞、辞赋、哀祭"等13类,古今皆收,不收骈文,却收了辞赋。他在《序目》中说:"夫文无所谓古今也,惟其当而已。得其当,则六经至于今日,其为道也一。"这部书是古文派的总结,也是清代桐城派观点的代表。《古文辞类纂》于先秦只收《战国策》和《楚辞》,不收经书和史传。曾国藩对此不满,认为"古文所以立名之始,乃由屏弃六朝骈俪之文而返之于三代两汉。今舍经而降以相求,是犹言孝者敬其父祖而忘其高、曾",因此重编了一本《经史百家杂钞》,同时对姚的13类作了微调,改为11类。这两部书的影响都很大,但对一般读者来说篇幅有点长。古文最流行的通俗选本是清代吴楚材(1655—1719)与其侄吴调侯选编的《古文观止》,全书12卷,收自东周至明代的文章222篇,以散文为主,有少量辞赋骈文,是300多年来影响最大的古文读本。

  骈文的总集有明代王志坚(1576—1633)的《四六法海》12卷,自序称"法取轨持,海喻广大,欲泛藻海之波,而饬词坛之法",选了魏晋至元代骈文702篇,按文体分41类,多数为唐以前之作。又有清代李兆洛(1769—1841)编的《骈体文钞》,依文体分31卷,共收文609篇。此书影响颇大,但李兆洛主张骈散合一,书中所收许多文章并非骈文,如李斯《谏逐客书》、司马迁《报任安书》、李密《陈情表》,甚至许慎的《说文解字·叙》。严格依骈文收的是清末王先谦编的《骈文类纂》,从书名可知其为仿姚鼐《古文辞类纂》而作,甚至可谓姊妹篇。他不赞成姚鼐兼收辞赋,认为王志坚分类过繁,李兆洛界限不清,因此重新编了一部。全书46卷,分"论说、序跋、表奏、书启、赠序、诏令、檄移、传状、杂记、箴铭、颂赞、哀吊、杂文、词赋"等14类,收文1 557篇。骈文之普及性读本有清代许梿(1787—1862)选的《六朝文絜》。"文絜"一词取自刘勰"析词尚絜"之说。全书12卷,选入上起晋宋,下讫陈隋骈文72篇,分为赋、铭、诏、策、令等18类,收入作家36人。

  (三)诗

  如果不算《诗经》《楚辞》,则中国古代的第一部诗歌总集是南北朝徐陵编的《玉台新咏》,全书10卷,前八卷为五言诗,第九卷为歌行,第十卷为五言二韵之诗即五言古绝,共收自汉至梁139位作者(含无名氏)的769篇作品。这本诗集的主体是当时南朝盛行的"艳体诗",但还是保留了很多其他类型的诗,特别是收了很多童谣,为他书所未见。第十卷全是五言古绝,对后来的绝句形式有很大影响(唐代格律诗成熟后,五言绝句仍多古体)。因此《四库全书总目》说它"虽皆取绮罗脂粉之词,而去古未远,犹有讲于温柔敦厚之遗,未可概以淫艳斥之",这是比较客观的。收集唐以前诗,规模最大的是明代冯惟讷编的《古诗纪》,此书156卷,前集10卷,记古逸诗;本集130卷,汉魏至六朝诗;外集4卷,收古小说、笔记中的仙鬼之诗;别集12卷,收相关评论。《四库全书总目》说它"其上薄古初,下迄六代,有韵之作,无不兼收。溯诗家之渊源者,不能外是书而别求"。近人丁福保编《全汉三国晋南北朝诗》、逯钦立(1910—1973)编《先秦汉魏晋南北朝诗》,都是在此书基础上重加考订增补而成。逯书是现代人著作,本不在本书介绍之列,但此书对前人有较大超越,录此作为破例。该书分先秦诗7卷、汉诗12卷、魏诗12卷、晋诗21卷、宋诗12卷、齐诗7卷、梁诗30卷、北魏诗4卷、北齐诗4卷、北周诗6卷、陈诗10卷、隋诗10卷,共135卷。《诗经》《楚辞》外,由先秦至隋所存之诗可谓"一网打尽",是重要的宝库。

中国诗歌最辉煌的时代是唐代,因此对唐诗的收录编集也最多。最早的唐诗选本从唐时就开始了,如元结(719—772)的《箧中集》、殷璠的《河岳英灵集》等。但这些书的规模都较小。规模较大的始于明初高棅的《唐诗品汇》,初编90卷,补编10卷,收681位诗人的6 725首诗,依诗体"五言古诗、七言古诗、五言绝句(附六言绝句)、七言绝句、五言律诗、五言排律、七言律诗"分类,每一体下又分"正始、正宗、大家、名家、羽翼、接武、正变、余响、旁流"九格。据《凡例》:"大略以初唐为正始,盛唐为正宗、大家、名家、羽翼,中唐为接武,晚唐为正变、余响,方外、异人等诗为旁流。""初盛中晚"四唐说就是该书首次提出的。高棅之后,有胡震亨(1569—1645)的《唐音统签》1 024卷。全书以十干为纪分10"签"。《甲签》至《壬签》,按时代先后辑录唐及五代的诗作以及词曲、歌谣、谚语、酒令、占辞等。《癸签》33卷则是诗论,包括体裁、法微、评汇、乐通、诂笺、谈丛、集录等七部分。《唐音统签》为清修《全唐诗》的蓝本。清康熙四十四年(1705),彭定求等十人奉旨编校《全唐诗》。全书共计900卷,目录12卷,收录2 200多位作家的48 900余首诗,是古代收录唐诗最全的集子。

唐代以后的历朝诗集,有郭元釪(康熙时人)编的《全金诗》74卷、吴之振(1640—1717)编的《宋诗钞》106卷、顾嗣立(1665—1722)编的《元诗选》111卷、朱彝尊编的《明诗综》100卷等,规模都很大,但影响都不如《全唐诗》。历代诗的选集,成系列的有明代曹学佺(1574—1646)的《石仓十二代诗选》888卷,其中古诗13卷,唐诗110卷,宋诗107卷,元诗50卷,明诗608卷。曹学佺是第一个提出"二氏有藏,吾儒何独无",欲修儒藏与之鼎立的学者,他在四部基础上编了十多年,因明亡而没有编成。他的选本中明诗的比例高了点。另一个有名的系列是清代沈德潜(1673—1769)编的《古诗源》《唐诗别裁》《明诗别裁》《清诗别裁》,后三种加上张景星、姚培谦(1693—1766)等编的《宋诗百一钞》《元诗百一钞》两书,合称"五朝诗别裁",流传颇广。特定诗体的集子有两部比较重要。一是北宋郭茂倩编撰的《乐府诗集》100卷,收录自上古至五代乐府歌辞,兼及先秦至唐末的歌谣,共5 290首。按音乐不同分为"郊庙歌辞、燕射歌辞、鼓吹曲辞、横吹曲辞、相和歌辞、清商曲辞、舞曲歌辞、琴曲歌辞、杂曲歌辞、近代曲辞、杂歌谣辞、新乐府辞"等12大类。这是收录乐府诗最全的总集,但有人觉得唐代的"新乐府"只是即事诗,没有音乐上的理由归入乐府。二是元初方回(1227—1305)编的《瀛奎律髓》。此书专选唐宋两代的五、七言律诗,故名"律髓";"瀛奎"则取"十八学士登瀛洲、五星照奎"之义,共选唐代作家180余人,宋代作家190余人。全诗按题材分为49卷,亦即49类:"登览、朝省、怀古、风土、升平、宦情、风怀、宴集、老寿、春日、夏日、秋日、冬日、晨朝、暮夜、节序、晴雨、茶、酒、梅花、雪、月、闲适、送别、拗字、变体、着题、陵庙、旅况、边塞、宫闱、忠愤、山岩、川泉、庭宇、论诗、技艺、远外、消遣、兄弟、子息、寄赠、迁谪、疾病、感旧、侠少、释梵、仙逸、伤悼。"这是《文选》《文苑英华》中赋、诗的下位分类在近体诗中的体现和发展，对于诗歌欣赏很有意义。

诗的通俗选本最有名的是清代蘅塘退士（原名孙洙，1711—1778）编选的《唐诗三百首》，以其精审的眼光、适中的篇幅、成功的口号（"熟读唐诗三百首，不会作诗也会吟"），200余年来风靡天下。

(四) 词

词的最早总集是五代赵崇祚编的《花间集》，书成于后蜀广政三年（940）。全书10卷，收录了温庭筠、韦庄等18家词作共500首。此后，选编北宋词的有曾慥（？—1155）的《乐府雅词》，选编南宋词的有周密（1232—1298）的《绝妙好词》，合选唐五代至宋的有南宋末黄升的《花庵词选》20卷，收222家词人作品750余首。清代是宋以后词的第二个高峰，出现了分别代表常州词派的张惠言编的《词选》和浙西词派的朱彝尊编的《词综》，前者选唐、五代、宋词44家116首，后者选唐、五代、宋、金、元词659家2 200余首。后者丰而前者精。规模最大的词总集是康熙四十六年（1707）沈辰垣等编定的《历代诗余》。全书120卷，前100卷以调之长短和词人时代为序，选自唐至明的词作1 540调，共9 009首；另有词人姓氏10卷和词话10卷。该书是词选的集大成著作。

词的通俗读本是清代舒梦兰（1759—1835）编选的《白香词谱》，选录了由唐至清的词作100首，多为历来名作，每调还详注平仄韵读，极便初学，200多年来流传不息。

(五) 曲

曲有两种，一指小令、套数等散曲，一指元杂剧和明传奇等戏曲。

《四库全书》所谓"词曲类"只限前一种,现根据实际情况加上后一种。散曲主要活跃在元、明两代。元代散曲的汇编有元代杨朝英的《乐府新编阳春白雪》和《朝野新声太平乐府》,人称"杨氏二选",元代散曲基本借此得以流传。杨氏生卒年不详,前书成于元仁宗皇庆、延祐(1312—1320)年间,后书成于元顺帝至正辛卯(1351),前书10卷,后书9卷,均是先小令后套数,以曲调分类。其中《乐府新编阳春白雪》前附燕南芝庵《唱论》,这是中国第一部声乐著作。明代则有张禄选辑的《词林摘艳》10卷,嘉靖四年(1525)刊行,系根据正德十二年(1517)佚名所编的《盛世新声》增删补订而成,共录套数325章,小令286阕。

戏曲的汇集,以断代为主的有两种。一种是明代臧懋循编的《元曲选》,于1615年、1616年先后刊行,共选录100个剧本。书中提到"元群英所撰杂剧共五百四十九本",并列细目,但多数已佚。此书选了100种,已基本囊括了现存元杂剧的主要作品,包括元曲四大家的作品,但提到却未收王实甫的《西厢记》。另一种是明末毛晋(1599—1659)辑的《六十种曲》,以明代传奇为主,囊括了南戏的《琵琶记》和"荆刘拜杀"(《荆钗记》《刘知远白兔记》《拜月亭记》《杀狗记》)四大传奇,汤显祖的"临川四梦"(《牡丹亭》《紫钗记》《邯郸记》《南柯记》)等。跨代的则有明代藏书家赵琦美(1563—1624)编辑的《脉望馆抄校本古今杂剧》,原有元人杂剧136种,明人杂剧147种,教坊杂编20种,合计300多种,但在流传过程中有散失,现存242种,近人王季烈(1873—1952)从中选出144种,编成《孤本元明杂剧》一书,其中多数未见于上述二书。

(六)小说

按传统四部的分类,"小说"属于子部,班固所谓"小说家流"。20世纪以来引进西方文学概念,"小说"被用来翻译传统称为"说部""稗官"的 short story(短篇小说)和 novel(长篇小说),放在四部中会引起混乱。我们的解决办法是把思考性的思想或学术笔记放在子部的"小说家类",把虚构性的故事放在集部,新设"小说类",它对标的是现代意义上的小说。小说有长篇、短篇之分,长篇一般单独成书,没有必要结"集",需要结集的是短篇小说。而短篇小说又有文言、白话之分。文言自古就有,白话则始于宋代。试分述之。

带有故事性的"小说",其源头应在先秦。《山海经》《庄子》《韩非子》《淮南子》的很多寓言带有这种性质。其次是传说为东方朔作的《神异经》、班固作的《汉武故事》等,但均不大可靠。比较可靠的短篇故事集,最早的是晋代干宝的《搜神记》、唐代薛用弱的《集异记》等。宋以前,文言短篇小说的集大成者是宋代李昉、吕文仲等奉敕编纂的《太平广记》,书成于宋太宗太平兴国三年(978),故名。全书500卷,目录10卷,引书475种,半数是现在已经失佚的。全书按题材分为"神仙、女仙、道术"等92大类,在大类下又分出150条细目,如"草木"类下分出"木、文理木、异木、藟蔓、草、草花、木花、果、菜、五谷、茶卉、芝、苔、香药、服饵、木怪、花卉怪、药怪、菌怪"等19条细目。《四库全书总目》说"其书虽多谈神怪,而采摭繁富,名物典故,错出其间,词章家恒所采用,考证家亦多所取资",对后来的小说、戏曲影响很大。宋代以后,重要的文言小说集有明初瞿佑(1347—1433)编的《剪灯新话》、清初张潮(1650—约1709)编的《虞初新志》等。虞初是古代人名,编有《虞初周说》,遂成为"小说"的别名。如康有为赠林纾诗云:"译才并世数严林,百部虞初救世心。""虞初"即指林纾的翻译小说。《虞初新志》全书20卷,选文150余篇,大多出自当世名家之手,以情节曲折、富于文采、篇幅较长的传奇为主。著名的有魏禧《大铁椎传》、王思任《徐霞客传》、林嗣环《秋声诗自序》、吴伟业《柳敬亭传》、侯方域《马伶传》《李姬传》、魏学洢《核舟记》、陈鼎《八大山人传》等。更富特色的是每篇之后均有"张山来曰"的点评,一似司马迁的"太史公曰",开了短篇小说评点的先例,人称"虞初"体。个人创作的文言小说集则以蒲松龄的《聊斋志异》质量最高,影响也最大。其后袁枚有模仿之作《子不语》,纪昀有另起炉灶之作《阅微草堂笔记》,但前者过于"游戏",后者过于"说教",均不如《聊斋志异》。更后的俞樾《右台仙馆笔记》、王韬(1828—1897)《淞隐漫录》、宣鼎(1832—1880)《夜雨秋灯录》等,其影响也不如《聊斋志异》。用文言写的小说还有清代沈复(1763—1832)的《浮生六记》,但这部作品就篇幅而言应该属于中篇小说,是文言小说中不可多得的精品。

  白话短篇小说的源头,有人说是南朝宋刘义庆的《世说新语》,此书四部入"小说家类"是对的,其行文较口语化,但还不是白话;更重要的是,其人物事迹多为纪实,缺少现代小说"虚构性"这一要素。现代有人主张白话小说的源头是敦煌变文,虽似有理,但因敦煌文献的发现和整理是20世纪以来的事,这里也不取。最早的白话短篇小说的源头是宋元间的"话本",最早的白话短篇小说集是明代嘉靖时人洪楩编的《清平山堂话本》,又称《六十家小说》,共60卷,现存残卷,共收宋元明小说27篇。最有名的短篇小说集是晚明的"三言""二拍",分别指冯梦龙编著的《喻世明言》《警世通言》和《醒世恒言》,以及凌濛初(1580—1644)创作的《初刻拍案惊奇》和《二刻拍案惊奇》,是中国古典短篇白话小说的巅峰之作。清代的白话短篇小说稍逊色些,大多是仿效"三言二拍"之作,如李渔的《无声戏》《十二楼》、徐述夔(1703—1763)的《五色石》等。

  古代的长篇小说是在短篇基础上发展而来的,早期作品背后多有"话本"的影子,因此几乎全是白话,即使用了文言,也是夹文夹白,如《三国演义》《西游记》。长篇小说起于元末明初,第一本是托名罗

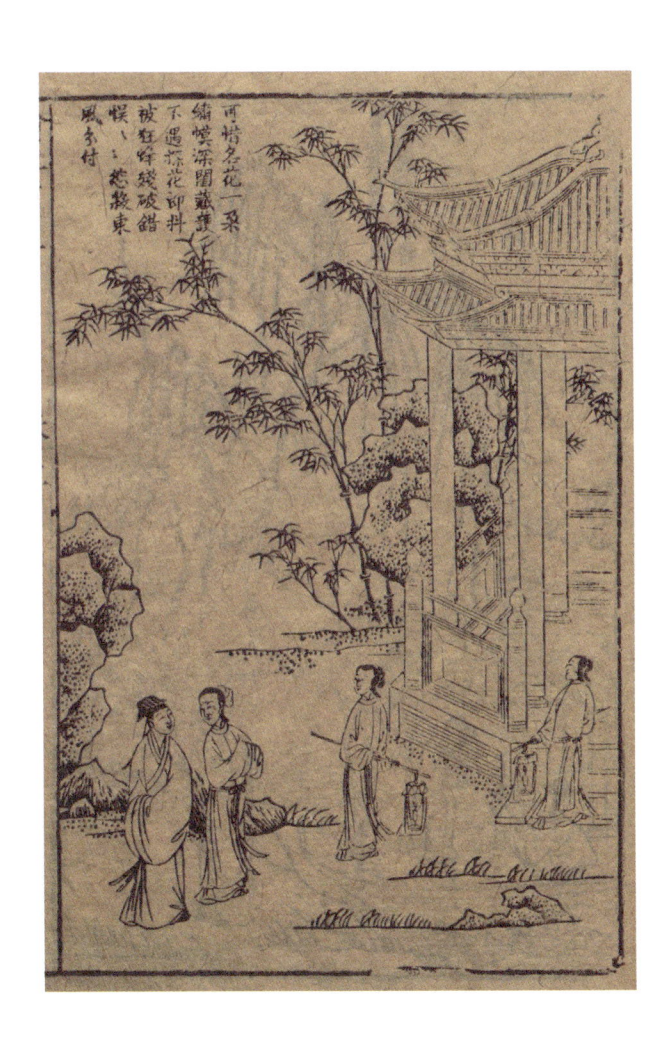

可惜名花一朵，
绣幕深闺藏娇。
不遇探花郎科，
被狂蜂残破鞘。
惧＼慈父东
风乡村

明刻本《喻世明言》

贯中(约1330—1400)的《三国演义》,是在元代《三国志平话》基础上发展而来的;其次是托名施耐庵(约1296—1370)的《水浒传》,源于宋代话本《大宋宣和遗事》;再次是托名吴承恩(约1500—1583)的《西游记》,源于宋元话本《大唐三藏取经诗话》。直到托名"兰陵笑笑生"的《金瓶梅》出现,才有了第一部独立创作的长篇小说。上述四部书合称"明代四大奇书"。后来有些书明显是模仿"四大奇书"的,如托名冯梦龙的《新列国志》模仿《三国演义》,托名许仲琳(约1560—约1630)的《封神演义》模仿《西游记》,托名"西周生"的《醒世姻缘传》模仿《金瓶梅》,等等,但影响均不如"四大奇书"。明末清初还有大量才子佳人小说,如《好逑传》《平山冷燕》《玉娇梨》等,几乎都是"落难公子中状元,私订终身后花园"之类主题的"意淫"之作,那就更等而下之了,也带坏了通俗小说的名声。直到吴敬梓(1701—1754)的《儒林外史》以及托名曹雪芹(1715—1763)的《红楼梦》出来,才改变了这一局面。特别是后者,把"传统的思想和写法都打破了",使中国的小说艺术达到了顶峰。吴敬梓则是署名权没有疑问的第一位长篇小说作家。之后出现了李汝珍(约1763—1830)的《镜花缘》,这是一部卖弄学问的著作,前半部大量取材于《山海经》,后半部则卖弄作者的百科知识,但有些情节也写得非常生动。又有石玉昆整理的《三侠五义》,这是富有中国特色的武侠小说之祖。这四部书可说是清代的"四大奇书"。再往后有吴趼人(1866—1910)的《二十年目睹之怪现状》、李伯元(1867—1906)的《官场现形记》等,虽有特色,但有模仿《儒林外史》的痕迹。长篇小说中值得注意的还有长篇弹词。说它重要有两个原因:第一,它实际是诗体的长篇小说,或者说是长篇叙事诗,填补了中国文学史的空白。中国文学史上缺少叙事诗,《孔雀东南飞》《长恨歌》《秦妇吟》严格说来都还是抒情诗,只有从敦煌变文以后才开始有真正的叙事诗,而这一传统到长篇弹词得以成熟。第二,有名的两部弹词作者都是女性,在整体缺乏女性作家的中国文学史上,这也是值得注意的。最著名的长篇弹词有两部,一是顺治年间陶贞怀的《天雨花》,一是乾隆年间陈端生(1751—1796)的《再生缘》,作者都是女性。

第八章
"文评"概说

《四库全书总目》开始设立一个新的类：诗文评。在此之前，这一内容的两部代表作——刘勰的《文心雕龙》和钟嵘的《诗品》，是列在"总集"里的。其实不妥，因为这两部书尽管涉及多人，却没有收入一篇完整的诗文作品，并不符合"总集"的标准。但由于以前这类著作不多，寄在别处也可以理解。宋以后这类书越来越多，就必须另找出路，南宋郑樵《通志略》增加了"文史、诗评"两类，把《文心雕龙》放入文史类，把《诗品》（他称为《诗评》）放入诗评类。清初钱曾（1629—1701）的《述古堂书目》把相当于集部的内容分成"文集、诗集、词、诗文评、四六、诗话"六类，把《楚辞》《文选》《文心雕龙》《李太白集》等列入"文集"，把《玉台新咏》《李白诗集》等列入"诗集"，实际是打破了"楚辞、别集、总集"的三分法,而以文体的分类为主。后三类是诗文的总评和分文体的批评。《四库全书总目》在楚辞、别集、总集外增加了"诗文评"和"词曲"两类。后者是依文体,前者则是独成一类。我们把"词曲"归到了"别集、总集",把"诗文评"单独列出称为"文评"。略去"诗"单称"文",其实概括性更大,可以涵盖所有文体。中国历史上的文评著作,数量浩繁。《四库全书总目》将其分为五类:"勰究文体之源流,而评其工拙;嵘第作者之甲乙,而溯厥师承,为例各殊;至皎然《诗式》,备陈法律;孟棨《本事诗》,旁采故实;刘攽《中山诗话》、欧阳修《六一诗话》,又体兼说部。后所论著,不出此五例中矣。"这五类中,刘勰《文心雕龙》代表的综合性文论著作,我们称之为"文综"类;由于其中有一半讲文体,后世蔚成大国,我们从中再分出"文体"类;钟嵘起始的《诗品》,我们称之为"文品"类;皎然《诗式》为代表的,我们称之为"文式"类;孟棨《本事诗》为代表的,我们称之为"文事"类;《中山诗话》为代表的,我们称之为"文话"类。再加上《四库全书》未收的评戏曲小说的"评点"类,一共分为7个小类。下面依次介绍。

第一节 文之综

诗文评是随着文学的产生、繁荣而产生、繁荣的。中国文学的"自觉"期是魏晋时期,诗文评之起源也是这个时期。《四库全书总目》说:"文章莫盛于两汉,浑浑灏灏,文成法立,无格律之可拘;建安、黄初,体裁渐备,故论文之说出焉。《典论》其首也。其勒为一书,传于今者,则断自刘勰、钟嵘。"文论起于魏,《典论》有创始之功,但文论成熟的标志,于综论是《文心雕龙》,于分体论是《诗品》。其中《文心雕龙》特别重要,是论"文"的第一部体大思精之作。全书50篇,可分成五组。具体目录如下:

第一组：原道,征圣,宗经,正纬,辨骚。

第二组：明诗,乐府,诠赋,颂赞,祝盟,铭箴,诔碑,哀吊,杂文,谐隐,史传,诸子,论说,诏策,檄移,封禅,章表,奏启,议对,书记。

第三组：神思,体性,风骨,通变,定势,情采,镕裁,声律,章句,丽辞,比兴,夸饰,事类,练字,隐秀,指瑕,养气,附会,总术。

第四组：时序,物色,才略,知音,程器。

第五组：序志。

第一组是总论,第二组是文体论,第三组是创作论,第四组是鉴赏论,第五组是自序。这些内容奠定了中国文学的基本框架和理论特色。

五组中最重要的是总论。总论也可说是中国文学的本体论,也就是中国人对"文"的基本看法。这种看法是历史积累而成的,先秦诸子、曹丕、陆机都有精彩的论述,而在《文心雕龙》前五篇里得到了集中的体现。这五篇的标题是"原道、征圣、宗经、正纬、辨骚",除了第四条"正纬"是论证纬书的不可靠,只能"芟夷谲诡,采其雕蔚",用来"配经"外,其余四篇分别说明了中国文学的本体论和源流论。

本体论有三个内容,体现在《原道》《征圣》两篇里。一是"文"之产生出于自然,"心生而言立,言立而文明,自然之道也"。从"天文"到"人文"到"言之文",都是自然的产物。二是"文"的功能是教化,"文明"就是教化,"写天地之辉光,晓生民之耳目矣"。三是"文"要以圣人为榜样,在行为方面,是孔子的"政化贵文,事迹贵文,修身贵文",这就是后人所谓"道德";在言辞方面,是孔子的"文成规矩,思合符契""体要与微辞偕通,正言共精义并用",也就是后人说的"文章"。从"征圣"的提法看,这当然是儒家的文学观,但从本体论的这三条看,一强调自然之道,也就是天然合理,无可辩驳;二强调教化,也就是治国功能;三强调为文者的道德文章,这也可说是两千多年来中国的主体文学观,甚至包括艺术观。

第八章 "文评"概说

源流论也有三个内容,主要体现在《宗经》里。一是内容,五经是"恒久之至道,不刊之鸿教""义既埏乎性情,辞亦匠于文理",是"极文章之骨髓者也"。二是各种文体均肇始于经:"故论、说、辞、序,则《易》统其首;诏、策、章、奏,则《书》发其源;赋、颂、歌、赞,则《诗》立其本;铭、诔、箴、祝,则《礼》总其端;纪、传、盟、檄,则《春秋》为根。"后来虽千变万化,"百家腾跃,终入环内者也"。三是文章优劣的标准也出于经:"故文能宗经,体有六义:一则情深而不诡,二则风清而不杂,三则事信而不诞,四则义直而不回,五则体约而不芜,六则文丽而不淫。""辨骚"则是对"宗经"的补充,《文心雕龙》指出《楚辞》在四个方面"同乎风雅",亦即继承传统;而在另四个方面"异乎经典",也就是有所创新。这实际成了中国辞赋之祖,是中国文学又一个源头。

《文心雕龙》在之后的一千多年里产生了巨大影响,被视为体大思精,不可逾越。直到明清,才有了两部模仿著作:明代朱荃宰(?—1643)的《文通》(焦竑序于万历己未[1619]),清末吴曾祺(1852—1929)的《涵芬楼文谈》(书成于宣统三年[1911])。另有一部自成体系的著作,是来裕恂(1873—1962)的《汉文典》(书成于清光绪三十二年[1906])。

《文通》的书名,"文"取义于《文心雕龙》,"通"取义于刘知几的《史通》和史家的"三通"。朱荃宰著有《文通》《诗通》《乐通》《词通》《曲通》五书,意欲"会通古今谈经、订史、说诗、言乐、审音之书,弃短取长,明法究变,尊是黜非"。《文通》全书30卷。卷1 论经,有"明道、本经、经学兴废、经解、正纬、文极、叙学"诸章;卷2 论史,有"史法、史系、史家流别、评史"诸章;卷3 论诸子百家。这三章明显是在《文心雕龙》基础上的拓展。卷4—19 论文体,收文体160种,不含诗赋,比《文心雕龙》增加了一倍以上,甚至包括一般文体书没有的"译"。卷20—23是创作论,其中只有卷21诸章与《文心雕龙》有相似之处:"体性、神思、养气、风骨、情采、隐秀、探赜、定势、镕裁、通变、物色、弥纶";其余均出于新创,卷20"序列、正名、题命、编次、断限、烦省、仿效、采撰、言语",卷22"叙事、简要、隐晦、直言、曲笔、事类、因习、妄饰、夸饰",卷23"载事、载文、载言、章句、练字、字法、对待、交错、复、孤行、赜、援引、譬况、助辞、夺胎、倒法、接属、告戒、答问、数事、目人列氏、蹈袭",恐怕失于烦琐。如"目人列氏"一格指文章中列举人名氏名,其实没有太大意义。卷24—25包括"人物、鉴识、辨识、不语、品藻、忤时、才略、程器、浮词、指瑕、客作、知音"等,是对《文心雕龙》"鉴赏论"部分的拓展;卷26—30为杂论。

《涵芬楼文谈》有意以接上《文心雕龙》自许,吴曾祺认为《文心雕龙》虽然"极论文章之秘",可惜"其时骈俪盛行",因此关于诗赋骈文的内容较多;而《涵芬楼文谈》在曹丕、韩愈"文以气为主"的认识基础上更多地讲散文的写作和鉴赏。比较这两部相隔1 400年的著作,可以看出中国人文学观的嬗变。下面是该书目录,分成四组:

第一组:宗经,治史,读子,诵骚,研许。
第二组:辨体,辟派,明法。
第三组:养气,储才,命意,修辞,切响,炼字,运笔,仿古,核实,称量,设喻,征故,省文,适机,存疑,详载,寓讽,入理,切情,涉趣,因习,写景,状物,传神,称谓,含蓄,互异,从今,割爱,属对,设问,欣赏。
第四组:附录:文体刍言。

第一组仍是总论,与《文心雕龙》相比,增加了"治史"和"读子",这是增加了文化内容;还增加了"研许",是对语言文字的要求。这些都是有益的增补。第二组其实是过渡,因为文体的问题只在"辨体"里提了一下,具体内容放到附录里去了。第三组与《文心雕龙》"创作论"部分相当,是讲创作的,但谈得更具体。

1898年马建忠出版《马氏文通》,书名显然是模仿朱荃宰的《文通》,但实际是以拉丁文法范中国古文,属于西方学术影响下的产物。八年以后,来裕恂完成了《汉文典》一书,可说是兼中西学术而有之,既是传统文字学和文章学的总结,又吸收了西式的学术。全书分"文字典"和"文章典"两大部分。文字典分"字由、字统、字品"三卷,其中"字品"实为西方语法学的"词类"(word class)。文章典分"文法、文诀、文体、文论"。各部分内容列表如下:

卷	篇	章		节
文章典	文法	字法	语助法	起语字,接语字,转语字,辅语字,束语字,叹语字,歇语字
			形容法	单独,复杂,双声叠韵,骈字
			分析法	死活,精粗,真假,动静,轻重,虚实
			增改法	增字,改字
			锻炼法	宜确,宜坚,宜响,宜精,宜奇,宜丽
			类用法	有形,无形
		句法	格调	短句,长句,错句,整句,复句,叠句,排句,扭句,递句,环句,倒句,逆句
			节次	锁句,撒句,插句,刺句,顿句,挫句,振句,提句,宕句
			性质	缓句,急句,轻句,重句,正句,反句
			声情	问句,讶句,诚句,叹句,断句,骇句,愤句
			优劣	繁简,疏密,纯疵,洁滞
		章法	起法	顺起,逆起,直起,浑起,翻起,问起,原起,冒起,喻起,排起
			承法	正承,反承,顺承,逆承,急承,缓承,断承,阐承,分承,总承,引承,原承

续 表

卷	篇	章		节
文章典	文法	章法	转法	正转,反转,横转,进转,紧转,喻转,蓄转,翻转,急转,层转
			结法	总结,分结,翻结,离结,论结,叹结,赞结,感结,责结,问结,答结,喻结,叙结,转结,缴结,应结
		篇法	完全法	提纲,叙事,照应,抑扬,问难,浑含,暗论,推原,比兴,分总,反复,翻案,针棒,牵合,排比,击蛇,点睛,脱胎
			偏阙法	相形,层叠,宾主,缓急,论断,预伏,借论,推广
	文诀	文品	庄重类	典雅,雄浑,崇大,闳肆,谨严,高远
			优美类	丰润,殊丽,委婉,和易,秀美,蕴藉
			轻快类	神妙,飘逸,平淡,潇洒,新奇,圆适,滑稽
			遒劲类	清刚,强直,豪放,倾险,峭刻,英锐,劲拔
			明晰类	简洁,平正,明畅
			精致类	精约,缜密,纯粹,温厚
		文要	内容	性,情,质,理,意,思,度,气,骨,趣
			外象	机,势,采,调,笔,境
		文基	文宜(25)	是正名称,研求用字,揣摩情势,布置格局,警策取胜,关锁得势,顿挫中节,跌宕生姿,离合有情,虚实互用,点缀成妍,联络无痕,波澜饶趣,铺排各当,反正相参,隐伏不突,擒纵有方,叙事举要,遥接养气,描写逼真,摹仿得神,窜改无瑕,长短合度,引用有法,譬喻显旨
			文贵(36)	公,实,曲,敛,强,肖,要,变,当,熟,博,炼,修,节,明,新,虚,幽,诚,奥,俊,朴,壮,静,超,纤,确,约,精,浑,厚,旷,奇,华,错,劲
			文忌(40)	鄙,庸,佻,弱,艰,冗,乱,怪,混,硬,夸,尽,涩,蔓,秽,躁,板,促,散,旧,琐,凿,平,枯,浮,懈,晦,粗,蠢,突,复,剽,浅,讦,肆,尨,空,靡,滞,迂
	文体	(略)分"叙记、议论、辞令"等3篇9类共103体。		
	文论	(略)分"原理、界说、种类、变迁、弊病、纠谬、知本、致力"等8篇。		

第八章 "文评"概说　　313

第二节 文之体

中国古代文体之繁复举世罕见,这有一个发展过程。最早提到文体分类的是魏曹丕的《典论·论文》,他分出了"奏议、书论、铭诔、诗赋"等四科八体。晋陆机的《文赋》提到了"诗、赋、碑、诔、铭、箴、颂、论、奏、说"等十体。梁萧统的《文选》分37类。但分得最详细的是与《文选》同时的刘勰的《文心雕龙》,此书完成可能还在《文选》之前。前引目录中第二部分是文体论。从标题看只有20篇,但细加观察,可以发现有的篇有1种,有的篇有2种,《杂文》篇有19种,《书记》篇有24种,加上第五篇的"骚",总共分出了75种文体,列举如下:

> 明诗第六(诗),乐府第七(乐府),诠赋第八(赋),颂赞第九(颂、赞),祝盟第十(祝、盟),铭箴第十一(铭、箴),诔碑第十二(诔、碑),哀吊第十三(哀、吊),杂文第十四(对问、七、连珠,典、诰、誓、问,览、略、篇、章,曲、操、弄、引,吟、讽、谣、咏),谐隐第十五(谐、隐),史传第十六(史传),诸子第十七(诸子),论说第十八(论、说),诏策第十九(诏、策),檄移第二十(檄、移),封禅第二十一(封禅),章表第二十二(章、表),奏启第二十三(奏、启),议对第二十四(议、对),书记第二十五(谱、籍、簿、录,方、术、占、式,律、令、法、制,符、契、券、疏,关、刺、解、牒,状、列、辞、谚)。

与刘勰同时的任昉(460—508)著有《文章缘起》,后逸。据明陈懋仁《文章缘起注》,此书列文体84种,与刘勰相去不远。之后研究文体的代有其人,而至明代蔚为大观,出现了两部论文体的专著:吴讷(1372—1457)的《文章辨体》,徐师曾(1517—1580)的《文体明辨》。前者分文体为59类,后者分文体为127类。清代王之绩的《铁立文起》(张玉书序于康熙癸未[1703])和来裕恂的《汉文典》都分文体为103类,两者标准各不相同,来氏更多接受西方学术观点,如在"小说"里列入了"传奇"和"演义",即戏曲与长篇小说,为他书所不载。

由于分得太细,清代姚鼐在编写《古文辞类纂》时进行了大刀阔斧式的改革,总共只分成13类。但13类又未免太粗,清末吴曾祺《涵芬楼文谈》以姚鼐的分类为大类(把"书说"改为"书牍"),在其中分出细目,综合历代文体研究成果,总共分出213目。这大概是对古代文体最细的分类。我们以表格形式列在下面,其中横行即姚鼐的13类,纵行即每一类的细目:

《涵芬楼文谈》文体分类表

类	论辨	序跋	奏议	书牍	赠序	诏令	传状	碑志	杂记	箴铭	颂赞	辞赋	哀祭
1	论	序	奏	书	序	诏	传	碑	记	箴	颂	赋	告天文
2	设论	后序	议	上书	寿序	即位诏	家传	碑记	后记	铭	赞	辞	告庙文
3	续论	序录	驳议	简	引	遗诏	小传	神道碑	笔	戒	雅	骚	玉牒文
4	广论	序略	谥议	札	说	令	别传	碑阴	书事	训	符命	操	祭文
5	驳	表序	册文	帖	附录	遗令	外传	墓志铭	纪	规	乐语	七	谕祭文
6	难	跋	疏	札子		谕	补传	墓志	志	令		连珠	哀词
7	辨	引	上书	奏记		书	行状	墓表	录	诰		偈	吊文
8	义	书后	上言	状		玺书	合状	灵表	序	附录		附录	诔
9	议	题后	章	笺		御札	述	刻文	题				骚
10	说	题词	书	启		敕	事略	碣	述				祝
11	策	读	表	亲书		德音	世家	铭	经				祝香文

续 表

类	论辨	序跋	奏议	书牍	赠序	诏令	传状	碑志	杂记	箴铭	颂赞	辞赋	哀祭
12	程文	评	贺表	移		口宣	实录	杂铭	附录				上梁文
13	解	述	谢表	揭		策问		杂志					释奠文
14	释	例言	降表	附录		诰		墓版文					祈
15	考	疏	遗表			告词		题名					谢
16	原	谱	策			制		附录					叹道文
17	对问	附录	折			批答							斋词
18	书		札子			教							愿文
19	喻		启			册文							醮辞
20	言		笺			谥册							冠辞
21	语		对			哀册							祝嘏辞
22	旨		封事			赦文							赛文
23	诀		弹文			檄							赞飨文
24	附录		讲义			牒							告文
25			状			符							盟文
26			谟			九锡文							誓文
27			露布			铁券文							青词
28			附录			判							附录
29						参评							
30						考语							
31						劝农文							
32						约							

续　表

类	论辨	序跋	奏议	书牍	赠序	诏令	传状	碑志	杂记	箴铭	颂赞	辞赋	哀祭
33						榜							
34						示							
35						审单							
36						附录							

"尊体"是古代文章学的重要内容,各种文体本质上体现了古代社会的"礼"的要求。同样的文章,君、臣、尊、卑,对上、对下、对平辈,不同的场合——婚、丧、祭、兵等,要求的文体及格式和用语都不一样。这是文章的最重要功能,因此一点不能弄错;进入现代,很多事情简化了,但这种"礼"的精神还是值得汲取的。明确意识到这一点的是清末王兆芳的《文章释》,书成于光绪癸卯(1903)。他采用了一种分类的新思路:全部142体,按"修学、措事"即研究性和应用性分为两科,前者48体,其中源出经学的有"释、解、故、传、注、笺"等23体,源出史学的有"记、志、录、谱、纪、表"等13体,源出诸子学的有"略、原、难、非"等8体,源出杂学的有"反、广、拟、补"等4体;后者94体,其中源出"君上之事"的有"教、训、典、法、册、命"等37体,源出"臣下之事"的有"章、奏、劾、议、疏、状、启"等55体,源出"通君上臣下之事"的有"礼辞、联句"等2体。

以上几种分类里没有提到诗的分类。本来,在《文心雕龙》时代,诗的形式比较简单,就是诗和乐府。但齐梁以后发展迅速,到宋代就蔚为大观。诗、文分类的标准不同,文多是出于"礼"即社会交际的需要,而诗除试律诗外多出于"艺"的探讨。对诗的分类,最详尽的见于南宋魏庆之《诗人玉屑》卷二的"诗体"部分。其中"以时而论"分为

"建安体"等15种,"以人而论"分为"苏(武)李(陵)体"等36种,有"选体"等6种,有按字数句数分的"古诗"等10种,有按名称分的"口号、歌行"等23种,有按声韵分的"全篇双声叠韵"等14种,有按对仗分的"律诗彻首尾对者"等18种,有"杂体"如"风人、回文"等8种,总数已达130种,还不包括"字谜、人名、卦名、数名、药名、州名"等游戏之作。

第三节 文之品

文品类指名字带"品"的诗文评著作,其起源是钟嵘的《诗品》。

书名中含"诗品"的其实有三部重要著作,一是南朝钟嵘的《诗品》,二是唐代司空图的《二十四诗品》,三是清代袁枚的《续诗品》。三书代表了"品"类著作的三种侧重点。

《四库全书总目》把《诗品》与《文心雕龙》同列为诗文评的开端。其实以"品"论艺并不始于钟嵘,其源头可追溯到曹操、曹丕父子设立的"九品中正制",它把人才分成"上中下"三等,每等中再分"上中下",如"上上、上中、上下"等。最早运用此法论艺的不是诗,而是围棋。黄初元年(220)九品中正制确立,随即邯郸淳就著了《艺经》,上云:"夫围棋之品有九:一曰入神,二曰坐照,三曰具体,四曰通幽,五曰用智,六曰小巧,七曰斗力,八曰若愚,九曰守拙。九品之外,今不复云。"晋代范汪著了《围棋九品序录》。但这两部书后来都失佚了。在钟嵘前后,有好几部以"品"命名的著作,如梁武帝萧衍的《围棋品》,谢赫的《古画品录》,庾肩吾的《书品》,等等。甚至再往前宋临川王刘义庆的《世说新语》,本质上也是一部品评人的著作。特别是第九卷"品藻",就是专门品评人物高低的,如"仲举遂在'三君'之下,元礼居'八俊'之上",记录了蔡邕对东汉两位名士陈蕃和李膺的品评。

九品中正制的品评原则主要有三条：家世、行状（品德才能）、定品。这一点在《诗品》中体现得非常明显。例如曹植，"其源出于国风"，这是讲"家世"；"骨气奇高，词采华茂，情兼雅怨，体被文质"等是"行状"；"陈思（曹植）为建安之杰，公干（刘桢）、仲宣（王粲）为辅"就是定品。又如陆机，"其源出于陈思"是"家世"，"才高词赡，举体华美"是"行状"，"气少于公干，文劣于仲宣""陆机为太康之英，安仁（潘安）、景阳（张协）为辅"就是"定品"。

由一位作者对历史上所有作家作品进行品评，定出高低，甚至纳入九个等级，这无疑是极难的工作，而且极易囿于个人爱好而做得不公。钟嵘敢于开风气之先，独立完成这一工作，是非常了不起的，因此后人对他评价很高。但另一方面，他的主观性和个人爱恶也常为人所诟病。如他把陶渊明列为中品，把曹操列为下品等，以及因为没有得到当时文坛领袖沈约的赏识，因而有意贬低声律说并把沈约列为中品之末等。从理论上来看，一个人被列为上品，其作品未必篇篇皆优；一个人被列为下品，其作品也未必篇篇皆次。隋唐科举制兴而九品中正制废，钟嵘之后，品第诗人甲乙虽在诗人间并未断绝（如李杜优劣似乎是诗坛永恒的主题），但专著却很少有人再尝试。直到近九百年后，明代高棅的《唐诗品汇》，才可说是对钟嵘一书的"遥远的回响"。一般人只注意到这是一部唐诗选集，其实更重要的是他的"品"。如果钟嵘的《诗品》是从汉代一直品到齐梁，那么《唐诗品汇》则是专品唐诗。高棅也遵从品评三原则，但作了变通和发展。第一，他从"家世"进而论"国势"，依唐代的国势分为"初盛中晚"，而对入选诗人溯其源，如杜甫，他引严羽的话说："少陵诗宪章汉魏，而取材于六朝，至其自得之妙，则先辈所谓集大成者也。"第二，他不是简单地分成九品，而是为九品各立名称："正始、正宗、大家、名家、羽翼、接武、正变、余响、旁流"。这个九品主要针对时代："大略以初唐为正始,盛唐为正宗、大家、名家、羽翼,中唐为接武,晚唐为正变、余响,方外、异人等诗为旁流。"又针对不同诗体,在不同诗体下各依九品列出相关诗人,突出盛唐的主张非常明显,有明一代"诗必盛唐"的风气其实即源于此书。第三,他依时依品编集(他不肯叫"选",因其"采取之广")了681位诗人6725首诗,是最早的大规模的唐诗汇集,因此叫"品汇",等于为每"品"树立了样板。这是他胜过钟嵘的地方。

《诗品》方式运用于词,有明代杨慎的《词品》。只是,尽管周逊为他写的序中提到"神品、妙品、能品",但杨慎似并未以此为标准对词人词作进行品评。该书更像是词话一类。

还有一部叫《词品》的书,是明代涵虚子作。此书名为"词品",实则是曲品,内容仿钟嵘《诗品》,对有元一代的散曲家进行品评,评马致远、张小山、王实甫、关汉卿等12人为"首等",贯酸斋、邓玉宾等70人"次之",董解元、赵子昂等105人"又其次也"。对前两等每人给一个四字评语,如"马致远如朝阳鸣凤""张小山如瑶天笙鹤""王实甫如花间美人""关汉卿如琼筵醉客"等。此书作者涵虚子,《四库全书总目》说"旧题元人",有人认为就是明初宁王朱权。实际上,朱权《太和正音谱》中"古今群英乐府格势"一章列了元代曲家187人,明初曲家16人,元代部分与此全同,只是有评语无等第而已。

所谓的"词品"是品曲,而所谓的"曲品"则是品剧。明代吕天成(1580—1618)的《曲品》和祁彪佳的《远山堂曲品》即是如此。《曲品》分上下卷,上卷品作家,下卷品作品。上卷又分为《旧传奇品》和《新传奇品》,前者把作者之前的"先辈巨公"分为"神""妙""能""具"四品,如高则诚为神品,邵璨(邵给谏)、王济(王雨舟)为妙品,沈采(沈练川)、姚茂良(姚静山)为能品,李开先、沈寿卿为具品;后者则把同时代作家分为上、中、下三品九等。如沈璟和汤显祖在"上之上",梁辰鱼和梅鼎祚在"上之中"等。各加以评述。如评高则诚"能作为圣,莫知乃神""意在笔先,片语宛然代舌;情同境转,一段真堪断肠"。评汤显祖"不事刁斗,飞将军之用兵;乱坠天花,老生公之说法。原非学力所及,洵是天资不凡"。对不作传奇只作南剧、散曲的作家另行列出,但只有"上品"。南剧作家如徐渭,散曲作家如王九思、杨慎等。下卷则将传奇作品分为"神""妙""能""具"四品,如《琵琶》《拜月》为神品、《荆钗》《孤儿》等为妙品等。《远山堂曲品》在吕书基础上进行扩展,体例大致相同,而分为妙、雅、逸、艳、能、具六品;此外又有杂调一类。所收作者和作品均远超吕书。序中自称与吕书的区别在于"故吕以严,予以宽;吕以隘,予以广;吕后词华而先音律,予则赏音律而兼收词华"。

钟嵘式品评容易流于主观,因此唐以后,品诗从品作家渐转为品作品,于是产生了专论风格的"诗品"。最重要的就是司空图的《二十四诗品》,有时也简称《诗品》。这个"品",与其说是"品第",不如说是"品赏",也就是从艺术风格上对诗进行鉴赏。

中国文学风格论思想的发展经过了三个阶段。第一阶段可称之为"文体风格论",是将风格与文体直接相联系。代表者先是曹丕,他在《典论·论文》中提出八种文体的四种风格要求:"奏议宜雅,书论宜理,铭诔尚实,诗赋欲丽。"继之者是陆机,在《文赋》中提出了十种文体的十种风格:"诗缘情而绮靡,赋体物而浏亮。碑披文以相质,诔缠绵而凄怆。铭博约而温润,箴顿挫而清壮。颂优游以彬蔚,论精微而朗畅。奏平彻以闲雅,说炜晔而谲诳。"两人都是把风格与文体直接挂钩的。

第二阶段可称之为"情性风格论",以刘勰和钟嵘为代表,是将风格与"情性"即人品相联系。如钟嵘说嵇康"讦直露才,伤渊雅之致",说曹操"曹公古直,甚有悲凉之句"。刘勰在《文心雕龙·体性》篇中则明确主张情性决定"体"(风格),并一口气举了12个人的例子:"是以贾生(贾谊)俊发,故文洁而体轻;长卿(司马相如)傲诞,故理侈而辞溢;子云(扬雄)沉寂,故志隐而味深;子政(刘向)简易,故趣昭而事博;孟坚(班固)雅懿,故裁密而思靡;平子(张衡)淹通,故虑周而藻密……"

第三阶段可称之为"作品风格论",也就是不再将风格与文体或人相联系,而是直接与作品相联系。这过程始于释皎然(720—803)的《诗式》,而成于司空图的《二十四诗品》。释皎然提出了"辨体一十九字",用十九个字来概括十九种风格:

> 高,风韵朗畅曰高。逸,体格闲放曰逸。贞,放词正直曰贞。忠,临危不变曰忠。节,持操不改曰节。志,立性不改曰志。气,风情耿介曰气。情,缘景不尽曰情。思,气多含蓄曰思。德,词温而正曰德。诫,检束防闲曰诫。闲,情性疏野曰闲。达,心迹旷诞曰达。悲,伤甚曰悲。怨,词调凄切曰怨。意,立言盘泊曰意。力,体裁劲健曰力。静,非如松风不动,林狖未鸣,乃谓意中之静。远,非如渺渺望水,杳杳看山,乃意中之远。

他认为这"一十九字,括文章德体,风味尽矣"。其后,僧齐己(864—937)《风骚旨格》提出"诗有十体",重新回到陆机那种用两个字说明一种风格的方法:"高古,清奇,远近,双分,背非,无虚,是非,清洁,覆妆,阊门。"但最重要的是司空图的《二十四诗品》。二十四诗品是:"雄浑,冲淡,纤秾,沉著,高古,典雅,洗炼,劲健,绮丽,自然,含蓄,豪放,精神,缜密,疏野,清奇,委曲,实境,悲慨,形容,超诣,飘逸,旷达,流动。"不同于皎然只为每种风格作一简单解释或齐己只举两句古人诗句为例,司空图采用"以诗论诗"的方法,为每种风格写了十二句四言诗来进行渲染。有的本身就是很美的诗。例如:

纤 秾

采采流水,蓬蓬远春。窈窕深谷,时见美人。
碧桃满树,风日水滨。柳阴路曲,流莺比邻。
乘之愈往,识之愈真。如将不尽,与古为新。

典 雅

玉壶买春,赏雨茆屋。坐中佳士,左右修竹。
白云初晴,幽鸟相逐。眠琴绿阴,上有飞瀑。
落花无言,人淡如菊。书之岁华,其曰可读。

这种方法使文艺批评成了一种艺术,一种美的享受。

但是不知道什么原因,司空图《二十四诗品》很长一段时间不为人所知,宋代的诗论诗话中都少有人提及。到明代才重新进入人们的视野。把它推向高潮的是清代的袁枚。他作了《续诗品》32 首,一开始就说:"余爱司空表圣《诗品》,而惜其只标妙境,未写苦心,为若干首续之。"这 32 则的目录是:"崇意、精思、博习、相题、选材、用笔、理气、布格、择韵、尚识、振采、结响、取径、知难、葆真、安雅、空行、固存、辨微、澄滓、斋心、矜严、藏拙、神悟、即景、勇改、著我、戒偏、割忍、求友、拔萃、灭迹。"从写作的角度看也许有点烦琐,但他确实是在谆谆教诲,金针度人。有些诗写得相当不错,如:

尚 识

学如弓弩,才如箭镞。识以领之,方能中鹄。
善学邯郸,莫失故步。善求仙方,不为药误。
我有禅灯,独照独知。不取亦取,虽师勿师。

神 悟

鸟啼花落,皆与神通。人不能悟,付之飘风。

> 惟我诗人,众妙扶智。但见性情,不著文字。
> 宣尼偶过,童歌沧浪。闻之欣然,示我周行。

但这显然与钟嵘和司空图的《诗品》完全不同,形成了第三种《诗品》,从品评、赏析转向创作。或者说,把由《文赋》《文心雕龙》而来的文艺创作论,用诗的形式来表示。

由于袁枚文坛盟主的地位,《二十四诗品》和《续诗品》的影响大增,产生了一批跟风之作,其范围突破了诗,甚至突破了词,文、赋、曲、书、画等各种艺术领域都有仿作,在某种程度上形成了一种"品"学。其特点是以"×品"为名,集二字语的标题若干则,每题用一首文采斐然的四言诗来描述。举几例如下。

诗有顾翰(1783—1860)的《补诗品》24 首,在司空图基础上补充了 24 品:"古淡,蕴藉,雄浑,清丽,哀怨,激烈,奥折,华贵,疏散,超逸,闲适,奇艳,凄婉,飞动,感慨,隽雅,高洁,精炼,峭拔,悲壮,明秀,豪迈,真挚,浑脱。"其中重复了"雄浑",也许是不小心的缘故。

词有郭麐(1767—1831)的《词品》12 首,标题是"幽秀、高超、雄放、委曲、清脆、神韵、感慨、奇丽、含蓄、逋峭、秾艳、名隽";后又有杨夔生(1781—1841)的《续词品》12 首,标题是"轻逸、绵邈、独造、凄紧、微婉、闲雅、高寒、澄淡、疏俊、孤瘦、精炼、灵活",这是学司空图的。而后又有江顺诒的《补词品》19 首,题目是"崇意、用笔、布局、敛气、考谱、尚识、押韵、言情、戒亵、辨微、取径、振采、结响、善改、著我、聚材、去瑕、行空、妙悟",这是仿袁枚讲词的创作的,其用语也与袁枚相仿。

文有马荣祖(1686—1761)的《文颂》上下卷各 48 首,上卷标题是"体源、神思、风骨、意匠、养气、布势、动脉、运气、遣辞、结音、使事、炼字、守法、识变、取譬、风格、奇正、宾主、疏密、离合、起落、顿挫、气韵、波澜、开遮、纵夺、往复、断续、梳栉、消纳、委曲、剪裁、皴染、胆决、组织、摆脱、熔炼、刻轹、联络、剥换、驯习、运掉、淘洗、兴会、风神、风趣、实境、唱叹",下卷标题是"沉雄、峻洁、典雅、清华、淳古、怪艳、沉著、生动、严重、疏放、遒媚、超忽、苍润、清越、奇险、轻淡、郁折、洸洋、雄紧、颓畅、奥涩、朴野、蕴藉、恣睢、淡永、跌宕、瘦硬、浑灏、秀拔、排奡、修远、夭矫、冲寂、鼓舞、停匀、雄挫、闲适、坚深、清新、古拙、妙丽、劲宛、英雅、遒逸、复隐、空灵、神解、飘渺"。该书名为"颂",实为"品",清代藏书家杨复吉(1747—1820)1792年为此文写的跋中就明说:"唐司空图氏有《诗品》,近随园先生又有《续诗品》……独品文者尚少其人,亦艺林缺典也。今得《文颂》,可谓难并美具矣。"而直接以"品"命名的有许奉恩(1816—1878)的《文品》36首,标题是"高浑、名贵、超脱、简洁、雄劲、典博、精炼、整齐、放纵、畅足、谨严、质朴、恬雅、浓丽、清淡、鲜明、老当、险怪、流动、细密、奇谲、空灵、缠绵、神化、圆转、纯熟、轩昂、幽媚、快利、峭拔、沉厚、和平、悲慨、得意、停蓄、游戏"。

赋有魏谦升(？—1861)的《二十四赋品》,标题是"源流、结构、气体、声律、符采、情韵、造端、事类、应举、程式、骈俪、散行、比附、讽喻、感兴、研炼、雅瞻、浏亮、宏富、丽则、短峭、纤密、飞动、古奥"。

这种方法更延伸到诗文以外的艺术形式,如:

书有清代杨景曾的《二十四书品》(1804年面世),标题是"神韵、古雅、潇洒、雄肆、名贵、摆脱、遒炼、峭拔、精严、松秀、浑含、淡逸、工细、变化、流利、顿挫、飞舞、超迈、瘦硬、圆厚、奇险、停匀、宽博、妩媚"。

画有清代黄钺(1750—1841)的《二十四画品》,标题是"气韵、神妙、高古、苍润、沉雄、冲和、淡远、朴拙、超脱、奇僻、纵横、淋漓、荒寒、清旷、性灵、圆浑、幽邃、明净、健拔、简洁、精谨、俊爽、空灵、韶秀"。

这些标题,有的重复,有的相互借用,但阐释不一。而它们有个总的特点,就是看似形象,实际意义难以捉摸,更不要说精准把握。这是因为中国文学喜欢形象思维,中国文论也喜欢形象思维。从《文赋》《文心雕龙》开始,这些风格或者"体貌",就不是通过逻辑的论证,而是各人凭自身经验得来的感受。司空图不采用下定义的方法,而是用形象的方法加以描绘,后人只能通过这些形象自己去领悟。而这种领悟必然会有出入。后人一旦有与司空图不同的领悟,就会感到二十四品的不足,就会想创造新的术语来表述。这就使中国的这类术语极其丰富而且复杂,实际上形成了一种中国式的鉴赏方法,既清晰又模糊,而且一定要把自己的体验和领会放进去。中国的鉴赏家们常常也是实践家,或者说,首先是实践家,通过自己的经验,用心来感受。

第四节　文之式

文式类是以释皎然的《诗式》为代表的一类诗文评著作。除"式"外,实际人们还会用"格""则""律""谱"等,不一而足。这类著作也是从诗开始的。

一、诗之式

"式"在唐代更多地称为"格",指格律、格式,也指"品格",是从形式规定到创作总体指导的一种概括。论诗格的著作,可分三个时期,唐代为创始期,宋代为总结期,清代为拓展期。一种语言的诗乃至其他形式文体的格式的形成,源于对其语言文字本质特色的运用。就中文而言,体现在对韵(押韵)、对(对偶)、言(字数)、声(声调)四种手段的运用和配置上。因而,格的追求,始于对这四种手段的发现和自觉运用。这一过程始于魏晋南北朝,陆机、刘勰、沈约等均起了重要作用,而到唐代走向成熟。《四库全书总目》说:"至皎然《诗式》,备陈法律。""法律"就是格式规定,后来更多地称为诗格、诗式。《四库全书总目》把诗格的起源定在释皎然,又对又不对。说不对,是在其之前已有不少论诗格之作,且皎然论诗格的更重要著作是《诗议》(或名《诗评》);说对,是因为这可能是《四库全书总目》编纂时可见的最早的诗格著作,而皎然此书也确实是集成之作,有一定的代表性。20世纪回流了一些流落在异域的域外汉学文献,其中有一部唐代日本高僧释空海(774—835)作的《文镜秘府论》及其简本《文笔眼心抄》(发表于820年),使我们得见在中国失传的唐代诗格学。空海于804至806年在中国留学,回国时携带了崔融《唐朝新定诗格》、王昌龄《诗格》、元兢《诗髓脑》、皎然《诗议》等诗学著作,整理汇编成《文镜秘府论》一书,作为日本汉诗学的教材。他在序中说:"即阅诸家格式等,勘彼同异……削其重复,存其单号,总有一十五种类,谓声谱、调声、八种韵、四声论、十七势、十四例、六义、十体、八阶、六志、二十九种对、文三十种病累、十种疾、论文意、论对属等。"其内容几乎都出自所携唐人著作,只是没有注明何段引自何人。当代学者张伯伟在此基础上广泛搜罗,辑成《全唐五代诗格汇考》一书,使唐五代30种诗格之作重见天日。其中重要的有上官仪的《笔札华梁》、元兢的《诗髓脑》、王昌龄的《诗格》、释皎然的《诗议》《诗式》、白居易的《金针诗格》、僧齐己的《风骚旨格》等。把这些著作连起来读,就可以梳理出唐代律诗的形成和成熟过程。从"四声"到"平仄",从消极的"八病"到积极的"黏对",从五言到七言,从形式规定到创作经验总结,等等。《金针诗格》提出的"诗有四炼"、《风骚旨格》提出的"诗有十势"等,更是在创作上起了极大的推动作用。唐代五律成熟于上官仪,七律成熟于杜甫,唐高宗开始试"杂文",唐玄宗天宝十一载(752)要求加试一诗一文,这是唐诗发展的背景。而唐德宗贞元五年(789)

《诗式》定稿,唐宪宗元和年间(806—820)白居易作《金针诗格》。空海《文镜秘府论》资料恰截至《诗议》,完成了对唐代诗律发展过程的总结。白居易、僧齐己等则开始了新一轮的开拓。

唐代以后陆续也有一些诗格之作,或者在诗话里附论诗格,至南宋魏庆之的《诗人玉屑》(魏氏生卒年不详,书有黄升于宋理宗淳祐甲辰[1244]作的序)则集其大成。《四库全书总目》说"庆之书以格法分类",黄升序说"其格律之明,可准而式",说明他的编写是以诗格为重要线索的。全书21卷,13卷以后是历代诗作的品评,而前12卷几乎全谈诗法。其内容有"诗辨、诗法、诗评、诗体、句法、口诀、初学蹊径、命意、造语、下字、用事、押韵、属对、锻炼、沿袭、夺胎换骨、点化、托物、讽兴、规诫、诗趣、诗思、体用、品藻、诗病、古诗、律诗、绝句"等。可说是对这些方面的又一次总结。

元代重曲,人们对诗律逐渐陌生,因而教人作诗的诗格之作得以复苏,明代继之。而论诗格的再一次高潮是在清代,诗格之说似乎沿着三个方向走。一是近体诗格律的最终完成及愈趋严格,可以王士禛和赵执信(1662—1744)为代表。王士禛著《律诗定体》,以"五/七言""仄/平起""不入/入韵",定出律诗格式的八"体",把由唐至清模模糊糊遵守的诗律真正明确起来。这是现今人们所知律诗定式的由来,也就是说,律诗虽起于唐,写了千余年,但真正的定式到清初才完成。二是古体诗格律的探索。王士禛为近体诗定了体之后,意犹未尽,进而主张古体诗也有格律,他继作的《师友诗传录》《师友诗传续录》对此进行了阐述。赵执信在他的影响下,花了几年时间,写成《声调谱》一书,把古近体诗包括五古七古、五律七律、五绝七绝乃至乐府杂言,都定出了"谱"。此书的最大价值是发现了近体诗的拗救规律,完善了近体诗格律。王士禛的学生翁方纲(1733—1818)则写了《王文简古诗平仄论》《五言诗平仄举隅》《七言诗平仄举隅》等,似乎要沿着格律论一条道走到底,因而引发了第三个方向,或可称为"要格律,但不唯格律",强调真正的诗是在格律之外的东西。这是对过于强调格律的反弹。薛雪(1681—1770)的《一瓢诗话》即持此观点,他说:"格律声调,字法句法,固不可不讲,而诗却在字句之外。"更典型的是《四库全书》的总纂官纪昀。他为教学生及子侄辈学试律诗,写过三部著作:《唐人试律说》《庚辰集》《我法集》。一方面强调科举考试中法度最严,"唐代重进士科,试以诗赋,有司按其声病以为去取",一不小心就会被黜落。同时教他们作试律诗的全过程:"先辨体,次贵审题,次命意,次布格,次琢句,终之以炼气炼神。"另一方面强调形式不是主要的,神气才重要:"气不炼,则雕镂工丽,仅为土偶之衣冠;神不炼,则意言并尽,兴象不远,虽不失尺寸,犹凡笔也。"他总结对于格律的态度:"大抵始于有法,而终于以无法为法;始于用巧,而终于以不巧为巧。"这是一个非常好的总结,不但适用于试律诗,也适用于其他诗体的创作,是诗律说的最高境界。纪昀的学生梁章钜(1775—1849)继之作了《试律丛话》,进一步对清代试律诗的法度、作法等作了探讨。

诗律涉及"韵、对、言、声",最重要的是韵。科举考试考诗赋,题目以外第一条规定就是限韵,限韵要依据指定的韵书,也就是官定韵书。唐代的官韵就是陆法言的《切韵》,宋代增补为《广韵》,但实际考试用的是其简本《礼部韵略》。《切韵》分193部,《广韵》和《礼部韵略》分206部。其中仅平声韵部就有57部,考试的人"苦其苛细",要求放宽标准。但韵部的任何改动都必须要得到皇帝的批准。从唐至宋,从武则天到宋仁宗,允许了某些韵部"就近通用"。但韵部总数一直是206,没人敢动。直到金宣宗元光二年(1223),王文郁编了一部《新刊韵略》,大胆地把皇帝同意"通用"的韵合并起来,206韵被归并成了106韵。其后不久,南宋理宗淳祐十二年(1252),刘渊做了类似的事,他编成《壬子新刊礼部韵略》,把206部归并为107部。刘渊是"平水"人,王文郁是"平水"官,都带着"平水"二字,元初阴时夫编了一本《韵府群玉》,采取了两家的说法,分106部,称为"平水韵"。明万历年间凌稚隆仿《韵府群玉》编《五车韵瑞》。清康熙皇帝在阴、凌二书基础上,"与内直翰林诸臣亲加考订,证其讹舛,增其脱漏",于康熙五十年(1711)编成《佩文韵府》及其简本《佩文诗韵》。这就是自唐以来中国科举考试的押韵标准、文人作格律诗的标准,也就是习惯上说的"诗韵"。由于《佩文诗韵》卷帙过多,查检不易,后人遂有不少"含英""珠玑""集成""合璧"之作。其中影响最大的是余照编的《诗韵集成》和汤文璐编的《诗韵合璧》。后者在前者基础上编成,书成于1857年。由于书中还辑入了作诗文用的《诗腋》《词林典腋》,一页三栏,十分方便吟诗作赋使用,因此成为清中期以后文人案头的必备书。

下面是诗韵的平声韵目(括号内是被归并的广韵韵目),习惯上连序数一起读出:

上平声15韵:一东,二冬(钟),三江,四支(脂之),五微,六鱼,七虞(模),八齐,九佳(皆),十灰(咍),十一真(谆臻),十二文(欣),十三元(魂痕),十四寒(桓),十五删(山)。

下平声15韵:一先(仙),二萧(宵),三肴,四豪,五歌(戈),六麻,七阳(唐),八庚(耕),九青(清),十蒸(登),十一尤(侯幽),十二侵,十三覃(谈),十四盐(添严),十五咸(衔凡)。

古体诗用韵则不受此限。

二、赋之式

唐代以诗赋取士,诗称律诗,赋称律赋,皆有严格的规定。受科举影响,诗有诗格的研究,赋亦有赋格的研究,并产生相关的著作。唐代此类著作甚多,据《宋史·艺文志》记载,就有白行简《赋要》、范传正《赋诀》、浩虚舟《赋门》、纥干俞《赋格》、和凝《赋格》、张仲素《赋枢》等。但就像唐代无数诗格著作如《宋史·艺文志》所载王维《诗格》、王杞《诗格》、贾岛《诗格密旨》、元兢《诗格》、僧辞远《诗式》、许文贵《诗鉴》、倪宥《诗体》、徐锐《诗格》、李淑《诗苑类格》等失传一样,这些书后来也失传了。同唐代诗格著作因被日本留学僧空海带回日本得以保存一样,也有一部赋格书因被日本留学僧带回日本得以保存,这就是无名氏的《赋谱》。日本留学僧圆仁(796—864)回国后,于日本承和十四年(唐宣宗大中元年,847年)呈上《入唐新求圣教目录》,内有《诗赋格》一卷,经考证即此书。这本书20世纪回流中国,成了今天了解唐代赋学的孤本。该书分三部分,第一部分讲赋句,有壮(三字句)、紧(四字句)、长(五字及以上句)、隔(对句,有轻、重、疏、密、平、杂六种对法)、漫(散句)、发(起语虚词)、送(送句虚词)等。并总结出"凡赋以隔为身体,紧为耳目,长为手足,发为唇舌,壮为粉黛,漫为冠履"的规律。第二部分讲赋体分段、字数、押韵等问题,特别是当时常用的八韵体。第三部分论赋的审题、用事及修辞等。清代陆葇(1630—1699)编有《历朝赋格》15卷,分赋为"文赋、骚赋、骈赋"三格,三格下又分"天文、地理、人事、帝治、物类"等5类,实际是赋的一个选本,与这里说的"格"没有关系。

三、词之式

词之式可谈三个方面,一是作法,二是格律,三是词韵。

最早讨论作词之法的著作,是南宋张炎(1248—约1320)的《词源》。张炎是南宋最后一位大词人,他的《词源》也可说是有宋一代词的总结。书分上下卷,上卷专谈词与音乐的关系,包括"五音宫调、十二律吕、律生八十四调"等,由于宋以后词乐失传,这是一部难得的文献。下卷谈词的作法,包括"音谱、拍眼、制曲、句法、字面、虚字、清空、意趣、用事、咏物、节序、赋情、离情、令曲、杂论、五要"等,基本涵盖了作词的整个过程。

词律有几部重要著作。第一部是明代张綖(1487—1543)的《诗余图谱》,初刻于1536年,可能是最早的词谱。该书有三个方面的创新,一是提出"填词"的说法:"词调各有定格,因其定格而填之以词,故谓之填词。"二是发明了平仄的图示法:"词中当平者用白圈,当仄者用黑圈,平而可仄者白圈半黑其下,仄而可平者黑圈半白其下。"三是首次提出"婉约、豪放"二体之分,对后代词学影响很大。《诗余图谱》以"小令、中调、长调"分卷。卷一小令收64调,卷二中调收49调,卷三长调收36调,共149调220多首例词。第二部是清初万树(1630—1688)的《词律》20卷,此书对《诗余图谱》多有批评,共收词660调,1 180余体。第三部是康熙五十四年(1715)的《钦定词谱》,由王奕清等奉旨纂修。此书首先强调了制谱的必要性:"夫词寄于调,字之多寡有定数,句之长短有定式,韵之平仄有定声,秒忽无差,始能谐合。否则,音节乖舛,体制混淆,此图谱之所以不可略也。"同时解释了词谱的制作过程:"今之词谱,皆取唐宋旧词,以调名相同者互校,以求其句法字数;以句法字数相同者互校,以求其平仄;其句法字数有异同者,则据而注为又一体;其平仄有异同者,则据而注为可平可仄。"全书收调826调,2 306体。这几本书是现代所有论词体的依据。

词曲的用韵与诗韵不同,简单来说,诗韵是规定的,词曲是自由的。诗歌之作本出于天籁,押韵完全自由,从上古至唐前均是如此。唐代以诗赋取士,就必须对考试的形式作出严格规定,韵、对、言、声中,韵最方便进行规定。在此之前隋代陆法言完成了一部整合历代韵书,取得长孙讷言所谓"酌古沿今,无以加也"成就的权威之作《切韵》,唐高宗、武则天正好拿过来作为官定标准。自此之后,试律诗和受其影响的近体诗就一以《切韵》及经官方许可归并后的"诗韵"为标准,不准违反。而词曲无须受此约束,可以自由押韵。一般来说,唐五代的词受诗的影响还较大,押韵大体也依诗韵。入宋以后词更加普及,就无须顾忌了。宋以后词谱失传,后人再要作词,就不得不采用"唐宋旧词互校"的办法来进行归纳,词谱如此,词韵亦如此。因此可以说,诗韵是先定的,词韵是后来整理出来的;诗韵有权威性,词韵适作参考而已。最早对词韵进行总结的是明末沈谦(1620—1670)。他编了一部《词韵略》,在整理宋人词作的基础上,归并诗韵,同时采用平、上、去通押的办法,提出词韵十九部之说。他的朋友毛先舒(1620—1688)解释说:"填词之韵,大略平声独押,上、去通押。然间有三声通押者,如《西江月》《少年心》之类。故沈氏于每部韵俱总统三声,而中又明分平、仄,凡十四部。至于入声,无与平、上、去通押之法,故后又别为五部云。"沈的19部及其与诗韵的关系是(舒声中举平以赅上、去声):东董韵(一东二冬),江讲韵(三江七阳),支纸韵(四支五微八齐十灰半),鱼语韵(六鱼七虞),街蟹韵(九佳半十灰半["佳"字本身入麻韵]),真轸韵(十一真十二文十三元半),元阮韵(十三元半十四寒十五删一先),萧筱韵(二萧三肴四豪),歌哿韵(五歌),佳马韵(九佳半六麻),庚梗韵(八庚九青十蒸),尤有韵(十一尤),侵寝韵(十二侵),覃感韵(十三覃十四盐十五咸),屋沃韵(一屋二沃),觉药韵(三觉十药),质陌韵(四质十一陌十二锡十三职十四缉),物月韵(五物六月七曷八黠九屑十六叶),合洽韵(十五合十七洽)。所谓"半"其实是依实际语音把一韵分置二处,如元韵的 an、en,灰韵的 ei、ai 等。乾隆时吴烺(1719—约1771)等人认为沈谦的分合不妥,同时认为分合的基础应该是《广韵》,因此著《学宋斋词韵》,其特点是把沈书的第十一部"庚梗韵"和第十三部"侵寝韵"并到第六部"真轸韵",第十四部"覃感韵"并到第七部"元阮韵",这样舒声的 14 部只剩下 11 部,同时取消入声的第十九部"合洽韵",分别并入第十七、十八部,这样总数只有 15 部。这次合并体现了两点,一是取消了闭口韵,二是打乱了部分前后鼻音尾,并不符合宋词的实际。因此道光元年(1821)戈载(1786—1856)著《词林正韵》,重新回到了《词韵略》,分 19 部,只是取消了"东董韵"等名称,改为"第一部、第二部"等。这是近 200 年来影响最大的词韵书。

沈谦的方法恐怕不是他一个人的发明。他与柴绍炳(1616—1670)、毛先舒齐名,均长于韵学。沈谦致力词韵,作《词韵略》;毛先舒致力曲韵,作《南曲正韵》;柴绍炳则致力古韵,作《古韵通略》。所谓"古韵",是柴绍炳发现古体诗的押韵与近体诗不同,有许多近体诗的韵部在古诗中可以相通,因此采用与沈谦同样的方法,在诗韵基础上进行韵部合并,说这就是古韵。例如平声分为 12 部:"一东二冬三江通,四支五微八齐九佳十灰通,六鱼七虞十一尤通,十一真十二文通十三元半通,十四寒十五删一先通十三元半通,二萧三肴四豪通,五歌六麻通,七阳独用,八庚半通,八庚九青十蒸通,十二侵独用,十三覃十四盐十五咸通。"其实这没有什么实际意义,因为古人不可能依此作诗,今人作古诗也不会依它作。因此我们仅在此提及,不列入诗韵的讨论。同时代的顾炎武打破了他们或从"诗韵"、或从《广韵》出发进行归并的套路,他从"离析唐韵"即打散《广韵》分部出发,著《音学五书》,从而开创了有清一代古音学的传统。但这已不再是集部的内容,这里略过。

四、曲之式

曲在元代主要是北曲,在明清时期则南北兼顾,以南曲为主。讨论元曲之"式"的著作,最重要的是周德清(1277—1365)的《中原音韵》和朱权的《太和正音谱》。周德清是元时人,《中原音韵》成于 1324 年,正是元曲盛时。这是中国历史上第一部大体记录实际口语的韵书。正如《四库全书总目》所说,"全为北曲而作","乐府既为北调,自应歌以北音"。它在音韵上的特点有三:一,平分阴阳,按声母的清浊分为阴阳,以阴平、阳平代替以前韵书的上平、下平;二,全浊音清化;三,入派三声,北音无入声,分别派入阳平、上声、去声中。韵部安排也有两个特点:一是改历来韵书先调后韵的次序为先韵后调,先分成 19 韵,再在每韵下按阴阳上去四声列字,入声分派入三声。这是因为律诗押韵严格区分声调,近体诗更必须是平声,而作曲可平、上、去通押。二是韵部名称改一字为二字,如不说"东"而说"东钟",这大概是为了便于称说。全书分十九部:东钟、江阳、支思、齐微、鱼模、皆来、真文、寒山、桓欢、先天、萧豪、歌戈、家麻、车遮、庚青、尤侯、侵寻、盐咸、廉纤。

《太和正音谱》原序说"龙集戊寅",即作于明洪武三十一年(1398),其时去元亡未久,正好对元曲作一全面总结。《太和正音谱》正是应时而生的一部元曲百科全书。全书内容分为两大部分,前一部分为理论部分,分"乐府体式""古今群英乐府格势""杂剧十二科""群英所编杂剧""善歌之士""音律宫调""词林须知"等七章。其中"乐府体式"章提出:"有文章者谓之乐府,如无文饰者谓之俚歌。"区别"乐府"与"俚歌",实际上是提高了元曲的社会文化地位。"古今群英乐府格势"章被后人抽出单独发行,取名《词品》,实际应为"曲品",前文已经提及。"词林须知"章有对元代燕南芝庵《唱论》的调整补充和论元杂剧的角色分配,是论元曲的技巧部分。后一部分为元曲曲谱,共收"黄钟、正宫、大石调、小石调、仙吕、中吕、南吕、双调、越调、商调、商角调、般涉调"等 12 个宫调的 335 支元曲曲谱,每曲均按字注出平、上、去三声及入派三声情况。明末清初李玉(1610—1670)著《北词广正谱》，在其基础上扩充至六宫十一调400多支曲谱，增加了各宫调的套数配置。

朱权另撰有《琼林雅韵》一书，但已佚。据其序称，是对"卓氏《中州韵》"的审订。但"卓氏《中州韵》"即元人卓从之的《中州乐府音韵类编》，又名《中州音韵》《中原音韵类编》，成书于元至正十一年(1351)，本身就是对《中原音韵》的修订。因此此书也未能突破《中原音韵》。

中国戏曲，先产生的是南戏，元代传至北方，产生杂剧，又称北曲，占据主导地位。明以后南方戏曲逐渐又成主流，称为传奇。明嘉靖时魏良辅(1489—1566)改造旧腔，创建昆曲，并作有《曲律》一书，人称"南曲之祖"。因此明清的戏曲论以南曲为主，与之相关的重要著作，格律技巧方面有明代徐渭的《南词叙录》、王骥德(1540—1623)的《曲律》、沈宠绥(？—约1645)的《度曲须知》以及清代李渔(1611—1680)的《闲情偶寄》等；曲谱方面有清代王奕清等的《钦定曲谱》、周祥钰的《九宫大成南北词宫谱》（序于乾隆十一年[1746]）；曲韵方面有清代沈乘麐《曲韵骊珠》，也叫《韵学骊珠》。

徐渭的《南词叙录》是关于南戏的第一部著作。王骥德的《曲律》是曲律的集大成之作，全书40章，分别是"论曲源，总论南北曲，论调名，论宫调，论平仄，论阴阳，论韵，论闭口字，论务头，论腔调，论板眼，论须识字，论须读书，论家数，论声调，论章法，论句法，论字法，论衬字，论对偶，论用事，论过搭，论曲禁，论套数，论小令，论咏物，论俳谐，论险韵，论巧体，论剧戏，论引子，论过曲，论尾声，论宾白，论科诨，论落诗，论部色，论讹字，杂论，论曲亨屯"，几乎涵盖了作曲的全过程。李渔的书更胜一筹，《闲情偶寄》可说是中国戏曲的一部教科书。全书6卷，讲戏曲的占一半，共三部15章，分别是："词曲部：结构、词采、音律、宾白、科诨、格局；演习部：选剧、变调、授曲、教白、脱

通用中原音韻

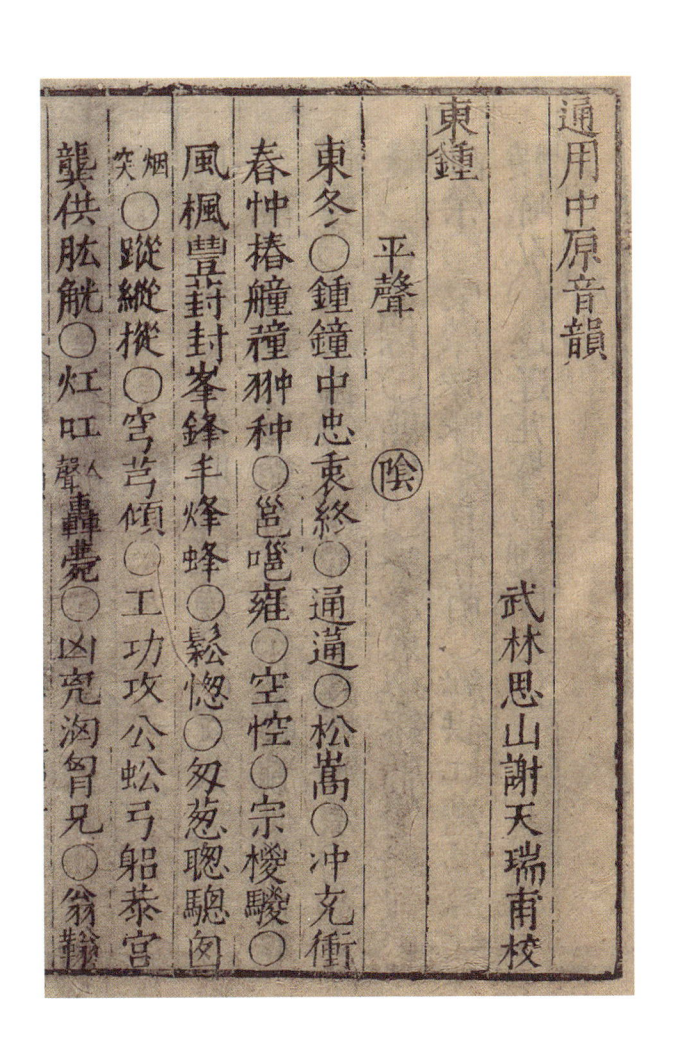

武林思山謝天瑞甫校

東鍾

平聲 ㊀陰

東冬○鍾鐘中忠衷終○通蓪○松嵩○冲充衝
春忡椿幢襱狆种○邕噰雍○空悾○宗樅駿○
風楓豐對封峯鋒丰烽蜂○鬆憁○叨蔥聰騘囪
烟突○蹤縱摐○穹芎傾○工功攻公蚣弓舡恭宮
襲供肱䏔○釭吽䏁轟甍○凶兇洶冑兄○翁鞃

明刻本《通用中原音韻》

套;声容部:选姿、修容、治服、习技。"后两部的演员培养和排演过程是以前没有人讨论过的。沈宠绥著有《弦索辨讹》与《度曲须知》二书。前者专为弦索歌唱者指明应用的字音和口法。后者则将南北曲之源流、格调、字母、发音、归韵诸种方法,一一辨析其故,使度曲者有规则可循。因该书系作者度曲实践经验之积累,故至今昆曲演员仍以其为唱曲之依据。沈宠绥的最大贡献是发明了"三音切法",把每一字分为"头、腹、尾"三音,"试以'西、鏖、鸣'三字连诵口中,则听者但闻徐吟一'箫'字;又以'几、哀、噫'三字连诵口中,则听者但闻徐吟一'皆'字,初不觉其有三音之连诵也"。这种切法和唱法流传至今,成为不仅昆曲,而且几乎所有中国戏曲剧种演唱的不二法门,也是民族唱法与西洋唱法的区别之一。与沈书类似的前有元代燕南芝庵的《唱论》,后有清代徐大椿的《乐府传声》(自序于乾隆甲子[1744]),同为声乐史上的重要文献。

曲谱有三部书值得一提。第一部是康熙五十四年(1715)王奕清等奉旨编纂的《钦定曲谱》。这是兼收南北曲的谱,弥补了《太和正音谱》只收元代北曲谱的不足,是《钦定词谱》的姐妹篇。全书12卷,1—4卷为北曲,收十二宫调334支曲;5—12卷为南曲,收九宫十三调742支曲,含引子、过曲、慢词、近词等;又"失宫犯调"50支,合计收曲调1 126支,是曲谱的集大成之作。第二部是《九宫大成南北词宫谱》,这是庄亲王允禄(1695—1767)奉敕编纂《律吕正义》之后,考虑到"雅乐、燕乐实为表里,而南北宫调从未有全函",因此命乐工周祥钰等编纂的,于乾隆十一年(1746)编成。全书82卷,上溯唐宋,下迄明清,收南北曲谱共4 466曲,其中南曲1 513支,北曲581支,南北曲变体2 372支。此外还收北套曲188套,南北合套36套。这些曲牌内容包括唐宋诗词、大曲、南戏、杂剧、金元诸宫调、元明散曲、明清传奇等。书中详举各种体式,分别正字、衬字,标明工尺、板眼、句读、韵格,是考证古代乐曲实际唱法的重要资料。第三部是《碎金词谱》,作者谢元淮(1792—1874),据其自序,"尝读《南北九宫曲谱》,见有唐宋元人诗余一百七十余阕,杂隶各宫调下,知词可入曲,其来已尚",于是经搜集考订,于道光二十七年(1847)编成此书。全书14卷,共收南北24宫调,449调,共558阕。"每字之旁,左列四声,右具工尺",既是词谱,又是乐谱,为后人留下了唐宋词可唱的资料。该书在《凡例》中特别指出:"是谱之刊,专为率尔操觚,不谙宫调、不遵律吕者导以轨则。然一一过于拘泥,未免胶柱鼓瑟之讥,且恐学者视倚声为畏途。果有清词丽句,妙合天然,亦不妨略事通融。惟每调必须专从一人之词为定体。四声纵难并讲,而平仄句读,断不容稍有游移。此则为不易之格。"这也是对传统格律应持之态度。2000年,刘崇德将此书译成五线谱;2021年,罗成、王光圻更出版了全书的五线谱和简谱今译本,为不懂工尺谱的读者提供了方便。

关于曲韵,《钦定曲谱·凡例》中说:"北曲宜准《中原音韵》,南曲宜准《洪武正韵》。"这是官方认同的南北曲所遵韵书的不同。《洪武正韵》是明太祖朱元璋下令编纂的,主事者有乐韶凤(？—1380)、宋濂等11人,书成于洪武八年(1375)。其宗旨当然首先是为了政治上的考量,显示新皇朝的革新气象。一方面针对元朝的官韵《蒙古字韵》(成书于1269—1292年间,以八思巴字为汉字注音,分15韵,比《中原音韵》少"皆来、桓欢、车遮、廉纤"四韵),以及民间韵书《中原音韵》,重建汉人正统,另一方面又不想全盘接受传统韵书,结果搞成了个折中方案。一方面把《中原音韵》"平分阴阳、全浊清化、入派三声"三大特点全部废除,平声不分阴阳,保留了全浊声母和入声。另一方面又对传统韵部进行大量归并,"一以中原雅音为定"。结果韵部总数与《中原音韵》相去不远。《洪武正韵》仿效的榜样是南宋毛晃父子的《增修互注礼部韵略》,然而该书分206部,它却只有76部,其中舒声66部,入声10部。舒声的66部中平、上、去各22部,如不分声调,只有22部。拿这22部与《中原音韵》作比较,发现它只把"鱼模"分开成"鱼"与"模",即u和ü分开,把"齐微"分开成"齐"与"灰",即把ei从i中分出来,把"萧豪"分成"萧"与"爻",亦即按洪细分开,这样就增加了三韵,其余跟《中原音韵》几乎完全相同。增加10个入声韵部显然是为了照顾南方人的需要,因为11位编者中有9位是南方人,可见他们心目中的"中原雅音"是应该包含入声的。《洪武正韵》"左右开弓",结果左右不讨好,原来可能想取代《礼部韵略》作为考试韵书的,结果终明一朝没能通行。由于戏曲中北曲有专门的韵书《中原音韵》,南曲没有,因此自明代中期以后,人们看中《洪武正韵》分清浊,有入声,恰与吴音相符,就把它拿来作了南曲的标准。这可说是歪打正着。入清以后,昆曲一枝独秀,又影响到北方,产生北昆。虽然可以"南从洪武,北问中原",但创作的人毕竟感到不便,希望有一部把两者统一起来的韵书,这就促成了沈乘麐《韵学骊珠》的诞生。此书序于乾隆十一年(1746),但正式付印是乾隆五十七年(1792)。据其《凡例》,此书"以《中州韵》为底本,而参之以《中原音韵》《洪武正韵》,更探讨于《诗韵辑略》《佩文韵府》《五车韵瑞》《韵府群玉》《五音篇海》《南北音辨》《五方元音》《五音指归》《康熙字典》《正字通》《字汇》诸书,整五十载,凡七易稿而成",可说是"洪武"和"中原"的综合,更是集众书之成,也是曲韵的最终成品。(从元到清有五部名称含"中州"的韵书,沈乘麐据为底本的是明后期范善溱著的《中州全韵》)此书分21个韵部,与《洪武正韵》相比,只是重新把"萧豪"合并,8个入声韵部系打散《洪武正韵》重组。

五、文之式

同诗式之作有两大类一样,文式之作也可分为两类,一类是律诗、律赋格式那样应付考场程式文字需要之作，类似今天的高考"应试指南"；一类是探讨"文"本身的写作艺术。

（一）应试指南

第一部以应试为目标的文式之作是南宋王应麟的《辞学指南》。"辞学"指"辞学科"，也就是唐宋以来的"博学宏辞科"。当时的博学宏辞科要求考12种文体，即"制、诰、诏书、表、露布、檄、箴、铭、记、赞、颂、序"，王应麟1256年考中博学宏辞科，他是以过来人身份写作这本书的。全书共4卷，第1卷总论，第2—4卷则针对应考的12种文体一一分析其源头、写作要点、必备知识、历来试题，并进行选文评点等，真可谓应试宝典。另一部以考试为标的文式之作是宋末元初人魏天应的《论学绳尺》，所谓"论学"即"论"类文章，也是考场必考的，"绳尺"即规范。全书共10卷，选南宋以来中选文章176篇，每两篇提炼出一"格"，共88"格"，如卷一是"立说贯题格、贯二为一格、推原本文格、立说尊题格、指切要字格、指题要字格、就题摘字格"等7格，卷二是"就题生意格、援古证今格、以天立说格、立说出奇格、就题发明格、顺题发明格、驳难本题格、双关议论格"等8格等，是一部文"格"之作。但分类过于烦琐，"格"的名称还时有重复。此书还有两点可注意。一是每篇选文下的批点用了"破题、接题、反说、冒头"等语，开了后世八股文之先河。二是书前附"行文要法"一卷，录吕祖谦、陈亮等12位名家论文之语，辑为"论行文法、论家指要、论用字法、论评活法、论作文法、论有八体"等若干组，实际突破了科举程式而进入一般写作理论的领域。指导科举考试的名作还有元代陈绎曾的《文说》，理论性更强，把"为文之法"归结为八个方面："一养气，二抱题，三明体，四分间，五立意，六用事，七造语，八下字。"有的谈得很细，如抱题法有"开题、合题、括题、影题、反题、救题、引题、蹙题、衍题、招题"等，造语法有"正语、拗语、反语、累语、联语、歇后语、答问语、变语、省语、助语、实语、对语、隐语、婉语"等。针对八股文的则有明代庄元臣(1560—1609)的《行文须知》。该书首先提出行文四要"格、意、调、词":"格者如屋之间架,间架定,然后可以作室;格定,然后可以成文。""文之有意,如屋之有材。间架既定,必须材备,乃可作室;格既定,必须意到,乃可成文。""文之有调,如室之有隔节段落。造室者,间架既定,然又须隔节段落,极其委曲,然后室不空旷直突,所谓复道曲房也;为文者,格式既定,意思既到,又须遣调有法,使一股之中,前后有伦,呼应有势,起伏有情,开合有节,乃臻妙境。""文之有词,如室之彩绘。彩绘施,则满室绚烂,词藻工,则叠篇光彩。"这实际上已超越了八股文文体而有了一般的意义。接着以"破题、承题、起讲、提头、虚股"等为题详述了作八股文的技法。

(二) 文章技艺

突破应试局限,以追求文章本身技艺为目标,这类研究可说始于《文赋》和《文心雕龙》。陆机的《文赋》,用诗般的语言生动地写了文章的构思和写作过程。例如写构思:"精骛八极,心游万仞。"写内容推陈出新:"谢朝华于已披,启夕秀于未振。"写选词:"选义按部,考辞就班。"写声韵:"暨音声之迭代,若五色之相宣。"写选择:"或辞害而理比,或言顺而义妨。离之则双美,合之则两伤。"写立要:"立片言而居要,乃一篇之警策。"文章本身极美,但理论性的概括有所不足。《文心雕龙》第26至44篇,人称创作论,每篇谈一个主题,比起《文赋》来就更清晰。刘勰在《序志》篇里还对其进行了提纲挈领的概括:"至于剖情析采(情采),笼圈条贯,摘神性(神思、体性),图风势(风骨、定势),苞会通(附会、通变),阅声字(声律、练字)。"他用十二个字概括了最主要的八篇,更用"剖情析采"四个字点明了创作论的核心内容。陆机、刘勰所论都是综合性的,包括了诗赋骈散各种文体。真正以"文"特别是散文为对象的文式之作可能始于南宋陈骙

(1128—1203)的《文则》和吕祖谦的《古文关键》。所谓"文则",就是作文的准则。《文则》全书以天干为序分为10章,共62条。有的内容很精彩,如丙章论比喻有10法——"直喻、隐喻、类喻、诘喻、对喻、博喻、简喻、详喻、引喻、虚喻",可能是古今中外之最。《古文关键》是一本古文评点选读本。卷首"总论"有"看文字法、论作文法、论文字病"三节,与唐代诗格内容颇相似。其"看文字法"提出"第一看大概主张,第二看文势规模,第三看纲目关键,第四看警策句法"的"四看"论。"论作文法"在提出"笔健而不粗,意深而不晦,句新而不怪,语新而不狂;常中有变,正中有奇;题常则意新,意常则语新;辞源浩渺而不失之冗,意思新转处多则不缓;结前生后,曲折斡旋,转换有力,反复操纵"等原则之外,还提出了类似诗格的"上下,离合,聚散,前后,迟速,左右,远近,彼我,一二,次第,本末"以及"明白,整齐,紧切,的当,流转,丰润,精妙,端洁,清新,简肃,清快,雅健,立意,简短,闳大,雄壮,清劲,华丽,缜密,典严"等31格,可说是文格之始。"论文字病"则从反面指出作文要避免的"深、晦、怪、冗、弱、涩、虚、直、疏、碎、缓、暗"及"尘俗、熟烂、轻易、排事,说不透、意未尽、泛而不切"等19病。

　　元代陈绎曾在《文说》之外,还作了一部《文筌》。前者为应试之作,而后者为纯论文之作。他在作于元至顺三年(1332)的《文筌序》中解释书名的意义:"夫筌所以得鱼器也,鱼得则筌忘矣。文将以见道也,岂其以笔札而害道哉!"可见《文筌》实为一部文式之作。后人觉得其更多地讲文章法度,因此更书名为《文章欧冶》。实则从其内容看,该书也可名"文章谱",因为其中实际论了古文、赋、诗三种"谱"。其中古文谱分"养气法、识题法、式、制、体、格、律"等七章。值得注意的是其论"格"。陈绎曾分"正格"68种为三等九品:"上上2品:玄、圆。上中2品:妙、适。上下2品:沉、雄。中上18品:清、婉、闲、典、雅、深、核、精、严、伟、绝、卓、高、远、大、莹、古、逸。中中18品：重、奇、老、健、简、遒、劲、壮、峭、活、和、肃、正、秀、缜、润、新、华。中下8品：响、亮、紧、谨、平、实、俊、温。下上2品：富、密。下中13品：险、稳、流、丽、淡、赡、直、明、详、快、易、工、滑。下下3品：怪、巧、熟。"各以四字或八字敷陈之。又列"病格"36种："晦、浮、涩、浅、轻、率、泛、俗、略、钦、讦、短、秽、胖、俚、虚、排、疏、嫩、散、枯、缓、宽、粗、尖、巍、琐、碎、猥、冗、怠、陈、庸、低、杂、陋。"除个别需要解释（如"巍，婢学夫人"）外，一般均不难懂。

明代高琦辑了一部论文的著作《文章一贯》，书成于嘉靖丁亥年（1527）。此书虽为辑录前人论文之语，但通过他的编辑，形成了一个前后照应、次序完整的体系。书名"一贯"，义为"执一贯万"，颇合文法宗旨。全书两卷，上六下九。上卷六目是"立意、气象、篇法、章法、句法、字法"，他解释其思路是"意不立则罔，气不充则萎，篇、章、句、字不整则淆"。下卷九目是"起端、叙事、议论、引用、譬喻、含蓄、形容、过接、缴结"，他的解释是"立起端以肇之，叙事以揄之，议论以广之，引用以实之，譬喻以起之，含蓄以深之，形容以彰之，过接以维之，缴结以完之"。确可说是一部简约的作文法体系。

第五节　文之事

《四库全书总目》以孟棨的《本事诗》作为诗文评又一类的代表，其特点是"旁采故实"，也就是提供作品的创作背景，以供理解和赏析。孟棨的生卒年不详，《本事诗》成于唐僖宗光启二年（886），其产生的背景，我认为有二，一是《诗序》的传统，一是唐传奇的影响。《毛诗》有大小序，大序是诗歌甚至文学总论，小序系于各诗之下，实际是对诗的写作背景的介绍。《诗经》的产生源于周王朝的采诗制度，而了解诗作之背景更有利于了解诗作的意义。孟棨在《本事诗·序》中说:"触事兴咏,尤所钟情,不有发挥,孰明厥义?"就说明了这一意图。唐传奇不同于前代小说之处在于其"唐代特色",即有意无意地经常在故事中插入诗作,诗与故事融为一体。传奇是故事为主,诗为次;如果反其道而行之,诗为主,故事起辅助作用,这就是"本事诗"。《本事诗》按内容分成七类:"情感、事感、高逸、怨愤、征异、征咎、嘲戏。"每一类以诗为主,引起了一篇篇故事。有的文章写得凄婉感人,有很强的可读性,不但使相关的诗得以留传,还留下了很多故事,成为后代戏曲、小说等创作的题材。如"破镜重圆、梧叶题诗、人面桃花、前度刘郎"等。后人模仿此书的有五代吴国署名处常子的《续本事诗》和署名聂奉先的《续广本事诗》。两书均已佚,唯留辑本。从介绍来看,《续本事诗》之分类全同孟书,而《续广本事诗》留下的15则全系词语考证。从消极方面来看,故事性变淡;从积极方面看,拓宽了本事诗的内容,更像后来的"诗纪事"。真正堪称本事诗续作的是清初徐釚(1636—1708)的《本事诗》,书成于康熙十一年(1672)。全书12卷,辑录元、明、清各代311名诗人包括杨维桢、王冕、宋濂、汤显祖、钱谦益、冒襄等的诗及相关事迹。尤侗为此书作序云:"昔唐人孟棨集《本事诗》,采艳搜奇,亦云备矣;徐子电发,续谱兹编,孝穆前身,冬郎今日。"孝穆是《玉台新咏》编者徐陵的字,冬郎是晚唐"香奁体"诗代表韩偓(842—923)的小名,可见此书实际是一部言情诗故事集。徐釚在此书《略例》中其实也已道出了此书的选材范围:"宫掖之作,香闺标格,宠姬爱妾,游仙诸女,幽期冥感,青楼狭邪,歌童人宠,教师乐工。"这些确与孟棨的书更像。

第一本以诗纪事之作是宋人计有功的《唐诗纪事》。计氏生卒年不详,他于徽宗宣和三年(1121)中进士,高宗绍兴二十八年(1158)知眉州,应是北、南宋间人。其自序云:"唐人以诗名家,姓氏著于后世,殆不满百,其余仅有闻焉,一时名辈,灭没失传,盖不可胜数。敏夫闲居寻访,三百年间文集、杂说、传记、遗史、碑志、石刻,下至一联一句,传诵口耳,悉搜采缮录;间捧宦牒,周游四方,名山胜地,残篇遗墨,未尝弃去。老矣无所用心,取自唐初首尾,编次姓氏可纪,近一千一百五十家;篇什之外,其人可考,即略纪大节,庶读其诗,知其人。所恨家贫缺简籍,地僻罕闻见,聊据所得,先成八十一卷,目曰《唐诗纪事》云。"可见他是以搜罗唐代佚诗佚事为己任的,特别强调"读其诗,知其人",这也是这类书的根本宗旨。此书之后,有清代厉鹗辑的《宋诗纪事》,全书100卷,录宋诗作者3812家,各系以小传。自序称"欲效计有功,搜括而甄录之"。但收罗既多,不免小疵,《四库总目》批评它"以纪事为名,而多收无事之诗,全如总集;旁涉无诗之事,竟类说家,未免失于断限"。又有清末陈田(1849—1921)历时17年编成的《明诗纪事》,于光绪二十五年(1899)完成初稿。全书187卷,分为10签,录诗近4000家。自序云:"此集以纪事为名,无事可纪者,亦广为甄录,冀以揽前哲之芳馥,为后人之贻饷云尔。"说明实际也是以录诗为主的。更晚则有陈衍辑的《辽诗纪事》12卷、《金诗纪事》16卷和《元诗纪事》24卷,虽编时可能还是晚清,但出版已是民国时的事了。

这一体裁影响到词,便是"本事词""词纪事"之作,但次序却相反,先有"纪事",后有"本事"。最早的词纪事应是清初李良年(1635—1694)辑的《词家辨证》1卷和《词坛纪事》2卷,但内容较单薄。第一部大型的词纪事是清代张宗橚(1705—1775)辑的《词林纪事》。之所以称其"大",是因为其通史性。全书22卷,卷1唐,卷2五代十国,卷3—19宋,卷20金,卷21—22元,历经五朝700余年,收录词家422位及相关故事。陆以谦为此书写的序中说:"纪事者何?有事则录之,否则,词虽工弗录。间有无事有前人评语,亦附入焉。"可见它是比较强调"纪事"的宗旨的。其后则有《明词纪事》《清词纪事》之续作。

本事词之作也始于清初徐釚,他在写《本事诗》之后,又写了 4 卷《本事词》,收入他成书于康熙戊午年(1678)的《词苑丛谈》中,为第 6—9 卷,收词事 300 余则,内容几乎都为艳情。其实该书卷 3—5"品藻"、卷 12"外编"也是这类词,甚至卷 11"谐谑"也相当于孟棨的"嘲戏"。其实《词苑丛谈》主体就是一部本事词,因此《四库总目》说它"采摭繁博,援据详明,足为论词者总汇",与李良年《词坛纪事》足相伯仲。徐氏之后,有叶申芗(1780—1842)作的《本事词》,全书 2 卷,上卷为唐、五代、北宋,下卷为南宋、辽、金、元。叶氏在序中说:"盖自《玉台新咏》专录艳词,乐府解题备征故实。韩偓著《香奁》之集,托青楼柳巷而言情。孟棨汇《本事》之篇,叙破镜轮袍以纪丽。词亦宜然,此本事词所由辑也。"可见其收录内容也是以言情为主体的。

第六节 文之话

一、诗话

诗话是《四库总目》总结的诗文评五种类型之一,且是其中量最大的一种。在《四库总目》诗文评所收的 64 种书目中,带有"诗话"字样和不带字样但实际是诗话的,如《韵语阳秋》《诗人玉屑》《唐音癸签》等,合起来就有 49 种;在"诗文评类存目"的 85 种书里,上述两种加起来有 65 种。两者合计,诗话在全部诗文评中占比 77%。绝对数量也很可观。清人何文焕编《历代诗话》收诗话 27 种;近人丁福保辑《历代诗话续编》收诗话 29 种;丁福保编《清诗话》(1916)收诗话 43 种,郭绍虞编《清诗话续编》(1983)收诗话 34 种,张寅彭辑《清诗话三编》(2014)收诗话 97 种。各书合计诗话 230 种,确实蔚为大观,说其是中国古代文学批评最大的一笔文化遗产也不为过。诗话是中国文学批评的主要形式,不懂诗话,就不懂中国文学批评。关于诗话,有几点可说。

(一) 性质

之所以把性质放在最前面讲,是因为不确定其属性,就没法讨论其起源和其他问题。从性质来说,尽管诗话与诗品、诗式等似乎并列,但其实不同。诗品等是单项性的,诗话是综合性的。也就是说,诗品等诚然可以分开来单独进行讨论,但它们也都可以合在诗话里,作为诗话的一个个分支;而诗话除了包含诗品、诗式外,还可以包括更多的内容,包括诗史、诗论、诗评等,只要与诗有关,无一不在其收罗范围。

(二) 起源

认定了诗话的性质,起源问题就容易解决了。历来的争论,有清人何文焕的起于三代说,清人章学诚的起于钟嵘《诗品》说,清人吴琇的起于"诗律之细"说,近人罗根泽的起于孟棨《本事说》说,以及多数人从名称出发的主张——起于欧阳修《六一诗话》说。现在既然认定诗品、诗式等在本质上也属于诗话,则最合理的解释是起于钟嵘《诗品》的说法。因其评人又评诗,符合诗话的基本特征。这是基本的结论。当然,从具体细节看,也可以看到诗话还有更早的榜样。例如其纪事性有《诗小序》的影子;其无条贯性有笔记、小说的痕迹,刘义庆《世说新语·文学》中有的条目就很像诗话。

(三) 历代诗话举隅

诗话之作如此众多,难以一一介绍,只能就历史发展趋势的角度,挑几部有影响的代表性著作。每个时代用一个字来代表,这个趋势也许可以表述为:北宋尚事,南宋尚识,元人尚式,明人尚品,清人尚综。正好与五种形式的诗文评相应。当然,所谓各时代的划分不是那么井然的。

北宋尚事。欧阳修的《六一诗话》虽然只有短短20余则,但开创之功不可没,且以其文坛地位,影响极大。这20余则都是纪事之作,为北宋诗话定下了基调。其后的几部诗话,如司马光的《温公续诗话》、刘攽的《中山诗话》、叶梦得(1077—1148)的《石林诗话》等,均是如此。由北宋入南宋,产生了几部大规模的诗话,叫"纪事"的《唐诗纪事》之外,还有几部不叫纪事的纪事。如阮阅的《诗话总龟》,全书100卷,依内容分46"门",走的是《本事诗》的路子。继之而作的胡仔(1110—1170)的《苕溪渔隐丛话》100卷,却是以人为纲,走的是《唐诗纪事》的路子。又有托名尤袤的《全唐诗话》6卷,名为诗话,其实是《唐诗纪事》的摘编。之后的《五代诗话》《全宋诗话》等都是走的这个路子,而其源头在北宋。葛立方的《韵语阳秋》(书成于1164年)也是如此。"阳秋"即"春秋",指用"春秋笔法"进行评点。

南宋尚识。这个"识"是借自严羽《沧浪诗话》中的"学诗者以识为主"一语,指对诗本质的认识和独特见解。严羽走的其实是司空图《诗品》的路子。《沧浪诗话》不长,但影响极大。一是提出了以禅喻诗的论诗基调,以"妙悟"为赏诗基本方法;二是提出了"兴趣"的赏诗标准:"盛唐诸人,惟在兴趣";三是在此基础上提出了"以盛唐为法"的主张,为此后数百年诗论奠定基础。比他略早,有姜夔(1155—1221)的《白石道人诗说》,提出"气象、体面、血脉、韵度"的四种追求。他还说"不知诗病,何由能诗? 不观诗法,何由知病?……《诗说》之作,非为能诗者作也,为不能诗者作,而使之能诗",直接导致了魏庆之《诗人玉屑》的诞生,并为元人诗式之作开了先河。

元人尚式。"元诗四大家"杨载、范梈(1272—1330)、虞集、揭傒斯(1274—1344)四人中,三人有诗话之作:杨载有《诗法家数》《诗学正源》,范梈有《木天禁语》《诗学禁脔》,揭傒斯有《诗法正宗》。另傅若金(1303—1342)有《诗法正论》《傅与砺诗法》。这些书一无例外都是诗法、诗律之作,似乎在中唐之后,掀起了诗格研究的又一高潮。上述书中,《诗法家数》《木天禁语》《诗学禁脔》收入了《历代诗话》,成了元人诗话的主体。这些书都是讲诗的具体作法的,如《诗法家数》谈"作诗准绳、律诗要法、五七言古诗的作法"等,《木天禁语》谈"篇法、句法、字法、气象、家数、音节"等"六关",《诗学禁脔》提出写作技巧的"颂中有讽格、美中有刺格、先问后答格"等15格。"家数、禁语、禁脔"的名称都有揭秘的意思。为什么元代诗话大谈诗格,似乎从南宋论诗大退了一步?恐怕是因为元人崇武抑文,文化水准大大下降,必须提供一些基本的入门书,才能帮助人们更好地学习和欣赏诗歌。

明人尚品。这个"品"是钟嵘《诗品》的"品",品评高低。明代文学热衷于派别之争,就是要争出高低。以诗而言,唐宋优劣之争几乎贯穿整个明代。明代诗话可以说以品始,以品结。早期诗话有高棅的《唐诗品汇》,虽是诗选,实为诗品,创"四唐"说,尊盛唐为宗。中期有杨慎的《词品》及书、画诸品,更晚则有顾起纶(1517—1587)的《国雅品》,都是仿钟嵘《诗品》的。所谓"国雅",指明代诗歌,《国雅品》分五品选诗:"士品"选士大夫之诗,"闺品"选闺阁女子之诗,"仙品"与"释品"分别选道释之诗,余为"杂品"。在入选者名下各加品评,如"高启"条下:"高侍郎季迪始变元季之体,首倡明初之音。发端沉郁,入趣幽远,得风人激刺微旨。故高(启)、杨(基)、张(羽)、徐(贲),虽并称豪华,惟季迪为最。"既评又品。明代重要的诗话还有李东阳《怀麓堂诗话》、徐祯卿《谈艺录》、王世贞《艺苑卮言》、谢榛(1495—1575)《四溟诗话》、胡应麟(1551—1602)的《诗薮》等。其中成就最高的是《诗薮》,全书20万言,可谓诗话巨作。其基调虽然也是尊唐抑宋,但很会借力打力:"唐人诗如初发芙蓉,自然可爱;宋人诗如披沙拣金,力多功少;元人诗如镂金错采,雕缋满前。三语本六朝评颜、谢诗,以分隶唐、宋、元人,亦不甚诬枉也。"他的重要贡献是提出了"体格声调,兴象风神"八字论:"作诗大要不过二端,体格声调,兴象风神而已。体格声调有则可循,兴象风神无方可执。故作者但求体正格高,声雄调鬯,积习之久,矜持尽化,形迹俱融,兴象风神,自尔超迈。譬则镜花水月,体格声调,水与镜也;兴象风神,月与花也。必水澄镜朗,然后花月宛然。讵容昏鉴浊流,求睹二者?故法所当先,而悟不容强也。"与清代姚鼐之论文:"凡文之体类十三,而所以为文者八,曰:神、理、气、味、格、律、声、色。神、理、气、味者,文之精也;格、律、声、色者,文之粗也。然苟舍其粗,则精者亦胡以寓焉?"(《古文辞类纂》)及曾国藩的论文:"古文境之美者约有八言。阳刚之美曰雄、直、怪、丽,阴柔之美曰茹、远、洁、适。"(《求阙斋日记类钞》)可谓前后辉映,相得益彰。

　　清人尚综。清代是诗话的高峰期,最大的特点是作者多,作品多,发掘深,涉及广,集前人之大成,更注重理论探索,提出了一系列在诗学及文学史上有影响的理论。多中选优,重要的诗话可列举如下:王夫之的《姜斋诗话》、叶燮(1627—1703)的《原诗》、王士禛的《带经堂诗话》《渔洋诗话》、沈德潜的《说诗晬语》、袁枚的《随园诗话》、赵翼的《瓯北诗话》、翁方纲的《石洲诗话》、方东树(1772—1851)的《昭昧詹言》,以及梁启超的《饮冰室诗话》等。重要的理论有王士禛的"神韵说"、叶燮的"理事情说"、沈德潜的"格调说"、袁枚的"性灵说"、翁方纲的"肌理说"等,兹不详论。戊戌变法失败后梁启超逃亡日本,著《饮冰室诗话》,倡导"诗界革命",值得注意的是清代还出现了专门研究女诗人的著作。先有明末清初女诗人方维仪(1585—1668)编著的《宫闺诗史》,这是中国第一部女诗人诗史。入清以后,袁枚第一个打破陈规,著《随园闺秀诗话》。其后群起继作,据今人王英志所编《清代闺秀诗话丛刊》,共汇集清代闺秀诗话著作正编 14 种、附录 6 种,涉及闺秀诗人数以千计。其中规模最大的可能是女诗人沈善宝(1808—1862)著的《名媛诗话》,采录清初顾若璞至咸丰初陆萼辉诸名媛诗,兼及题壁、方外、乩仙、朝鲜诸作,被评者达 716 家。这也是清代诗话的突出之处。

二、词话

《四库总目》载词话仅 5 种:宋王灼《碧鸡漫志》、沈义父《乐府指迷》,明陈霆《渚山堂词话》,清毛奇龄《词话》、徐釚《词苑丛谈》。加上"存目"中的陆辅之《词旨》、查继超《词学全书》、沈雄《古今词话》、王又华《古今词论》、毛先舒《填词名解》等也才勉强超过 10 种,与诗话数量之多不可同日而语。1934 年,今人唐圭璋辑《词话丛编》,收词话 60 种,1959 年又修订增补 25 种,不少是从诗话中兼论词的部分辑出来的。这已是所知词话的全部。今人研究词论还要常利用前人词作的序言、题跋及笔记。实际上唐氏之所辑,有的原来也只是其他书中的片段,但于论词却十分重要。从广义看,这些也应是"词话",但有待重新编辑。

如果连题跋及单篇文章也算在内,则最早的论词文字应是唐五代欧阳炯(896—971)为赵崇祚编《花间集》作的序。而最重要的应是李清照的《词论》,最早载于《苕溪渔隐丛话》,这是第一篇真正的词学论文,其提出词"别是一家",提出词的"本色"论,奠定了词学研究的基础。据《词话丛编》,最早的词话是宋杨绘(1032—1116)的《时贤本事曲子集》,从辑本看其内容类似《本事诗》,因而重要性不如王灼的《碧鸡漫志》,后者可认为是真正意义上的第一部词话之作。此书成于宋高宗己巳年(1149),"碧鸡"指王灼早年在成都所居的碧鸡坊,附近多有声伎,他由听歌而"考历世习俗,追思平时论说,信笔以记",因而此书的特征是考证歌曲发展的历史及一些词牌的来源,对词之起源研究有重要价值。宋末元初的几部词话,张炎的《词源》、沈义父的《乐府指迷》,以及陆辅之的《词旨》,代表了词学第一个理论高潮。特别是张炎提出了"雅正"论,是继李清照之后又一个词学基础理论。"古之乐章、乐府、乐歌、乐曲,皆出于雅正。""词欲雅而正。志之所之,一为情所役,则失其雅正之音。"因此,他一只手拍向柳永、康与之,认为他们"为风月所使";另一只手拍向辛弃疾、刘过,"辛稼轩、刘改之作豪气词,非雅词也"。他在词风上提倡姜夔式的"清空",反对吴文英式的"质实"。这一主张一直影响到清初朱彝尊开创浙西词派所主张的"醇雅"说,可谓影响深远。《乐府指迷》和《词旨》则对词的创作论之颇详。

明代词学的贡献主要在于词谱、词韵及词品,于词论上大约主要只有张綖提出的豪放、婉约两分。清代词学复兴,词话之作也出现了高潮。一是词话的集结,二是理论的开拓。清代第一部重要的词话是沈雄的《古今词话》,沈雄生卒年不详,但有曹溶(1613—1685)为之作序,称沈雄于乙丑年向他出示此书,可见其书完成于是年,即1685年。此书分八卷,词话、词品、词辨、词评各两卷,是一部完整的词学论著,开了清代词学的先河。康熙四十六年(1707)沈辰垣、王奕清等奉敕编《历代诗余》,其111—120卷为《历代词话》,收词话763则,取于《古今词话》者甚多。但此书还是以纪事为主。同时,徐釚的《本事词》、张宗橚的《词林纪事》均是以纪事为主。徐釚的《词苑丛谈》和冯金伯在其基础上修订扩大的《词苑萃编》(书成于嘉庆十年[1805])略有扩展。直到江顺诒的《词学集成》八卷,才又回到《古今词话》的传统。江氏费时近30年,"寻源竟委,审律考音,取诸说之异同得失,旁通曲证,折衷一是。所以存前人之正轨,示后进之准则"。全书分为八卷,分别是"词源、词体、词音、词韵,词派、词法、词境、词品",前四卷为"纲",后四卷为"流",确实为集大成之作。

以上诸作均是集结性的词话。同诗话一样,清代也有些带理论性探索的词话,在词史上也更为有名。清代第一个词派是以陈维崧(1625—1685)为代表的阳羡词派,其基本主张体现在他编的《今词苑·序》里,主要主张是"尊体",即把词提到与诗、文等同一地位:"盖天之生才不尽,文章之体格亦不尽。……为经为史,曰诗曰词,闭门造车,谅无异辙也。"甚至说"选词所以存词,其即所以存经存史也夫"。如果说李清照的"别是一家"及"本色"说是从文体上为词正名,那么陈维崧则是从整体中国文化上为词正名,对推动清代词的发展有重要意义。他本人也是中国词史上创作最丰富的词人,其《湖海楼全集》收词1 600余首,416调,为古今之最。第二个词派是以朱彝尊和汪森(1653—1726)为代表的浙西词派,朱彝尊编选《词综》,汪森作序,阐述了他们的词学主张,一是继陈维崧,尊词为正体:"古诗之于乐府,近体之于词,分镳并骋,非有先后。谓诗降为词,以词为诗之余,殆非通论矣。"二是继张炎之后主"雅正",并改称"醇雅",奉姜夔为正宗:"鄱阳姜夔出,句琢字炼,归于醇雅。"第三个词派是常州词派,其主张体现在张惠言的《词选》和周济的《词辨》《介存斋论词杂著》里,张惠言提出"比兴":"意内而言外谓之词。其缘情造端,兴于微言,以相感动,极命风谣,里巷男女哀乐,以道贤人君子幽约怨悱不能自言之情,低徊要眇,以喻其致。盖《诗》之比、兴、变风之义。"周济提出"寄托":"夫词,非寄托不入,专寄托不出。"张惠言本人首先是经学家,"比兴、寄托"论的背后是儒家的诗教。其后,谢章铤(1820—1903)的《赌棋山庄词话》12卷及《续编》5卷,陈廷焯(1853—1892)的《白雨斋词话》8卷,都在某些方面继承了常州词派的观点。这一理论甚至延续到清末民初的"四大词家"王鹏运、郑文焯、况周颐、朱孝臧。清代最后一部词话名作是王国维发表于1908—1909年间的《人间词话》,这也是新旧相交、中西相交时期的一部划时代著作。王氏提出"境界说":"词以境界为最上。有境界则自成高格,自有名句。""有造境,有写境,此理想与写实二派之所由分。""有有我之境,有无我之境。""无我之境,人惟于静中得之。有我之境,于由动之静时得之。故一优美,一宏壮也。"其中既有传统的文艺观,又有西洋的哲学观与美术观,实为词学乃至文学理论辟一新境界。

三、文话

(一) 文话

如果说诗话多,词话少,则文话可说几乎是没有。今人王水照于2007年推出了一套《历代文话》,皇皇十大册,收书140种,但书名带"文话"的只有区区两种:叶元垲的《睿吾楼文话》和孙万春的《缙山书院文话》。清末李元度(1821—1887)在其《古文话序》一文(载其《天岳山馆文钞》第26卷,1880年刊印)中说:"自梁钟嵘、唐司空图作《诗品》,繇宋迄今,撰诗话者,几于汗牛充栋矣。宋王铚有《四六话》,近世毛西河有《词话》,梁茞邻有《楹联话》《制艺话》《试律话》,而文话独无闻焉。"可见这是中国文评史上的一个事实。他在文中还说:"《明史·艺文志》有闵文振《兰庄文话》,《绛云楼书目》有李云《文话》,则皆佚不传,而日本国人所撰《拙堂文话》《渔村文话》,反流传于中国。"则历史上有过几部以文话命名的著作。2014年,当代学者蔡德龙在《张星鉴〈仰萧楼文话〉及其骈文学意义》一文中说,"目前所知,以'文话'命名的著作有十部:北宋王铚《文话》,明人闵文振《文话》、李云《文话》,清代王文清《诗文话》、朱曾武《文话》、叶元垲《睿吾楼文话》、张星鉴《仰萧楼文话》、孙万春《缙山书院文话》、李元度《古文话》、张山《文话》。"这些书多数已佚,就可知者言之,叶氏之书可谓第一部"古文话",其所以不称"古文话"而名"文话"者,因他认为古文之法也可推及到时文。该书述而不作,主要是"撮拾古今名论",如许多诗话所为。张氏之书如其名"仰萧楼"所示,实为骈文话。孙氏之书则为八股话。李元度自称"古文对时文言,古文话则又对诗话、四六话而言,要在各明一义而已"。他的书也是专讲古文的,全书据称64卷,可惜未见。从他的序中看,也是辑录:"取古今论文语,博观而类录之,凡十门:曰宗经,曰考史,曰征子,曰衡集,曰辨体,曰问途,曰辑评,曰操选,曰纠谬,曰摭谈。"可见受《文心雕龙》影响颇深。

倒是李元度提及的两部日人著作,不妨一谈。盖书虽为日人所作,但用中文书写,所论也多为中国历代名家名文。其一为斋藤正谦(1797—1865)的《拙堂文话》8卷(1830)、《续文话》8卷(1836)。其"自序"一开头便说:"诗之有话尚矣,四六与诗余亦皆有话,何独遗于文?文而无话,岂非缺典乎?"可见他也是为补缺而作。其内容多为中日古人论文之语,间亦有一些自己的见解。有的很有意思,如卷四中关于苏轼的两条:"天下第一等才子,秦汉之际有一司马长卿,魏晋之际有一曹子建,皆华少实;唐宋之际有一苏子瞻,其言皆切世用,然则谓之千古第一才子可。""三苏之文可学,其持论不可学。学其持论,则流为纵横家。"皆发中国学人所未发。其二为海保元备(1798—1866)所著《渔村文话》(1852),以汉文与假名夹杂书写,由吴鸿春译成中文。作者崇尚"唐宋大家"之文,通过汇集古人之语,加以评述,形成自己的论文体系。其标题为"声响、命意、体段、段落、达意、词藻、三多三上、锻炼、改润法、病格、十弊三失、简疏、《左传》记事、史传记事、轻重、正行散行、错综倒装、缓急、抑扬、顿挫、警策、明意叙事、周汉四家、唐宋八家"等,很多涉及作文的技巧与方法。

古人极少文话之作,不等于没有文话之内容。据我观察,除文品、文式、文谱、文律这些内容之外,关于论述、批评之类的内容古人多是放在"论文"这个题目下的。在王水照的《历代文话》中,题目中有"论文"字样的比"文话"多得多,宋代朱熹,明代杨慎、归有光,清代顾炎武、吕留良、魏际瑞、魏禧、张谦宜、李绂、杨绳武、夏力恕、刘大櫆、王元启、梁章钜、包世臣、曾国藩、方宗诚、朱景昭、薛福成、唐才常、林纾、陈衍等均有"论文"之作,其中不乏历代著名文章大家;如果加上"文评",足有30多种。这些"论文"内容很杂,以评点为主,也有比较、溯源,很难归纳,只有在阅读过程中仔细寻找。这里介绍两种,一是朱熹的《论文》,一是刘大櫆的《论文偶记》。朱文之要在于他论文与道,刘文之要在于他论气。朱熹的《论文》载《朱子语类》卷139,与卷140《论诗》同为全书最后两卷,体现了"行有余力,则以学文"的儒家思路。他评文的起点非常高。开篇第一节便说:"有治世之文,有衰世之文,有乱世之文。六经,治世之文也。如《国语》委靡繁絮,真衰世之文耳。……至于乱世之文,则战国是也。"这使人想起《礼记·乐记》:"治世之音安以乐,其政和;乱世之音怨以怒,其政乖;亡国之音哀以思,其民困。声音之道,与政通矣。"他是把文比作乐,与治道相关联。在《论文》中他又说:"道者,文之根本;文者,道之枝叶。惟其根本乎道,所以发之于文,皆道也。三代圣贤文章,皆从此心写出,文便是道。"他批评苏轼说的"吾所谓文,必与道俱"是文道两分,"文自文而道自道",实际也是批判韩愈、柳宗元以来"文以明道"的思想。朱熹在后代的地位,使得他的文论观影响也很大。自从曹丕《典论·论文》提出"文以气为主"的命题以后,历代文论家无不谈气,但越说越玄,没有一个人说清楚过。直到刘大櫆《论文偶记》,才把这个问题真正说清楚了:"文章最要气盛,然无神以主之,则气无所附,荡然不知其所归也。神者,气之主;气者,神之用。""神气者,文之最精处也;音节者,文之稍粗处也;字句者,文之最粗处也。然论文而至于字句,则文之能事尽矣。盖音节者,神气之迹也;字句者,音节之矩也。神气不可见,于音节见之;音节无可准,以字句准之。"

(二) 四六话

《历代文话》第一册的开头四部书都是谈四六(骈文之一种,泛指骈文)的:王铚的《四六话》、谢伋的《四六谈麈》、洪迈的《容斋四六丛谈》和杨囷道的《云庄四六余话》。前面提到的张星鉴的《仰萧楼文话》其实也是骈文话。真正集大成的骈文话是清代孙梅(1739—1790)的《四六丛话》,书成于乾隆五十四年(1789)。他在自序中说:"谢景思粗成卷轴,空复犀挥;王性之微得端倪,何能貂续?"可见是以继承并超越王铚、谢伋自许的。全文33卷,前28卷论各种文体,计选2卷、骚1卷、赋2卷、制敕诰册4卷、表3卷、章疏1卷、启2卷、颂1卷、书1卷、碑志1卷、判1卷、序1卷、记1卷、论1卷、铭箴赞1卷、檄露布1卷、祭诔1卷、杂文1卷、谈谐1卷、总论1卷。其内容远比王应麟《辞学指南》的12类丰富。后5卷则录文选家、楚辞家、赋家以及三国至元的辞赋骈文作家。从内容看,本书虽曰四六(骈文)话,其实兼了"楚辞话""文选话"和"赋话"。

(三) 制义话

制义话始于梁章钜的《制义丛话》,此书与其所作的《试律丛话》堪称姐妹篇,均为应试之用。两书写作有先后,但均完稿于道光二十二年(1842)。《制义丛话》认为八股之兴是历史发展的结果:"汉取士以制策,其弊也,泛滥而不适于用;唐以诗赋,其弊也,浮华而不归于实;宋以论,其弊也,肤浅而不根于理。于是依经立义之文出焉,名曰'制义'。……故制义者,指事类策,谈理似论,取材如赋之博,持律如诗之严,要其取于心,注于手,出奇翻新,境最无穷。"这大概是对八股文最高的赞扬。全书24卷,没有标题,从内容看,卷1—3为总论,卷4—6为明代作者,卷7—11为清代作家,卷12—15为遗闻逸事,卷16—19为其家乡闽人之作,卷20—21为其家族及本人之作,卷22—23为记事,卷24为杂缀。其后有孙万春的《缙山书院文话》,也是八股话。该书四卷,成书于清光绪二年(1876),是孙万春在缙山书院讲授作八股文的教材。讲八股文似有点不光彩,他的辩解是:"以诸生累于制义,弗能殚志正学,故与之讲科举之业。科举既得,斯可以摒弃制义,而肆力于经史语录、诸子百家。以求穷理尽性,推之于治国平天下。是其揣摩制义,正将以屏去制义。"他指出宋时的"四六",其实也是当时的"制义"。文中具体论及八股文的相题、命意、制局、行机、炼词、用笔,以及股法、句法、字法等,"条分缕析,指示详明"。

四、杂"话"

杂"话"指诗、词、文以外诸"话",因数量更少,放在这里一起说。

(一) 赋话

孙梅《四六丛话》中有三卷讲骚、赋,其实就是赋话。而以"赋话"为名的书,是与他同时但书出版比他早11年(1778)的李调元(1734—1803)的《赋话》(或名《雨村赋话》)。李调元在其书序中一开头即说:"古有诗话、词话、四六话,而无赋话。"表达了他的开创之意。而比李调元还要早的是浦铣(1729—1813)完成于1776年的《历代赋话》和《复小斋赋话》(复小斋是浦铣的斋名),只是因无力付梓,直到1788年才刻印。袁枚在为他作的序中说:"唐以后,诗有话,诗余有话,独赋无话。岂一时疏略,留此以俟后贤欤?柳恩先生创《赋话》一书……"可见当时他们与远在四川的李调元互不通气。《历代赋话》全书30章,是赋话中规模最大的一部。

(二) 曲话

其实《录鬼簿》《太和正音谱》等的性质便是曲话。但以"曲话"命名的第一部著作是李调元的《雨村曲话》,作于1783年。旧时曲的地位低下,因此作曲话者首先要为曲正名。李调元在序中对此给出两条理由,一是"尼山删诗,不废郑卫,辎轩采风,必及下里"。二是

358　经典通诠——经史子集的文化释读

"夫曲之为道也,达乎情而止乎礼义者也。……情长情短,莫不于曲寓之"。他的曲话,就是为了评论曲的得失。后来戏曲家梁廷枏(1796—1861)作有《藤花亭曲话》,也以曲话名之。清末民初的著名曲话,有吴梅(1884—1939)的《顾曲麈谈》,但该书出版于1916年,已是辛亥之后,此不论。

(三) 剧话

剧话之名也创自李调元,《剧话》(或名《雨村剧话》)作于1784年。此书以考订为主,与李渔等的著作不同。李氏在序中说:"书不多不足以考古,学不博不足以知今,此亦读书者之事也。予恐观者徒以戏目之,而不知有其事遂疑之也,故以《剧话》实之;又恐人不徒以戏目之,因有其事遂信之也,故仍以《剧话》虚之。"可见其著述之意。清末民初的著名剧话,有王国维的《宋元戏曲考》,但该书出版于1912年,已是辛亥之后,此不论。

(四) 楹联话

楹联之作始自五代,至明清而大盛,而楹联之"话"则创自梁章钜、梁恭辰(1814—1887)父子。梁章钜作有《楹联丛话》(1840),在序中说文话、诗话、四六话、词话等"无体不备","何独于楹联而寂寥罔述? 因不揣固陋,创为斯编",表达了他的创新之意。嗣后他继作《楹联续话》(1843)、《楹联三话》(1847)等,其第三子梁恭辰则作《楹联四话》。《楹联丛话》12卷,卷1为故事,卷2为应制,卷3—4为庙祀,卷5为廨宇,卷6—7为胜迹,卷8为格言,卷9为佳话,卷10为挽词,卷11为集句,卷12为杂缀,定下了分类的规格。《续话》4卷、《三话》2卷,但分类没有增加。《楹联四话》6卷,分类稍有变动,卷1为厅宇、酬赠,卷2为名胜、庙祀,卷3为佳话,卷4为挽联,卷5为杂缀,卷6为诙谐。之后,清末民初吴恭亨(1857—1937)作有《对联话》,全书14卷,分为五类:卷1—4为题署,卷5为庆贺,卷6—10为哀挽,卷

11—13为杂缀,卷14为谐谑。从所收联语看,其问世应是民国以后的事了。

五、《艺概》

前面提到有几种"话",都是一人所作。如李调元著有"五话":《雨村诗话》《雨村词话》《雨村曲话》《雨村剧话》《雨村赋话》。梁章钜著有"三话":《制义丛话》《试律丛话》《楹联丛话》。其实更早还有明代杨慎,一人而作有"四品(话)":《升庵诗话》《升庵词品》《升庵书品》《升庵画品》。这些都是很不容易的,必须要熟悉各种文体,还要有自己的见解。但这些"话""品"都是作者在不同时期分别撰述的,内容也没有脱离传统诗话、诗品,以记事、品鉴、指瑕等为主,间亦有考证,并没有汇众话于一。能够汇众话于一,并构成独立系统的,唯有刘熙载(1813—1881)的《艺概》。这部书也可视作传统集部诗文评的殿军,最后的辉煌。我有时甚至觉得,读中国文学批评史,如果别的书来不及读,则读一头一尾的"二刘",也就"思过半"矣。这一"头",便是刘勰的《文心雕龙》;一"尾",便是刘熙载的《艺概》。

《艺概》共6卷,分为"文概""诗概""赋概""词曲概""书概""经义概",它的特色体现在以下几个方面:第一,起点极高。书名的"艺",既指"文章名类",又暗示经艺。"概"数为六,恰与"六经"相符,恐怕是有意的(因为如果他愿意,"词曲概"完全可分为两概);书名的"概",是欲以少驭多,以简驭繁,"举此以概乎彼,举少以概乎多"。他的目标是《大戴礼记》所云的"通道必简"。实际上这六概加起来,等于一部简要的文学史加文学批评史。第二,所概极宏。这六概不是相加的关系,如李调元诸话,而是企图纳入一个体系,即六经的体系。文中非常注重建立各种文体间的本质联系,如:"六经,文之范围也。""韦傅《讽谏诗》,经家之言;阮嗣宗《咏怀》,子家之言;颜延年《五君咏》,史家之言;张景阳《杂诗》,辞家之言。""诗为赋心,赋为诗体。""词如诗,曲如赋。""司空表圣之《二十四诗品》,其有益于书也,过于庾子慎之《书品》。""制义推明经意,近于传体。"第三,立论极警。钟嵘《诗品》以来的传统往往以一两句话概括一位作者或一部作品的特点风格,刘熙载在此基础上对各种文体甚至文学本体进行极精警的论述,常常胜过前人。例如前人多有"文以气为主""文以意为主"等说,刘熙载却主张"文以识为主",这是一千年以来,第一次把刘知几的"史学三长——才、学、识"说用之于文。而他论文论人的识见也确实引人注目。如论贾谊:"贾生谋虑之文,非策士所能道;经制之文,非经生所能道。"论韩愈:"文起八代之衰,实集八代之成。"论赋:"赋从贝,欲其言有物也;从武,欲其言有序也。"论词眼:"眼乃神光所聚,故有通体之眼,有数句之眼,前前后后无不待眼光照映。"论书法:"书,如也,如其学,如其才,如其志,总之曰如其人而已。"

第七节　文之评

这里的"评"指"评点"。《四库总目》所谓诗文评的五类中没有评点这一类,是我们添加的。《四库总目》不提,大概是因为最有影响力的评点作品都跟戏曲和小说有关,《四库全书》不收戏曲和小说,当然不必列这一类。其实评点涉及的远不止戏曲、小说,而且评点之产生,远在戏曲、小说流行之前。千余年来,评点之作已自成一体,中国之外,为他国所罕见,很值得专门一谈。

一、评点的起源和成熟

(一) 源头

谈到评点,通常人们想到的大概是金圣叹评《水浒》《西厢》,脂砚斋评《石头记》，其实评点的源头比这早得多。评点有三个源头。第一个源头是经典的传注。我们甚至可以说，六经之首的《周易》就是一本评点著作。《周易》由《易经》和"十翼"两部分组成，孔子作的"彖辞""象辞"其实就是对周文王"卦辞"、周公"爻辞"的评点，而"系辞""序卦"等就相当于总评。其他经书中，《礼记》就像是对《仪礼》的评点；"三传"，特别是其中的《公羊传》《谷梁传》，是对《春秋》的评点；"毛传"大、小序是对《诗经》的评点。以后的各种传注都可作如是观。毛传郑笺还开启了双行夹注这种中国特有的评注形式。当然传注与评点还是有不同的，其不同在于汉以后产生的"注不破经，疏不破注"的传统，注疏者自由发挥的余地相对较少。而评点者发表意见比较自由。但这也是相对而言，汉以前的经注并没有这个规定，注破经的情况很多；而宋以后的经注，例如有名的朱熹《四书章句集注》，便有很多发挥的地方，借此建立了他自己的思想体系。东汉以后，由经书注疏发展而为各种书籍的注疏，内容越来越丰富。例如《文选》的李善注、五臣注，《史记》的三家注等，特别是郦道元的《水经注》，大大扩展了注的范围，这些都为后来的评注提供了丰富的养料。但直到唐代，这些注基本上是就内容的阐发和对事实的考证，还很少涉及文学的欣赏和文章作法的技巧。南宋后重视文章作法，评点才开始更像评点。

第二个源头是诗话、文话等对文学和文章的赏析。刘勰《文心雕龙》、钟嵘《诗品》都涉及对作家、作品的评价和欣赏；王昌龄《诗格》、皎然《诗式》等每谈一种"势""格"，都要举具体诗句为例；欧阳修《六一诗话》等更开始有对具体诗人风格和具体诗句的赏析。但这类著作都是脱离诗、文作品独立存在的，诗是诗，话是话。例如《诗品》《诗式》里没有引过一首完整的诗，所引诗句只是反过来作为其论述的注脚。它们不是评点之作，但为评点提供了内容之源和言论自由之源，因为文学赏析毕竟不像经书传注,可以放开手脚,大胆发表观点。

第三个源头是教学的需要。纵观中国历史,有三个传统在世界上非常突出,一是史学传统,三千年的历史记载从未中断;二是经学传统,自周初迄清末三千年间亦未中断;三是教育传统,从周初的国子学算起,也是三千年未曾中断,特别是孔子之后,典籍的传承甚至有师承的脉络可查。唐代书院兴起,至宋而形成高潮,南宋书院发展达到巅峰,更成了评点产生的催化剂。教育需要教师,教师需要教材。教材开始以文选的形式出现,随着教学的深入,文选编者会加上自己的见解,或总述,或分述,或即字即句随处发表意见,评点之作由此正式产生。

(二) 产生

所谓"评点之作",有两个特点。一是评点必须与原作浑然一体,评点是寄生于完整的原作的。诗话可以没有完整的原作,原作也可以没有评点,而评点之作必须两者并存。没有原作,评点不可能独立存在;而没有评点,作品(特别是选集)的意义也大为降低。二是通常有"评"有"点"。评又叫批,是文学批评,但在评点作品里它的形式繁多,有总评、分评、尾评、眉批、旁批、夹行批等;点更为评点文学所专用,指用各种符号进行圈点。《尔雅·释器》:"灭谓之点。"郭璞注:"以笔灭字为点。"在唐代以前,点一直指用笔把文字涂抹掉,而到宋代才产生以涂抹提示文章要点之意,其形式,有各种颜色的点、圈、线条等。其实评点的产生,当以点的使用为标志。而点的使用可追溯到朱熹和吕祖谦。朱熹《朱子语类》说:"某二十年前得《上蔡语录》观之,初用银朱画出合处;及再观则不同矣,乃用粉笔;三观则又用墨笔。数过之后,全与元看时不同。"并说吕祖谦"于六经三传皆通,亲手点注,并用小圈点。注所不足者,并将疏楷书,用朱点。无点画草"。这二位都是办书院的大家,深知读书作文教材教法的重要。吕祖谦于这方面贡献尤多,他的《古文关键》《东莱博议》等都是评点名作。尤其是前者,可说开后世评点文之先河。书前有一大段"读古文法",这是个总纲,是后来金圣叹《读第五才子书法》等的榜样。正文则每篇文章有总批,有旁批,还有涂抹。如他选韩愈《师说》一文,于"古之学者必有师。师者,所以传道受业解惑也"及"是故弟子不必不如师,师不必贤于弟子,闻道有先后,术业有专攻,如是而已"旁边都有黑线勾抹。吕祖谦之后,真德秀(1178—1235)的《文章正宗》、谢枋得的《文章轨范》等,都是重要的评点之作,而以刘辰翁(1232—1297)为评点文学创始期的集大成者。据今人孙琴安《中国评点文学史》一书统计,刘辰翁的评点著作多达十七八种,名称有"评""批评""参评""批点""校点""笺注""校正"等,而有两部书的名称叫"评点":《笺注评点李长吉歌诗》和《须溪先生评点简斋诗集》。我们把从吕祖谦到刘辰翁这一百年看作是评点之作的产生期。

(三) 成熟

元代以后,这种诗文评点不绝如缕,如元代方回的《瀛奎律髓》,一般说它是诗选集,其实也是一部评点之作。这部书的特点是在点之外发明了圈,而评则很简短,好像是为圈点作注释。如李商隐《马嵬》:"海外徒闻更九州,他生未卜此生休。空闻虎旅传宵柝,无复鸡人报晓筹。此日六军同驻马,当时七夕笑牵牛。如何四纪为天子,不及卢家有莫愁?"全诗八句,除一、二句外都加了点,"虎旅、鸡人、驻马、牵牛"八个字旁又加了圈,而评语则云:"六军、七夕,驻马、牵牛,巧甚。善能斗凑,昆体也。"明代茅坤的《唐宋八大家文钞》也是如此,他不但点、圈同时用,旁划线还有单线、双线之别,点有小圈(在每字侧)、大圈(圈住整个字),还要加上前批、旁批、尾批。由于上述作家的评点对象主要是诗文,这类评论就淹没在浩如烟海的诗文集、诗文评里了。直到戏曲、小说进入评点者的视野,评点才真正引起人们的重视,以至于今天我们讲评点,首先想到的便是戏曲与小说。

第一位对戏曲、小说进行评点的学者是明代的李贽。他评点过正统作品,如"四书"和《史记》《汉书》等,也评点过小说和戏曲。他评点过的小说有《水浒传》《三国演义》《西游记》《残唐五代史演义》等,戏曲有《西厢记》《玉合记》《红拂记》《幽闺记》《浣纱记》《荆钗记》《琵琶记》等,数量很多。有人怀疑其中有的不是他所作,只是因为他名气响,胆子大,敢言人之不敢言,甚至敢评不登大雅之堂的戏曲和小说,尤其是被道学家认为"诲淫诲盗"的《西厢记》和《水浒传》,大发惊世骇俗之论,如"第一当意黑旋风李逵,谓为梁山泊第一尊活佛"等。李贽在评点史上的功绩,一是提高了戏曲、小说的地位,扩大了戏曲、小说的影响;二是使评点之学走向成熟。在他之后,评点实际上沿着两条路在走,一条是传统的作为教材的诗文评点,一条是戏曲、小说的评点,后者的影响大大超过了前者。

二、诗文评点

鲁迅说:"选本所显示的,往往并非作者的特色,倒是选者的眼光。"而选者的眼光是通过选择和评点表现出来的。自南宋理学家采用"以选代作"的方法建立自己的思想体系之后,历代诗文选本都是如此。而自吕祖谦等发明点读法之后,评点更是成为编选诗文集的不二法门。发展到后来,不仅选集有评点,后人整理的前人全集也有评点,甚至可说"无书不评点"。清代以后的重要诗文选集,都是评点之作。诗如沈德潜《唐诗别裁集》,词如朱彝尊《词综》、张惠言《词选》,文如姚鼐《古文辞类纂》,都是如此,不必多谈。

从选文的目的主要是作初学"教本""学本"的角度出发,一些通俗性质的诗文评点本倒是值得介绍一下。除了人们熟知的《古文观止》《唐诗三百首》都是评点之作外,还有两本值得一提。一本是许梿评选、黎经诰笺注的《六朝文絜笺注》。许梿的原选本成书于1825年,只有点没有评,他用了点和圈两种标号。如鲍照《登大雷岸与妹书》,他在"东顾五洲之隔,西眺九派之分;窥地门之绝景,望天际之孤云"等句子旁用了点,在"传明散彩,赫似绛天。左右青霭,表里紫霄。从岭而上,气尽金光;半山以下,纯为黛色"等句子旁则加了圈。但没有说明点和圈的区别。黎经诰的笺注成书于1888年,一是用双行夹注法对文中词语进行了注释,二是用眉批法进行了评点,包括结构分析和文中妙处的点明。例如上引"东顾"两句,他评说"总挈有法";对"传明"几句,他更大加赞叹:"烟云变灭,尽态极妍。即使李思训数月之功,亦恐画所难到。"这种评点对初学者领会和欣赏作品无疑是极有用的。

另一本是清代李扶九选编、黄仁黼纂定的《古文笔法百篇》,书成于光绪七年(1881)。上书专门针对骈文,而此书专门针对古文。此书有几处不同于以往评点:第一,篇目不以时代或人物为序,而以"笔法"为序,全书收文100篇,分成20卷,即20种"笔法":对偶,就题字生情,一字立骨,波澜纵横,曲折翻驳,起笔不平,小中见大,无中生有,借影,写照,进步,虚托,巧避,旷达,感慨,雄伟,奇异,华丽,正大,论文。可见编者的考虑是读写合一的,不仅希望指导读者的"读",而且希望有益于学习者的"写"。第二,书前有"凡例六则""增补凡例八则""论读古文法二则""论化古文为时文四则"等,为初学者着想,唯恐不周。第三,评的形式在眉批、尾批之外,还增加"顶批",即在眉批之上再加一栏,这在以往很少见;黄仁黼则在尾批之后,再写一段"书后",批评之详,亦胜以往。第四,点的符号也相当复杂,如用"△"提示顶批,用"√"表示分段分层次,用点表"文章筋节处",用圆点表句读,用双圆点表"精紧处"等。评点可说是在别集、总集外的第三类文体,文、评合一,相得益彰,缺一不可。现在出版这类作品,应尽量保持原样,才能体现其价值。

三、小说、戏曲评点举隅

小说、戏曲评点始于李贽,其后的重要评家和评作,有金圣叹评点《水浒传》《西厢记》,毛纶、毛宗岗父子评点《三国演义》《琵琶记》,张竹坡评点《金瓶梅》,冯镇峦评点《聊斋志异》,卧闲草堂评点《儒林外史》,蔡元放评点《东周列国志》,西岷山樵评点《野叟曝言》,脂砚斋评点《石头记》,王希廉评点《红楼梦》,吴舒凫评点《长生殿》,吴吴山三妇合评《牡丹亭》,云亭山人(即孔尚任自己)评点《桃花扇》,等等。其中有两部比较特殊。一是脂砚斋评点《石头记》,一是云亭山人点评《桃花扇》。一般评点都是评点他人已成之作,而脂评却是与作者写书同时进行,云评更是作者自作自评,可说是开辟了评点新形式。这些评点各有千秋,限于篇幅,这里只讨论三部书的评点:《水浒传》《牡丹亭》和《石头记》(《红楼梦》)。

(一)《水浒传》

《水浒传》的最重要评点者有李贽和金圣叹,李贽有开创之功,但金圣叹的影响更大,评点《水浒传》更是他的成名之作。金圣叹的评点有几个特点。第一,一般的评点书有自序、他序,李贽有个"述语",但都没有"读法"。金圣叹是继吕祖谦之后四百多年间,第一个在书前写"读××书法"的,可说开创了评点的一个新传统,以后的评书者几乎无不遵此惯例。第二,他创造了"细批法",有总批、回批、分节批、双行夹批、字评、点法、圈法等,涉及内容、句法、章法、用词等,密密麻麻,使后人几乎难再下手,成了评点的教科书。第三,他创造了系统性的评点用语,如《读第五才子书法》总结出《水浒传》的"文法"就有"倒叙法、夹叙法、草蛇灰线法、大落墨法、绵针泥刺法、背面铺粉法、弄引法、獭尾法、正犯法、略犯法、极不省法、极省法、欲合故纵法、横云断山法、鸾胶续弦法"等15种,常为后人所引用。第四,他创造了没有后人敢效法的"删改法"。评点是评他人之书,古往今来的评点从没有删改前人原作的,但金圣叹就删改了。《水浒传》一书原来有100回本、120回本,金圣叹删剩71回,并把原第一回称为"楔子",成70回本。"金圣叹腰斩《水浒》"已成了小说史上有名的公案。这还不算,在70回的正文里他也大量删节。最明显的是删掉了对故事情节开展影响不大的描写性文字。本来,自唐代传奇以来,夹诗夹文就成为中国古代小说一大特色,长篇小说也是如此。典型的如《西游记》,书中唐僧师徒每到一处,总有大段骈四俪六的风景描写;每次与妖怪交战,也有一大段词曲般的战况描写。《三国演义》《东周列国志》等,则经常引诗为证,动不动来个"后人有诗叹曰……"。这似乎成了小说作者卖弄诗文能力的惯技。《水浒传》本亦如此,但在金圣叹的70回本里,这些都被删得干干净净。我们只有将之与他之前的如李贽的评点本相比才会发现。仅以"张天师祈禳瘟疫 洪太尉误走妖魔"一回(李贽本的第一回,金圣叹本的"楔子")为例,"天子驾坐紫宸殿,受百官朝贺"之后,李本有"祥云迷凤阁,瑞气罩龙楼。含烟御柳拂旌旗,带露宫花迎剑戟……"一段四六文字;洪太尉"取路径投信州贵溪县来"之后,李本有"遥山叠翠,远水澄清。奇花绽锦绣铺林,嫩柳舞金丝拂地……"一段四六文字;到了上清宫,又有"青松屈曲,翠柏阴森。门悬敕额金书,户列灵符玉篆……"一段骈文;到了龙虎山半山,更有"根盘地角,顶接天心。远观磨断乱云痕,近看平吞明月魄……"一段极力铺陈的描写文字,李贽忍不住浓圈密点;之后遇到大虫,接了一首七言古风诗"毛披一带黄金色,爪露银钩十八只……";遇到大蛇,插入一段"昂首惊飙起,掣目电光生……"的描写;道童出现,先是一段衣着描写:"头绾两枚丫髻,身穿一领青

第五才子書水滸傳卷之一

聖嘆外書

序一

日本　成島柳北　閲
　　　伊達邦成
　　　土生柳平　校

原夫書契之作昔者聖人所以同民心而出治道也其端肇於結繩而其盛敷而為六經其秉簡載筆者則皆在聖人之位而又有其德者也在聖人之位則有其權有其德則知其故有其權而知其故則得作而作也是故易者導之使為善也則知其故有其權而知其故則不得不作而作也是故書者縱以盡天運之變詩者衡以會人情之通也故易之為書圓而禮方書久而詩大又曰易之為書也故可樂詩之為書也故可畏詩可畏也故詩為廟外之几筵詩可樂也故易為會人之明堂而禮之為書止也者防之不為惡也書者禁之不為非也禮之為書也有易有書而可以無詩者則不復為詩也有易有詩而可以無書者則不復為書也有書有詩而可以無禮也者則不復為禮也有聖人之德無聖人之位故而不可以或廢也有聖人之位無聖人之德一故而不可以或作也或作或廢聖人之權與書與詩與禮各有其故而不敢已於仲尼也仲尼無聖人之位而有聖人之德則知其故知其故則知易與書與詩與禮不可以作而人不得而議其罪也無聖人之位而又欲作易作書作詩作禮咸得奮筆而遂為之而人不得而議其罪也仲尼必曰知我者其惟春秋乎罪我者其惟春秋乎斯其故何哉知我者其惟春秋者春秋一書以天自處學易以事繁日學書羅

和刻本《第五才子書水滸傳》

衣……",又引吕洞宾的《牧童》绝句;等打开伏魔殿内一扇殿门时,金本是"黑洞洞不见一物",李本却有但见"昏昏默默,杳杳冥冥……"一段描写;最后扛起石板露出地穴,"刮剌剌一声响亮"之后,李本又有恰似"天摧地塌,岳撼山崩……"一大段描写。总计 10 处骈文式描写,但金圣叹将之删得一点不剩。这对诗文爱好者来说意味着失去了一次次欣赏机会,但好处是故事更加紧凑,因为这些诗文毕竟与情节发展关系不太大。这对中国小说的发展肯定有影响,以后小说引诗引文的少了许多,而真有需要的,如《红楼梦》《镜花缘》,诗文都成了故事情节的有机组成部分。(按:金圣叹《读第五才子书法》说"此本虽不曾增减一字",也许他看到的就已是删后本。据他的前辈胡应麟的《少室山房笔丛》卷四十一:"余二十年前所见《水浒传》本,尚极足寻味。十数载来,为闽中坊贾刊落,止录事实,中间游词余韵,神情寄寓处,一概删之,遂几不堪覆瓿。复数十年,无原本印证,此书将永废。"则删诗文的也可能是"闽中坊贾"而不是金圣叹。)

(二)《牡丹亭》

戏曲的评点热门是王实甫的《西厢记》,徐渭、李贽和金圣叹等多家都有评点,李贽和金圣叹的更著名,情况与他们评《水浒传》相似,这里从略,谈另外一本有特色的书,就是《吴吴山三妇合评牡丹亭》。《牡丹亭》问世后,当时就有不少评点之作,如茅坤之孙茅元仪(1594—1640)、茅暎的评点本,王思任的评点本,甚至还有潇碧堂(袁宏道)的评点本。但最有名的是清代康熙年间的"三妇合评"本。该书的特色有二。第一,它是史上少见的女性群体作品,评点者陈同、谈则、钱宜三人是女子,序者林以宁是女子,作跋者冯娴、李淑、顾姒、洪之则(洪昇之女)四人均为女子,可谓集女性文评家之大成。《牡丹亭》的一大特色是全剧 55 出,除第一出外,每出的下场诗均为"集唐诗",最后一出还有两首,加上宾白中插入的,一共 70 首集唐诗。这本是汤显祖卖弄才学之处,而十六七岁的陈同和谈则竟能一一考出其来源,钱宜还能订正其误,可见当时闺阁女子的才情。第二,名为三妇,实是四人先后的合作,上卷的评点者为陈、钱,下卷的评点者为谈、钱,均为眉批,而吴吴山则作旁批,可能兼事圈点,并作序与长跋。这种合作也是评点史上不多的。据学者刘辉《论吴舒凫》考证,吴吴山名逸,别名吴人,字舒凫,号吴山,生于1657年,是清初著名的词人、戏曲家、评点家。他与戏剧家洪昇同岁,为洪昇评点过其剧作《长生殿》《闹高唐》《孝节坊》等。"三妇"是他前后三位妻子:未婚妻陈同,将嫁而殁;妻子谈则,结缡两年而亡;十三年后复因母命娶妻钱宜。陈同有遗稿《牡丹亭》上卷的评点,谈则读后仿其意继成《牡丹亭》下卷评点,"秒芒微会,若出一手",并抄写成帙。钱宜读二人评,"怡然解会",又作参评。三妇互未谋面,因评《牡丹亭》而结缘,心心相印,先后如一,历时20年终于刻成此书。书成,吴吴山与钱宜竟然同时梦见杜丽娘,颇具小说色彩,同时也成就了此书的一段佳话。本书评点出自女性视角,细腻处尤堪玩味,别具光彩。如第一出第一首曲子《蝶恋花》:"忙处抛人闲处住。百计思量,没个为欢处。白日消磨肠断句,世间只有情难诉。玉茗堂前朝复暮。红烛迎人,俊得江山助。但是相思莫相负,牡丹亭上三生路。"实际是全书总述。陈同在"百计思量,没个为欢处"旁加了点,眉批曰:"闲中日月,惟以思量作消遣耳。"在"世间只有情难诉"旁却特别加了圈,又在"但是相思莫相负"旁加了点,眉批曰:"情不独儿女也,惟儿女之情最难告人,故千古忘情人必于此出看破。然看破而至于相负,则又不及情矣。"钱宜在眉批旁续批道:"儿女、英雄,同一情也。项羽帐中之饮,两唤'奈何',真是难诉处。"均是女性口吻。吴吴山对此无评,却在接下去的《汉宫春》"生丽娘小姐,爱踏春阳。感梦书生折柳,竟为情伤"句旁加点,并作旁批"有女怀春,吉士诱之",就有点煞风景了。

(三)《石头记》(《红楼梦》)

《石头记》与《红楼梦》实为一书,但《红楼梦》是高鹗、程伟元出版的120回本的定名,在此之前的80回本,书名为《石头记》。因此《红楼梦》的评点也有两个系列,以脂砚斋为代表的评点者评的是《石头记》,只有前80回;从王希廉开始的评点者评的是《红楼梦》,即120回本。评《红楼梦》者除了人数众多、见解各异之外,由于是对成书之评,因此也无太大特色。值得关注的是评《石头记》,一般称"脂评"。鲁迅说:"总之自有《红楼梦》出来以后,传统的思想和写法都打破了。"其实自脂评出来,历来的评点也都打破了。如果说在此之前,评点界最有影响的是金圣叹;则在此之后,最有影响的评点非脂评莫属。脂评打破传统在于两点。第一,以往的评点都是在全书完成以后,本节开头列举的十几部书均是。不但作者、评者异代的如此,同代的,如孔尚任自作自评《桃花扇》,吴舒凫评《长生殿》,大约也是如此。只有脂评与《石头记》的写作几乎是同步的。脂评残留八种本子,最重要的是甲戌本、己卯本、庚辰本三种,即三个评点年(分别是1754、1759和1760年)。而从甲戌本脂评"壬午除夕,书未成,芹为泪尽而逝"看,甲戌(1754)可能只是起评年,一直延续到壬午除夕(1763年初)甚至更后,可说如果作者写了十年(脂评有"十年辛苦不寻常"之句),那么他竟然评了十年!第二,评点者不仅进行了评点,而且参与了写作。这也是前所未有的。古代经籍注疏"注不破经,疏不破注",后代评点虽不至此,但除金圣叹外一般没有人敢动原文,而脂砚斋在评点过程中居然能对作者"下命令",如甲戌本脂批:"秦可卿淫丧天香楼,作者用史笔也。老朽因有魂托凤姐贾家后事二件,的是安富尊荣坐享人不能想得到处。其事虽未行,其言其意则令人悲切感服,姑赦之,因命芹溪删去。"而我们在现在的《红楼梦》各种版本里也真的看不到"秦可卿淫丧天香楼"的情节,倒是文中在听到秦可卿去世消息,合家皆知,"无不纳罕,都有些疑心"有旁批"九个字写尽天香楼事,是不写之写",而上有眉批"可从此批"。可见评点确实起了作用。

除这两点以外,脂评在小说史上还有个重要意义。以往的长篇小说,大多有所本,或是旧有话本,或是历史故事,即使是《金瓶梅》,也只是沿着《水浒传》里的故事往下写。明末清初那些才子佳人小说,大多胡编乱造,为《红楼梦》作者所不齿,指其"在作者不过要写出自己的两首情诗艳赋来,故假捏出男女二人名姓,又必旁添一小人拨乱其间,如戏中小丑一般"。《红楼梦》凭空出世,写成那么一部大书,背后究竟有什么隐情?难免会引起人们猜测。与写作过程几乎共始终的脂评实在是最好的依据。而脂评本身又扑朔迷离,首先,脂砚斋是一个人还是一个统称?在脂评中参与评点的名字有10个:脂砚斋、畸笏叟、棠村、梅溪、松斋、立松轩、玉蓝坡、绮园、左绵痴道人、鉴堂。这里到底有几个人?其次,脂砚斋是男是女?是作者的长辈还是同辈?是亲属还是朋友?为什么对作者、对小说情节、对书中所涉事件背景如此熟悉?如第13回秦可卿死,王熙凤来协理宁国府,首先想起五件事,脂砚斋有眉批道:"读五件事未完,余不禁失声大哭,三十年前作书人在何处耶?"眉批未足,又作旁批道:"旧族后辈受此五病者颇多,余家更甚。三十年前事,见书于三十年后,令余悲恸,血泪盈面。"透露出书中写的是实事,且作者、评者都牵涉其间,这便引起人们对故事背景的无限遐想。

脂评虽作于清代,但多数发现是在民国期间,种种猜想,促成了"红学""曹学"乃至"秦学"的产生。而在清代,最热的还是"红学",甚至在士大夫中有"开谈不说《红楼梦》,读尽诗书也枉然"之说。程伟元、高鹗120回本《红楼梦》于乾隆五十六年(1791)问世后,迅即产生了两个现象。一是评本纷出。嘉庆、道光间就有图赞本,后来出现了圈点夹评本,但未署名。冯其庸编校《八家评批红楼梦》收了道光至清末民初红评八家:王希廉(雪香)的《新评绣像红楼梦全传》,太平闲人张新之的《妙复轩评石头记》,王希廉、姚燮的《增评补图石头记》,王希廉、张新之、姚燮的《增评补像全图金玉缘》,二知道人蔡家琬的《红楼梦说梦》,诸联的《红楼梦评》,涂瀛的《红楼梦论赞》,解盦居士的《石头臆说》,洪秋蕃的《红楼梦抉隐》。数量之多,为历来小说之冠。二是续书众多。古代长篇小说原喜续篇,《三国演义》《西游记》《水浒传》《金瓶梅》《镜花缘》《英烈传》《说唐》《三侠五义》等均有续书,甚至一续再续。但续书之多,恐亦无过《红楼梦》者。《红楼梦》最早的续书其实应该就是高鹗补写的后四十回,此事现在尚有争论。在120回本出来后,第一部续书是成于嘉庆元年(1796)的逍遥子的《后红楼梦》。其后嘉庆年间有抱瓮轩的《续红楼梦》、陈少海的《红楼复梦》、临鹤山人的《红楼圆梦》,道光以后则有归锄子的《红楼梦补》、娜嬛山樵的《补红楼梦》、海圃主人的《续红楼梦新编》、张曜孙的《续红楼梦未竟稿》、云槎外史的《红楼梦影》、兰皋主人《绮楼重梦》、花月痴人的《红楼幻梦》、郭则沄的《红楼真梦》、吴沃尧的《新石头记》等,不一而足。总体来说,这些续书的质量都远不如原作甚至高鹗的续作,但可从一个侧面反映出《红楼梦》之热。道光以后,还出现了《红楼梦》的仿书热,如《青楼梦》《花月痕》《绘芳录》等,据《红楼梦学刊》1997年第3辑,共有29种。这种"红楼梦现象"恐怕是中国小说界提供给世界文学的一个有意义的课题。

附：

古籍书目五百种

说明：列在这里的500余种古籍书目有两个目的，一是作为本书的引用和参考书目。书目的编排完全依照本书的行文次序，分为九部分，因为集部书太多，所以将别集和总集分开。与书中多讲源流不同，这里多采用20世纪50年代以来的出版物，以便于查找，而且可与书中所论对勘阅读。二是作为中国传统文化的一份推荐书目。20世纪20年代，学界曾有一场关于"最低限度国学书目"的讨论，胡适、梁启超分别推出了他们的书目。胡有184种，梁有133种。但他们的书目是在打破传统分类法的基础上进行的。2019年，在《中籍英译通论》首章，我在"三原"主张（回到原构、厘清源流、精读原典）的基础上按照四部体系，列出了一份包括260多种书的新书目。本书目是在此基础上的扩展。经过了正文的论述,可说更具了合理性。

【一】经部

1. 《十三经注疏》,(清)阮元编,北京:中华书局,1980年。
2. 《周易正义》,(魏)王弼、韩康伯注,(唐)孔颖达等正义,载《十三经注疏》,北京:中华书局,1980年。
3. 《周易本义》,(南宋)朱熹注,北京:中国书店,1987年。
4. 《尚书正义》,(汉)孔安国传,(唐)孔颖达等正义,载《十三经注疏》,北京:中华书局,1980年。
5. 《尚书今古文注疏》,(清)孙星衍撰,(今)陈抗、盛冬铃点校,北京:中华书局,1986年。
6. 《朱文公订正门人蔡九峰书集传》,(南宋)蔡沈撰,北京:北京图书馆出版社,2003年。
7. 《毛诗正义》,(汉)毛亨传,(东汉)郑玄笺,(唐)孔颖达等正义,载《十三经注疏》,北京:中华书局,1980年。
8. 《诗集传》,(南宋)朱熹撰,上海:广益书局,1945年。
9. 《诗经原始》,(清)方玉润撰,(今)李先耕点校,北京:中华书局,1986年。
10. 《诗三家义集疏》,(清)王先谦撰,北京:中华书局,1987年。
11. 《周礼注疏》,(东汉)郑玄注,(唐)贾公彦疏,载《十三经注疏》,北京:中华书局,1980年。
12. 《仪礼注疏》,(东汉)郑玄注,(唐)贾公彦疏,载《十三经注疏》,北京:中华书局,1980年。
13. 《礼记正义》,(战国)七十子撰,(汉)戴圣编,(东汉)郑玄注,(唐)孔颖达等正义,载《十三经注疏》,北京:中华书局,1980年。
14. 《大戴礼记解诂》,(战国)七十子撰,(汉)戴德编,(清)王聘珍撰,北京:中华书局,1983年。

15.《乐记》,载《礼记》,(今)吉联抗译注,北京:音乐出版社,1958年。

16.《春秋左传正义》,(春秋)孔丘撰,(春秋)左丘明传,(晋)杜预注,(唐)孔颖达等正义,载《十三经注疏》,北京:中华书局,1980年。

17.《春秋左传注》,(春秋)孔丘撰,(春秋)左丘明传,(今)杨伯峻编注,北京:中华书局,1981年。

18.《春秋公羊传注疏》,(春秋)孔丘撰,(战国)公羊高传,(东汉)何休注,(唐)徐彦疏,载《十三经注疏》,北京:中华书局,1980年。

19.《春秋谷梁传注疏》,(春秋)孔丘撰,(战国)谷梁赤传,(东晋)范宁注,(唐)杨士勋疏,载《十三经注疏》,北京:中华书局,1980年。

20.《论语注疏》,(春秋)孔丘撰,(魏)何晏集解,(北宋)邢昺疏,载《十三经注疏》,北京:中华书局,1980年。

21.《论语译注》,(春秋)孔丘撰,(今)杨伯峻译注,北京:中华书局,1963年。

22.《孝经注疏》,(春秋-战国)曾参撰,(唐)李隆基注,(北宋)邢昺疏,载《十三经注疏》,北京:中华书局,1980年。

23.《孟子注疏》,(战国)孟轲撰,(东汉)赵岐注,(北宋)孙奭疏,载《十三经注疏》,北京:中华书局,1980年。

24.《孟子译注》,(战国)孟轲撰,(今)杨伯峻译注,北京:中华书局,1980年。

25.《四书章句集注》,(南宋)朱熹撰,北京:中华书局,2011年。

【二】小学

26.《尔雅注疏》,(晋)郭璞注,(北宋)邢昺疏,载《十三经注疏》,北京:中华书局,1980年。

27.《尔雅义疏》,(晋)郭璞注,(清)郝懿行义疏,北京:中国书店,1982年。

28.《小尔雅》,(秦-汉)孔鲋撰,载《孔丛子》,上海:上海古籍出版社,1983年。

29.《广雅疏证》,(魏)张揖撰,(清)王念孙疏证,上海:上海古籍出版社,1983年。

30.《方言笺疏》,(汉)扬雄撰,(晋)郭璞注,(清)钱绎笺疏,上海:上海古籍出版社,1984年。

31.《说文解字》,(东汉)许慎著,(北宋)徐铉校定,北京:中华书局,1963年。

32.《说文解字注》,(东汉)许慎著,(清)段玉裁注,上海:上海古籍出版社,1981年。

33.《说文解字义证》,(东汉)许慎著,(清)桂馥义证,上海:上海古籍出版社,1987年。

34.《说文通训定声》,(东汉)许慎著,(清)朱骏声撰,武汉:武汉市古籍书店,1983年。

35.《说文句读》,(东汉)许慎著,(清)王筠句读,上海:上海古籍出版社,1983年。

36.《说文释例》,(清)王筠著,武汉:武汉市古籍书店,1983年。

37.《宋本玉篇》,(南朝梁)顾野王著,(唐)孙强增字,北京:中国书店,1983年。

38.《字汇》,(明)梅膺祚编,上海:上海辞书出版社,1991年。

39.《康熙字典》,(清)张玉书等编,上海:上海书店,1985年。

附:古籍书目五百种 377

40.《释名疏证补》,(汉)刘熙著,(清)毕沅疏证,(清)王先谦补,上海:上海古籍出版社,1984年。

41.《宋本广韵》,(北宋)陈彭年等编,北京:中国书店,1982年。

42.《集韵》,(北宋)丁度等撰,上海:上海古籍出版社,1985年。

43.《经典释文》,(陈-隋-唐)陆德明撰,济南:山东友谊书社,1991年。

44.《群经音辨》,(北宋)贾昌朝撰,上海:商务印书馆,1939年。

45.《经籍纂诂》,(清)阮元编,成都:成都古籍书店,1982年。

46.《助语辞》,(元)卢以纬撰,(今)刘长桂、郑涛点校,合肥:黄山书社,1985年。

47.《经传释词》,(清)王引之撰,(现代)黄侃、杨树达批,长沙:岳麓书社,1984年。

【三】史部

48.《二十五史》,上海:上海古籍出版社、上海书店,1986年。

49.《史记》,(汉)司马迁著,(南朝宋)裴骃集解,(唐)司马贞索隐,(唐)张守节正义,北京:中华书局,1982年。

50.《汉书》,(东汉)班固著,(唐)颜师古注,北京:中华书局,1962年。

51.《隋书》,(唐)魏徵等编,载《二十五史》,上海:上海古籍出版社、上海书店,1986年。

52.《竹书纪年》,(南朝宋)沈约注,(清)洪颐煊校,上海:商务印书馆,1937年。

53.《竹书纪年统笺》,(清)徐文靖撰,载《二十二子》,上海:上海古籍出版社,1988年。

54.《国语集解》,(春秋)左丘明撰,(今)徐元诰集解,北京:中华书局,2002年。

55. 《战国策》,(汉)刘向编,(东汉)高诱注,上海:商务印书馆,1937年。

56. 《东观汉记校注》,(东汉)刘珍等著,(今)吴树平校注,北京:中华书局,2008年。

57. 《贞观政要》,(唐)吴兢撰,(元)戈直集论,北京:中华书局,2019年。

58. 《东京梦华录笺注》,(宋)孟元老撰,(今)伊永文笺注,北京:中华书局,2016年。

59. 《武林旧事附〈增补武林旧事〉》,(南宋)周密撰,(明)朱廷焕增补,(今)谢永芳注评,郑州:中州古籍出版社,2019年。

60. 《越绝书校释》,(战国)袁康、吴平撰,(今)李步嘉校释,武汉:武汉大学出版社,1992年。

61. 《华阳国志》,(晋)常璩撰,济南:齐鲁书社,2010年。

62. 《列女传》,(汉)刘向撰,台北:广文书局,1979年。

63. 《高僧传》,(南朝梁)释慧皎著,(今)汤用彤校注,北京:中华书局,1992年。

64. 《明儒学案》,(清)黄宗羲撰,北京:中国书店,1990年。

65. 《宋元学案》,(清)黄宗羲撰,(清)全祖望补修,(今)陈金生、梁运华点校,北京:中华书局,1986年。

66. 《国朝汉学师承记》,(清)江藩著,(今)钟哲整理,北京:中华书局,1983年。

67. 《资治通鉴》,(北宋)司马光著,(元)胡三省音注,上海:上海古籍出版社,1987年。

68. 《通鉴纪事本末》,(南宋)袁枢撰,上海:上海古籍出版社,1994年。

附:古籍书目五百种

69. 《资治通鉴纲目》,(南宋)朱熹、赵师渊编撰,(今)李孝国等注解,北京:中国书店,2021年。

70. 《史通通释》,(唐)刘知几著,(清)浦起龙通释,(今)王煦华整理,上海:上海古籍出版社,2009年。

71. 《文史通义校注》,(清)章学诚著,(今)叶瑛校注,北京:中华书局,1985年。

72. 《东莱博议》,(南宋)吕祖谦撰,北京:中国书店,1986年。

73. 《读通鉴论》,(清)王夫之撰,北京:中华书局,2013年。

74. 《廿二史考异》,(清)钱大昕撰,北京:商务印书馆,1958年。

75. 《十七史商榷》,(清)王鸣盛撰,北京:中国书店,1987年。

76. 《廿二史札记》,(清)赵翼撰,北京:商务印书馆,1958年。

【四】书志

77. 《通典》,(唐)杜佑撰,北京:中华书局,1984年。

78. 《通志》,(南宋)郑樵撰,北京:中华书局,1987年。

79. 《文献通考》,(元)马端临撰,北京:中华书局,1986年。

80. 《元和姓纂》,(唐)林宝撰,(今)岑仲勉校记,北京:中华书局,1994年。

81. 《唐会要》,(北宋)王溥撰,北京:中华书局,1960年。

82. 《大唐开元礼》,(唐)徐坚、萧嵩等编,东京:汲古书院,1972年。

83. 《辑校万历起居注》,(今)南炳文、吴彦玲辑校,天津:天津古籍出版社,2010年。

84. 《荒政丛书》,(清)俞森辑,北京:中国书店,2018年。

85. 《陆宣公奏议注》,(唐)陆贽撰,(南宋)郎晔注,北京:中华书局,1991年。

86. 《唐六典》,(唐)李林甫等撰,(今)陈仲夫点校,北京:中华书局,1992年。

87. 《唐律疏议》,(唐)长孙无忌等撰,(今)刘俊文点校,北京:中华书局,1983年。

88. 《历代职官表》,(清)黄本骥编,北京:中华书局,1965年。

89. 《七史选举志校注》,(今)赵伯陶校注,武汉:武汉大学出版社,2015年。

90. 《禹贡集解》,(现代)尹世积著,上海:商务印书馆,1941年。

91. 《山海经》,(晋)郭璞传,(清)毕沅校,载《二十二子》,上海:上海古籍出版社,1988年。

92. 《山海经笺疏》,(清)郝懿行笺疏,北京:中国书店,1991年。

93. 《汉书地理志汇释》,(今)周振鹤编著,合肥:安徽教育出版社,2006年。

94. 《元和郡县图志》,(唐)李吉甫撰,(今)贺次君点校,北京:中华书局,1983年。

95. 《宋本太平寰宇记》,(北宋)乐史撰,北京:中华书局,2000年。

96. 《大明一统志》,(明)李贤等撰,西安:三秦出版社,1990年。

97. 《禹贡山川地理图》,(南宋)程大昌撰,上海:商务印书馆,1936年。

98. 《风俗通义校注》,(东汉)应劭撰,(今)王利器校注,北京:中华书局,1981年。

99. 《荆楚岁时记》,(南朝梁)宗懔撰,(隋)杜公瞻注,(今)姜彦稚辑校,北京:中华书局,2018年。

100. 《吴郡志》,(南宋)范成大撰,(今)陆振岳校点,南京:江苏古籍出版社,1986年。

101. 《法显传》,(东晋)法显撰,北京:文学古籍刊行社,1955年。

102. 《大唐西域记》,(唐)玄奘撰,(今)章巽校点,上海:上海人民出版社,1977年。

103. 《三吴水利录》,(明)归有光撰,上海:商务印书馆,1936年。

104. 《读史方舆纪要》,(清)顾祖禹撰,(今)贺次君、施和金点校,北京:中华书局,2005年。

105. 《水经注》,(北魏)郦道元撰,(今)陈桥驿点校,上海:上海古籍出版社,1990年。

106. 《庐山记》,(北宋)陈舜俞撰,上海:商务印书馆,1939年。

107. 《洛阳伽蓝记》,(北魏)杨衒之撰,北京:中国书店,2019年。

108. 《洛阳名园记》,(北宋)李格非撰,北京:文学古籍刊行社,1955年。

109. 《徐霞客游记》,(明)徐弘祖撰,(今)褚绍唐等整理,上海:上海古籍出版社,1982年。

110. 《汉书·艺文志》,(东汉)班固著,载《汉书》,北京:中华书局,1962年。

111. 《七录辑证》,(今)任莉莉著,上海:上海古籍出版社,2011年。

112. 《隋书·经籍志》,(唐)魏徵著,载《二十五史》,上海:上海古籍出版社、上海书店,1986年。

113. 《四库全书总目》,(清)永瑢、纪昀等编,北京:中华书局,1965年。

114. 《四库全书简明目录》,(清)永瑢、纪昀等编,北京:中华书局,1985年。

115. 《书目答问补正》,(清)张之洞著,(清)范希曾补正,上海:上海古籍出版社,1983年。

116. 《崇文总目》,(北宋)王尧臣、欧阳修等编,(清)钱东垣等辑释,上海:商务印书馆,1937年。

117. 《郡斋读书志校证》,(南宋)晁公武撰,(今)孙猛校证,上海:上海古籍出版社,1990 年。

118.《遂初堂书目》,(南宋)尤袤撰,南京:凤凰出版社,2011 年。

119.《直斋书录解题》,(南宋)陈振孙撰,上海:上海古籍出版社,1987 年。

120.《通志二十略》,(南宋)郑樵撰,(今)王树民点校,北京:中华书局,1995 年。

【五】子部

121.《诸子集成》,上海:上海书店,1986 年。

122.《二十二子》,上海:上海古籍出版社,1986 年。

123.《孔子家语疏证》,(清)陈士珂辑,上海:上海书店,1987 年。

124.《荀子》,(战国)荀卿撰,(唐)杨倞注,(清)卢文弨等校,载《二十二子》,上海:上海古籍出版社,1986 年。

125.《荀子集解》,(战国)荀卿撰,(清)王先谦集解,载《诸子集成》,上海:上海书店,1986 年。

126.《晏子春秋》,(春秋)晏婴等撰,(汉)刘向编定,(清)孙星衍校,载《二十二子》,上海:上海古籍出版社,1986 年。

127.《晏子春秋校注》,(春秋)晏婴等撰,(汉)刘向编定,(今)张纯一校注,载《诸子集成》,上海:上海书店,1986 年。

128.《晏子春秋集释》,(春秋)晏婴等撰,(汉)刘向编定,(今)吴则虞集释,北京:中华书局,1982 年。

129.《白虎通疏证》,(东汉)班固撰,(清)陈立疏证,(今)吴则虞点校,北京:中华书局,1994 年。

130.《近思录详注集评》,(南宋)朱熹、吕祖谦著,(今)陈荣捷注评,上海:华东师范大学出版社,2007 年。

131.《传习录注疏》,(明)王守仁著,(今)邓艾民注,上海:上海古籍出版社,2012年。

132. 《老子道德经河上公章句》,(春秋)老聃撰,(汉)河上公注,(今)王卡点校,北京:中华书局,1993年。

133. 《老子道德经》,(春秋)老聃撰,(晋)王弼注,载《二十二子》,上海:上海古籍出版社,1986年。

134. 《老子本义》,(春秋)老聃撰,(清)魏源注,载《诸子集成》,上海:上海书店,1986年。

135. 《老子注译及评介》,(春秋)老聃撰,(今)陈鼓应注评,北京:中华书局,1984年。

136. 《列子》,(战国)列御寇撰,(汉)刘向校定,(晋)张湛注,(唐)殷敬顺释文,载《二十二子》,上海:上海古籍出版社,1986年。

137. 《列子集释》,(战国)列御寇撰,(今)杨伯峻集释,北京:中华书局,1979年。

138. 《庄子》,(战国)庄周撰,(晋)郭象注,(唐)陆德明音义,载《二十二子》,上海:上海古籍出版社,1986年。

139. 《庄子集释》,(战国)庄周撰,(清)郭庆藩集释,载《诸子集成》,上海:上海书店,1986年。

140. 《庄子集解》,(战国)庄周撰,(清)王先谦集解,载《诸子集成》,上海:上海书店,1986年。

141. 《庄子今注今译》,(战国)庄周撰,(今)陈鼓应注译,北京:中华书局,1983年。

142. 《淮南子》,(汉)刘安等著,(东汉)高诱注,(清)庄逵吉校,载《二十二子》,上海:上海古籍出版社,1986年。

143. 《墨子》,(战国)墨翟撰,(清)毕沅校注,载《二十二子》,上海:上海古籍出版社,1986年。

144. 《墨子间诂》,(战国)墨翟撰,(清)孙诒让注,上海:上海书店,

1986年。

145. 《管子》,(春秋)管仲撰,(唐)房玄龄注,(明)刘绩增注,载《二十二子》,上海:上海古籍出版社,1986年。

146. 《管子校正》,(春秋)管仲撰,(清)戴望校正,载《诸子集成》,上海:上海书店,1986年。

147. 《吕氏春秋》,(战国)吕不韦等撰,(东汉)高诱注,(清)毕沅校正,载《诸子集成》,上海:上海书店,1986年。

148. 《商君书》,(春秋)商鞅撰,(清)严可均校,载《诸子集成》,上海:上海书店,1986年。

149. 《韩非子》,(战国)韩非撰,(清)顾广圻识误,载《二十二子》,上海:上海古籍出版社,1986年。

150. 《韩非子集解》,(战国)韩非撰,(清)王先慎集解,载《诸子集成》,上海:上海书店,1986年。

151. 《韩非子集释》,(战国)韩非著,(今)陈奇猷校注,上海:上海人民出版社,1974年。

152. 《齐民要术》,(北魏)贾思勰撰,北京:中国书店出版社,2018年。

153. 《农书》,(南宋)陈敷撰,上海:商务印书馆,1937年。

154. 《农书》,(元)王祯撰,北京:中华书局,1956年。

155. 《农桑辑要》,(元)司农司撰,北京:中国书店出版社,2018年。

156. 《农政全书》,(明)徐光启撰,(明)陈子龙整理,北京:中华书局,1956年。

157. 《授时通考》,(清)鄂尔泰、张廷玉等纂,北京:中华书局,1956年。

158. 《说苑校证》,(汉)刘向撰,(现代)向宗鲁校证,北京:中华书局,1987年。

159.《世说新语校笺》,(南朝宋)刘义庆著,(今)徐震堮校笺,北京:中华书局,1984年。

160.《颜氏家训注评》,(北齐)颜之推撰,(今)刘彦捷、刘石注评,北京:学苑出版社,2000年。

161.《唐摭言》,(五代)王定保撰,上海:上海古籍出版社,1978年。

162.《梦溪笔谈校订》,(北宋)沈括撰,(今)胡道静校订,上海:上海古籍出版社,1987年。

163.《容斋随笔》,(南宋)洪迈撰,上海:上海古籍出版社,1978年。

164.《困学纪闻》,(南宋)王应麟著,(清)翁元圻等注,(今)栾保群、田松青、吕宗力校点,上海:上海古籍出版社,2008年。

165.《日知录集释》,(清)顾炎武著,(清)黄汝成集释,(今)栾保群、吕宗力校点,上海:上海古籍出版社,2006年。

166.《博物志校证》,(晋)张华撰,(今)范宁校证,北京:中华书局,2014年。

167.《搜神记》,(晋)干宝撰,(现代)胡怀琛标点,北京:商务印书馆,1957年。

168.《拾遗记》,(东晋)王嘉撰,(今)齐治平校注,北京:中华书局,1981年。

169.《异闻集校证》,(唐)陈翰编,(今)李小龙校证,北京:中华书局,2019年。

170.《太平广记》,(北宋)李昉等编,北京:中华书局,1961年。

171.《夷坚志》,(南宋)洪迈撰,(今)何卓点校,北京:中华书局,1981年。

172.《通占大象历星经》,(汉)甘公、石申撰,(明)程荣校,北京:中华书局,1985年。

173.《周髀算经》,(东汉)赵君卿注,(北周)甄鸾述,(唐)李淳风注,上海：商务印书馆,1937年。

174.《九章算术》,（今）郭书春汇校,沈阳：辽宁教育出版社,1990年。

175.《群书治要》,（唐）魏徵等编,（今）沈锡麟整理,北京：中华书局,2014年。

176.《北堂书钞》,（唐）虞世南等编,天津：天津古籍出版社,1988年。

177.《艺文类聚》,（唐）欧阳询撰,（今）汪绍楹校,北京：中华书局,1965年。

178.《初学记》,（唐）徐坚等撰,（今）司义祖校,北京：中华书局,1962年。

179.《白氏六帖事类集》,（唐）白居易撰,东京：汲古书院,2008年。

180.《太平御览》,（北宋）李昉等撰,北京：中华书局,1960年。

181.《册府元龟》,（北宋）王钦若等编,北京：中华书局,1988年。

182.《永乐大典》,（明）解缙等撰,北京：线装书局,2014年。

183.《景印文渊阁四库全书》,（清）纪昀等编,台北：台湾商务印书馆,1986年。

【六】术艺

184.《孙子十家注》,（春秋）孙武撰,（东汉）曹操等注,（南宋）吉天保辑,上海：上海书店,1986年。

185.《吴子集释》,（战国）吴起撰,（今）陈曦集释,北京：中华书局,2021年。

186.《六韬集解》,（战国）黄石公撰,（今）王震集释,北京：中华书局,2022年。

187.《司马法集释》,（周）夏官司马撰,（今）王震集释,北京：中华书局,2018年。

188.《尉缭子校注》,(战国)尉缭撰,(今)钟兆华校注,郑州:中州书画社,1982年。

189.《李卫公问对校注》,(唐)李靖等撰,(今)吴如嵩、王显臣校注,北京:中华书局,2016年。

190.《鬼谷子集校集注》,(战国)王诩撰,(今)许富宏校注,北京:中华书局,2010年。

191.《神农本草经》,(托名)神农撰,(清)顾观光重辑,北京:人民卫生出版社,1955年。

192.《黄帝内经素问灵枢》,(托名)黄帝撰,(唐)启玄子注,(北宋)林亿等校正,(北宋)孙兆重改误,载《二十二子》,上海:上海古籍出版社,1986年。

193.《黄帝内经素问》,(托名)黄帝撰,北京:人民卫生出版社,2012年。

194.《黄帝内经灵枢》,(托名)黄帝撰,北京:人民卫生出版社,2015年。

195.《难经集注》,(战国)秦越人撰,(三国)吕广等注,(明)王九思等辑,上海:商务印书馆,1955年。

196.《春秋繁露》,(汉)董仲舒撰,载《二十二子》,上海:上海古籍出版社,1986年。

197.《伤寒论译释》,(东汉)张仲景撰,(今)南京中医学院伤寒教研组译释,上海:上海科学技术出版社,1959年。

198.《脉经》,(晋)王叔和著,北京:人民卫生出版社,1956年。

199.《备急千金要方》,(唐)孙思邈撰,北京:人民卫生出版社,1955年。

200.《本草纲目》,(明)李时珍撰,北京:人民卫生出版社,1982年。

201.《中华大藏经(汉文部分)》,(今)任继愈主编,北京:中华书局,1997年。

202.《魏书·释老志》,(北齐)魏收撰,载《二十五史》,上海:上海古籍出版社、上海书店,1986年。

203.《大唐西域求法高僧传校注》,(唐)义净撰,(今)王邦维校注,北京:中华书局,2020年。

204.《出三藏记集》,(南朝梁)释僧祐撰,(今)苏晋仁、萧炼子点校,北京:中华书局,2008年。

205.《历代三宝记》,(隋)费长房撰,载《佛藏要籍选刊(二)》,上海:上海古籍出版社,1994年。

206.《开元释教录》,(唐)智昇撰,载《佛藏要籍选刊(二)》,上海:上海古籍出版社,1994年。

207.《高僧传合集》,(南朝梁)慧皎等撰,上海:上海古籍出版社,2011年。

208.《弘明集·广弘明集》,(梁)释僧祐、(唐)释道宣撰,上海:上海古籍出版社,1991年。

209.《法苑珠林》,(唐)释道世撰,台北:台湾商务印书馆,1979年。

210.《祖堂集》,(南唐)静筠二禅师编,上海:上海古籍出版社,1994年。

211.《五灯会元》,(南宋)释普济编,(今)苏渊雷点校,北京:中华书局,1984年。

212.《镡津文集》,(北宋)契嵩撰,(今)钟东、江晖点校,上海:上海古籍出版社,2016年。

213.《佛说四十二章经》,(东汉)迦叶摩腾、竺法兰译,北京:中华书局,1991年。

214.《金刚经集注》,(后秦)鸠摩罗什译,(明)朱棣集注,上海:上

附:古籍书目五百种   389

古籍出版社,1984年。

215.《注维摩诘所说经》,(后秦)鸠摩罗什译,(后秦)僧肇等注,上海:上海古籍出版社,1990年。

216.《妙法莲花经》,(后秦)鸠摩罗什译,(隋)智顗疏,(唐)湛然记,(北宋)道威入疏,上海:上海古籍出版社,1990年。

217.《阿弥陀经》,(后秦)鸠摩罗什译,(隋)智顗义记,上海:上海古籍出版社,1990年。

218.《心经》,(唐)玄奘译,北京:宗教文化出版社,2021年。

219.《坛经》,(唐)慧能撰,(今)丁福保注,(今)哈磊整理,上海:上海古籍出版社,2016年。

220.《影印涵芬楼本正统道藏》,(明)张宇初编,北京:九州出版社,2015年。

221.《太平经合校》,(东汉)于吉撰,(今)王明编,北京:中华书局,1960年。

222.《抱朴子》,(东晋)葛洪撰,(清)孙星衍校正,载《诸子集成》,上海:上海书店,1986年。

223.《黄庭经》,(晋)魏华存撰,(唐)务成子、梁丘子注,上海:上海古籍出版社,1990年。

224.《云笈七签》,(北宋)张君房编,(今)李永晟点校,北京:中华书局,2003年。

225.《书品》,(南朝梁)庾肩吾撰,中国国家图书馆·中国国家数字图书馆网。

226.《书断》,(唐)张怀瓘撰,(今)石连坤评注,杭州:浙江人民美术出版社,2012年。

227.《法书要录》,(唐)张彦远撰,(今)武良成、周旭点校,杭州:浙江人民美术出版社,2012年。

228.《墨池编》,(北宋)朱长文纂辑,(今)何立民点校,杭州:浙江人民美术出版社,2012年。

229.《宣和书谱》,(宋)佚名著,(今)顾逸点校,上海:上海书画出版社,1984年。

230.《书苑菁华》,(南宋)陈思撰,上海:上海古籍出版社,1991年。

231.《艺舟双楫、广艺舟双楫疏证》,(清)包世臣、康有为撰,(今)祝嘉编,成都:巴蜀书社,1989年。

232.《中国历代法书墨迹大观》,(今)谢稚柳主编,上海:上海书店出版社,1987—1996年。

233.《古画品录·续画品录》,(南北朝)谢赫、姚最撰,(今)王伯敏标点注译,北京:人民美术出版社,1959年。

234.《历代名画记》,(唐)张彦远撰,杭州:浙江人民美术出版社,2019年。

235.《宣和画谱》,(宋)佚名著,(今)王群栗点校,杭州:浙江人民美术出版社,2012年。

236.《图画见闻志》,(北宋)郭若虚撰,(今)俞剑华注释,南京:江苏凤凰美术出版社,2007年。

237.《画继·画继补遗》,(南宋)邓椿撰,(元)庄肃补,(今)黄苗子点校,北京:人民美术出版社,1962年。

238.《图绘宝鉴》,(元)夏文彦著,上海:商务印书馆,1937年。

239.《图绘宝鉴(〈续编〉〈续纂〉二种)》,(元)夏文彦、(明)韩昂、(明)蓝瑛等著,(今)肖世孟校注,太原:山西教育出版社,2017年。

240.《林泉高致》,(北宋)郭熙撰,(今)周远斌点校,济南:山东画报出版社,2010年。

241.《画禅室随笔》,(明)董其昌撰,(今)周远斌点校,济南:山东画

附:古籍书目五百种 391

报出版社,2007年。

242.《艺苑卮言校注》,(明)王世贞著,(今)罗仲鼎校注,济南:齐鲁书社,1992年。

243.《小山画谱》,(清)邹一桂撰,(今)王其和点校,济南:山东画报出版社,2009年。

244.《苦瓜和尚画语录》,(清)石涛撰,(今)周远斌点校,济南:山东画报出版社,2007年。

245.《故宫博物院所藏中国历代名画集》,北京:人民美术出版社,1959年。

246.《故宫博物院所藏(台北)中国历代名画集》,北京:人民美术出版社,1989年。

247.《琴史》,(北宋)朱长文撰,北京:中华书局,2010年。

248.《琴书大全》,(明)蒋克谦辑,北京:中国书店,2016年。

249.《神奇秘谱》,(明)朱权撰,北京:中国书店,2016年。

250.《棋经十三篇校注》,(北宋)张拟撰,(今)李毓珍校注,成都:蜀蓉棋艺出版社,1988年。

251.《弈史》,(明)王穉登撰,北京:中华书局,1991年。

252.《秋仙遗谱》,(明)褚克明撰,载《围棋文献集成(三)》,杭州:浙江古籍出版社,2016年。

253.《适情雅趣》,(明)徐芝撰,(今)蒋权、吴一江、朱鹤洲注,成都:蜀蓉棋艺出版社,1988年。

254.《橘中秘》,(明)朱晋桢辑,(今)唐博渊校订,成都:成都时代出版社,2003年。

255.《梅花谱》,(清)王再越著,(今)屠景明改编,上海:上海文化出版社,1958年。

256.《竹香斋象棋谱》,(清)张乔栋、张景煦汇辑,(今)陆曙光诠注,郑州：河南科学技术出版社，2007年。

【七】别集

257.《楚辞补注》，(战国)屈原等著，(汉)刘向辑，(东汉)王逸章句，(宋)洪兴祖补注，(今)白化文等点校，北京：中华书局，1983年。

258.《楚辞集注》，(战国)屈原等著，(南宋)朱熹集注，上海：上海古籍出版社，1979年。

259.《山带阁注楚辞》，(战国)屈原等著，(清)蒋骥注，上海：上海古籍出版社，1984年。

260.《贾谊新书》，(汉)贾谊撰，(清)卢文弨校，载《二十二子》，上海：上海古籍出版社，1986年。

261.《贾谊集校注》，(汉)贾谊撰，(今)王洲明、徐超校注，北京：人民文学出版社，1996年。

262.《司马相如集校注》，(汉)司马相如撰，(今)金国永校注，上海：上海古籍出版社，1993年。

263.《扬雄集校注》，(汉)扬雄撰，(今)张震泽校注，上海：上海古籍出版社，1993年。

264.《班固集校注》，(东汉)班固撰，(今)侯文学校注，北京：人民出版社，2019年。

265.《蔡中郎集》，(东汉)蔡邕撰，上海：文明书局，1911年。

266.《张衡集》，(东汉)张衡撰，(今)张在义、张玉春、韩格平注，南京：凤凰出版社，2020年。

267.《曹操集》，(东汉)曹操撰，北京：中华书局，1969年。

268.《曹丕集校注》，(三国)曹丕撰，(今)魏宏灿校注，合肥：安徽大学出版社，2009年。

269.《曹植集校注》,(三国)曹植撰,(今)赵幼文校注,北京:中华书局,2016年。

270.《嵇康集校注》,(三国)嵇康撰,(今)戴明扬校注,北京:人民文学出版社,1962年。

271.《阮籍集校注》,(三国)阮籍撰,(今)陈伯君校注,北京:中华书局,1987年。

272.《陆机集校笺》,(晋)陆机撰,(今)杨明校笺,上海:上海古籍出版社,2016年。

273.《王右军集》,(东晋)王羲之撰,载《汉魏六朝百三家集选》,杭州:浙江人民出版社,1985年。

274.《陶渊明集》,(东晋)陶渊明撰,(今)王瑶编注,北京:人民文学出版社,1956年。

275.《谢灵运集校注》,(南朝宋)谢灵运撰,(今)顾绍柏校注,郑州:中州古籍出版社,1987年。

276.《沈约集校笺》,(南朝齐-梁)沈约撰,(今)陈庆元校笺,杭州:浙江古籍出版社,1995年。

277.《徐孝穆集笺》,(南朝陈)徐陵撰,(清)吴兆宜笺注,台北:世界书局,1963年。

278.《庾子山集注》,(北周)庾信撰,(清)倪璠注,(今)许逸民校点,北京:中华书局,1980年。

279.《颜氏家训集解》,(北齐)颜之推撰,(今)王利器集解,北京:中华书局,1993年。

280.《新编魏徵集》,(唐)魏徵撰,(今)吕效祖编,西安:三秦出版社,1994年。

281.《王子安集注》,(唐)王勃撰,(清)蒋清翊注,上海:上海古籍出版社,1995年。

282.《陈拾遗集》,(唐)陈子昂撰,上海:上海古籍出版社,1992年。

283.《李太白全集》,(唐)李白撰,(清)王琦注,北京:中华书局,1977年。

284.《王维集校注》,(唐)王维撰,(今)陈铁民校注,北京:中华书局,1997年。

285.《钱注杜诗》,(唐)杜甫撰,(清)钱谦益笺注,北京:中华书局,1958年。

286.《杜少陵集详注》,(唐)杜甫著,(清)仇兆鳌注,北京:文学古籍刊行社,1955年。

287.《韩昌黎文集校注》,(唐)韩愈撰,(清)马其昶校注,(今)马茂元整理,上海:上海古籍出版社,2014年。

288.《韩昌黎诗系年集释》,(唐)韩愈撰,(今)钱仲联集释,上海:上海古籍出版社,1984年。

289.《柳河东集》,(唐)柳宗元撰,北京:中华书局,1958年。

290.《白氏长庆集》,(唐)白居易撰,北京:文学古籍刊行社,1955年。

291.《白居易诗集校注》,(唐)白居易撰,(今)谢思炜校注,北京:中华书局,2006年。

292.《樊川文集校注》,(唐)杜牧撰,(今)何锡光校注,成都:巴蜀书社,2007年。

293.《樊川诗集注》,(唐)杜牧撰,(清)冯集梧注,上海:上海古籍出版社,1962年。

294.《李义山诗集注·李义山文集笺注》,(唐)李商隐撰,(清)朱鹤龄注;(唐)李商隐撰,(清)徐树谷笺,(清)徐炯注,上海:上海古籍出版社,1994年。

295.《玉谿生诗集笺注》,(唐)李商隐撰,(清)冯浩笺注,(今)蒋凡

附:古籍书目五百种　395

标点,上海:上海古籍出版社,1979 年。

296.《杂纂》,(唐)李商隐撰,上海:商务印书馆,1937 年。

297.《温飞卿诗集笺注》,(唐)温庭筠撰,(清)曾益等笺注,(今)王国安标点,上海:上海古籍出版社,1998 年。

298.《温庭筠全集校注》,(唐)温庭筠撰,(今)刘学锴校注,北京:中华书局,2007 年。

299.《韦庄集笺注》,(五代)韦庄著,(今)聂安福笺注,上海:上海古籍出版社,2002 年。

300.《李煜全集》,(五代)李煜撰,(今)张玖青汇校汇注汇评,武汉:崇文书局,2015 年。

301.《欧阳修诗文集校笺》,(北宋)欧阳修撰,(今)洪本健校笺,上海:上海古籍出版社,2009 年。

302.《苏轼诗集》,(北宋)苏轼撰,(清)王文诰辑注,(今)孔凡礼点校,北京:中华书局,1982 年。

303.《苏轼文集》,(北宋)苏轼撰,(今)孔凡礼点校,北京:中华书局,1986 年。

304.《苏轼词编年校注》,(北宋)苏轼撰,(今)邹同庆、王宗堂校注,北京:中华书局,2002 年。

305.《东坡乐府》,(北宋)苏轼撰,上海:上海古籍出版社,1979 年。

306.《重辑李清照集》,(北宋)李清照撰,(今)黄墨谷辑,济南:齐鲁书社,1981 年。

307.《剑南诗稿校注》,(南宋)陆游撰,(今)钱仲联校注,上海:上海古籍出版社,2005 年。

308.《渭南文集校注》,(南宋)陆游撰,(今)马亚中、涂小马校注,杭州:浙江古籍出版社,2015 年。

309.《朱子全书》,(南宋)朱熹撰,(今)朱杰人、严佐之、刘永翔主编,上海：上海古籍出版社/合肥：安徽教育出版社,2010年。

310.《朱子语类》,(南宋)黎靖德编,(今)王星贤点校,北京：中华书局,1996年。

311.《辛稼轩诗文笺注》,(南宋)辛弃疾撰,(今)邓广铭辑校,(今)辛更儒笺注,上海：上海古籍出版社,1995年。

312.《稼轩长短句》,(南宋)辛弃疾撰,上海：上海人民出版社,1975年。

313.《文山先生全集》,(南宋)文天祥著,上海：商务印书馆,1936年。

314.《滹南遗老集校注》,(金)王若虚著,(今)胡传志、李定乾校注,沈阳：辽海出版社,2006年。

315.《元好问全集》,(金)元好问撰,(今)姚奠中主编,太原：山西古籍出版社,2015年。

316.《关汉卿全集校注》,(元)关汉卿撰,(今)王学奇、吴振清、王静竹校注,石家庄：河北教育出版社,1988年。

317.《松雪斋诗集》,(元)赵孟頫撰,(今)钱伟强点校,杭州：浙江人民美术出版社,2019年。

318.《松雪斋文集》,(元)赵孟頫撰,(今)钱伟强点校,杭州：浙江人民美术出版社,2019年。

319.《雁门集》,(元)萨都剌撰,上海：上海古籍出版社,1982年。

320.《文宪集》,(明)宋濂撰,吉林：吉林出版集团,2005年。

321.《王阳明全集》,(明)王守仁撰,(今)吴光等编校,上海：上海古籍出版社,1992年。

322.《升庵全集》,(明)杨慎撰,上海：商务印书馆,1937年。

323.《杨升庵夫妇散曲》,(明)杨慎、黄峨合撰,(今)任中敏编,上海：商务印书馆,1937年。

324.《震川集》,(明)归有光撰,吉林：吉林出版集团,2005年。

附：古籍书目五百种　397

325.《李贽全集注》,(明)李贽撰,(今)张建业等注,北京:社会科学文献出版社,2010年。

326.《焚书·续焚书》,(明)李贽撰,北京:中华书局,1975年。

327.《冯梦龙全集》,(明)冯梦龙撰,(今)魏同贤主编,上海:上海古籍出版社,1993年。

328.《陶庵梦忆·西湖梦寻》,(明)张岱著,(今)马兴荣点校,上海:上海古籍出版社,1982年。

329.《张岱全集》,(明)张岱著,杭州:浙江古籍出版社,2017年。

330.《琅嬛文集》,(明)张岱著,(今)刘大杰校点,上海:上海杂志公司,1935年。

331.《沈复灿钞本琅嬛文集》,(明)张岱著,(今)路伟、马涛点校,杭州:浙江古籍出版社,2016年。

332.《石匮书·石匮书后集》,(明)张岱著,上海:上海古籍出版社,2008年。

（按:上述三种未收入《张岱全集》）

333.《顾炎武全集》,(清)顾炎武著,(今)华东师范大学古籍研究所整理,上海:上海古籍出版社,2011年。

334.《音学五书》,(清)顾炎武著,北京:中华书局,1982年。

335.《十驾斋养新录》,(清)钱大昕著,上海:上海书店,1983年。

336.《揅经室集》,(清)阮元著,北京:中华书局,1993年。

337.《吴梅村全集》,(清)吴伟业撰,(今)李学颖集评标校,上海:上海古籍出版社,2019年。

338.《小仓山房诗文集》,(清)袁枚撰,(今)周本淳标校,上海:上海古籍出版社,1988年。

339.《随园十种》,(清)袁枚撰,杭州:浙江古籍出版社,2019年。

340.《随园食单补证》,(清)袁枚撰,(清)夏曾传补证,(今)马鏞点校,杭州:浙江人民美术出版社,2016年。

341.《惜抱轩全集》,(清)姚鼐著,北京:中国书店,1991年。

342.《龚自珍全集》,(清)龚自珍撰,上海:上海人民出版社,1975年。

343.《曾国藩全集》,(清)曾国藩撰,(今)赵征主编,北京:线装书局,2014年。

344.《黄遵宪全集》,(清)黄遵宪撰,(今)陈铮编,北京:中华书局,2005年。

345.《静庵文集》,(清-民国)王国维撰,沈阳:辽宁教育出版社,1997年。

346.《红楼梦评论》,(清-民国)王国维著,上海:上海古籍出版社,2005年。

347.《宋元戏曲史》,(清-民国)王国维撰,(今)杨扬校订,上海:华东师范大学出版社,1995年。

348.《人间词话》,(清-民国)王国维撰,北京:朴社,1926年。

349.《观堂集林》,(清-民国)王国维撰,北京:中华书局,1959年。

350.《王国维遗书》,(清-民国)王国维撰,上海:上海书店,1983年。

【八】总集

351.《文选李注义疏》,(南朝梁)萧统撰,(唐)李善注,(现代)高步瀛义疏,(今)曹道衡、沈玉成点校,北京:中华书局,1985年。

352.《六臣注文选》,(南朝梁)萧统撰,(唐)李善、吕延济、刘良、张铣、吕向、李周翰注,北京:中华书局,2012年。

353.《文苑英华》,(北宋)李昉等编,北京:中华书局,1966年。

354.《唐文粹》,(北宋)姚铉编,台北:世界书局,1972年。

355.《宋文鉴》,(南宋)吕祖谦编,(今)齐治平点校,北京:中华书

附:古籍书目五百种　399

局,1992年。

356.《汉魏六朝百三名家集》,(明)张溥辑,扬州:广陵书社,2015年。

357.《汉魏六朝百三家集题辞注》,(明)张溥撰,(今)殷孟伦注,北京:人民文学出版社,1960年。

358.《全上古三代秦汉三国六朝文》,(清)严可均辑,北京:中华书局,1958年。

359.《历代赋汇》,(清)陈元龙编,南京:凤凰出版社,2004年。

360.《汉魏六朝赋选》,(今)瞿蜕园选注,上海:上海古籍出版社,1979年。

361.《古文关键》,(南宋)吕祖谦编,上海:商务印书馆,1936年。

362.《唐宋八大家文钞》,(明)茅坤评著,(今)陈加等校点,沈阳:沈阳出版社,1996年。

363.《古文辞类纂》,(清)姚鼐编,(今)王文濡评校音注,上海:文明书局,1924年。

364.《经史百家杂钞》,(清)曾国藩编,北京:中华书局,2013年。

365.《古文观止》,(清)吴楚材、吴调侯选编,北京:中华书局,1959年。

366.《四六法海》,(明)王志坚编选,(今)于景祥校点,沈阳:辽海出版社,2010年。

367.《骈体文钞》,(清)李兆洛选辑,郑州:中州古籍出版社,1990年。

368.《骈文类纂》,(清)王先谦编,杭州:浙江古籍出版社,1998年。

369.《玉台新咏》,(南朝陈)徐陵编,(清)吴兆宜注,成都:成都古籍书店,1982年。

370.《古诗纪》,(明)冯惟讷编,天津:天津古籍出版社,2021年。

371.《先秦汉魏晋南北朝诗》,(今)逯钦立编,北京:中华书局, 1983年。

372.《唐诗品汇》,(明)高棅编选,(明)汪宗尼校订,上海:上海古籍出版社,1982年。

373.《唐音统签》,(明)胡震亨编,上海:上海古籍出版社,2003年。

374.《全唐诗》,上海:上海古籍出版社,1986年。

375.《古诗源》,(清)沈德潜选编,北京:中华书局,1963年。

376.《唐诗别裁集》,(清)沈德潜选编,北京:中华书局,1975年。

377.《宋诗别裁集》(原名《宋诗百一钞》),(清)张景星、姚培谦、王永祺选编,北京:中华书局,1975年。

378.《中州集校注》,(金)元好问编,(今)张静校注,北京:中华书局,2018年。

379.《元诗别裁集》(原名《元诗百一钞》),(清)张景星、姚培谦、王永祺选编,北京:中华书局,1975年。

380.《明诗别裁集》,(清)沈德潜、周准选编,北京:中华书局, 1975年。

381.《清诗别裁集》,(清)沈德潜选编,北京:中华书局,1975年。

382.《乐府诗集》,(北宋)郭茂倩编撰,(今)聂世美、仓阳卿校点,上海:上海古籍出版社,1998年。

383.《瀛奎律髓汇评》,(元)方回选评,(今)李庆甲集评校点,上海:上海古籍出版社,2005年。

384.《唐诗三百首》,(清)蘅塘退士(孙洙)编,(今)陈婉俊补注,北京:中华书局,1959年。

385.《花间集》,(五代)赵崇祚编,北京:文学古籍刊行社,1955年。

386.《乐府雅词》,(南宋)曾慥辑,(今)陆三强校点,沈阳:辽宁教育出版社,1997年。

附:古籍书目五百种 401

387.《绝妙好词笺》,(南宋)周密编,(清)查为仁、厉鹗笺,天津:天津市古籍书店,1991年。

388.《花庵词选》,(南宋)黄升选,北京:中华书局,1958年。

389.《词选》,(清)张惠言辑,北京:中华书局,1957年。

390.《词综》,(清)朱彝尊、汪森编,上海:上海古籍出版社,1978年。

391.《明词综》,(清)王昶辑,(今)王兆鹏校点,沈阳:辽宁教育出版社,1997年。

392.《清词综》,(清)王昶编,(清)黄燮清续编,(清)丁绍仪补,北京:北京图书馆出版社,2006年。

393.《历代诗余》,(清)沈辰垣等编,上海:上海书店,1985年。

394.《白香词谱笺》,(清)舒梦兰辑,(清)谢朝征笺,(今)柳淇校订,广州:广东人民出版社,1981年。

395.《乐府新编阳春白雪》,(元)杨朝英辑,南京:江苏人民出版社,2007年。

396.《朝野新声太平乐府》,(元)杨朝英辑,(今)隋树森校订,北京:中华书局,1958年。

397.《词林摘艳》,(明)张禄选辑,北京:文学古籍刊行社,1955年。

398.《元曲选》,(明)臧晋叔(懋循)编,北京:文学古籍刊行社,1955年。

399.《六十种曲》,(明)毛晋辑,北京:文学古籍刊行社,1955年。

400.《孤本元明杂剧》,(今)王季烈编选,北京:中国戏剧出版社,1958年。

401.《搜神记》,(晋)干宝撰,(今)汪绍楹校注,北京:中华书局,1979年。

402.《搜神后记》,(东晋)陶潜撰,(今)汪绍楹校注,北京:中华书局,1981年。

403. 《博异志·集异记》,(唐)谷神子、薛用弱撰,北京:中华书局,1980年。

404. 《剪灯新话》,(明)瞿佑等著,(今)周夷校注,上海:古典文学出版社,1957年。

405. 《虞初新志》,(清)张潮辑,北京:文学古籍刊行社,1954年。

406. 《聊斋志异会校会注会评本》,(清)蒲松龄撰,(今)张友鹤辑校,上海:上海古籍出版社,1962年。

407. 《子不语》,(清)袁枚撰,上海:上海古籍出版社,1986年。

408. 《阅微草堂笔记》,(清)纪昀撰,天津:天津市古籍书店,1988年。

409. 《右台仙馆笔记》,(清)俞樾撰,(今)梁修点校,济南:齐鲁书社,1986年。

410. 《淞隐漫录》,(清)王韬撰,(今)王思宇校点,北京:人民文学出版社,1983年。

411. 《夜雨秋灯录》,(清)宣鼎撰,合肥:黄山书社,1985年。

412. 《浮生六记》,(清)沈复著,上海:中央书店,1935年。

413. 《清平山堂话本》,(明)洪楩编,北京:文学古籍刊行社,1955年。

414. 《古今小说》,(明)冯梦龙编,(今)许政扬校注,北京:人民文学出版社,1958年。

415. 《警世通言》,(明)冯梦龙编,(今)严敦易校注,北京:人民文学出版社,1956年。

416. 《醒世恒言》,(明)冯梦龙编,(今)顾学颉校注,北京:人民文学出版社,1956年。

417. 《拍案惊奇》,(明)凌濛初著,(今)章培恒整理,(今)王古鲁注释,上海:上海古籍出版社,1982年。

418.《二刻拍案惊奇》,(明)凌濛初著,(今)章培恒整理,(今)王古鲁注释,上海:上海古籍出版社,1983年。

419.《觉世名言十二楼》,(清)李渔著,(今)崔子恩校点,南京:江苏古籍出版社,1991年。

420.《无声戏》,(清)李渔著,(今)丁锡根校点,北京:人民文学出版社,1999年。

421.《五色石》,(清)徐述夔(笔炼阁主人)著,(今)陈翔华校点,南京:江苏古籍出版社,1993年。

422.《三国演义》,(元-明)罗贯中著,北京:人民文学出版社,1957年。

423.《水浒传》,(元-明)施耐庵著,北京:人民文学出版社,1952年。

424.《西游记》,(明)吴承恩著,北京:人民文学出版社,1955年。

425.《金瓶梅》,(明)兰陵笑笑生著,西宁:青海人民出版社,2005年。

426.《新列国志》,(明)冯梦龙著,(今)陆树仑、竺少华标点,上海:上海古籍出版社,1987年。

427.《封神演义》,(明)许仲琳编,北京:人民文学出版社,1973年。

428.《醒世姻缘传》,(清)西周生著,(今)黄肃秋校注,上海:上海古籍出版社,1981年。

429.《儒林外史》,(清)吴敬梓著,北京:人民文学出版社,1958年。

430.《红楼梦》,(清)曹雪芹、高鹗著,北京:人民文学出版社,1957年。

431.《镜花缘》,(清)李汝珍著,北京:人民文学出版社,1955年。

432.《三侠五义》,(清)石玉昆著,北京:中华书局,1959年。

433.《二十年目睹之怪现状》,(清)吴趼人著,(今)张友鹤校注,北京:人民文学出版社,1959年。

434.《官场现形记》,(清)李伯元著,北京:北京宝文堂书店,

1954年。

435.《天雨花》,(清)陶贞怀著,(今)李平编校,郑州:中州古籍出版社,1984年。

436.《再生缘》,(清)陈端生著,(今)刘崇义编校,郑州:中州古籍出版社,1982年。

【九】诗文评

437.《文赋集释》,(晋)陆机撰,(今)张少康集释,上海:上海古籍出版社,1984年。

438.《文心雕龙》,(南朝梁)刘勰著,(清)黄叔琳注,(清)纪昀评,(今)李详补注,(今)刘咸炘阐说,(今)戚良德辑校,上海:上海古籍出版社,2015年。

439.《文心雕龙今译》,(南朝梁)刘勰著,(今)周振甫译,北京:中华书局,1986年。

440.《文通》,(明)朱荃宰撰,载《历代文话》,上海:复旦大学出版社,2007年。

441.《涵芬楼文谈》,(清)吴曾祺撰,上海:商务印书馆,1911年。

442.《汉文典》,(清-今)来裕恂撰,上海:商务印书馆,1906年。

443.《汉文典注释》,(清-今)来裕恂撰,(今)高维国、张格注释,天津:南开大学出版社,1993年。

444.《文章辨体序题疏证》,(明)吴讷著,(今)凌郁之疏证,北京:人民文学出版社,2016年。

445.《文体明辨序说》,(明)徐师曾著,(今)罗根泽校点,北京:人民文学出版社,1962年。

446.《铁立文起》,(清)王之绩撰,载《历代文话》,上海:复旦大学出版社,2007年。

447.《文章释》,(清)王兆芳撰,载《历代文话》,上海:复旦大学出版社,2007年。

448.《诗品译注》,(南朝梁)钟嵘撰,(今)周振甫译注,北京:中华书局,1998年。

449.《司空图诗品解说》,(唐)司空图撰,(今)祖保泉解说,合肥:安徽人民出版社,1980年。

450.《袁枚续诗品详注》,(清)袁枚撰,(今)刘衍文、刘永翔注,上海:上海书店出版社,1993年。

451.《词品·续词品·补词品》,(清)郭麐、杨夔生、江顺诒撰,载《词学集成》,国学大师网。

452.《词品》,(明)杨慎著,上海:上海古籍出版社,2009年。

453.《古今群英乐府格势》,(明)朱权撰,载《太和正音谱》,北京:中华书局,2010年。

454.《曲品》,(明)吕天成撰,北京:蓝天出版社,1998年。

455.《远山堂曲品》,(明)祁彪佳撰,北京:国家图书馆出版社,2011年。

456.《诗式校注》,(唐)释皎然撰,(今)李壮鹰校注,济南:齐鲁书社,1986年。

457.《全唐五代诗格汇考》,张伯伟撰,南京:江苏古籍出版社,2002年。

458.《文镜秘府论校注》,(日)弘法大师原撰,(今)王利器校注,北京:中国社会科学出版社,1983年。

459.《诗人玉屑》,(南宋)魏庆之编,上海:上海古籍出版社,1959年。

460.《声调谱》,(清)赵执信著,载《清诗话》,上海:上海古籍出版社,1963年。

461.《唐人试律说·庚辰集》,(清)纪昀著,载《纪晓岚文集(三)》,

石家庄：河北教育出版社,1991年。

462.《试律丛话》,(清)梁章钜撰,(今)陈居渊校点,上海：上海书店出版社,2001年。

463.《韵府群玉》,(元)阴时夫编,载《北京图书馆古籍珍本丛刊》,北京：书目文献出版社,1998年。

464.《五车韵瑞》,(明)凌稚隆编,载《四库全书存目丛书》,济南：齐鲁书社,1995年。

465.《佩文韵府》,(清)张玉书等编,上海：上海古籍出版社,1983年。

466.《佩文诗韵释要》,(清)周兆基辑,上海：上海古籍出版社,1982年。

467.《增广诗韵集成》,(清)余照辑,香港：文光书局,1949年。

468.《诗韵合璧》,(清)汤文璐编,上海：上海古籍书店,1982年。

469.《词源注》,(南宋)张炎撰,(今)夏承焘校注,北京：人民文学出版社,1981年。

470.《诗余图谱》,(明)张綖撰,(明)谢天瑞补遗,中国国家图书馆·中国国家数字图书馆官网。

471.《词律》,(清)万树编著,上海：上海古籍出版社,1984年。

472.《钦定词谱》,(清)王奕清等撰,北京：中国书店,1983年。

473.《词林正韵》,(清)戈载著,上海：上海古籍出版社,1981年。

474.《中原音韵》,(元)周德清撰,北京：中华书局,1978年。

475.《太和正音谱笺评》,(明)朱权著,(今)姚品文点校笺评,北京：中华书局,2010年。

476.《北词广正谱》,(清)李玉著,南京：江苏古籍出版社,1988年。

477.《曲律注释》,(明)王骥德撰,(今)陈多、叶长海注释,上海：上海古籍出版社,2012年。

478.《南词叙录注释》,(明)徐渭撰,(今)李复波、熊澄宇注释,北京:中国戏剧出版社,1989年。

479.《度曲须知》,(明)沈宠绥著,上海:商务印书馆,1935年。

480.《闲情偶寄》,(清)李渔撰,(今)单锦珩校点,杭州:浙江古籍出版社,1985年。

481.《御定曲谱》,(清)王奕清等编,北京:中国书店,2018年。

482.《九宫大成南北词宫谱》,(清)周祥钰编,载《中国古代曲谱大全》,沈阳:辽海出版社,2009年。

483.《碎金词谱》,(清)谢元淮编,天津:天津古籍出版社,1996年。

484.《洪武正韵》,(明)乐韶凤等编,北京:国家图书馆出版社,2020年。

485.《韵学骊珠》,(清)沈乘麐著,北京:中华书局,2006年。

486.《乐府传声译注》,(清)徐大椿撰,(今)吴同宾、李光译注,北京:中国戏剧出版社,1982年。

487.《辞学指南》,(南宋)王应麟撰,上海:上海古籍出版社,1992年。

488.《论学绳尺》,(南宋)魏天应撰,载《四库全书》,国学大师网。

489.《文说》,(元)陈绎曾撰,载《历代文话》,上海:复旦大学出版社,2007年。

490.《行文须知》,(明)庄元臣撰,载《历代文话》,上海:复旦大学出版社,2007年。

491.《举业素语》,(明)陈龙正撰,载《历代文话》,上海:复旦大学出版社,2007年。

492.《文则》,(南宋)陈骙撰,(今)王利器校点:北京:人民文学出版社,1960年。

493.《文筌》,(元)陈绎曾撰,载《历代文话》,上海:复旦大学出版社,2007年。

494.《文章一贯》,(明)高琦辑,载《历代文话》,上海:复旦大学出版社,2007年。

495.《本事诗·续本事诗·本事词》,(唐)孟棨、(清)徐釚等撰,(今)李学颖标点,上海:上海古籍出版社,1991年。

496.《唐诗纪事》,(南宋)计有功撰,北京:中华书局,1965年。

497.《宋诗纪事》,(清)厉鹗辑撰,上海:上海古籍出版社,1983年。

498.《明诗纪事》,(清)陈田辑撰,上海:上海古籍出版社,1993年。

499.《词苑丛谈》,(清)徐釚撰,(今)唐圭璋校注,上海:上海古籍出版社,1981年。

500.《词林纪事》,(清)张宗橚撰,成都:成都古籍书店,1982年。

501.《明词纪事会评》,(今)尤振中、尤以丁编著,合肥:黄山书社,1995年。

502.《清词纪事会评》,(今)尤振中、尤以丁编著,合肥:黄山书社,1995年。

503.《历代诗话》,(清)何文焕辑,北京:中华书局,1981年。

504.《历代诗话续编》,(今)丁福保辑,北京:中华书局,1983年。

505.《清诗话》,(清)王夫之等撰,(今)丁福保辑,上海:上海古籍出版社,1963年。

506.《清诗话续编》,(清)毛先舒等撰,(今)郭绍虞编,上海:上海古籍出版社,1983年。

507.《诗话总龟》,(北宋)阮阅编,(今)周本淳校点,北京:人民文学出版社,1987年。

508.《苕溪渔隐丛话》,(南宋)胡仔编纂,北京:人民文学出版社,1962年。

509.《沧浪诗话校释》,(南宋)严羽撰,(今)郭绍虞校释,北京:人民文学出版社,1961年。

510.《诗薮》,(明)胡应麟撰,上海:上海古籍出版社,1958年。

511.《带经堂诗话》,(清)王士禛撰,(今)戴鸿森校点,北京:人民文学出版社,1962年。

512.《随园诗话》,(清)袁枚撰,(今)顾学颉校点,北京:人民文学出版社,1982年。

513.《瓯北诗话》,(清)赵翼撰,(今)霍松林、胡主佑校点,北京:人民文学出版社,1963年。

514.《昭昧詹言》,(清)方东树撰,(今)汪绍楹校,北京:人民文学出版社,1961年。

515.《饮冰室诗话》,(清-民国)梁启超撰,(今)舒芜校点,北京:人民文学出版社,1982年。

516.《名媛诗话》,(清)沈善宝撰,载《沈善宝集》,杭州:浙江古籍出版社,2021年。

517.《碧鸡漫志校正》,(南宋)王灼撰,(今)岳珍校正,成都:巴蜀书社,2000年。

518.《乐府指迷笺释》,(南宋)沈义父撰,(今)夏承焘校注,北京:人民文学出版社,1981年。

519.《古今词话》,(清)沈雄编纂,(清)江尚质增辑,上海:上海书店,1987年。

520.《词学集成》,(清)江顺诒撰,国学大师网。

521.《历代文话》,(今)王水照编,上海:复旦大学出版社,2007年。

522.《论文偶记》,(清)刘大櫆撰,(今)舒芜校点,北京:人民文学出版社,1959年。

523.《四六丛话》,(清)孙梅编,(今)李金松校点,北京:人民文学出版社,2010年。

524.《制义丛话》,(清)梁章钜撰,(今)陈居渊校点,上海:上海书店出版社,2001年。

525.《缙山书院文话》,(清)孙万春撰,载《历代文话》,上海:复旦大学出版社,2007年。

526.《雨村赋话》,(清)李调元撰,(今)何沛雄编订,香港:万有图书公司,1976年。

527.《历代赋话校证》,(清)浦铣撰,(今)何新文、路成文校,上海:上海古籍出版社,2007年。

528.《录鬼簿》,(元)钟嗣成撰,上海:古典文学出版社,1957年。

529.《雨村曲话》,(清)李调元撰,北京:中华书局,1985年。

530.《曲话》,(清)梁廷枏撰,上海:商务印书馆,1937年。

531.《楹联丛话》,(清)梁章钜撰,上海:商务印书馆,1935年。

532.《艺概》,(清)刘熙载著,上海:上海古籍出版社,1978年。

533.《六朝文絜笺注》,(清)许梿评选,(清)黎经诰笺注,北京:文学古籍出版社,1955年。

534.《古文笔法百篇》,(清)李扶九选编,(清)黄仁黼纂定,长沙:岳麓书社,1984年。

535.《李卓吾评本西游记》,(明)吴承恩著,(明)李贽评点,上海:上海古籍出版社,1994年。

536.《明容与堂刻水浒传》,(元-明)施耐庵著,(明)李贽评点,上海:上海人民出版社,1975年。

537.《金圣叹批本西厢记》,(元)王实甫著,(明)金圣叹批改,(今)张国光校注,上海:上海古籍出版社,1986年。

538.《第五才子书施耐庵水浒传》,(元-明)施耐庵著,(明)金圣叹评点,北京:中华书局,1975年。

539.《毛宗岗批评本三国演义》,(元-明)罗贯中著,(清)毛宗岗评点,济南:齐鲁书社,1990年。

附:古籍书目五百种　411

540.《张竹坡批评金瓶梅》,(明)兰陵笑笑生著,(清)张道深评,(今)王汝梅、李昭恂、于凤树校点,济南:齐鲁书社,1991年。

541.《吴吴山三妇合评牡丹亭》,(明)汤显祖著,(清)陈同、谈则、钱宜合评,上海:上海古籍出版社,2008年。

542.《脂砚斋评石头记》,(清)曹雪芹著,(清)脂砚斋评,北京:线装书局,2013年。

543.《八家评批红楼梦》,(今)冯其庸纂校订定,(今)陈其欣助纂,北京:文化艺术出版社,1991年。